Middle and Secondary Classroom Management
Lessons from Research and Practice, 4e

做最好的中学教师

高效课堂管理的十三堂课

[美] 卡萝尔·西蒙·温斯坦（Carol Simon Weinstein）　著
英格丽德·诺沃德沃尔斯基（Ingrid Novodvorsky）

田庆轩　顾冀梅　田墨浓　译

中国人民大学出版社
·北京·

卡萝尔·西蒙·温斯坦，新泽西州立罗格斯大学教育学院教学系荣誉退休教授，马萨诸塞州伍斯特市克拉克大学心理学学士，哈佛大学教育学院硕士及博士。通过研究课堂设计对学生行为及态度的影响，温斯坦博士开始了她的研究事业。经多年实证调查，温斯坦博士针对课堂环境可以设计成有助于教师实现教学目标以及培养学生学习能力写作了大量文章。最终，她对组织课堂空间的研究兴趣延展至通常意义上的课堂组织和管理。她与莫莉·E·罗马诺（Molly E. Romano）和小安德鲁·J·米格纳诺（Andrew J. Mignano，Jr.）合著了《做最好的小学教师》（*Elementary Classroom Management：Lessons from Research and Practice*，McGraw-Hill，2011）一书，也写作了大量有关课堂管理和教师教育的文章。2000年，温斯坦博士因《缩小有效课堂管理理论与实践之间的差距》一文而得到美国教师联盟的认可。她还与卡罗琳·埃弗森共同编辑了《课堂管理手册——研究、实践与当代问题》（*Handbook of Classroom Management：Research，Practice，and Contemporary Issues*，Lawrence Erlbaum Associates，Inc.，2006）一书的第一版，该书共有47章，由来自世界各地的学者共同撰写而成。

英格丽德·诺沃德沃尔斯基，亚利桑那州立大学科学教师师资培训学院主任，在亚利桑那州立大学获得物理学及数学学士学位、中学教育硕士及博士学位。进入大学之前，她在高中任职了12年，教授物理和数学课程。在此期间，她负责指导一些新入职的同事和实习生。作为师资培训项目的授课教师，她开设并亲自教授课堂管理课程，认为这是师资培训的一个重要方面。目前，她主要研究职前教师对课程评价及活动选择的思考。

献　词

　　再次将此书献给桑迪（Sandy）、克里斯蒂娜（Christina）、弗雷德（Fred）和唐尼（Donnie），你们将继续教导和启发所有阅读此书的人。

　　《做最好的中学教师》第一版问世以来，课堂管理面临的挑战急剧增加。班级的组成比以往更加多样化，学生的文化及语言背景各不相同。身体残障的学生和正常学生共同在班级里接受教育，教师要实施需要协作与调整的合作教学模式。越来越多的青少年存在感情问题或者心理问题。近年来的经济危机让很多人陷入贫困、无家可归，不安、焦虑和恐慌的氛围难以缓和。现在，教师比以往更需要了解如何建立相互支持的、包容的、关爱的和有序的课堂环境。

　　遗憾的是，新任教师常常反映，他们在师范教育中并没有学到应对这些课堂管理问题的知识。他们需要在许多方面做更多准备，如与家长沟通，应对不当行为，在复杂的多元文化环境中工作，帮助有特殊需求的学生等。他们抱怨所学的课程与学校的现实脱节，渴望学习真实的教师在真实课堂里解决真实学生问题的范例。

真实教师的写照

　　《做最好的中学教师》一书涉及四位真实的教师：弗雷德·塞利库阿斯（Fred Cerequas，社会研究）、唐尼·科林斯（Donnie Collins，数学）、桑迪·克鲁平斯基（Sandy Krupinski，化学）和克里斯蒂娜·鲁戈·弗里兰（Christina Lugo Vreeland，英语）。通过展示他们的想法及真实的管理实践，本书将实践知识与高效课堂管理的研究融为一体，讨论上述人们关心的问题。读者将逐渐了解这四位教师——听听他们关于课堂管理方方面面的想法，看看他们与学生互动的方式。他们的故事为我们在研究中总结的概念及原则提供了鲜活的例子。

　　这四位教师不仅教授不同的科目，而且所任教的学区在人种、族裔及社会经济地位方面也存在本质上的差异。例如，弗雷德所在的郊区主要是欧裔美国人（64％）和亚裔美国人（20％），只有12％的学生享受联邦政府提供的免费或低价午餐。与之相反，唐尼所在的市区学校的学生中54％为拉丁裔美国人，41％为非裔美国人，其中80％的学生可享受联邦政府提供的免费或低价午餐。唐尼和克里斯蒂娜教授基本技能课程，而桑迪教授高级职业课程，弗雷德教授名为"政治与法律教育机构"的选修课程。由于这些差异，他们管理课堂的方式看起来也大相径庭。但是，他们都能够创建相互尊重、秩序井然、卓有成效的课堂环境，并制定出相同的课堂管理基本原则。

第四版：与其他版本的相同之处及创新之处

与前几版一样，第四版向读者提供了清晰、实用的组织与管理课堂的指导原则。我们的目的是写一本既源于真实研究成果，又读来轻松愉快的书。我们希望提升本书内容的深度和广度，同时使其篇幅适中、易于使用，并尽力在这二者间求得平衡。我们希望为读者奉上一部清晰、生动、对话式、引人入胜的作品，但愿我们做到了。（需要指出的是，为增强可读性，在描述事件时，本书一直使用"我们"这样的字眼，尽管有时只涉及其中一位作者。）

本书将继续讨论教师面临的各种管理问题——组织课堂环境、创建团体、教授应对问题行为及防止暴力的规则等；讨论一些经常被忽视却又至关重要的话题，例如与家庭合作、有效利用时间等；讨论一些一般方法书中常见的话题，如激发学生学习动机的策略，以及中学课堂里普遍采用的教学形式（独立作业、小组学习、问答与讨论）。我们始终强调积极的师生关系在有效课堂管理中发挥的重要作用。

第四版保留了一些教育者及学生感觉有益的内容。读者在每一章均可看到如下内容：

- 暂停与思考：提高参与程度和理解水平。
- 技巧培养活动与反思：分为三部分——"课上活动"、"独立活动"、"载入档案袋"。
- 实用贴士：包含行之有效的课堂管理策略。

此外，第四版还补充了两项新内容。第一，每一编的绪论提供了章节框架，并总结了该章内容。第二，"会见教育家"栏目中的著名演说家、作家和教育家（如阿尔菲·科恩、哈里·王、简·内尔森、林恩·洛特、斯宾塞·卡根）均广泛承担课堂管理项目，或者从事与课堂管理相关的工作，是新任教师在在职进修和讲座中希望见到的权威人士，第四版突出介绍了他们所从事的工作。

根据读者针对第三版反馈的意见，为了更好地适应课堂管理课程组织方式的需要，我们把一些章节进行了重新安排，还把一些材料从某一章节移至其他章节，使行文更加连贯，避免重复，提高讨论效率。最后，为反映最新学术研究成果和人们时下关心的问题，所有章节都进行了更新，增加了70多条参考文献。新增加的内容包括如下话题：

- 保持既温和又坚定的态度的重要性
- 展示自己的专业性
- 中产阶级白人文化的规范与价值
- 了解学生的生活
- 成长中的青少年
- 帮助家庭贫困或无家可归的学生
- 处理不适当地使用电子工具的问题
- 正向行为支持

读者可以在 www.coursesmart.com 上下载本书的电子版教材，电子版教材比纸质教材便宜一半，既能减少对环境的影响，又能使我们获得强大的网络学习工具。智慧课程（CourseSmart）拥有大量可随处使用的电子教材，并提供了数以千计由各类高等教育出版社出版的教材。付费读者可以获得智慧课程上的电子书，包括全文搜索、注释、内容精选以及与同学共享笔记的电邮工具。欲知详情，可联系销售代表，或登录 www. coursesmart. com。采用该书作教材的教师可向 McGraw-Hill 公司北京代表处联系索取教学课件资料，传真：（010）62790292，电子邮件：instructorchina@mcgraw-hill. com。

《做最好的小学教师》——本书的姊妹篇

　　《做最好的中学教师》与《做最好的小学教师》（Weinstein，Romano，& Mignano，2011）并行不悖，因此，同时从事小学及中学师范教育的教师可以配套使用这两本书。两书讨论的原则与概念相同，但是，《做最好的小学教师》一书以小学阶段教学工作为基础，其经验主要基于从幼儿园到 6 年级的研究发现。

致　谢

　　在此，我们一如既往地表达对本书中四位教师的感激之情，感谢他们允许我们在课堂中进行观察，在无数次的访谈中分享他们的智慧、挫折与欢乐。为充分说明本书结构的背景，我们必须对下列情况明言相告。对克里斯蒂娜、唐尼、弗雷德和桑迪的描写，由我们自 1993 年以来搜集到的材料编排而成。换言之，在对每一位老师进行描述时，看似所有事件都发生在同一学年、同一班级，而实际上它们是发生在不同年份、不同年级，以及不同学生身上的。克里斯蒂娜和桑迪仍然在各自的学校工作，继续为第四版的出版贡献力量，而弗雷德和唐尼已在几年前退休了。

　　我们还要感谢学区管理人员欣然批准我们的项目；感谢学校辅导人员花时间与我们交谈，分享他们的观点；感谢我们的学生允许使用他们的日志，并事无巨细地向我们提供反馈。需要说明的是，为了避免尴尬，在有些案例中，我们对日志的细节进行了改动。有时，也对日志内容进行了合成编辑。

　　在此，对阅读了本书初稿的下列人士，我们也表达深深的谢意。他们是：南佛罗里达大学的艾琳·奥斯汀，卡迪纳尔斯特里奇大学的琳达·V·内曼，密歇根州立大学的盖尔·里士满，伊利诺伊州立大学的吉尔·弗罗因德·托马斯。如有任何错误或不当表述，责任全在本书作者。

　　最后，要特别感谢尼尔，容忍我们在他家里多次进行长时间的讨论！还要向我们共同的朋友金杰致以谢意，是他介绍我们认识，并开启了我们的合作之旅。感谢克丽丝在修订过程中给予我们的不懈支持。

卡萝尔·西蒙·温斯坦
英格丽德·诺沃德沃尔斯基

目 录

第一编　绪论

当你听到这样的话——"一位真正的好老师"，你会想到什么？

我们问过实习生这样的问题，他们毫无例外地提到**关爱**。他们说，好老师应该是一位关爱学生的老师，尊重、支持学生，不打压学生，将学生视为独特的个体，并显示出对他们的兴趣。我们的实习生也相信自己有能力成为这样的老师。他们想象着自己培养学生的自尊心，分享学生成功的快乐，建立联结学生的关爱并相互尊重的坚强纽带。

之后，这些未来的教师开始了他们的教育实习。几周以后，有关关爱的讨论逐渐消失，取而代之的是控制和纪律、惩罚和后果，乃至写在黑板上的名字和留堂的学生。实习生们感到后悔的是，他们开始时"太过温和"，并由此得出结论：他们应该对学生"更苛刻"些。有些实习生甚至认为，关爱和秩序是相互排斥的。

希望关爱学生和需要维持秩序之间的冲突在新任教师中屡见不鲜。但是，表达关爱和维持秩序并非一对不可调和的目标，这二者其实可以齐头并进。实际上，**营造秩序井然、卓有成效的课堂环境的方法之一，就是用温暖和尊重的方式对待学生。**我们知道，学生更愿意与有责任心的、值得信赖的、尊重他人的老师合作，相关研究也显示，这种说法是正确的。

与此同时，向学生表明你关心他们的方法之一，是在维护秩序中承担责任，而不仅仅是"一团和气"。关爱学生的老师乐于将领导者的角色看作教师工作的一部分。他们认为，关爱不仅是充满深情、彬彬有礼，而且要监控学生的行为，教授并执行规范，创设教学需要的组织和结构。这些教师知道，学生实际上渴望某些限制，尽管他们表面上大声抗议。

在本书的第一章，你将见到四位优秀的中学老师，他们的经验和智慧奠定了本书写作的基础。你可以看到这些老师知道如何把温暖、关爱与坚持融为一体，要求学生努力学习，遵守课堂规范，与同学之间相互体贴。这种融合就构成了**具有权威性的课堂管理**。借用有关教养子女文献中的术语，具有权威性的课堂管理者既不是专横跋扈、自我中心的（专制的），也不是温柔亲切但管束不严（放任）的，而应该是"温和的命令者"，这是我们在后面的多个章节中会反复提到的一个概念。

教师如何做，才能有效地管理课堂

对于许多新任老师来说，走进中学课堂的感觉就像短暂离家后再次归来一样。家里没有什么变化：桌椅仍然散乱地摆放着，铃声仍然预告课程的结束，布告牌上仍然贴着褪色的作息时间表和消防演习指令。这些熟悉的事物和声音让我们感到舒服自在。事实上，它也许会让我们认为，从学生到教师的角色转变相当容易。然而，与此相反，这种熟悉的感觉可能成为一个陷阱，使我们很难判断出中学课堂到底是怎样一个既奇特又苛刻的地方。以完全陌生的眼光打量教室，能够帮助我们认清它的一些奇特之处和矛盾所在。

从一个全新视角来看，中学课堂是一个特别拥挤的地方。它不像是为学习而设计的地方，而更像是地铁或公共汽车。事实上，我们很难想象，除了监狱，还有什么别的地方有这么多人这么长时间地挤在一起。而且，这个拥挤的群体还经常不允许彼此互相交流。正如菲利普·杰克逊所说："学生们必须表现得孤单，而事实上他们不是……这些孩子要想成为好学生，就必须学会如何在人群中独处。"（Jackson，1990，p. 16）

在这个奇特的地方还存在一些矛盾。在这里，老师期望孩子们融洽地共同学习，然而他们却可能是陌生人，甚至是对手，也可能来自不同的文化背景。老师鼓励学生们互相帮助，但又告诉他们，眼睛要盯着自己的作业。鼓励他们相互合作，但他们又时时处于竞争之中，尤其是事关自己在班上的名次和大学录取机会时。他们受到独立性和责任感的训诫，却被期待着对老师的说法深信不疑，完全服从。老师督促他们学习上要稳扎稳打、小心翼翼，但又经常提醒他们42分钟（或84分钟）的学时需要严格遵守时间安排。

除了这些矛盾以外，沃尔特·多伊尔（Doyle，2006）提出了使课堂环境变得更为复杂的六个特点。第一，课堂环境的**多维性**。不像用于单一活动的邮局或饭馆，课堂是多种活动发生的场所。在课堂里，学生们读书、写字、讨论问题。他们做项目、看DVD、听讲座。他们建立友谊，争辩是非，评论上周六的篮球赛。教师则在这里指导全班讨论，协调小组学习，进行测试。他们还要记考勤，解决争端，给有问题的同学提出建议。无论如何，课堂环境必须容纳所有这些活动。

第二，很多活动同时发生。这种**同时性**让课堂有点像能够同时表演三套节目的马戏场。与小学教师不同，中学教师更倾向于进行组别指导。不管怎样，我们经常能够看到这样的情景：一群学生在进行一个项目，几个学生在自己的课桌前或电脑上写东西，另一小组学生则与教师讨论他们文件夹里的材料，还有一些学生因为昨天的足球赛给别人发短信。正是这种同时性——三套马戏节目同时演出的特点——使"后脑勺长眼睛"对教师来说至关重要。

第三，事件发生的速度快。课堂事件**瞬间**发生，教师不可能提前预想到每个事件。学生因为觉得受到侮辱突然与别人争吵起来，一个学生抱怨同桌抄袭，一个一向少言寡语的孩子在小组讨论中做出认真但不相关的评论。所有这些事情都需要做出快速反应，并即时决定事情该如何继续进行。此外，尽管进行了非常周密的计划，类似的课堂事件通常也无法预料。这种**不可预测性**是课堂的第四个特点。因此，当一名教师你保证不会觉得工作枯燥，但这些不可预测的事件也会使人筋疲力尽。

课堂的第五个特点是**缺乏隐私**。显然，教室是公共场所。四面墙之内，每个人的行为都能被其他许多人看到。教师谈起感受时，说自己像是在"舞台上"，或生活在"鱼缸里"（Lortie, 1975）。他们的感受可以理解，在二三十双眼睛的注视下，很难找到偷偷一笑或暗自叹息的片刻。但是，这种情况是双向的，教师也在不断地监督学生的行为。为了对付这种有时不受欢迎的监督，学生们开发了一种"积极的私人生活"（Hatch, 1986）方式，来安排自己的个人日程。从低年级升入高年级，学生们的技巧也在提高。他们学会了传纸条、梳头发、做另一科目的作业，并希望所有这一切都不会被老师察觉。然而，即使他们避开了老师的眼睛，也总有同学盯着他们。对于学生们来说，和老师私下交流，隐瞒考试分数，或者犯了错误也不为人所知，这些都是很难做到的。

最后，历经整个学年，班级形成了一段共同**历史**。这第六个特点意味着，班级像家庭一样，记录了过去的事件——无论是积极的还是消极的。他们记着：谁被大声呵斥过，谁迟到了却逃过了惩罚，关于家庭作业老师说过什么。他们记着谁只剩"最后一次机会"就要留堂了；并且，如果老师最后没有留他，学生们也会记着。班级记忆意味着今天发生的事件会影响明天发生的事件，也意味着教师必须努力去塑造一段支持而不是阻挠未来活动的历史。

拥挤、竞争、矛盾、多维性、快节奏、不可预测性、公共性——这些对课堂的描述突出了我们经常忽视的课堂特点。我们从这些特点开始讨论，是因为我们相信，**有效的组织和管理需要深入理解中学课堂的独特之处**。新任老师所遇到的许多管理问题，追根溯源，是因为他们对工作环境的复杂性缺乏了解。

过去和孩子们在一起的经历也许会误导这些新任老师。例如，你可能给一个学习有困难的学生做过家教，或者做过野营顾问。尽管这些体验颇有价值，但都与课堂教学迥然不同。教师不是在一个私人房间里一对一地教孩子，也很少领着孩子们去做他们自己选择的娱乐活动。甚至，教师面对的不都是乐意待在教室里的孩子。**他们要和一帮受制于他们的孩子，在拥挤的公共环境中，去执行孩子们没有参与制**

定的学校日程。在这种奇怪的环境中，教师必须完成课堂管理的基本任务。

课堂管理的五项指导原则

有时，我们太过专注于基本的管理问题（如让每个学生坐下），忘记了课堂管理并不是为命令而命令。其实，课堂管理有两个明确的目标：**它不仅要建立与保持一个充满关爱、秩序井然的环境，让学生学到有意义的东西，还要促进学生的社交与情感发育**。从这点看，教师**如何**维持秩序，以及**是否**维持了秩序同样重要（Evertson & Weinstein，2006）。记住这一点，让我们思考一下指导本书内容和组织结构的五个原则（见表1—1）。

表1—1　　　　　　　　　　　　　　课堂管理原则

1. 成功的课堂管理要培养自律和个人的责任感。 2. 如果教师保持良好的师生关系，实施有吸引力的指导，采取良好的预防性策略，大多数课堂混乱的问题都可以避免。 3. 对秩序的需求不能取代对意义丰富的教学的需求。 4. 管理如今多样化的课堂需要具备与不同民族、种族、语言和社会阶层的学生进行合作的知识、技能与素质。换言之，教师必须成为"对文化具有敏感性的课堂管理者"。 5. 成为高效的课堂管理者需要反思、艰苦的工作和时间。

第一个原则是，**成功的课堂管理要培养自律和个人的责任感**。说实话，每个教师最担心的事情就是失去控制——在无法无天、不守秩序的学生面前束手无策、毫无办法。想到这噩梦般的经历，创造一个强制性的、自上而下的、依靠奖惩使学生俯首帖耳的管理体系便显得很诱人。然而，这样的方法对指导学生做出正确的行为选择，帮助甚少。此外，正如玛丽·麦卡斯林和汤姆·古德所指出的，"顺从模式要想成功，就需要持续监控（教师一转身，学生便开始胡闹……）"（McCaslin & Good，1998，p. 170）。对外部控制的强调与目前关于课程和教学的构想也不一致（McCaslin & Good，1992，1998）。一方面设计出鼓励独立、问题导向和批判性思维的学习活动，另一方面却采取鼓励学生依赖分数、看重爆米花聚会、惧怕惩罚的管理策略，这是毫无意义的。这并非低估教师的权威，而显然是，为了使课堂管理更有效，教师必须设置限度，并指导学生的行为。不管怎么说，教师的目的是创造一个让学生举止得体的环境，学生的行为不应是出于对惩罚的惧怕或对奖励的渴求，而是出于自身的责任感。

第二个原则是，**如果教师保持良好的师生关系，实施有吸引力的指导，采取良好的预防性策略，大多数课堂混乱的问题都可以避免**。让我们依次考虑一下各个组成部分。广泛的研究表明，当学生觉得老师是支持和关爱他们的时候，他们就更易于做出合作与负责的行为，而且遵守课堂准则和规范（Hoy & Weinstein，2006）。同样，如果学生觉得课业意义丰富、引人入胜、很刺激，他们便很少会做白日梦，或者扰乱课堂秩序。最后，雅各布·库宁（Kounin，1970）的一项关键性研究表明，有序的课堂与其说是源自教师特有的**控制课堂**的方法，不如说是源自教师**预防**学生不当行为的能力。库宁的研究可以让我们把**纪律**和**课堂管理**区分开来，前者是对不当行为的反应，后者则是创造一个关爱、相互尊重的环境，以支持学生的学习。

第三，**对秩序的需求不能取代对意义丰富的教学的需求。**尽管教和学不可能在一个混乱而无序的环境里开展，但过分强调安静与统一有时也会妨碍教学（Doyle，2006）。例如，某个教师也许希望把班级分为小组来进行合作学习活动，她认为学生们通过做，比仅仅是看的学习效果更好。但她担心会产生噪声，学生可能合作得不好，于是，她放弃分组，安排个人作业。从某种程度上讲，该教师的做法是正确的：合作活动不仅在文化和社交上具有挑战性，而且从管理的角度来讲，也更具有挑战性。然而，关键问题是，教师不能为了追求课堂秩序而牺牲课程。正如多伊尔所言，"管理得法却没有教授任何内容的课程和混乱无序、无法开展学习活动的课程同样有害无益"（Doyle，1985，p. 33）。

第四个原则是，**管理如今多样化的课堂需要具备与不同民族、种族、语言和社会阶层的学生进行合作的知识、技能与素质。换言之，教师必须成为"对文化具有敏感性的课堂管理者"**（Weinstein，Curran，& Tomlinson-Clarke，2003；Weinstein，Tomlinson-Clarke，& Curran，2004）。有时，公平对待学生的想法会使教师努力变成"肤色盲"（Nieto，2002），因为担心落入陈规陋习而不愿谈论文化特点。可是，对适当行为的解读与期待是受文化背景影响的，如果忽视学生的文化背景，就很容易产生冲突。日内瓦·盖伊为我们提供了生动的例证，告诉我们如果师生之间存在"文化差距"则会发生什么。她注意到，非裔美国学生经常使用"令人回味"的词汇，在言语交际中"注入大量的能量、兴奋和激情"（Gay，2006，p. 355）。欧裔美国教师也许会认为这样的话语粗俗、不雅而打断他们，甚至因此指责甚至惩罚学生。由于认为自己所言所语毫无错处，学生们会憎恨与抵触教师的上述反应。正如盖伊所言："其结果是产生文化冲突，它将迅速升级为课堂上的纪律惩罚，或者移交给学校管理人员。"（p. 355）

为避免这样的情形，我们必须清楚了解自己基于文化而产生的假设、偏见和价值观念，思考这些因素如何影响我们对学生的行为期望，以及我们与学生的互动。意识到文化上的偏见，我们会对不同文化背景的学生的行为少一些误解，也会更加公平地对待他们。此外，我们还需掌握文化内涵知识。我们必须了解诸如学生的家庭背景、人际关系中的文化规范等知识。显然，这样的知识不能用于把学生分类或者定性，而认识到存在于同一文化群体中显著的个体差异也是至关重要的。不管怎样，文化知识在预测学生行为时很有帮助（Weiner，1999）。

最后一个原则是**成为高效的课堂管理者需要反思、艰苦的努力和时间。**课堂管理不能变成一套秘诀或者一个"方法"清单。我们知道，课堂环境有拥挤、多维、节奏快、无法预测以及公开的特点，在如此复杂的环境下，预先准备的答案毫无用处。同样，良好的课堂管理不是凭"直觉"或者"觉得对"可以做到的。课堂管理是一门需要学问的艺术。这意味着你必须熟练掌握高效管理的基本知识。你还要随时准备而且愿意预测问题、分析形势、找出解决办法、做出深思熟虑的决定，并从自己的错误中吸取教训。

本书重点：来自四位一线教师的经验

《做最好的中学教师》首先关注的是如何构建有利于学习和自我调整的环境，如设计适当的自然环境，创造关怀与尊重的气氛，制定行为标准。其次，本书讨论与教学相关的管理工作，如合理利用时间，激发学生的学习兴趣，组织小组学习，指导以学生为中心的讨论。最后，本书将考察与课堂管理相关且无法避免的挑战，如应对不当行为，预防并应对暴力行为。

综观全书，由研究得来的概念和原理与四位中学教师的智慧和经历交织在一起。你将了解到他们所教的班级，以及教室的条件限制。你将听到他们对规章制度和日常工作的考虑，并且能看到他们如何把这些传授给学生。你可以听他们讨论激发学生的学习动机，培养学生的合作能力；听他们讨论用适当的方法处理不当行为。总之，本书的重点是：**真正的教师在管理中学课堂的复杂环境时所做出的真实决定**。我们并不想通过分享他们的故事来表达这样的含义：他们管理课堂的方法是唯一高效的方法。我们的目的是展现四个有思想、有爱心且迥然不同的个人，如何完成课堂管理的重任。那么，就让我们见见这四位老师（按姓氏的首字母顺序）。表1—2提供了教师和他们所在学区的概况。

表1—2 相关教师及其校区概况

姓名	任教科目	校区规模（学生数）	有资格享受免费/低价午餐的学生比例	社区种族/民族差别
弗雷德·塞利库阿斯	社会研究	7 500	12%	主要为欧裔美国人
唐尼·科林斯	数学	6 500	80%	约一半拉美裔美国人，一半非裔美国人
桑迪·克鲁平斯基	化学	1 650	26%	53%欧裔美国人17%非裔美国人14%拉美裔美国人16%亚裔美国人
克里斯蒂娜·弗里兰	英语	12 900	13%	主要为欧裔美国人

见见各位老师吧

弗雷德·塞利库阿斯

弗雷德·塞利库阿斯工作的学区以锐意改革著称，其学生的组成也越来越多样化：目前64%为欧裔美国人，20%为亚裔美国人，10%为非裔美国人，6%为拉美裔美国人。讲50多种母语，尤其是西班牙语、古吉拉特语、印地语、粤语和阿拉伯语，学生的社会经济背景差异很大。尽管人们认为该社区属于中等或中上等社区，但相当多的孩子居住在廉价的活动房屋区中。12%的学生有资格享受联邦政府提供的免费或低价午餐。

弗雷德·塞利库阿斯现年58岁，有3个孩子，是中学社会学部的10名成员之一。学校目前有学生1 800人（5年前只有1 200人），由于学生人数持续增长，学校需要扩建了。

弗雷德的教师生涯比较曲折。由于经济原因，这个出身工人家庭的孩子中学毕业后就进入了美国陆军。他在阿拉斯加做情报员，主持无线电和电视节目，为部队的军事纪录片作解说，而且为几家军队报纸写文章。退役后，他一边为中学生驾驶校车，一边读大学。这时，他发现自己"能和孩子们沟通"，便决定考取教师资格证，"以防什么时候用得着"。一次成功和令人满意的教学经历让他认定，这就是他所追求的职业。他的全部教学工作都奉献给了同一个学区——整整34年。远没有疲惫烦闷的感觉，弗雷德始终相信自己从学生身上和学生从他这个教师身上学到了同样多的东西。

弗雷德现在教着五个班：两节美国历史Ⅰ（高级课程）；一节政法教育班的课（这是一种为不同成分的高年级学生开设的法律、行政和政治实验课）；两节当代世界问题（这是为高年级开设的非西方历史课，一节高级课，一节"常规课"）。通过讲述塔尼达的故事，弗雷德明确表达了他对学生们的期许。塔尼达是去年他班上的一名学生。在了解到第三世界的妇女儿童问题之后，塔尼达组织全班同学通过**拯救儿童**这一组织资助了一名非洲女孩——所有这一切是在没有老师推动的情况下做的。对弗雷德来说，塔尼达的行为表明她将所学到的知识与对弱者的同情结合起来，而这正是弗雷德在班上为之奋斗的一种目标。他告诉我们：

> 我相信真正的教师应该是培育者。他们帮助学生成为独立、热情的学习者，将经验和知识与赋予生命意义的、对他人的真切关爱融为一体。以此，在学生的心灵中播散智慧的种子。

弗雷德承认这些目标在如今的一般中学不易实现，在这些地方，一种"工业革命的心态"在起主导作用：

> 教学楼就像工厂，座椅成排摆放，刻板的日程安排，生产指标，质量控制……整个体制更注重提高效率，而不是培养人性。有时我想，这样设计的学校其实束缚了教育。

尽管看到了目前教育体制给学习造成的障碍，弗雷德依旧精神饱满、积极乐观，对学生期待甚高。例如，初秋时节，弗雷德在当代世界问题课上指导学生们就各种文化中都存在的社会制度进行了讨论。尽管学生们大体上还是合作的，但弗雷德注意到大约有一半学生没有完全投入。于是他把课停下来，直截了当、实事求是地谈起学生在课上无精打采的表现：

> 听着，我们在这可不是学什么破烂货，我们是在试图理解社会制度变化的过程。它影响我们，影响你的生活。如果你们不仅仅是感到厌烦的高年级学生，那么我们在这能做点真正要紧的事。

下课后，弗雷德坐在办公室反思了学生的抵触行为。他检查了上课记录，注意到哪些孩子积极参与了，哪些孩子保持了沉默。他谈起学生们，尤其是高年级学生经常表现出的怀疑和心不在焉的态度；他承认，说服学生，让他们了解在这里的学习对他们的生活很有意义等确实是件很困难的事。尽管如此，他"发誓"要改变他们，他甚至想象某一天下课后，他不得不把留下来继续学习的学生赶走。考虑到弗雷德对教学工作的奉献和激情，他的成功是毫无疑问的。毕竟，用弗雷德的话说，**"教师**这个词不能描述我自己为谋生所做的工作，它其实明确解释了我是谁"。

唐尼·科林斯

唐尼在一个中等大小的城区任教，该区的十所学校共有6 500名学生，其中54％为拉美裔美国人，41％为非裔美国人。很多孩子来自贫穷或者低收入家庭，其中 80% 有资格享受联邦政府提供的免费或低价午餐。这种社会经济状况滋生了其他问题——毒品、反复无常、无家可归、少女怀孕以及身体伤害。

该中学距市中心仅有几英里，坐落在一片开阔的草地上，是一片低矮的砖楼。该校建于上世纪 60 年代，学生从 9 年级到 12 年级共 788 名。在第二层楼角正对数学部办公室的一个教室，我们找到了 9 年级到 12 年级的数学教师唐尼·科林斯。56 岁的唐尼是一个孩子的母亲，在亚拉巴马州的伯明翰开始教数学，然后转到目前的学区，先教初中，后来教高中。今年，由于该中学正在实行区段时间表（将在第七章进行讨论），唐尼在高中教两节课，每节 80 分钟——代数 I 和 SRA（一种为没有通过中学数学水平考试的学生设立的特别复习课程）。然后，她驾车去附近的一所小学，在那里教天才班 8 年级的数学。

做教师是唐尼儿时的梦想。"小的时候，我总想玩学校的游戏，"她回忆说，"而且我总想做老师，从来不愿做学生。"想到少年时的梦想，唐尼认为她是受到了祖母的影响，因为祖母在开设美容学校和美容店之前是一名小学教师。尽管父母都是农民，但他们认定，唐尼不适合务农。正如唐尼所说："成为教师是我内心的向往。"

影响唐尼的不仅有她的祖母，还有她的两位老师。唐尼的 5 年级老师普尔夫人很严厉，但唐尼很快发现这个老师没什么好怕的。普尔夫人并非脾气暴躁，而是关心学生的进步与健康。"从普尔夫人那里，我学到了维护纪律的重要性、严格和公平的必要性，以及与家长保持联系的价值。"后来在中学，唐尼遇到了安克拉姆小姐，一位刚刚走出大学校门的年轻数学老师，她满脑子都是把数学课上得令人兴奋的主意："安克拉姆小姐把数学课变成了实实在在的东西，而且她就是要求我们表现出最佳状态。"从她那里，唐尼学到了激发学生兴趣、对学生寄予厚望的重要性。

唐尼最终获得了数学学士和硕士学位，以及教师从业资格。但普尔夫人和安克拉姆小姐的影响一直存在，这在她自己的教学中有所反映。问及她的目标时，唐尼毫不犹豫地回答：

> 我抱着和我老师一样的希望，希望我的学生成为有创造性的、独立的思考者，希望他们能在日常生活中挥洒自如，希望他们对社会做出积极贡献。我不断强调，解决问题的方法不止一个，我鼓励他们发现其他的答案。我深信，集体工作和同学间互教互学很重要，学生们可以从中学会互相合作，接受建设性批评。当学生们说："科林斯女士，我不需要学这个，我只需要学会如何数钱。"我会告诉他们："首先你得学会挣钱，而挣了钱后，你必须保管好。"要做到这一点，你必须学好数学。

唐尼的目标不是轻而易举就能实现的。那些"目光短浅、看不到明天"的学生让她失望，他们扰乱班级，给那些真正想学习的人制造麻烦。她同时为缺乏家长参与（我们将在第六章讨论）以及学生面临的问题感到担忧。正如她所说："对很多学生来说，教育不是首要问题。**生存**才是首要问题。"有时，她不得不放弃一堂数学课的时间来讨论学生们面临的更紧要的问题：与家长的冲突，怀孕问题，孩子的抚养（学校为学生的孩子设了一个日托中心），离家出走，社区暴力，毒品问题等。带着某种程度的屈从，唐尼评论说：

> 当学生们为家里或邻里的事情生气时，你还要继续讲数学课，那你就算完了。这样做毫无意义。最好把二次方程放到一边，和学生们谈谈。

尽管在城区教学有诸多困难，但唐尼对自己选定的职业仍然充满激情和乐观。听唐尼·科林斯讲自己为学生们所设立的目标，以及她从教学中所获得的满足时，我们可以明显地感觉到，普尔夫人和安克拉姆小姐的精神依旧在这位中学数学教师的身上闪光。

桑迪·克鲁平斯基

桑迪在一个极为多元化的微型社区教学。该区共 3 所学校，其学生既有来自宽敞豪宅的，也有来自低收入公寓楼的。1 650 名学生中，欧裔美国人占 53%，非裔美国人占 17%，拉美裔美国人占 14%，亚裔美国人占 16%。约 26% 的孩子有资格享受联邦政府提供的免费或低价午餐。桑迪所任职的中学目前有 7 年级到 12 年级的学生 650 名。

侧楼是科学楼，在侧楼的二层是化学教室。桑迪·克鲁平斯基现年 50 岁，是两个孩子的母亲，在此教三个班的化学——两个大学预科班，一个提高班。今年，几个班的容量比以前更大了，学生来源更为多样化。例如，她第六节课上有 25 名学生，其中 5 名是非裔美国人，1 名是拉美裔美国人，1 名是亚裔美国人，还有 1 名全家来自印度。班上还有 1 名学生被确诊为情绪混乱患者。

桑迪在她目前任教的中学学习时便十分热爱科学，教学显然是一个合乎逻辑的职业选择。她的父亲是建筑工人，母亲是保险公司的办公室主任，他们都赞成女儿做教师的决定。他们为桑迪感到自豪，因为她是家里第一个上大学的人。

桑迪很清楚她要和学生一起达到什么目的。她认为化学能够培养学生解决问题的技巧，保持自律（"对有些人来说是全新的体验"）和自信：

> 化学是难度很大的科目，有的学生上学伊始就觉得自己永远也学不会。他们会带着张白纸来找我说："K 夫人，这题我不会做。"这简直让我受不了。我希望到年末，这些学生将有信心向难题发起挑战，并且有能力掌握适当的做题策略。这对我来说比得出正确答案要重要得多。

为了达到这一目标，桑迪努力在自己的班上创造出一种接受性而非胁迫性的气氛。比如，在开学的第一天，她给学生每人发了一张索引卡，要求他们回答四个问题：（1）你怎样才能学得最好？（2）你希望化学课上哪些东西让你激动？（3）你对什么感到紧张？以及（4）我可以怎样帮助你？他们的回答很有启发性，尤其是问题（3）和（4）的回答。有个学生说他害怕在全班面前讲话，请求老师别让他回答问题。有些人透露，他们担心化学课上有困难，特别是数学运算和那些需要记忆的"琐碎的材料"；他们要求老师有耐心，要在课外多花时间帮助他们。有个英语能力有限的女孩说自己的"语言不太好"，请桑迪讲话速度慢些，并且"时不时给我解释其中的一些内容"。

当学生们第二天回到教室时，桑迪谈到了他们关心的每一个问题（告诉学生们这是"两名或更多同学"担心的事情）。她感谢学生们让她了解这些信息，这样她便可以帮助他们，并且让他们放心，她会有耐心的，授课速度不会太快，她向学生保证他们需要课外帮助时一定能找到她。后来，解释自己为什么花时间这样做时，桑迪这样说：

> 谈到他们所表达的每一种担心时，我甚至能看到他们的肩膀放松下来，可

以感到教室内的焦虑程度减轻了。这样做也使我得到了可以用来帮助他们的信息。我们以那个害怕在全班面前讲话的男孩为例。今天，我要求学生们把作业题的答案写到黑板上。通常，我不会特意让那些有正确答案的人到黑板上写问题，因为我想让他们了解，掌握策略比得出正确答案更重要。而在这种情况下，使这个男孩有信心走到黑板前才是最重要的。于是，在绕着教室走时，我瞄了一眼他的作业纸，发现有一道题做对了。我告诉他，他做得很好，让他把答案写到黑板上。他没有紧张，而是朝我笑了。如果没有让学生们把他们担心的事情告诉我，这样的事我是做不到的。

桑迪对学生们担心化学课比较敏感，但她仍然对学生寄予厚望，而她的态度也是严肃认真的。今年，严重的风暴造成了不期而至的长"假期"，桑迪给她所有提高班的学生发电子邮件，布置作业，"这样，她们就不会落下功课"。她的学生没有感到吃惊。一个学生告诉她："噢，K夫人，我们就知道您会联系我们的。"诸如此类的事情为桑迪·克鲁平斯基赢得了好名声——热爱化学教学工作，严格要求学生，既严肃认真，又对学生爱护备至的优秀老师。

克里斯蒂娜·鲁戈·弗里兰

克里斯蒂娜的学区是本书所述四个学区中最大的，有24所学校、12 900名学生。克里斯蒂娜所在中学招收了10个不同镇子的近900名学生。学生的主体是欧裔美国人（61%），但民族和种族也在日渐多元化（8%为非裔美国人，10%为拉美裔美国人，20%为亚裔美国人，1%为本土美国人），13%的学生有资格享受联邦政府提供的免费或低价午餐。

在第二层侧楼英语部，我们找到了克里斯蒂娜·鲁戈·弗里兰——24岁，刚刚结婚，今年是她教英语和新闻的第二年。克里斯蒂娜在该社区长大，父亲是卡车司机，3岁时全家从波多黎各移民美国，母亲则是附近镇子长大的办公室工作人员。她就读于州立大学，主攻英语，辅修西班牙语。获得学士学位后，她为获取硕士学位和英语教育资格证继续深造。

与唐尼和桑迪一样，克里斯蒂娜从来也没真正考虑过教师之外的任何职业（除了在8年级时一度想当时装设计师）。甚至很小的时候，克里斯蒂娜"总要做教师，指挥别人怎样做事情"。到了中学低年级时，克里斯蒂娜才开始认真考虑自己想做什么样的教师：

> 我有个出色的老师，海兰·拉斯马森。她很严厉，她没教我们课时大家都怕她，但我们很快就喜欢上她。她真心享受自己做的一切……我们那年得写一个长篇的学期论文……论文仿佛难以完成——要20页啊！可拉斯马森夫人把从前的学生请来，给我们讲他们当时是如何完成论文的，然后她手把手地教我们……每个环节都恰如其分地做到了。我们终于完成了自己觉得无法完成的论文。
>
> 毕业的那年，安杰拉·克罗丹夫人来教我们高级英语。她在上学年结束时就来和我们见面，给我们布置暑假作业。她把自己的地址给了我们，以便于联系。我们在假期里必须把一份作业寄给她。她从那时就开始教我们了。然后，在开学的前两三天，我们环坐在一起，谈论自己的情况。这些人都是我的老相

识，可我还是了解到很多东西。她和我们一样，告诉我们她是怎样成为教师的，之前她又是怎么做修女的。

克里斯蒂娜从拉斯马森夫人身上认识到缜密与条理的重要性。从克罗丹夫人身上看到沟通和培养集体感的价值。如今，站到了讲台上，这些教导也一直是她铭记在心的。

与唐尼的学校一样，克里斯蒂娜的学校也实行区段时间表。因此，她每天上三节课，每节课84分钟，其中包括一节专业课和一节预备课。这样，每年1月，她都要面对新的学生和班级。目前，她的课程包括两节10年级的英语课，班级人数分别为29人和25人；一节基本技能课，学生是11个没有通过中学学业水平考试的孩子。

克里斯蒂娜的主要目标之一是帮助学生"在每天的日常生活中有时间阅读和写作"。她解释说：

> 我觉得很多时候，英语教师热衷于文学和文学分析，忘了我们的学生并不是要成为英语教师……我自己阅读和学生阅读的方式不同，这无所谓。我需要做的是使我的阅读和写作教学对学生有益，让他们产生阅读和写作的欲望。

为了提高学生写作的流畅程度，克里斯蒂娜每节课开始时总要让学生写日志。上课铃一响，学生们扫一眼黑板上的题目，拿出日志本开始写。有时，日志的主题正好引出当天的课程。比如，学生们要讨论安提戈涅埋葬兄长的决定，他们要写的日志的题目便和公民的不服从行为有关："如果你相信自己要做的事情是对的，知道自己因此面临的惩罚是在监狱里关五年的话，你还会去犯法吗？"有时日志主题是用来激发学生思考我们尊重的性格特征（"你欣赏谁，为什么？""什么是耐心，谁是你知道的最有耐心的人？"），有时则是对音乐的感受（"描述你正在听的音乐"）。

冬日里的一天，克里斯蒂娜回忆起自己一年半的教学工作。她得了流感，正在恢复中，因为错过新学期刚开始的几天而感到懊悔。面对着成堆没批阅的文章，以及容量更大的班级，她感到不知所措。带着尴尬的微笑，克里斯蒂娜表达了她最近心中的一些疑虑：

暂停与思考

见过了这些老师，用一分钟的时间想一想他们的个性和课堂管理的方法。你是否感到和四位教师中的某一位很亲密呢？如果你的答案是肯定的，你为什么会有这样的感觉？接下来，想一想你自己的中学经历。你的老师中，有没有非常有效的课堂管理者？他们是怎么做到的？他们和我们刚刚介绍的四位老师有何共同之处？

最近几天，我一直在问："我为什么要到这里来？我为什么说我喜欢这份工作？"今天，我们热烈地讨论一部正在阅读的小说。孩子们真的明白事理。他们投入进去，并为此感到兴奋。我让学生们提出重要的论点——我用不着每一次都去问重点问题。他们产生了互相讨论和进一步阅读的欲望……上完课后（在英语部的办公室里），其他老师看到我面带笑容，他们知道我感觉好极了。其中一个人问我："你怎么这么高兴？"我告诉他们："刚才的体验增强了我的信心：我会尽有生之年对教学工作孜孜以求。"

听听学生们的反馈

在与这四位教师接触的同时，我们开始对学生们在班上的感觉感到好奇。尤其让我们感兴趣的是，为什么他们觉得中学生在有的班级很合作、表现良好，而在有的班上却不合作、表现较差，以及他们对我们正在考察的班级有什么看法。在每个班，教师都离开教室，这样学生们可以交谈得更舒服些。我们解释说，我们想就课堂管理听听"学生的看法"，要求他们书面解释："为什么孩子在有的班表现良好？""为什么孩子在有的班行为不端？""孩子们在这个班的举止如何，为什么？"写完自己的答案后，大家再讲出各自的想法。

不同班级的答案显示出了惊人的一致。不管是 8 年级或 12 年级、基本技能班还是高级班的学生，他们的答案反映了三大主题。首先，学生们强调了教师**关心与尊重学生**的重要性。他们谈到"能欣赏我们青少年生活方式"的教师，"努力认识和了解我们"的教师，"创造信任"的教师，"帮助你，为你解释他们想法"的教师，以及"与你合作，而不是捣乱"的教师。弗雷德班上的一名学生是这样写的："教师花时间认识学生，表现出幽默感，与学生分享一点点个人生活时，学生们与他们的交往会更好。"在桑迪的班上，学生们也不约而同地表示出师生关系的重要性："教师必须能和学生联系。了解什么时候有问题，尽力去解决。学生们发现教师竭尽全力让学生对学习的功课感到舒服时，他们会表现良好的。"克里斯蒂娜的一名学生写道：

> 我愿意在这个班上和老师配合，是因为她并不总是板着脸，她会笑，会开心，但照样把所有的工作做完。学生们会告诉你，什么时候老师想帮助你、想教你，什么时候他们不得不为了教你而教你。

显然，不是所有的老师都以这样的方式和学生交往。学生们写到了"奚落学生"、把他们当"小孩子"看待的老师，"不关心学生"的老师，以及"异常严厉，不想听我们说"的老师。正如一名学生所写的：

> 有时，如果老师从第一天起就要求学生尊重他，而不是赢得学生尊重，那么学生会不喜欢他。如果老师不考虑学生的感受，他们不会喜欢他/她的。学生们对这种事情总是明察秋毫的，不喜欢＝不良举止。

很多学生在书面或口头评论中使用了"尊重"一词，我们恳求他们告诉我们"尊重学生"是什么样子。他们轻而易举地给出了例子，认为教师尊重学生表现在：他们不会公开给学生打分；他们到教室是有备而来；他们不会告诉学生所提的问题很愚蠢；"他们不会当着全班的面责备学生，而是悄悄地责备"；他们帮助有疑难问题的学生；他们允许学生发表自己的意见；他们保证让学生友好相待（比如，他们在一个孩子说话的时候，不让别的孩子说话）；他们会向学生表明，他们**关心学生**。

学生们讨论的第二个主题是，教师有必要**制定并实施规章制度**。学生们用几种方式表达了这种意见："教师必须有很强的权威性"；"教师必须告诉孩子们他们有什么期待，不要三番两次地强调"；"教师要表现出力量"；"教师需要严格（但不是苛刻）"；"教师要成为有控制能力的人"。这些回答清晰地传达出学生对另一类教师缺乏尊敬：太纵容学生的教师，"太胆小，不愿承担责任"的教师，"那些让孩子们凌驾于他们之上"的教师。一个学生写道："如果教师让孩子想干什么就干什么，那他们肯定有不良举止。如果他们在班上捣乱，这样的教师只是试图继续讲课，也许他们只会用自己的声音盖过捣乱的学生的声音，或者不予理睬。"另一个学生的回答也重申了这一观点："通常，过于宽容的教师的班上会发生不良的行为。每个班上都需要有放松和玩乐的时间，但教师应该掌握尺度。"另一个学生这样总结：

> 有些老师对捣乱的学生感到紧张。他们总是想说："停下来，否则我送你去办公室。"老师第一次和学生见面时，需要制定并满怀自信地探讨指导方针，要对自己的所作所为充满信心。

学生评论中出现的最后一个主题是，**以鼓舞人心、引人入胜的方法进行教学**很重要。唐尼的一个学生描述了这一普遍观点：

> 教师必须让课堂有意思，但要有组织。学生之间要有互动，课堂内容要对他们有挑战性……有的时候教师令人厌烦。课程冗长乏味，学生失去对教师和班级的关注。教师的教学方法太老派（原文如此），孩子们便会感到沮丧。

表达这些观点的方式有几种：教师需要学识渊博，要**热爱**他们的工作（学生们会这样讲）；教师的教学方法要有创造性，而不仅仅是照本宣科；他们需要让全班动起来；他们需要把教学材料和学生的生活联系起来。很多人选用了**乐趣**这个词，不过弗雷德的一个学生写道："并不是所有的东西都有乐趣；它没必要有乐趣，但是教师可以采用某些方法使它更有趣和更有挑战性。"对克里斯蒂娜的学生来讲，"弗里兰夫人给我们选择很酷的东西"尤其重要，因为每节课长达84分钟。他们显然欣赏自己的课，因为"它不仅仅是授课、提问题和回答问题"，克里斯蒂娜"使用不同的方法来教学，而不是'打开书，读问题1到5，然后回答'"。

> **暂停与思考**
> 听完学生讨论高效课堂管理者的特点——关心与尊重学生，以鼓舞人心、引人入胜的方法进行教学，坚定（制定并实施规章制度的能力），抽点时间思考你自己在这三方面的优点和弱点。你认为自己面临的最大挑战是什么？

这些主题——**关心与尊重学生，制定并实施规章制度，以鼓舞人心、引人入胜的方法进行教学**——正是本书探讨的四位教师的显著特点。在观察他们教学的时候，他们表现出对学生的关心和敏感，他们权威性的、严肃的态度，他们激发学生兴趣和课堂参与的努力，一次次打动了我们。很显然，学生们领会并欣赏将这三种品质融为一体的能力。

总结评论

弗雷德、唐尼、桑迪和克里斯蒂娜在不同的学校环境里教授不同的科目，所教的年级从8年级到12年级。桑迪、弗雷德和克里斯蒂娜所教的班里主要是白人学生，而唐尼的班上则主要为非裔和拉美裔学生。弗雷德和克里斯蒂娜工作的学区有大约10%的学生可以享受联邦政府提供的免费或低价午餐，而桑迪所在学区的这一比例为26%，唐尼的学区则多达80%。桑迪教的班是高级班，而唐尼和克里斯蒂娜所教的基本技能班的学生均为没通过中学学业水平考试的学生。唐尼和克里斯蒂娜所在的学校采取了区段时间表，而弗雷德和桑迪的课时长度为 45 分钟。所有四位教师所讲授的地区课程都反映了本州的标准，但在补充和选择材料上，弗雷德和桑迪比唐尼和克里斯蒂娜更具灵活性。为了使工作更有效率，我们的四位老师必须对学生在年龄、种族、文化、社会经济情况、成绩水平以及地区政策等方面的区别非常敏感和关注。

除了上述区别，弗雷德、唐尼、桑迪和克里斯蒂娜在很多方面有类似的地方。在谈到课堂管理的任务时，他们有明显的相似之处。有趣的是，这四位教师在谈到课堂管理时，很少使用诸如**纪律**、**惩罚**、**对抗**或**处罚**等词。相反，他们强调相互尊重；他们谈到精心组织和充分准备的重要性；他们强调创造一个"关爱社区"的必要性，在这种社区里，每一个个体都受到尊重，并做出自己的贡献（Schaps，2003；Watson & Battistich，2006）；他们会谈到让学生参与，帮助他们共同进步。

弗雷德、唐尼、桑迪和克里斯蒂娜是在复杂的、不确定的中学课堂环境里工作的在职教师，记住这一点很重要。克里斯蒂娜处在从教的第二年，正如她自己所说的："说到什么方法最有效很尴尬，我只是个新手。"弗雷迪、唐尼和桑迪都是经验丰富、技艺纯熟的教师，他们能非常有效地预防不当行为，即使他们的课堂也并非没有麻烦。（实际上，第十二章重点关注四位教师处理不当行为的方法。）和我们所有人一样，这些教师也犯错误；他们也会感到沮丧和失去耐心；他们有时和自己心目中理想教师的形象不符；他们也承认自己在不断学习如何更有效率地管理课堂。

四位教师没有课堂管理的灵丹妙药，因此他们与学生互动的方式看起来大相径庭，记住这一点同样重要。尽管如此，通过他们行为上的表面区别，还是能发现相同的指导原则。在本书后面的章节中，我们将展现这四位优秀教师如何调整教学原则，以适合自己的特定环境。

最后，有必要指出，这些教师工作的学校条件没有恶劣到要在楼梯间或储藏间上课，教室的窗户并不是数年如一日地破损，全班 40 名学生也用不着挤着看寥寥无几的几本书。他们任教的学校没有安装金属探测器，学生并不是经常携带武器上学，帮派活动也不常见。最近几年，这些教师供职的地区的治安状况不甚理想，可暴力活动也并非经常发生。本书讨论的策略是否适合问题严重的学校尚不得而知。不管怎么说，笔者希望对各地的教师来说，《做最好的中学教师》是一个有益的起点。

小　结

本章讨论了课堂的一些矛盾之处以及特殊的地方，提出高效管理需要了解课堂环境，强调教师要和受其控制的学生合作，共同完成学生没有参与制定的日程安排。在此特殊背景下，教师必须实现课堂管理的两个主要目标：其一，创建充满关爱而有序的学习环境；其二，促进学生的社会性及情感发展。

课堂环境的矛盾之处

- 教室很拥挤，但通常不允许学生们互相交流。
- 希望学生和谐地合作，但他们也许互不相识，或不喜欢对方。
- 督促学生合作，但通常他们各自为政，或者互相竞争。
- 鼓励学生独立，但又希望学生对老师言听计从。

- 教导学生做功课不要着急，要认真仔细，但又必须意识到，42分钟（或84分钟）的课时里"时间紧迫"。

课堂环境的特点

- 多维性
- 同时性
- 直接性
- 不可预测性
- 缺乏隐私
- 历史

本书的指导原则

- 成功的课堂管理可以促进自我调整。
- 如果教师建立起良好的师生关系，实行参与式指导，采取预防性管理策略，大多数课堂秩序混乱的问题都可以避免。
- 对秩序的需求不能取代对意义丰富的教学的需求。
- 教师必须成为"对文化具有敏感性的课堂管理者"。
- 成为高效的课堂管理者需要反思、艰苦的努力和时间。

见见各位老师吧

本章介绍了四位教师，并将在本书其他部分描述他们的想法与经历。四位教师的基本情况及所在学区可见表1—2。

- 弗雷德·塞利库阿斯（社会研究）
- 唐尼·科林斯（数学）
- 桑迪·克鲁平斯基（化学）
- 克里斯蒂娜·弗里兰（英语）

尽管这四位教师在不同的环境下教授不同的课程，但他们有很多相似之处。尤其在于他们以极其类似的措辞谈论课堂管理：他们强调预防行为问题、互相尊重、使学生参与学习活动以及精心组织和充分准备的重要性。

听听学生们的反馈

当被问及为什么学生在有些班级表现良好，而在其他班级则表现不佳时，学生一致提出三个因素：其一，教师要关心与尊重学生；其二，教师要以鼓舞人心、引人入胜的方法进行教学；其三，教师要制定并实施规章制度。我们将在后面的章节中讨论这些因素。

技巧培养活动与反思

课上活动

1. 小组讨论课堂环境的六个特点，并就这些特点对班主任工作的影响谈谈你的看法。

2. 回想一下你过去和孩子们在一起的经历（如担任辅导教师或夏令营辅导员）。在这些经历中你学到哪些有助于管理班级的知识？

3. 阅读每位老师的简介，并找出三四条他们相似的课堂管理方法。

独立活动

想一想克里斯蒂娜思考的问题："我为什么要到这里来？我为什么说我喜欢这份工作？"你在课堂里想得到什么？你发现教学中有趣的东西了吗（或者你认为你会发现吗）？然后想一想课堂组织与管理的含义。也就是说，如果你想让学生积极参与课堂活动，你该如何鼓励他们？如果你希望学生之间相互尊重、友好相待，你该如何做才能营造出这样的班级氛围？

载入档案袋

假设你是本书中的一位老师，你有什么故事与大家分享？想一想你为什么会选择教师这个职业，你的目标是什么？然后将要点写进你的个人简介，这将成为访谈前进行回顾的有用材料，并在教学第一年的困难时期鼓舞你的士气。

第二编　创建有助学生成长的学习环境

"到圣诞节再微笑。"

当我们两位作者参加各自的教师教育培训项目时，这是听到的所有关于预防不当行为的忠告，即在开学的前几个月尽量不要笑，让学生觉得你严肃认真，这样，他们就不敢胡闹了。

实际上，我们的项目并没有讨论多少学生的不当行为问题，而是关注教什么、怎样教。我们偶尔会谈论学生的行为，那只是就纪律而言——不当行为发生**之后**我们怎样处理个别学生。成为教师后，你会发现创造尊重学生、高效率的学习环境与良好的直觉和运气关系密切，与真实的知识反而联系较少。

幸运的是，这种情形在过去的 30 年里有了很大的改变。如今，接受师资培训的学生可以学习创造有序课堂且基于研究的原则、概念和方法，并且微笑很明显会受到鼓励。强调的重点也从**不当行为发生后该怎样应对（纪律）**转移到**从一开始就预防发生**。纪律依然重要，因为有时预防措施不起作用，但教育工作者谈论的是更加宽泛的课堂管理（纪律只是其中的一部分）的概念。正如我们在第一章探讨的，课堂管理的定义是，**教师必须完成创建关爱、包容与高效的学习环境的任务**。

本部分将针对"学年初"的各项任务进行讨论。因为大多数教师面临的是如何安排教室桌椅的问题，所以第二章的重点是教室环境。该章将帮助你设计教室环境，以实现业业和社交目标。在第三章，我们将考察创建让学生感到相互关联、相互尊重和受到关爱的教室环境的几种方法。第四章的重点是让学生理解教师对他们行为的期待。我们强调，要想课堂成为安全、舒适和高效的环境，共同的行为期待（或者规范）是至关重要的。第五章强调了解学生的重要性——了解并欣赏他们的普遍特点，理解他们的特殊需求。最后，第六章探讨的是教师和家长通力合作时所能产生的良好效果，并提出双方合作的策略。通过这几章，我们了解到我们四位教师的信念和做法，以及调查研究所能发挥的作用。

第二章

教室环境设计

教室环境的五个功能
教师如何设计教室环境
共享教室的一些想法
总结评论
小结
技巧培养活动与反思

暂停与思考

你很可能在小学和中学度过了13 000小时。无疑，有些教室比别的教室更诱人、更舒适。想一想是什么造成了这种差别。比如，是布告牌或者张贴画造成的吗？或者花草？是桌椅的样式和安排方式吗？是灯光吗？抑或是教室的大小和方位？想一想把这些教室变成愉快的学习环境的特殊因素，再想一想其中哪些教室处于教师的掌控之中。阅读本章时请记着这些特点。

关于组织和管理的讨论往往忽视课堂的自然环境。除非教室变得太热、太冷、太拥挤，或者太嘈杂，否则我们总会把课堂环境看作不重要的互动场所。这种忽视自然环境的倾向在中学尤其普遍，中学教师就像居无定所的牧民，整天从这个教室出来，进那个教室。在这种可怜的情况下，很难创造出让人满意的课堂环境。不管怎么说，**自然环境影响师生的感觉、思考和行为的方式**，认识到这一点很重要。在你日程安排的限度之内仔细地设计这一环境，是良好的课堂管理不可或缺的一部分。此外，**创造一个舒适的、实用的课堂是教师向学生表明自己关心他们的一个方法**。

环境心理学家指出，课堂环境的效果**既可以是直接的，也可以是间接的**（Proshansky & Wolfe，1974）。比如，学生坐成直排则无法进行课堂讨论，因为他们听不到彼此在说什么，**这样的环境就是在直接妨碍学生的参与**。如果学生们觉得座位的安排表示教师并不是真正想让学生互动，学生们也会受到**间接的影响**。这样，课桌的安排便给了学生暗示：他们该有怎样的行为。如果教师特意这样安排座位来禁止讨论，那么学生们对于这一信息的判断便是准确的。然而，更可能是，教师真心希望全班的参与，但没有考虑过课堂环境与学生行为之间的联系。

本章将帮助你开发**"环境能力"**（Martin，2002；Steele，1973），即对自然环境及其影响的认识，以及利用这一环境达到自身目的的能力。即使他们和别人共用教室或者从一个教室移到另一个教室，在环境方面有掌控能力的教师都会对环境所传递的信息非常敏感。他们会合理安排教室的空间，来支持自己的教学计划。他们知道怎样评价课堂环境的效率。他们留心注意可能导致行为问题的自然因素，如果需要，他们起码会对课堂环境的某些方面做些更改。

阅读本章时，记住课堂管理不仅仅是应对不当行为。正如我们在前一章里强调的那样，成功的管理者要**增强学生对教育活动的参与程度，增强学生的自我管理，预防学生捣乱活动，关爱与尊重学生**。我们对课堂环境的讨论反映了这样的观点：我们关注的不仅是通过良好的环境设计来避免学生分心，把拥挤降低到最低限度，而且关注增进学生的安全感，提高他们的舒适度，激发他们学习兴趣的方法。

笔者将在本章用你们已认识的四位教师的实例来说明主要观点。有趣的是，唐尼、弗雷德和桑迪今年恰巧一直各自在同一间教室上课，尽管别的教师也会使用这间教室。对唐尼和弗雷德而言，有自己的教室与前几年相比就是很大的改善，那时他们必须从一个教室挪到另一个教室。去年对弗雷德来说尤其困难：他在四间不同的教室教五个班！今年要变换教室的是克里斯蒂娜，另一个英语教师在每天的前两个教学时段要用她的教室，这时，克里斯蒂娜有一节课的时间做准备，然后在另一个教室教州考试班的课程。

教室环境的五个功能

组织发展领域的咨询师弗雷德·斯蒂尔（Steele，1973）指出，所有自然环境都有一些基本功能。斯蒂尔所说的五个功能——安全与保护、社交、象征性身份、任务手段和快乐——为我们思考教室的自然环境提供了有益的框架。这些功能让我们清楚地认识到，设计自然环境远比装饰几个布告牌复杂。

安全与保护

这是所有人造环境最基本的功能。办公楼、商店、教室应该像家一样，为人们提供避开恶劣天气、噪声、炙热和酷寒以及有害气体的保护。可悲的是，即使这一最基本的功能，一些学校有时也达不到，教师和学生只能忍受公路噪声、破碎窗户、房屋漏雨等恶劣条件。在这样的环境下，要实现其他功能是很困难的。在环境满足师生其他更高级的需求之前，保证基本的身体安全是一个**先决条件**。

身体安全在诸如科学、家政学、木工和艺术等课程中是尤其重要的问题，在这些课上，学生接触到的是一些有可能造成危险的用具和仪器。关键是，上这些课的教师要了解本州有关课用材料的正确操作、储存和标签的安全指导原则。全国理科教师协会就安全储存、仪器安全和仪器有效摆放做出了说明，也对理科教室中学生/教师和学生/空间的比例做了要求（Biehle，Motz，& West，1999）。在课上，桑迪试图预测什么地方会出事，以便安排用具，把风险降到最低。例如，在她的学生做实验时，如果两种化学品放在一起很危险，她就会取出一种化学品交给学生，而把另一种置于自己的控制之下。这样，学生们必须向她索要（"我该用硝酸了"），她可以再次核查学生们是否在按照正确的实验步骤去做。

如果你有学生坐轮椅、腿上带支架、使用双拐，或者走路不稳，身体安全也是需要特别关注的事情。通过拥挤的教室可能会成为危险可怕的事情。要敏感地意识到他们需要宽敞的过道和空间，助行架或者拐杖在不用的时候有地方安放。在学校工作的理疗师和职业治疗师可以就以上问题提供咨询和建议。

通常，学校的环境提供**身体**安全，但不提供**心理**安全——认为这是个舒服的好去处。心理安全对生活在贫困的、不稳定的，或者不安全的家庭环境里的孩子来说尤其关键。一种提高心理安全的方法是，使你的教室拥有某种"柔和的感觉"。漆布地面、混凝土墙，使得教室看似一个"坚硬"的地方。但在陈列柔软物体，且接触时能产生柔软手感的环境里，年轻人（和成年人）才会感觉更加安全和舒适。在小学课堂上，我们经常能看到一些小动物、枕头、植物、豆袋椅以及小块地毯，这些一般在中学教室是见不到的。如果你有幸拥有自己的教室，那么要考虑一些把柔和元素融入环境的方法。比如，一把摇椅和一盏台灯可以让英语和社会学课堂变得柔和，植物或鱼缸也可以为科学课堂提供柔和的感觉，不同音质的明快语调可以创造安全和舒适的氛围。

另一种提高心理安全感的方法是合理安排教室空间，尽量减少对学生的干扰。在拥挤的教室环境里，学生很容易分心。你需要保证学生的课桌不会离拥堵的地方太近（如放卷笔刀的地方、书架、前门）。这对患有注意力缺损多动障碍（ADHD）的学生尤其重要，ADHD是一种神经生物疾病，它干扰个体维持注意力的能力。患有ADHD的学生无法集中精神、集中注意力、听讲、听从教导，以及组织课业；他们会做出与多动症有关的行为：坐不住、烦躁不安、好冲动、缺乏自我控制。（更多ADHD的信息见第五章。）你可以采取以下手段帮助这些学生：把他们的座位安排在远离嘈杂拥堵的地方，靠近注意听讲的学生；或者让他们的座位尽量靠近你，使你易于与他们进行眼神交流（Carbone，2001）。

你还可以通过让学生选择座位来提高心理安全感。通常，学生都希望坐在朋友附近，但有的学生有空间上的偏好（比如，他们喜欢坐在屋角、靠近窗子，或者坐在前排）。唐尼、桑迪和弗雷德都允许学生坐在他们想坐的位子上——当然，他们必须举止得当（弗雷德建议学生挨着"聪明的学生"坐）。如果你有自己的教室，那么也可以隔开几个小房间，让希望与其他同学隔绝的学生在里面学习，或者给他们提供可折叠的硬纸隔离板（三块硬纸板绑在一起），学生可以放在课桌上。有时，我们所有人都需要"与世隔绝"，但研究表明，对容易分心和与同龄人交往有困难的年轻人来说，独处的机会尤其重要（Weinstein，1982）。

社　交

学生间的互动

在计划安排学生的课桌时，你必须仔细考虑你需要学生之间有多少互动。摆放在一起的课桌可以增加社交活动，因为个体之间距离很近，可以和对面的人进行眼神交流。聚在一起的同学可以共同参加活动、分享材料、进行小组讨论、互相帮助完成老师布置的功课。如果你想强调合作与互助学习，这种安排是最合适不过的。但是，让学生坐在一起，又不让他们互动，这是最不明智，甚至是没有人情味的。如果你那样做，学生们会得到一组矛盾的信息：座位的安排表明允许互动，但你的口头信息恰恰与之相反！

与摆放在一起的课桌相反，成排的课桌会减少学生间的互动，但更易于使他们专心做自己的作业（Bennett & Blundell, 1983）。对于有行为问题和学习障碍的学生尤为如此。研究人员发现，爱捣乱的学生在遇到学习问题串桌时，学习行为缩减了一半，而捣乱行为增长了三倍（Wheldall & Lam, 1987）。

行列的安排可以把学生的注意力吸引到教师身上，因此特别适合以教师为中心的教学活动。行列的安排也可以有几种变化。例如，你可以考虑横向排列课桌（见图2—1）。这种安排不仅可以让学生把注意力集中在教师身上，而且为他们在每一边都安排了很近的"邻居"。另一种变化如图2—2所示，课桌被安排成两两相对的两列横队，教室中间留出宽敞的走廊。这种安排可以让学生看到彼此，更容易互动，因此在社会学和语言课堂上用处很大。还有一种选择，是弗雷德里克·琼斯等人所提倡的，如图2—3所示。这种"内环"安排可以让"你和班上任何一人只有几步之遥"（Jones, et al., 2007, p.42）。

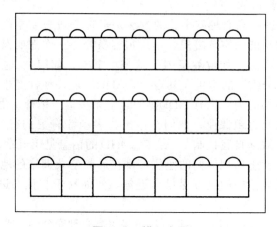

图2—1　横向布置

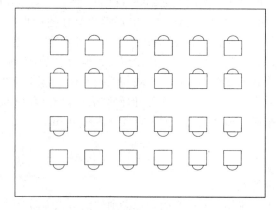

图2—2　面对面的排列

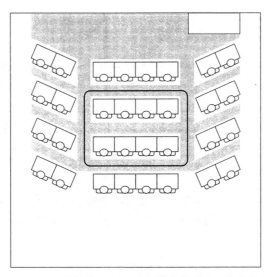

图2—3 弗雷德里克·琼斯等人的"内环"安排

资料来源：Jones，F. H.，Jones，P.，Lynn，J.，Jones，F.，Jones，B. T.（2007）. *Tools for Teaching：Discipline，Instruction，Motivation.* Santa Cruz，CA：Fredric H. Jones & Associates. Reprinted with permission。

图2—4至图2—6展示桑迪、弗雷德和克里斯蒂娜安排课桌的方法。你可以看到，桑迪的教室分成全组讨论区和实验/学习区（见图2—4）。在讲解和检查作业时，学生的座位是横向安排的，过道把两或三个一组的梯形课桌分开（桑迪痛恨梯形课桌，因为它们太占地方）。尽管不愿意看到学生挤在一起，桑迪还是想在一排座位中尽量多安排些学生，以便所有的学生都相对靠近教室的前部。

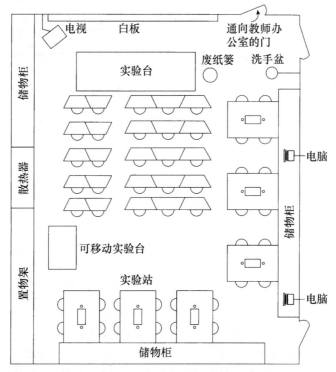

图2—4 桑迪的教室安排

弗雷德和克里斯蒂娜选择把他们的课桌布置成排（见图 2—5），然而，两个老师都会经常在适当的时候让学生移动课桌。克里斯蒂娜这样解释：

> 我不希望把它们布置成排……可一开始那样布置是实用的，尤其是因为我和别人共用一间教室。我的策略是根据活动移动课桌。（课桌成排布置）有利于写作日志、听课以及全组展示，然后，我在需要的时候就移动它们。

弗雷德和克里斯蒂娜都让学生重新安排座位进行小组学习，而且，在班容量很小的时候，排成一圈进行课堂讨论。今年，克里斯蒂娜在自己的大班为讨论课尝试了一种新的布置（见图 2—6）：

> 我们上讨论课时，我站在教室的中间，要求学生把自己的课桌转动 45 度，这样他们都能面对中心。然后，我坐到圈子外面，这可以让我保持沉默。

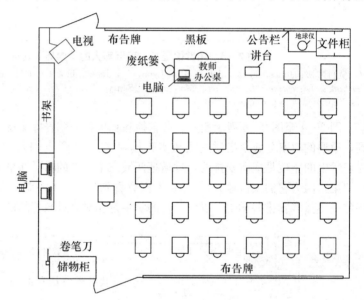

图 2—5　弗雷德的教室安排

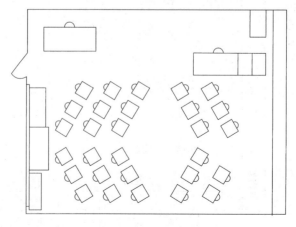

图 2—6　克里斯蒂娜全班讨论时的教室安排

在唐尼的课堂上，双人桌代替了她过去使用的单人标准桌。她把桌子两个一组布置成横排，但在需要时也尝试其他布置方式（见图 2—7）。她甚至允许学生按照他们自己感到舒适的方式移动桌子。有意思的是，尽管唐尼的桌椅安排很诱人，适合小组学习，可她更喜欢单人课桌，因为那样桌子更容易排列成马蹄形。

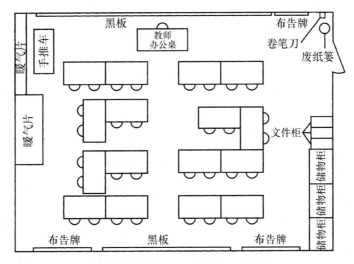

图2—7　唐尼对教室的一种重新布置

克里斯蒂娜、弗雷德和唐尼表现出以特有方式安排教室的意愿。实际上，最近的研究发现，多数老师更喜欢改变教学安排来适应现有的教室安排，而不是改变教室安排来适应教学安排（Kutnick，Blatchford，Clark，McIntyre，& Baines，2005）。这样，在学生课桌成排摆放的教室里，因为不需要挪动课桌，老师可能会让学生两人一组进行讨论，而不是组成合作学习小组。我们能理解这种无可奈何的情况：挪动桌椅可能会浪费教学时间，并造成混乱——但也不一定造成那样的后果——毕竟克里斯蒂娜、弗雷德和唐尼的学生挪动并重新布置课桌就清楚地表明，学生们可以学着既迅速又安静地布置教室，但教师需要教会他们按照适当的步骤去做（见第四章）。

师生间的互动

安排学生的方法也能影响师生之间的互动。一些研究发现，在课桌成行排列的教室里，教师和坐在前排与教室中间的学生互动最多。这个"活动区"（Adams & Biddle，1970）的学生更多地参与课堂讨论，提出更多的问题，做出更多的评论。

教育研究者试图找出这种现象发生的原因。是更感兴趣和更迫切参与的学生选择前排的座位，还是前排的位置莫名其妙地就引发如此的态度和行为呢？这一问题没有得到完全的解决，但大量证据表明，中前排座位确实能鼓励学生参与，而后面的座位使学生难以参与，容易走神。在与桑迪班上同学的一次讨论中可以明显看出，他们也意识到了这种情况。正如一名同学所说："我们都靠近前边坐的时候，老师很容易看到我们，那样你不太会瞌睡！"

克里斯蒂娜也非常清楚座位安排对学生参与和专心所产生的影响。开学第一天，她按照字母顺序排列课桌。但几个星期以后，她重新布置课桌，使学生最大限度地参与教学活动：

　　我试图从学生参与的角度和我管理的角度评估各自的需求。我会观察出问题区域，比如，把讲话太多的区域分开。如果学生需要特别鼓励一下才会参与讨论，那么我会安排他们到前边来。如果学生为了参与而从椅子上掉下来，那么他们排在后面也没问题。如果可以的话，我会避免让学生坐在后面的屋角，他们在那里很容易走神。可是在29个人的班级里，必须有人坐在屋角。我试图对此进行补救，隔几周换一次座位，并且让学生自己为了不同的活动调整座位。

尽管对活动区的研究只考察了行列的安排，我们仍很容易想象，只要教师把大多数的评语和问题给了最靠近他们的学生，同样的情况就会发生。牢记这一点，采取措施保证活动区涵盖全班同学。以下是几条建议：（1）只要可能就环绕教室走动。（2）和坐得离你远一些的同学进行目光交流。（3）对坐在后面和边上的同学做出评语。（4）定期调换学生座位（或者允许学生选择新座位），这样所有的学生都有机会坐到前面。

象征性身份

这一术语指的是某种环境所提供的在此度过时光的人的信息。主要问题如下：这间教室告诉我们有关学生的什么事情——他们的课堂活动、背景、作业完成情况以及他们的偏好如何？这间教室告诉我们教师的目标、价值观、对教学内容区的看法以及教育理念是什么。

教室往往和汽车旅馆类似。它们令人愉快但缺少人情味，无法显示使用该空间的人的信息，甚至也无法显示研究主题的信息。这种"隐匿性"在初中和高中更为严重，白天有六七个班使用同一个空间。（晚上可能有成人班还要使用，弗雷德使用的教室就是这种情况！）不管怎么说，想出使你的课堂环境个性化的方法很重要。不过，在使用墙上的空间或者布告牌之前，一定要和其他使用该教室的老师谈好"财产权"。

四位教师全都试图在各自条件允许的情况下使自己的教室个性化。在克里斯蒂娜的教室里，天花板上悬挂着戏剧面具和文艺图画。五个色彩明亮的布告牌摆在后墙，展示英语知识的方方面面。离窗户最近的两个布告牌上面是著名作家在桌前写作的照片，上面的引言描述了他们对付和克服写作的痛苦所采取的方法。唐尼只使用了三个布告牌，但她尽力用布告牌展示学生的活动和成绩。她留心报刊新闻，经常在布告牌上张贴她目前的以及以前的学生的故事。一个布告牌用来张贴"数学光荣榜"（该记分阶段数学得 A 或 B 的同学）。有时，她也会给班上的学生照相，并张贴在布告牌上，以纪念某些特殊的活动（比如，某同学功课尤为出色时，或某同学课堂表现非常优秀时）。

桑迪也张贴学生在实验室做实验的照片，尽管从来没有得到明确的许可。有时，桑迪也会展示学生的优秀作业，但她也提醒大家注意：

> 中学生们通常不愿意把自己的作业张贴在布告牌上，因为他们不想以任何方式在同学中"引人注目"。我张贴作业时，一定会把他们的名字放在作业的背面。

你还可以展示学生文化背景的材料，使你的教室空间更具个性，尤其是与你的讲课主题相关时。比如，美术课上可以展示学生祖国的艺术家的作品，科学课上可以展示为科学进步作出卓越贡献的各国科学家的海报。而数学课上，"人种数学"展示可以探索非西方文化环境（如非洲、中国、印度、印加或玛雅文化）下诸如数字、图表、拓扑学、概率和对称等概念。

此外，还可以考虑几种利用环境来传达你**自己**的文化背景、经历和兴趣的方法。你也许希望悬挂你最心仪的美术画，展示你全家的照片，或者展览你收藏的陶制青蛙（你一定不会展示那些不可替代的东西，因为稍一疏忽，就可能把它们损坏。）克里斯蒂娜的桌子上摆着一辆满是木制苹果的汽车，那是她执教前一年的夏天做的。桌上还摆着一只玩具熊，而她在家里也收藏了一些。在前面的黑板上，是一首带边框的小诗，是以前的一名学生写的，其写道："这是一首诗/讲的是努力教我们的老师/尽管有时我们不大听话/但她总能关心我们。"

最后，在把商业性海报张贴到教室墙上前要仔细看看，问问自己这些海报是否真的对学生的学业有利（Tarr，2004）。布告牌是教室里最主要的"不动产"，因此，除非你要张贴的材料特别有价值，否则，最好只用于展示学生的作业，或者你亲手创作的东西。

任务手段

这一功能涉及的是，在我们进行教学工作时，环境能够提供给我们的诸多方法。考虑一下你要在教室中开展的任务和活动。学生们会独立完成写作作业吗？他们会合作开展活动和项目吗？你会用黑板、白板、高射投影仪，或者与计算机连接的录像放映机给全班授课吗？你准备让实验室的学生进行小组合作吗？学生们会在教室的电脑上完成课业吗？

对这些工作的任何一项，你都需要考虑环境设计要求。比如，如果你准备在学生独自学习前（如在实验桌旁）进行集中讲授的话，你必须仔细考虑该把教学区域安排在哪里，工作区域又安排在哪里。你想把它安排在黑板旁还是投影屏幕旁？不管怎样安排，你都要让所有学生毫无限制地看到你的演示和听到你说话。你还需要把工作区域组织好，这样学生个体或者小组不会互相干扰。

如果你有一台非教学（如录音）用的电脑，你可能会放在讲台上；如果是一台用于演示的电脑，则需要把它放在靠近录像机和交互式白板的地方（Bolick & Cooper，2006）。如果教室里有供学生使用的电脑，尽管可能受到插座和网线接口位置的影响，你也需要仔细考虑将其布置在哪里。如果需要把学生分成两人或多人小组来使用电脑，那么要保证既不能太过拥挤，也不能分散学生的注意力。同时，要注意使电脑远离水和黑板，因为粉尘会影响电脑运行。

不论你在课堂里将进行怎样的工作，你需要记住几条总体的指导方针，这些方针见实用贴士。

 实用贴士

高效课堂设计实用信息

● **经常使用的课堂材料应该触手可及。**诸如计算器、剪刀、字典、教科书、订书器、胶带和尺子等材料应该拿取方便。这可确保把准备活动和活动后的整理时间缩减到最少。要决定什么材料保存在上锁的柜子里，什么材料放在敞开的架子上；还要考虑使用轮椅、拐杖和助步车的学生是否可以轻易拿到材料。

● **要很好地安排架子和存储区域，**材料和仪器放在哪里应该一目了然。架子上要有标签，这样，每个人都清楚东西放在哪里，拿取材料和放回材料就很容易了。你还应该有某种规则来发放和收取学生的作业（如收发箱）。学生未经允许不能拿的材料应放置在上锁的或封闭的柜子里。

- 整个教室的通道须仔细设计，以避免引起通行障碍或者让学生走神。通往卷笔刀、储物柜和垃圾箱的通道要一目了然，畅通无阻。这三个人来往较多的地方要远离学生的课桌。对于使用轮椅的学生来说，通道足够宽敞吗？
- 座位的安排应该让学生能清楚地看到教学演示。可能的话，学生们应该不用搬动桌椅就能看清教学演示。
- 教师办公桌的位置取决于你在哪里活动。如果你不停地在教室里走动，你的办公桌要放在不挡道的地方，比如某个角落。如果你把办公桌作为讨论区或者工作站，那么可以将它放在更靠近教室中间的位置。但要注意，中间的位置也会让你长时间待在办公桌边，而这将使你监控学生作业和行为的能力减弱。此外，如果你的办公桌处在中心位置，让学生在那里展开讨论也许会分散其他学生的注意力。
- 要确定在哪里存储你的教学辅助工具和材料。如果你要从一个教室挪到另一个教室，那么最好有一个课桌抽屉或者储物柜的架子由你自己使用。最起码，你很可能需要存储钢笔、记号笔、纸夹、订书器、橡皮筋、粉笔或白板笔、磁带、纸巾、考勤表以及文件夹。另一种选择是自己随身携带用品，将它们放在塑料文件柜或者手推车里。

快　乐

这里有一个重要的问题，学生和教师是否觉得教室引人入胜、令人愉悦？对于那些已经为授课、提高成绩、维持秩序过于忙碌的教师来说，美学考虑似乎毫无价值、没有意义（最起码在开家长会和校园开放参观日之前是如此）。鉴于你和学生们要在教室一起度过很多的时光，创造愉快环境的方法值得考虑。如果学生们认为教室是枯燥、不舒适、不愉快的地方，那才是可悲的。

在环境吸引力的经典研究中，实验者对"丑陋的"屋子里和"漂亮的"屋子里进行的访谈进行了比较（Maslow & Mintz, 1956）。访谈者和实验对象都不知道该研究的真正目的是评估环境对他们行为的影响。研究者发现，被分配到丑陋屋子的访谈者抱怨头疼、疲劳和不舒服。而且，**访谈结束得更快**。很明显，在这种地方工作的人试图尽快完成工作，以便早早离开让人不舒服的环境。

另几项的研究则显示，美观愉悦的环境可以正面影响人们的行为。比如，两项大学研究表明，诱人的环境对学生的出勤率、集体凝聚力（Horowitz & Otto, 1973）、课堂讨论的参与（Sommer & Olson, 1980）都会产生积极作用。这些研究项目里的教室配有特别设计的座位、柔和的灯光、植物、温暖的色调以及地毯，这样美观的环境是大多数中学教师无法企及的。但不管怎么说，装饰教室环境值得花些心思，尤其是当你有自己的固定教室时。你可以尽可能学学罗伯塔·乔希尔斯（Roberta Jocius）的创造力。罗伯塔是印第安纳州伯塔奇中学的英语老师，对创造诱人、温馨的教室环境

暂停与思考

我们听到初、高中教师谈论，课堂环境的五大功能很有趣，但对小学课堂更实用。我们同意这种说法。想一想教师如何利用这五大功能设计和装扮教室环境，以最利于6～12年级学生的发展？

（Schmollinger，Opaleski，Chapman，Jocius，& Bell，2002）情有独钟。在她教室的一角，摆着一把摇椅，椅子上盖着阿富汗毛毯，旁边是台灯，以及一些青少年喜欢的小说。蕾丝窗帘和堆砌着人工木柴的假壁炉也让教室显得更加温暖与舒适，还有一套瓷器茶壶和茶碗，正好与学生学习的《远大前程》紧密相关！

教师如何设计教室环境

　　斯蒂尔提出的环境功能为你提供了思考环境的一种方法，而不是建筑蓝图。如果你考虑到环境所起的不同作用，就会明白这些功能不仅相互重叠，实际上还相互冲突。利于社交活动的座位安排不利于进行测验。唐尼就能证明这一点：她经常准备两到三套试卷，因为学生们坐得太近！同样，给学生提供私密空间的教室安排不利于监控学生和维持秩序。因此，在考虑教室安排和你自己的教学重点时，要决定哪些功能比别的功能优先。如果你是个"流浪者"，必须从一个教室转移到另一个教室，或者和别人合用一间教室，你还要考虑你想要达到的真实目的是什么。本章的这一部分描述了你在设计教室环境时可以遵循的程序。

考虑教室可以开展的活动

　　设计教室的第一步是考虑你的教室要容纳的活动。比如，如果你教的是实验室科学，那么你也许需要进行全组教学、"动手操作的"实验室工作、媒体展示，以及测试。如果你教历史，那么除了一般的讲课、口头问答、讨论和课堂作业安排外，也许你还需要进行小组研究项目、辩论、模拟以及角色扮演。如果你教外语，那么你需要促进学生间的外语交谈。把这些活动列成一栏，在每项活动旁注明该活动是否有特殊的物质需求。比如，学习小组的项目需要存储空间，实验室工作需要靠近燃气管线和水。还要考虑什么样的活动涉及无法挪动的设备（如投影屏幕）、需要插座的设备，或者连接互联网所需的线路。

　　其次，要考虑这些活动中哪种活动在教室中**占主要地位**，大部分时间里最适合的环境安排是什么？学生们是否经常参加全班讨论？如果是这样，你也许希望把课桌按大圆圈排列。你总要在黑板上做介绍和展示吗？如果是，按行排列课桌则是最佳选择。此外，要考虑教室的摆设如何重新布置，来适应你将指导的**其他**活动。比如，克里斯蒂娜把课桌按行排列，但学生们完成日志写作后（每节课的第一项活动），马上按四五个人一组排列桌子，进行小组学习。

考虑班上的学生是否有需要改变环境的特殊需求

　　同时也要考虑使用教室的学生的特点，你是否需要改变环境以使教室安全舒适？是否有学生做过整形或矫正手术，需要宽敞的过道或者特殊的设备和家具？（比如，桑迪就为一名坐轮椅的学生准备了可移动的实验平台。）如果有的学生有听力障碍，则需要在椅子和桌子腿上包裹毡子或橡胶套以把杂音降到最低。（废弃的网球就很好用！）桌子上盖针织品，卡座用消音瓦或软木板做衬里都有助于降低噪声（Mamlin & Dodd-Murphy，2002）。

　　分配学生座位时也需要考虑他们的特殊需求。有没有存在注意力障碍，座位需避开打扰的学生？如果有存在听力障碍，需要读唇语的学生，那么他们所坐的位置必须让他们始终能看到你的脸。如果有视力不好的学生，那么他们需要坐在靠近你展示材料的地方（比如，投影屏幕或者白板）。做一个表，列出班上需要照顾的每一种学生，以及你需要怎样做来满足这些学生的特殊需求。

考虑使用教室的其他成年人的需求

随着越来越多有特殊需求的学生进入普通课堂接受教育，你越来越有可能和其他成年人一起工作（如特殊教育教师提供当堂支持、专业辅助人员以及教学助手）。实际上，一项对 18 所小学的调查表明，教师在课堂上可能需要不止一个成人助手，而不是单独面对自己的学生（Valli，Croninger，& Walters，2007）。

资源教师和教学助手至少需要存储材料和坐的地方，所以你得决定把这些地方安排在哪里。桑迪的班上就有一个大脑受损的学生，他需要一个全职助手的照顾。桑迪更愿意让助手坐在教室的后面，而不是紧挨着那名同学。她解释说：

> 詹姆斯给我的最大挑战是如何让他成为团体的一部分，而让助手坐在他的身边，给他记笔记，只能让他更难融入这个集体。我决定让他合作小组的一名同学帮他记笔记（在无碳复写纸上），他们已经真正开始接触了。孩子们学着倾听他的话，接受他对小组的贡献。如果助手就在他的身边，这样的事情就不会轻易发生。有时，助手的保护阻碍该生成长，不会让他变得更加独立，无法让他成为小组中真正发挥作用的一员。

（我们将在第五章讨论普通教育教师和特殊教育教师共同执教时再谈这些话题。）

绘制教室平面图

在移动任何物品之前，画几张不同的平面图，选择最方便操作的一张。在决定用具和仪器设备放在什么地方时，既要考虑你在活动表上注明的特殊需要，也要考虑教室的"既定条件"——电源插座、黑板或白板、固定的电视或录像机、窗户、嵌入式架子、电脑线路、橱柜以及实验桌的位置。同时要记着我们前面对心理安全、社交和任务手段的讨论。

开始先决定在哪里开展全组教学以及此时学生们的座位安排，这可能会对你有所帮助。考虑一下教师的桌子放在哪里，你和学生是否可以轻易拿到存在架子上或者橱柜里的常用材料，过道是否畅通无阻。请记住，没有一个放之四海而皆准的教室安排方法。重要的是保证你的空间安排支持你将采用的教学策略，以及你希望学生表现的几种行为。

让学生参与环境设计

尽管在开学之初可以做大量的工作，但最好留一些别做，以便让学生参与设计的环节。如果你在一间教室教四五个班，很显然你不可能让每个学生参与所有的环境设计。然而，你可以从不同的班征集教室设计的意见，然后选择那些最可行的。你还可以让你的班级轮流负责教室的布置（比如，每个班都有机会设计布告牌的展示内容）。让学生参与环境设计不仅可以创建对学生意见有更多回应的环境，而且可以为学生成为积极的、有参与意识的、具有环境适应力的公民做准备。

尝试新安排，评估并重新设计

除了对学生安排教室的意见有所回应以外，你还可以使用斯蒂尔有关环境的几种功能作为评估你教室设计的框架。比如，课桌的安排是促进还是阻碍学生的社交？布告牌展示是否传递相关主题和学生功课的信息？学生可以方便获取常用材料吗？教室给学生带来快乐了吗？

在评价课堂环境的效果时，要警惕这种环境安排可能引发的行为问题。例如，如果一名学生在座位挪到电动卷笔刀旁突然变得不专心了，那么很可能就需要变化环境安排，而不是要他留堂。如果在你多次要求后，教室的地面还是不干净，那么潜在的问题也许是没有足够的垃圾箱或者垃圾箱的位置不合理。

改变教室环境既不是枯燥无味的，也并不耗费时间。实际上，小小的改变就能带来学生行为上令人满意的变化。比利是纽约市皇后区一所中学的学生，他就无法踏踏实实地坐在座位上，经常从椅子上跌下来（Burke & Burke-Samide，2004）。原来，坐在坚硬的椅子上使他感觉很不舒服，所以他就经常变换位置或者从椅子上跌下来。作者们建议，为比利提供更加舒服的座位很可能会提升他的注意力和课堂参与程度。

共享教室的一些想法

当我们坐下来讨论课堂管理中物质环境的作用时，很显然所有教师都因为必须和别人合用教室而感到苦恼。谈到在两个不同的教室上课，克里斯蒂娜直言不讳地说："我讨厌这样！"桑迪强调，使用教室受限会造成很多困难：

> 我不在自己的教室时，别人在；就是说，在整天上课的日子里我不能进自己的教室准备实验——而我一周有六个实验。我只得在放学后准备实验，同时还要履行作为化学教师的其他职责，像组织材料、处理旧化学药品、保证所有的仪器都能够正常工作，当然，还要帮助有问题的孩子。尽管我也愿意花费精力创造更有吸引力的环境，可那毕竟是次要的事情。

教师们也表达了对其他一般问题的愤慨，如储存空间不足（克里斯蒂娜喜欢"储藏"东西）、不恰当的室内用具、课桌的数量不够。他们谈论起材料丢失（弗雷德今年用了三个订书器）以及缺乏个人工作空间（桑迪花了三年时间才争取到一张课间时可以坐下来的课桌；最后弄到的课桌，居然是在储藏柜里）。他们谈论这些如同战争故事，他们也谈到当合用教室的教师不体谅别人，教室清理不干净时所出现的问题。这个话题显然让他们血压升高，因而共享他们所得到的教训就显得尤为重要。

做个好室友

在讨论中，唐尼给我们讲了个故事，说明教师合用教室时会产生的几种问题：

　　我和一个长期的代课教师共用一个教室，他在第二节课时用我的教室指导自习课。他觉得他不用真的看着孩子们，于是孩子们坐在那儿，在课桌上到处写字。最后，我再也忍受不了了！我带着海绵和清洁剂，在上课前把课桌擦干净。我上第一节课，第二节课时教室给他用，等第三节课回到教室时，课桌上又写满了字！真把我气晕了！

　　唐尼与一位长期代课教师在学年中期开始合用教室，处境尤其困难。而通常在学年之初订立一个明确的协议是很重要的。协议需规定教室怎样安排，哪些地方（布告牌、黑板或白板）和存储空间你们两位都可以用。如果你是一名新教师，被分配和有经验的教师合用一间教室，在重新布置教室和使用布告牌、黑白板与存储空间前，一定要与对方探讨这些问题。

暂停与思考

　　考虑一下合用教室带来的问题。如果你处于这样的情形之下，你会在协议中添加什么特别的条款以保证教室正常使用？如果协议遭到破坏，你希望采取什么措施？

　　你还要谈论每一堂课后教室应该是什么样的。你和室友也许一致认为，课桌应该按照标准的布置来摆放，黑板等应该擦干净，材料要清理走，地板要打扫干净，教室里不能留有食物，而且课桌上（当然）不能写字。你们还须同意，如果协议受到破坏，应该采取什么样的措施，这样你就不用忍气吞声。

　　正如桑迪所说："光有协议是没有用的，你们必须照章办事。我和室友同意，让学生负责教室环境的维护。如果我走进教室，发现了一个问题，那么我就把问题告诉她，下次看到那些学生时，她会处理的。"

总结评论

　　四位教师一致认为，考虑教室环境很重要。弗雷德说：

　　即使当教师从一间教室挪到另一间教室，对教室少有控制时，了解一些想法（如活动区）也是很重要的。同时，如果你像我一样是个"流浪者"，有些想法（如心理安全）是难以实现的。但那无关紧要；重要的是，无论如何你在思考这些问题。我们需要对新教师说："听着，伙计们，处理这事你得聪明点。如果你不能在教室里布置柔软、温暖的毛绒饰物，那么你会为此付出代价的。你必须找到其他提供心理安全的方法，让孩子们在你的教室里觉得安全，因为他们知道这样就不会受到敲打。"

　　正如弗雷德所说，创造理想的课堂环境对中学老师来说并非易事。不管怎么说，笔者希望本章能使你对自然环境及其影响有更为全面的认识，并且切实认识到你该怎样利用环境来达到自己的目的。请记住，环境创设能力是高效课堂管理的有机组成部分。

小　结

　　本章探讨了课堂的物理环境如何影响师生感觉、思考和行为的方式，强调了教师必须意识到课堂环境直接与间接的影响。这种意识正是开发"环境能力"的第一步。本章以斯蒂尔关于环境的几大功能作为讨论框架，提出了几种支持教学目标的课堂设计方法。

安全与保护

- 要认识到危险物品和仪器，并且对此采取安全指导方针。
- 要敏感地认识到身体有残障和注意力有缺陷的学生的需求。
- 在教室中增加柔和的元素。
- 安排空间时避开干扰。
- 添加小房间或者使用可折叠的硬纸隔离板来增加私密空间。

社 交

- 考虑你希望在学生中有多少互动。
- 想一想你是否在和**所有的**学生交流，避免小范围的活动区。

象征性身份

- 使你的教室空间个性化，使之能够传达有关你、学生以及讲课主题的信息。

任务手段

- 保证学生能得到经常使用的材料。
- 搞清楚东西应该放在哪里。
- 计划好室内过道，以避免拥堵和学生走神。
- 安排好座位，使学生可以看清课堂讲解。
- 把你的桌子放在恰当的位置上（放到一边可以使你环教室走动）。

快 乐

- 使用植物、颜色装饰和布告牌展示来创造美观怡人的环境。

细心设计课堂环境是良好课堂管理不可分割的一部分。开始设计环境时，应考虑它要适应的各种活动；如果可能，邀请学生参与设计过程。还要考虑你的学生是否有特殊需求，是否需要改变教室的布置。要保证给教室里的其他教师或教学助手提供必要的座位和存储空间。尝试、评估你的布置，按照需要重新设计课堂。如果和其他教师共用一间教室，一定要就如何分享空间以及师生负责保持良好环境达成明确的协议。

技巧培养活动与反思

课上活动

小组讨论下表中的座位安排，思考适合或不适合每种座位安排的教学策略，可参考第一个范例。

座位安排	适合这种座位安排的教学策略	不适合这种座位安排的教学策略
成行排列	教师或学生展示；音频、视频展示；测试	以学生为中心的讨论；小组学习
横向排列		
马蹄形排列		
小组排列		
环形排列		

独立活动

参观一个初中或高中的教室，观察两到三节课，绘制一幅教室布局图，并根据斯蒂尔环境功能理论评价该教室的布局。

载入档案袋

假设你自己单独使用一间教室，不用换教室，也不用和其他教师共用。画一幅你理想的教室布局图，然后简单解释一下你为什么这样设计。

第三章

建立互敬互爱的师生关系

表示关爱的重要性

表示关心和尊重学生的方法

建立互爱的生生关系

给人警示的故事

总结评论

小结

技巧培养活动与反思

几年以前，我们指导一个名叫安妮的实习教师，她被安排在 4 年级。我们有人在学校教过安妮一门课，有点担心她的组织能力。但不管怎样，第一次去教室探望她，看到的情况仍然出乎我们的意料。安妮在讲标点符号，课虽讲得不太精彩，但也不是多糟糕。可学生们的行为**很糟糕**。他们聊天，在课桌里翻东西，完全不把上课当回事。此外，在整堂课里，总有学生找安妮，比如要求去卫生间，然后离开教室。有个学生大约每三分钟就离开教室一次，简直令人难以置信。有时，竟有五六个学生同时离开教室。然而，安妮从来也不要求他们等自己讲完，或者等刚出去的学生回来再走。

一堂课结束，我们和安妮碰头讨论授课的情况时，问她对学生课上的表现有什么看法。我们想知道她怎么解释学生们在她的课上缺乏兴趣并别有用心地离开教室。我们还想知道为什么学生在请求离开教室的时候，她从来都不拒绝。我们清楚地记得她的回答：

> 我想让学生们看到我关心他们。我不想像暴君一样统治课堂。如果某人要求去卫生间，我不让去，那表明我不尊重他们。

安妮从没有创造出她所希望的互相尊重的气氛；实际上，她就没有完成实习。她所说的"关心"，是"永远都不要说不"，这使局面混乱不堪，学习、教学和关爱都成了不可能的事。

表示关爱的重要性

这些年来，我们对安妮和她努力创造尊重与关爱的课堂的做法思考了很多。

尽管安妮最终没有成功，但我们理解并赞许她高度重视良好师生关系的努力。事实和研究都告诉我们，学生们更愿意和关心他们、尊重他们、值得信任的老师合作（Cornelius-White，2007；Gregory & Ripski，2008；Hoy & Weinstein，2006；Osterman，2000）。对于非裔学生和拉丁裔学生尤其如此，他们经常觉得老师（通常是欧裔美国人）不了解自己的洞察力，不把他们当作独特的个体看待，不尊敬他们的文化背景，或者没有对他们表示出尊重（S. R. Katz，1999；Nieto & Bode，2008；Sheets，1996）。实际上，安杰拉·巴伦苏埃拉指出，在休斯敦上学的拉丁裔移民中学生需要感觉**得到关爱**后，才会**关心**自己的学校（Valenzuela，1999）。

另一项研究强调了良好师生关系的关键作用（Cothran, Kulinna, & Garrahy，2003）。与182名不同社会经济、文化和学术背景的青少年学生（6～12年级）的访谈显示，学生们对倾听他们、尊重他们和显示关爱的老师深怀敬意。索尼娅是这样说的："你如果和学生关系密切的话，他们会更信任你，更尊敬你，对你更好。"当研究者问她"对你更好"意味着什么，她这样回答：

> 我们不会说她的坏话。她讲话时我们尽量不插话、不还嘴。我们尽量倾听并记住她讲的事情，如她的指示和教诲。我们不反驳她。我们对她的希望和她的计划没有怨言。(p.439)

研究者发现，关爱和尊重的关系之重要性在课堂管理讨论中"并非老生常谈"（p.441）。他们认为这不无遗憾，因为教师的关爱在赢得学生对学术活动的合作与参与中是关键因素。

当然，赢得合作并不是尽力和学生建立积极关系的唯一原因。如果我们想要年轻人全身心地投入学习，分享他们的想法与感受，敢于冒险，培养他们的社会责任感，我们还需要合理地组织课堂，使学生感到他们获得了安全和关爱（Patrick, Ryan, & Kaplan，2007）。如果我们想要让学生感到师生之间的联系和信任，那么我们必须努力创造一种课堂团体，让学生觉得他们是这个团体需要的、受重视的成员（Roeser, Eccles, & Sameroff，2000）。即使要完成把学生留在学校这一基本目标也有赖于发展有意义的关系：当问到青年人为什么从中学辍学，他们通常回答——因为没有人关心他们（National Research Council，2004）。

暂停与思考

继续以下内容之前，想一位你自己中学时的老师怎样显示出对学生的关爱和尊重。从具体行为来讲，他们怎样传达出对你的关心？

我们回顾一下，安妮的问题不在于她高度重视关爱学生，以及与学生建立积极的师生关系。**她的问题在于她考虑关爱的方式。**很显然，从不说"不"起不了什么作用。那么怎样做才能起作用呢？你该如何向学生表明你关心他们？

本章开始会介绍几种向学生表示关心和尊重的方式。然后我们转向学生之间的关系，探讨创建关爱集体的策略。在关爱的集体中，学生觉得受到尊重、得到信任、互相支持。阅读时，请记住我们在第一章中讨论的课堂小组的特点。别忘了，学生们和大多数的社会群体不同，他们不会自愿地走到一起来。他们是被强迫的观众，经常被要求做并非自己选择、自己毫无兴趣的工作。还要记住，课堂组别的形成有其随意性；学生们通常不能选择他们的同学或老师，但却被要求互相合作。记住这些特殊的要点可以让人更容易理解为什么教师必须努力创造凝聚力，促进合作，培养学生的社区认同感。

表示关心和尊重学生的方法

对学生要和气

新教师往往被告知，圣诞节前不要给学生笑脸，这样，学生就会认为他们不苟言笑、难以对付。我们不同意这种说法。微笑是一种简单有效的和气之法。你还可以在上课之前站在教室门口迎接并问候学生。（这可以让学生井然有序地走进教室。）如果你班里有非英语国家的人，学几句他们国家的问候语。如果你每天用他们的母语来迎接他们进教室，对学生来说，意义将非同寻常。

最重要的是尽快记住学生的名字（还有他们自己喜欢的绰号）。你还得学会正确的发音，尤其是自己不熟悉的名字。比如，在我们四位教师的班上，有 Sriram（"Shree-rom"）、Hrushita、Yili、Isha（"Eye-sha"）、Hamzuh（"Hum-zuh"）、Wei Hou（"Wee-how"）和 Aisha（"Eye-ee-sha"）等少见的名字。克里斯蒂娜觉得在自己的记录本上把他们的发音记下来给自己帮了大忙。她发现一些亚裔学生不愿意更正其他人对自己名字的错误发音，因为他们担心对人不敬。

看看唐尼如何在开学第一天迎接学生时表现出对学生名字的兴趣：

> 做完自我介绍，唐尼要求学生也以同样的方式介绍自己："告诉我你的名字，名字的来源或者意义，是否有你希望我用的昵称，然后用一个形容词来描述自己。我会把这些都记下来，这样就能尽快记住你们的名字。请大家有点耐心，这也许要费点时间。"

了解学生的生活

除了欢迎你的学生，另一种表示关心和尊重的方法是了解他们的生活。比如，你可以让学生填一张信息表，问他们最喜欢的学校课程，放学后做什么事，他们的爱好、宠物以及任何他们想让你了解的东西。和学生一起参加体育活动、游戏、听音乐会是另一种了解他们的方式。

弗雷德在开学第一天点名时就开始了了解学生的进程。叫了每个人的名字后，他要问一个问题，比如，你最喜欢的电视节目是什么？你最喜欢什么样的音乐？这不仅让他了解学生，还给了学生在全班同学面前大声讲话的信心。弗雷德在指导全班讨论时也要求学生对如下问题作出回答：

- 对 21 世纪的中学生来说，最好的事情是什么？
- 迄今为止你生活中最难忘的世界大事是什么？
- 如果你是这个学区的督学，你会给这所中学带来什么变化？

另一个主意来自佐治亚州教师研究小组的乔贝斯·艾伦（Allen, 2008），该小组用照片来了解学生的家庭。他们用一小笔资金买了三台照相机，每个教室一台，他们请学生用照片记录下他们家里或者邻居家重要的事情。学生们轮流把相机带回家，然后和家人就照片写出个人的故事、回忆、诗歌以及信件。

敏感地发现学生的心事

本质上，这意味着从学生的角度去思考课堂事件和活动。比如，在开学的第一天，克里斯蒂娜按照字母顺序安排座位，以便尽快记住学生的名字。意识到学生们也许对自己座位的位置或者相邻座位的同学不满意，她向学生保证，座位将定期调换。

敏感也表现在把分数当成你和某个同学之间的私事。大多数青少年不想让别人知道他们得了不及格的分数，公开宣布分数不大可能激发动力，反而会激起反感。即使只宣布得 A 的名单也会使学生尴尬。我们认识的一个 5 年级学生有一次感觉很尴尬，当时她的老师在全班面前举着她的卷子宣布——"很明显劳拉是唯一学习的人！"这样的说法对那些通常得 D，但真正通过努力得了 C 的同学传递了什么信息？桑迪发回学生的试卷时，告诉他们在教室里为自己的分数保密——"不要问别人的分数，也别告诉别人自己的分数。"一旦离开教室，如果他们希望泄露自己的分数，那是他们自己的权利。

由于初中生极爱面子，敏感也意味着应该悄悄地、私下里讨论不得体的行为。公开指责具有侮辱性——研究一再显示，学生们把公开侮辱看成是一种**不可接受的纪律形式**（Hoy & Weinstein, 2006）。更有甚者，学生会把公开的侮辱看作**严重的干涉**——不是什么轻而易举可以摆脱的事情。对 300 名以色列初中生的调查发现，学生们"**把羞辱或个人侮辱学生**"看作和"**永久停学**"一样严重，甚至比留堂、师生会面、报告校长办公室和言语指责更为严重（Zeidner, 1988）。学生们把公开侮辱看得比教师的其他所作所为严重得多。

公开侮辱不仅破坏你和学生的关系，而且还会产生长期的负面影响。最近，一项加拿大的调查（Brendgen, Wanner, Vitaro, Bukowski, & Tremblay, 2007）发现，从幼儿园到 4 年级的小学生，如果曾被老师批评（责骂、非难和对其大喊大叫），到了青少年时期更容易出现问题行为。

为了维护师生关系，唐尼会悄悄接近行为不得体的学生，安排时间与之见面：

> 我会告诉他们："我不想占用课上时间，不想让你们尴尬。放学后留下来，我们私下里谈谈。"如果这还不行，我们会在午饭时或上课前见面。这就要我牺牲一些自己的时间，但这比在全班所有人面前谈话要有效得多。

敏感还意味着当注意到某人看起来特别急躁、抑郁或者生气，私下表示你的关心。唐尼是这样说的：

> 有时，一个学生走进来，没有平常容光焕发的样子。我会走过去问："一切都好吗？"有的时候他们会说："不好，小姐，我家里有点麻烦。"或者说："我和男朋友闹别扭了。"如果他们告诉我这些，我会尽量尊重他们，给他们一些自我空间。我会在那一天对他们宽容些，比如少提问他们几次。

此外，如果学生愿意向你吐露心声，认真对待他们关心的事就至关重要。从成人的角度看，与女朋友分手、周六夜里一点前必须回家、没有入选田径队，都不足以让人感到沮丧。但克里斯蒂娜强调，承认学生心事的合理性是很重要的：

> 我的一个11年级的学生缺勤两天，回来后总是犯困，不与别人说话，很是虚弱。别的同学分小组学习时，我把他叫到走廊，问他有什么问题。他当然说："没什么。"可我告诉他，我真的很关心他，最后他告诉我，他和女朋友分手了。晚些时候，我安排他去见指导老师。老师让他留在那里，给了他一杯茶。这对他很重要。这些事情我们不能不闻不问，即使不是什么惊天动地的大事。他需要知道我们注意到了并且关注他的感受。

最后，还应该关注学生在课程材料和学业要求上的担心和困难。一场暴风雪使学校停课几天，再开学时我去桑迪的班上看了看。我看到学生们继续进行"放假"前就已经开始的实验。实验需要他们使用吸移管，几个学生表示了担忧，因为他们忘了怎么使用吸移管了。

> 桑迪意识到了他们的担心："我知道有的同学忘记如何使用仪器了。这种担心很正常，因为这是你们很长时间之前用过的。别担心，看一看你是否记得，如果记不得，叫我过去，我会帮你们的。"后来，两名同学表示不清楚实验程序，她解释说："你们不清楚是可以理解的，因为这是我们第一次进行这样的程序。下次再做，你们就知道怎么做了。还记得我们学习使用天平吗？那时候你们不也很困惑吗？第一次总是一种挑战。"

确立并执行明确的行为期望

确立和执行明确的行为规范能够使教室环境变得更加安全、更加具有预知性，也能向学生传达出你对他们的关心。如果规则明确，混乱、误解和不一致的情况就会相应减少，教师和学生之间就更有可能在温暖而放松的氛围中进行交流。克里斯蒂娜这样说道：

> 我感觉课堂越发有组织性，我越发觉得自己是一个活生生的人，可以跟学生开玩笑，鼓励他们讲出希望有所改变的事情。我能放松警惕，因为他们知道我对他们的期望如何。

明确的期望也能让你成为课堂的"领导人"，这在非裔学生中更为重要，他们普遍希望老师具有权威性——讲话严厉，不说废话，要求尊重，表达较高期望（Brown，2004；Gordon，1998；Irvine，2002；Milner，2006；Obidah & Teel，2001）。

研究业已表明，具有明确规范、有组织的课堂环境能使学生长期受益。在一项研究中（Catalano，Haggerty，Oesterle，Fleming，& Hawkins，2004），处于高风险学区的小学教师为学习主动使用课堂管理技巧而接受培训（例如：在学年初就制定长期的课堂期望及规范；制定清晰明确的行为规范；明确教师期望的学生行为及服从纪律的努力），毫无疑问，这些教师的学生与受控课堂里的学生相比，能够对学校产生更亲密的关系，问题行为也少有发生。更加值得注意的是，这些学生进入高中后，对其进行的跟踪研究也表明，他们对学校的依赖、投入以及学业成绩都比受控群体中的学生表现得更加出众，与此同时，各类行为问题、暴力活动、饮酒以及危险的性行为的发生率都会降低。（第四章将详细讨论确立明确的行为规范问题。）

公 平

关心学生的老师显然要在公平上多下功夫。例如，在评估和打分时就会出现公平问题。杰弗里·史密斯（Jeffrey Smith）是从事评估研究的专家，他强调了沟通的必要性：

> 如果你有评分标准，那么就应该告诉你的学生。不要让他们猜测，不要隐瞒有关评分的信息，然后你要做的就是"我抓到你了"。如果你准备把课堂参与和努力当作分数的一部分，也要告诉学生，并且告诉他们参与的意思是什么。

克里斯蒂娜认真听取了杰弗里的意见。因为参与的分数为总分的1/3，于是她每周给学生们提供一份"参与表"，罗列她希望看到的各种行为，并花相当一部分时间来解释如何操作。在一次会面中，她陈述了自己的理由：

> 大多数教师不把参与当作实际分数的一部分，而是把它作为"平局加分"（比如在决定是该给 A 还是该给 B 时）。但我认为这是最重要的事情之一。参与不仅仅是举手和大声讲话，它也意味着完成功课、做好预习、参与课堂教学过程，以及继续完成任务。我知道有些学生更能说、更有自信，可每个人都应该对班级有所贡献。

在这些事例中，关爱和公平似乎齐头并进。但并不总是如此简单。公平通常需要做到毫无偏见地对学生的行为和学习表现"作出判断"（M. S. Katz，1999，p.61）。就课堂管理而言，这就意味着，不管怎样都要保证规则适用于每一个人。同时，公平还意味着承认人们需要不同的、个性化的区别对待，表示关爱当然需要我们认识到学生们的个性。以此来看，不加区别地对待每一个人就是**不公平**。那么，教师应该怎么做呢？

即使是那些深切关怀学生身心健康的资深教师，也会在如此重大的困境面前采取矛盾的立场。看看桑迪和弗雷德的情况。桑迪这样说：

> 不管他们是否是学生会主席，只有学生们都觉得受到了公平对待，你的班级才有可能成为和睦的团队。规则要适用于每一个人，要少而精，而不是制定一大堆规则却只适用于某些人。这样，你的日子就好过了。

不久前，桑迪便展示了这一原则。当时，班上的三个孩子，包括一名情绪失常的男孩子没有带来作业，他们希望老师允许他们第二天补交：

> 我的回答是不行。我不接受晚交的作业，这一点他们清楚。我想让他们清楚如何计划好自己的时间，如何准备好功课。这是一项 20 分的作业，星期一交。我一周里不断地提醒他们，而且周五着重强调了。而他们偏偏周一没有带来作业。我说："我相信你们做了作业；我相信你们是诚实的。可问题是你们没带来。"让我大为吃惊的是，比利（那个被认为情绪失常的男孩）开始当着全班的面大哭起来。我把他带出教室，和他谈话。我跟他说，我明白别的事情会干扰他写作业，但是规则适用于每个人。我知道这有点苛刻，但我认为这是

一件大事。清楚了解他们必须完成同样的预期要求，这对比利和班上其他同学都很重要。

从桑迪的角度看，设立适用于每个人的规则就是**公平和关爱**。但弗雷德的立场多少有些不同：

> 我尽量对学生公平，因为我的决定总是最有利于学生。有时，这意味着你毫无区别地对待每个人，这是正确的决定。其他时候，你区别地对待每个人，那也是正确的决定。没有一种可以让我做到公平的灵丹妙药。我们必须不断检查决定，问自己："这对学生最有利吗？"
>
> 通过区别对待每个人，我也有所收获。这种方式赋予我灵活性。我可以说："这孩子今天真的有困难，不管规则怎么说，我今天不会给他零分。"我就这样把规则放到一边。从来也没有孩子说："这不公平。"但我也失去一些东西——一致性，即每一个人都确切知道接下来要发生什么。因此，总有人要超越限度。我必须格外小心，必须警惕那些想浑水摸鱼的人。

总之，公平当然是关爱的重要组成部分，但在实际操作中，它的含义并不总是那么明确。教学活动是凌乱而不确定的，我们在作出决定前不知道什么是正确的决定。而可以确定的是，教师需要对这些复杂的道德问题进行不断的反思。（我们将在第十二章讨论一致性问题时再探讨这些问题。）

欢迎学生发表意见

允许学生就课程、作业和分组决定发表看法，提出建议。有趣的是，四个老师都在开学之初要求学生把他们对班级的希望写出来。我们在第一章里看到，桑迪在开学时要求学生回答四个问题：（1）你怎样能学得最好？（2）你希望化学课上的哪些东西让你激动？（3）你对什么感到紧张？（4）我可以怎样帮助你？唐尼以类似的方式要求学生们说出对班级的希望。开学第一天，她要求学生给她写封信，主要讲一讲他们对数学的态度和感受，他们喜欢或不喜欢的教学和管理方法，以及他们在把教室变得更舒适的过程中负有什么责任。

克里斯蒂娜不仅要求学生写出他们的希望，还请大家持续对班级提出建议和反馈意见：

> "我想让你们知道，我真心地欢迎你们提出意见。我肯定你们有不少好主意，我有兴趣听你们的建议。同时，如果你们觉得哪些东西不合适，我也欢迎你们提出批评。比如，你可能会说，'我知道你今天想好好地讨论，可很多同学没有反应，因为……'，这样的反馈意见非常有用。"克里斯蒂娜留下了她的电子邮箱，鼓励学生们给她发邮件。

观察了克里斯蒂娜要求学生提出建议和批评之后，我们记下了有趣的附笔。几个月以后，有几个学生很明显被大量的作业搞得不高兴。克里斯蒂娜这样说：

> 这在春假后很正常，有几个学生看来对作业不满，有些抱怨。我不知道多少人有这种情绪，就开展了讨论。这就像打开了潘多拉的盒子。这类抱怨全出来了，有的说我留的作业太多，有的抱怨作业太难——他们需要同伴来一起解决。他们不停地说，这像是大学作业，而他们不过15岁！

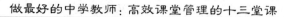

我大为震惊，但在每个人说完后，我开始探讨他们的担心。我们做了些改变。我把一些作业的上交时间延后了，还答应他们有些课堂作业可以分组做。我解释了为什么给他们留难做的作业，我清楚地告诉他们，我每天来学校工作就是要帮助每一个需要帮助的同学。但我告诉他们，他们没有早一点把这些告诉我，这让我很气馁。

那次讨论之后，很多学生来找我寻求帮助，情况变好了。但我从中学到的是，即使你要求学生发表意见，你还得回过头去检查，它是不是在起作用。你必须让学生明白，找老师谈论这些事情是很不错的。我觉得自己的要求足够了，可实际上不是。

做个真实的人（也做个真实的教师）

开学第一天，唐尼花了几分钟时间给学生们解释她为什么叫唐尼，并告诉学生，她的丈夫是新不伦瑞克一所小学的校长，他们有一个女儿，年龄"比 1/4 世纪小一岁"。（当学生们充满疑惑地看着她时，她告诉学生："做一下算数！"）在全班第一次会面的前几分钟，她已经传达了一个重要信息：除了是一名教师，唐尼·科林斯还是一个真实的人，在学校之外有自己的生活。

新任教师经常对和学生分享私人生活信息的程度感到困惑。我记得有些教师拒绝透露自己的教名——仿佛那样做会混淆师生之间的界限，削弱他们的师道尊严。另外，也有一些教师异常开放。在一篇题为《从混乱中创建集体》（1994）的文章中，来自俄勒冈州波特兰市的中学英语教师琳达·克里斯滕森写道：

> 学生们告诉我，我自愿告诉他们自己的生活故事——我父亲酗酒，缺乏家庭教育，我糟糕的考试成绩，还有很多其他事情，这让他们开始讲述自己的故事……通过这样的分享，他们互相打开了彼此沟通的渠道。有时是一个小裂口，一条裂缝，一条从一个世界到另一个世界的通道。这些通道使全班联结成一个集体。

作为新任教师，在两个极端之间找到一个快乐的中介，有限度地分享你的信息（如家庭、度假、文化与体育活动、爱好或者宠物）可能是明智的做法。开始教学工作之前，一定要在聚友网（MySpace）或者脸书（Facebook）上检查一下自己的在线档案，确定档案里没有你不希望学生（和他们的家长）知道的信息。

在积累经验和自信后，你可以决定是否像克里斯滕森那样让学生分享你更多的个人生活信息。比如，在一次对克里斯蒂娜的访问中，我们观察到她介绍关于身份的写作作业。她开始分发关于自己身份的文章，里面描写了她的波多黎各父亲，她的"纯美国母亲"（无法"计算她的多重种族"），她的"亚洲式双眼"（眼睑"总是不适合"她使用的蓝色眼影），以及她那"令人难以琢磨"的皮肤颜色。四个月后，学年快结束的时候，克里斯蒂娜谈起学生对这篇文章的反应：

> 我觉得它对建立与学生的联系有帮助。它激发了各种各样的问题：你这个假期准备做什么？你去参加波多黎各日游行吗？他们能把我看作一个普通人。就在今天，我们又提起这个话题，还引起了一场讨论，内容是什么词汇最适合描述不同民族和种族。很明显它对学生产生了影响。

另一个表现人性的方法是，要勇于承认自己不知道的事情。有时，教师觉得他们必须做"讲台上的圣人"，但让学生明白"专家"并不是永远知道所有的答案对他们大有益处。鼓励学生在学习过程中冒险的最佳方法是你自己主动冒险。

如果你错了，向学生道歉并承认自己会犯错误也是很重要的。我们最近听了一堂西班牙语 I 的课程。老师告诉学生，她将给"正确次数**多**的同学加两分"。一个男孩彬彬有礼地指出她的错误（应该说"正确次数**最多的**"），教师感谢这位同学帮她更正自己的英语。她虚心承认错误并向学生学习，这当然让她教授的课程令人难忘。她后来告诉我们："我一直强调，在学习和讲另一种语言时出错是很正常的，学生们不必为此担心。"

请记住，在你的学生面前表现得真实并不意味着你要像他们那样穿着打扮。学生们以及家长更尊重一身职业打扮的教师。如果你刚从大学毕业，你的服装也许过于随便，不适合中学的课堂。你可以学别的教师那样打扮自己，也可以就职业装束听听校长的意见。你还应该了解学校关于穿耳洞和纹身等的政策和规范。

了解青少年文化

要与学生建立积极的关系，你就得有罗宾·戈登（Gordon，1997）所谓的"社交眼光"——流行音乐、服装款式、潮流电影，以及青少年文化其他方面的知识。唐尼发现，静静地坐着听学生在教室里聊天，也很有帮助：

> 我就是那时候了解他们听的音乐会和喜欢的节目主持人的。我们谈论如今的音乐，我告诉他们我不知道现在的歌手组合在说什么，他们给我解释。他们也喜欢听我在"过去的日子里"所做的事情，并和他们现在的所作所为进行比较。

教师尤其需要关注数码媒体，它们在学生生活（以及你的生活）中占了那么大的一部分。如今的年轻人被称为 DIG 一代，也就是"数字化即时快乐的一代"（Renard，2005）。他们从网络上下载信息、歌曲和电影；用数码相机或者手机拍照片，然后在网上共享；他们通过电子邮件、短信或者即时通信保持联系；建立互联网关系网（如在聚友网或者脸书上）；在博客上表达他们的想法，描述他们的经历。你不仅需要了解数码技术如何改变了青少年的生活与思维方式，还需要利用这些技术促使学生参与课堂教学，使学术活动与之密切相关，并激发学生的学习兴趣（Prensky，2005）。比如，你可以设计一种"网络探究学习模式"，一种查询式活动，要求学生通过检索高品质信息源来完成某一特定作业。（所有内容区域及级别，以及对有兴趣设计此类活动的教师的培训，均可访问 www.WebQuest.org。）你可以建立一个班级博客，学生们在上面发表他们对作业的看法，对各自的作业交流意见，同时共享资源。（www.edublogs.org 就是一个帮你启动自己博客的网站。）

给学生自主权

访问幼儿园的班级时，我们总会吃惊地发现，孩子们比中学生更能选择和控制自己一天的活动。我们看到孩子们决定他们想做什么，想和谁一起做。具有讽刺意味的是，等孩子们进入高年级，更有能力做决定，希望有更多自主权的时候，我们提供给他们做决定的机会反而更少了（Nucci，2006）。对初中的调查显示，这种学生日渐增长的对更多自主权的欲望和学校越发强调教师对学生的控制之间的不协调导致学生对学校的动力和兴趣不断消退（如 Eccles, Wigfield, & Schiefele, 1998。）

想一想你班上的同学如何决定他们的行为和班级的活动。比如，你也许偶尔允许学生自己选择合作学习小组成员。你也许赋予学生责任，让他们给自己留作业，找课堂讨论和测验的问题，引导班级活动，评估自己的进展和行为（Ridley & Walther, 1995）。你也许会留"区段家庭作业"，让学生给自己安排完成时间。比如，桑迪通常设计一定量的阅读以及 25～30 个问题，要求学生一周左右完成。她建议学生一晚上做四五个问题，但她不要求学生每天向她报告作业进展。她清楚，这意味着有的同学会等到最后一天晚上来做所有的练习题：

> 中学教师必须记住，学生们希望被当成小大人看待，而不是婴儿。让他们为自己的行为负一定的责任是很重要的。他们也许会做错误的决定，然后"跌倒了，擦破了膝盖"，但他们能看到自己决定的后果。我认为，如果教师不把所有的事包揽起来，学生们会更乐意为自己的错误承担责任。

共同做决定对教师来说比较困难。当你觉得教完课程，给学生留出学习时间对自己是种压力，那么你会更愿意自己做决定。比如，给学生一个学期论文题目比让学生自己决定题目要来得快，告诉学生实验操作说明比让他们自己去摸索实验步骤更简单。让学生参与会耗费时间，造成混乱，而让学生们决定自己的行为就意味着，他们有时会做出错误的决定。不管怎么说，"短期的时间投资"可以导致"决策能力和自尊上的长期收获"（Dowd, 1997）。

另一种增加学生自主经历的方法是减少使用外在的奖惩手段。没有人愿意受控制和操纵，外在的规则通常会形成一种疏离感（Reeve, 2006；Ryan & Deci, 2000）。研究的确发现，使用外部控制手段与学生的参与程度成反比关系（Kim, Solomon, & Roberts, 1995）。这很关键，因为学生的参与反过来与集体意识有很大关系。这一点似乎很清楚，越感觉受到外部控制，学生表现出的兴趣和努力越少，也就越发不愿为不良后果承担责任（Ryan & Connell, 1989）。这对形成关爱的集体毫无益处。（外部奖励的影响将在第八章进一步讨论。）

有颗包容心

最近几年，**包容教育**被用来指在普通教育课堂上容纳残障学生，而不是把他们置于不同的学校和特殊的班级。但这个术语也可以用来形容这样的课堂：在这样的课堂上，差异不仅与残障有关，还与种族、阶级、民族、性别、文化和语言背景等有关，此外，宗教和性取向也应该得到承认、理解和尊重。

当然，这话说起来容易做起来难。在创造一个承认与尊重差别的课堂环境之前，我们必须明白，我们经常害怕、怀疑那些差别。正如在第一章提到的那样，我们有时甚至否认**看**到了差别。这并非罕见，比如，我们欧裔美国师范生以"色盲"而自豪，"色盲就是在评判不同种族的人时做到公平、客观、没有偏见"（Nieto & Bode, 2008, p.75）。然而，否认文化与种族差异本身就是否认人们身份的一个极为重要的方面——承认这种差异并不会让我们成为种族主义者。在一次谈话中，弗雷德颇有激情地谈起这些问题：

> 我多次听到老师们说这样的话："我不把孩子看成黑人、西班牙人或亚洲

人——只是把他们看作孩子。"但是，黑人、西班牙人或亚洲人血统是他们的一部分——就像波兰人和俄罗斯人血统就是我的一部分一样……集体建设的一部分就是要承认这些差别的存在。我们并不完全一样……建设集体，我们仍然需要面对种族主义和偏见是真实世界的一部分这一事实。人们不想承认这一事实的存在，但它无处不在，它是我们所有人的一部分。问题并不是"你是否是种族主义者"，而是"你在多大程度上是种族主义者，你怎样成为一个偏见更少的种族主义者"。

除了**承认**差别，创建包容性课堂还意味着了解我们从没接触过的残障问题，或者文化、种族、宗教问题。比如，如果不了解行为植根于文化，你就不可能承认和尊重具有文化渊源的行为。东南亚学生在受到责骂时一脸笑容，可如果不知道笑容并不意味着失礼，而是意味着承认有错并表示没有怨恨，老师们也许会感到震惊（Trueba，Cheng，& Ima，1993）。同样，不了解太平洋岛国人重视人际和谐和群体利益的风俗，轻率地认定他们不愿意参加竞争性活动也是大错特错（Sileo & Prater，1998）。不了解大多数美洲印第安人强调深思熟虑这一文化传统的老师则会对慢腾腾回答问题的印第安学生感到不耐烦（Nieto & Bode，2008）。

一场关于学生使用黑人英语的热烈讨论显示，教师对语言的文化渊源不太了解时，会产生许多问题。厄尼·史密斯（Smith，2002）是一名美国黑人语言学家，他注意到，在他求学的日子里，老师们通常把使用黑人英语看作语言能力不足的表现：

> 老师和学校其他官员通常使用"语言单调"、"语言散漫"、"语言讹误"、"零散的英语"、"言语匮乏"、"语言残障"以及"语言贫困"这些字眼来描述我们班上的黑人同学和我的语言行为。他们暗示，我们的语言差异和身体与/或头脑异常有关。通常，在家长—教师见面会或者校园开放日会议上，老师们会毫不犹豫地向我的家长和别的孩子的家长建议，我们应该去学校的语言诊所进行语言治疗，或者去心理咨询教师那里检查诊断是否患有先天精神障碍，并进行治疗。（pp.17-18）

毫不奇怪，对孩子们母语的这种否定经常会导致学生们对学校产生疏离感。莉萨·德尔皮特在《我们谈话的皮肤》（*The Skin That We Speak*，Delpit，2002）一书中说，"语言是最能反映身份的亲密表现之一"，因此，"拒绝一个人的语言仿佛就是拒绝这个人"（p.47）。这样的拒绝在包容性课堂里没有一席之地，而具有包容心的教师在教导学生学好标准英语重要性的同时也会尊重学生的母语——而标准英语正是德尔皮特（Delpit，1995）所谓的"强大文化的语言"。换言之，我们的目标是让学生根据环境的要求进行"代码转换"。

希望新任教师（甚至经验丰富的教师）熟悉自己课堂异常多样的所有文化是不现实的。当然，发展这种"文化能力"需要时间和精力。一些建议已经列在了实用贴士里。与此同时，当遇到看似不得体或无法解释的行为时，问一问自己这些行为是否有什么文化依据。此外，可以考虑把自己班上的学生当成一种资源。听听弗雷德是怎么说的：

> 如果我的班上有其他国家的学生，那么我会询问那里的风俗，让他们把自己的风俗和这里的进行比较。我不仅可以学到以前不知道的东西，还可以看到"前方微弱的灯光"。这就像在说，"嗨，这里有人对我的经历感兴趣"。我们对

此用不着强制，但是，把教室变成一个大家相互学习的场所是很重要的。我可以把教室当作一本教科书。

 ## 实用贴士

发展文化能力的实用信息

● 检查一下你自己认为理所当然的信仰、价值观和设想，思考一下它们如何受到你自己文化、种族以及社会经济身份的影响。正如我们在第一章提到的，很多欧裔美国人认为他们的信仰和价值观是正常的、正确的，具有普遍意义，从没意识到这些正是他们特定文化背景的产物。发展文化能力要从检查自身文化标准做起。例如，白人中产阶级的世界观强调个人成就、独立和竞争。这正好和集体主义文化（如亚洲、拉丁美洲以及土生土长的美国人）的世界观相反。这些文化避免展示个人成就，强调合作、和谐以及为团体的利益而奋斗。一种世界观不一定比另一种世界观更好，但他们当然互不相同。不能欣赏与尊重这些差别会导致理解和交际错误。

● 考察学生的家庭背景。学生来自何方？农村还是城市？为什么迁移？该生在这个国家多长时间了？他家里有多少口人？家里谁当家？该学生在家里有什么责任吗？他的父母对参与学校教育活动和自己孩子的教育有什么想法？他们会把教师看作专家，从而尽量不发表不同意见吗？他们认为英语学习很重要吗？

● 考察学生的教育背景。如果学生们是刚来这个国家的，他们以前上过多长时间的学？他们习惯什么样的教学方法？他们从前的学校强调大组教学、背诵和朗读吗？学生们从前的学校认为怎样的行为算是得体？以前的学校要求学生积极还是被动？独立还是有依赖性？以学生为主导还是以教师为主导？合作还是竞争？

● 敏感地认识到文化差异以及文化差异怎样引起交际错误。学生对时间有什么看法？他们希望准时还是时间更为灵活？学生们会点头以示尊敬或者表示听明白了吗？学生们对权威人物是服从还是质疑？学生们把自己的需求和欲望置于群体之上还是相反？他们倾向于强调还是隐藏情绪和感受？

● 用照片进行无言的交际。为参加各种活动的学生拍照，让学生把照片带给家长；在教室展示照片；请学生把自己和家人的照片带来；在相互介绍认识的活动中使用照片。

资料来源：Kottler, 1994; Sileo & Prater, 1998; Weinstein, Tomlinson- Clarke, & Curran, 2004。

正如我们必须学会承认和尊重种族和文化的多样性，我们还必须学会创造一种差别不太明显的包容性课堂。几年以前，《新闻周刊》（Newsweek）发表了一篇特别报道——《今日同性恋：接受同性恋的斗争如何转移到学校、教堂、婚姻和工作场所》，这篇关于学校的文章（Peyser & Lorch, 2000）讲述了两个17岁的青年莱斯利-克莱尔·斯皮尔曼和马丁·法伊弗在路易斯安那巴吞鲁日中学建立同性恋者—异性恋者联盟的故事。像其他男女同性恋一样，斯皮尔曼和法伊弗多年来受到了骚扰和憎恨。因此，法伊弗有一次试图自杀，斯皮尔曼则中途辍学，吸食海洛因，在戒毒所待了五个星期。这样的问题在同性恋青少年中屡见不鲜；实际上，有些研究者发现，男女同性恋青少年比他们的异性恋同龄人自杀的可能性高两到三倍；他们也更有可能在学校表现糟糕、逃学或辍学（Nichols，1999）。关键的事情是教师应该努力创造一种气氛来包容"被遗忘的孩子"——那些"需求被忽视的、存在遭人窃窃私语的、痛苦刚刚呈现出来的"人（Anderson，1997，p.65）。你可以朝着这种气氛迈进一步，讲清楚绝对不允许咒骂同性恋者，要礼貌地使用 **gay**（男同性恋者）、**lesbian**（女同性恋者）和 **bisexual**（双性恋者）这几个词，要讲配偶、伴侣，而不是丈夫或者妻子（Edwards，1997）。

发现学生的优点

在《文化反应敏感的教师》（*The Culturally Responsive Teacher*，Villegas & Lucas，2007）中，安娜和塔玛拉讲述了贝尔基·阿尔瓦雷斯的故事，她是一名来自多米尼加的八岁女孩，是家里最大的孩子，要帮助弟弟妹妹准备好东西去上学，在爸妈下班回来前还要照顾弟弟妹妹。周末，她和妈妈去社区集市，出售自己家制作的物件，和顾客讨价还价，还得收钱找钱。她还做父母的英语翻译。可是，贝尔基的老师们对这个有能力、有责任心的孩子视若无睹。他们看到的只是一个语言和数学技能欠缺的孩子，而不是努力去了解她的生活经历。换言之，他们只看到她的不足，而没有看到她的优点。

寻找不足有一定的意义。毕竟，如果了解了学生不知道的和不会做的问题，我们便可以尽力帮助解决。但负责任的教学还涉及发现学生的优点。在《教学改变世界》（*Teaching to Change the World*，Oakes & Lipton，2007）中，珍妮·奥克斯和马丁·利普顿认为，当教师和学生之间建立了关爱的关系后，他们可以共同合作来提高能力："学生探索的是自己学会了什么，又是如何学会的。教师探索的是一种关爱和尊重的行为，也是了解学生学会了什么，如何学会的。"（pp.266-267）

我们在和老师们的会面中从这一方面思考了关爱问题，当时，桑迪谈到她确信"每个人都需要 15 分钟的声誉"：

> 化学可以锻炼多方面的才能——数学问题、写作、空间关系以及操作能力。因此，我能给不同的人闪光的机会。以亚当为例，他擅长空间关系，于是，我可以请他做图表。

暂停与思考

在本章开始时，我们强调：学生们更愿意与他们认为关心自己的老师合作。因为表示关爱的重要举措是仔细倾听，所以搞清楚倾听的确切含义很重要。在阅读下一部分关于沟通技巧的文字前，想一想某个时间某人在**真的**倾听你所讲的问题。那个人倾听时有怎样的表现？你怎么知道他在真的倾听？

我们进行学生演示时，我总想可以请哪个学生去，以展示孩子们不同的优点。比如，我告诉全班，我要随机选择一个实验小组，由他们给全班做示范。每个人都必须考虑这个内容该怎么准备、怎么教。这是个美妙的、安全的时刻——让两名沉默寡言的女孩子闪光的好机会。我知道她们做实验做得很好。我把她们的名字写在 12 张纸条上，然后放进大烧杯里，然后要一个同学取出一张纸条。当然，她们的演示做得非常好。但重要的是要让女孩们——以及其他所有的人——认为这只是个碰运气的机会，她们只是偶然被选中的。她们得到高度评价时，高兴极了。

培养沟通技巧

另一个表示你关心学生的方法是好好倾听。桑迪这样说：

> 为什么孩子们在学校只愿意带着问题去找某些老师？毕竟不管怎么说，大多数孩子一天有六个老师。这都和倾听有关。作为中学老师，你必须认真倾听问题，它们对你可能不成问题，而对学生则是问题。这是获得学生信任的一个方法。如果三个星期前你说过："噢，长大吧，长大你就能克服这一问题。"那么孩子不会来找你，告诉你："我想自杀。"

好好倾听的意思是注意听，尽量理解学生的情感和心思，问恰如其分的问题，帮助学生解决自己的问题。在下面的章节中，我们将逐一探讨。阅读时要记住，作为教师，法律要求你汇报虐待、疏于照顾、性虐待或者性侵犯学生的情况，因此，你要做的有时比倾听本身更多。重要的是要让学生知道，一旦了解到此类虐待，你一定会向适当的儿童福利机构汇报。

倾听并做出反应

全心全意地关注学生是你帮助学生时首要的，也是最根本的任务（Kottler & Kottler，1993）。人们很少全身心地关注他人。你是否试图和一个正在汇总文件、在布告牌上张贴通告或摆正桌子的人交谈？这种注意力的分散说明那个人没时间与你交流，无法真正关注你的话。

倾听与做出反应既包括语言行为也包括非语言行为。即使不说一个字，你也可以表示你全神贯注：身体朝向该学生，进行眼神交流，点头，身子前倾，微笑，或者皱眉头。此外，你还可以使用语言暗示。托马斯·戈登（Gordon，2003）建议用"表达强调的咕哝"——"嗯嗯"以及短语（"噢"，"我明白了"）来表示"我真的在听"，有时，学生需要另给点鼓励才能多讲些话，你可以使用明确的语言来请他讲，用戈登所谓的"开门语"："请多给我讲一些。""那一点你愿意多讲一讲吗？""你想谈它吗？""想接着讲吗？"

积极地倾听

倾听并做出反应表明你全身心投入，但不表示你真正**理解**了。通过反馈你认为自己听到的内容，就把交流又推进了一步。这一反馈可以让你检查自己正确与否。如果你对了，学生就知道你真正理解了。如果你偏离了目标，学生可以更正，交流就可以顺利进行。表 3—1 中列举了积极倾听的例子。

表 3—1　　　　　　　　　　　　　积极倾听的范例

学生：等着让我妈妈看考试成绩吧。她会气疯的。 教师：你觉得她会很生气？ 学生：是的，她巴不得我带着全 A 回家。 教师：听起来你压力很大？ 学生：嗯，是的。让人觉得 B 就是失败。我妈根本就不明白这对我有多难。 教师：原来你认为在这样难的科目上得 B 就不错了，可你妈觉得你能做得更好。 学生：是啊，她脑子里想的是，只要我带个 B 回家，就说明我没有用功。 教师：这可真难。现在我才明白你为什么觉得妈妈不欣赏你所付出的努力了。

> 学生：我不敢相信我必须 12 点回家！太荒唐了！我所有的朋友都可以晚点回家，或者没有钟点限制！
>
> 教师：于是你觉得你的父母比别人家的父母更严厉？
>
> 学生：对，他们就是！我的意思是，我知道他们关心我，但比所有的人早回家真是痛苦。我觉得自己像个傻子。此外，我认为我能对自己负责，可以晚些回家。
>
> 教师：因此你不仅仅是尴尬，你还很生气，因为他们不理解你有多乖。
>
> 学生：一直以来，我男朋友跟我说，如果我怀孕了，他一定会守在我身边，可现在真的发生了，他却不见人影了。
>
> 教师：所以你觉得自己被抛弃了。
>
> 学生：我不想去辅助组（做心理健康咨询）。只有疯孩子才去辅助组！
>
> 教师：去辅助组是有点让人难为情……
>
> 学生：是的。我的朋友们会让我非常难堪。
>
> 教师：你觉得他们会叫你疯子？
>
> 学生：是的。我想去，但我不想让别人拿我取乐。
>
> 教师：这一点我能理解。让别人取乐确实是很尴尬的事。
>
> 学生：昨天晚上的噩梦太吓人了！我是说，我知道那只是梦，可它就是挥之不去。一个凶恶的家伙拿着刀沿小巷追我，我怎么跑也跑不掉。
>
> 教师：噩梦有时就是这么恐怖。
>
> 学生：是啊，我知道这有点孩子气，可就是赶不走那种情绪。
>
> 教师：有的时候，噩梦带来的坏情绪会伴随你好长时间……

　　如果你刚开始积极地倾听，在反馈自己所听到的东西时，"你觉得……"这样的话也许有用。有时，新手会觉得那样做显得很笨，好像自己在鹦鹉学舌。但当你掌握了更多技巧后，你可以**转述**你所听到的大意，这时，交流就变得更巧妙了。

　　你还可以通过积极倾听，对学生的面部表情和肢体语言所传达的非语言信息做出反馈。比如，看到一个学生怒容满面地走进教室，你肯定会认为出了什么岔子，这样就可以避免一些问题。下面是一位实习教师日志里的一条记录，他这样做时甚至不知道什么是积极倾听：

> 　　我正在书写板上写给学生布置的事情，忽然听到后面刺耳的撞击声——塞满书的背包砸在地上的声音。我转过身，看到约翰气势汹汹地坐在正对我身后的椅子上。显然，事情不能这样了结。我赶忙写完布置的任务，让其他学生开始做。然后，我走到约翰跟前，蹲下身问："怎么回事？你看起来非常沮丧？"——那个时候我还不知道这就是积极倾听的交际策略。他的第一反应是："没事。"我顿了顿，试图找到那些听起来"像老师"说的语言，十秒钟的停顿后，约翰倒说话了！原来他在生爸妈的气。前一天他的书包带断了，因为要背那个坏书包上学，他感到非常尴尬。我们谈到了他的愤怒，一旦气消了，他便开始做功课。第二天他背了另一个书包来上学——一个旧书包，但更实用。我注意到，尽管他还在为旧书包愤愤不平，但因为我关注他和他的问题，他还是比较满意的。

　　积极倾听并不总是如此简单。和我们一起工作过的实习教师屡屡拒绝这种方式。很多人觉得不自然、很笨拙，他们更喜欢给出建议，而不仅仅表示他们听懂了。但是让人知道你真正懂了也许非常重要，尤其是对那些常常受到误解的青少

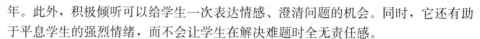

年。此外，积极倾听可以给学生一次表达情感、澄清问题的机会。同时，它还有助于平息学生的强烈情绪，而不会让学生在解决难题时全无责任感。

询　问

当别人告诉我们他们的问题时，我们通常想通过问问题来发现更多的信息。作为老师，在问问题时要慎之又慎：

> 教师所提的问题自然涌上心头，但问题是他们经常以"居高临下"的态度对待孩子，俨然是询问和解决问题的专家。"告诉我什么事，我来搞定。"因此，只有在别的方法无法让学生透露信息时，询问问题的方式才用得上。(Kottler & Kottler，1993，p.42)

桑迪对新教师询问问题也提出了忠告：

> 我不问太多的问题。我喜欢让学生自己把问题说出来。有些问题可能带来你没有准备应付的新情况。毕竟，你不是顾问，你更像一根导管：你先听学生讲问题，然后把问题交给有知识和技能的人来解决。20年前，我不明白这些。我只比自己的学生大三四岁，觉得自己能帮他们解决问题。但他们并不需要老师给他们解决问题，他们需要帮助他们解决问题的老师，或者能够为他们解决问题提供专业帮助的老师。

如果你必须问问题，也应该是开放的——它所要求的不只是一个字的答复。就像积极倾听一样，开放式的问题需要进一步的探索和交流，而封闭式的问题则切断了交流。比较一下下面的问题：

> 现在感觉怎么样？　　vs　你很生气吗？
>
> 你想做什么？　　　　vs　你想告诉你男朋友吗？

对于"能避开问题就避开"的规则，也有例外，即在可能有危险的情况下，如一个学生讨论自杀（Kottler & Kottler，1993），最重要的是得到明确的信息。问一些具体的问题是较为恰当的："你真的试过吗？""你能不能答应我，在我们给你帮助前不要做任何事？"

解决问题

你可以引导学生通过某一种方法帮助他们解决**自己的**问题，而不是试图解决学生的问题。解决问题时，学生们解释问题，说出具体的目标，找出可能可供选择的建设性意见，把选择缩小到看似最现实的方法，然后实施计划（Kottler & Kottler，1993）。

不久以前，一名女学生告诉唐尼自己怀孕了，问是不是应该堕胎，唐尼采取了以下方式解决问题：

> 首先，那个学生应讲清楚情况：她男朋友在不在身边？她的父母是支持还是不支持？她是不是在用药？同时，她还要考虑，她有什么样的财力和物力。所有这些因素在做决定时都有影响。
>
> 其次，她需要想清楚自己的价值观和人生的重点目标——她想不想上大学？如果婴儿给别人收养，她会有什么样的感受？最后，我尽力帮她搞清楚不同的选择——收养、堕胎、做单身妈妈、结婚后抚养孩子。
>
> 碰到这样的情况我不会给什么忠告——我不知道该给什么忠告。但我**可以**

帮孩子们看清楚形势，我可以帮他们想出他们自己想不到的方法，或者讲清楚他们可以利用的资源。我的目标是帮助他们**自己**做出可能的最佳决定。

注意身体接触

最近几年，由于担心被指控性骚扰和身体虐待，教师在用肢体语言向学生表达情感时变得小心翼翼。这对男教师来说更是个严重问题（King，1998）。实际上，我们一位男实习教师就在日志里作了如下记录：

> 一次，我和一位家里有人去世的学生交谈。她非常伤心。我告诉她不用为学校的功课担心，我尽全力安慰她。在别的类似场合，我会拥抱学生，可在这样的情形下，我不知道拥抱是否合适。

他这样的担心并不鲜见。研究表明，就要开始执教生涯的男师范生处于两难之境，一方面他们对学生会自然流露出温暖、关爱、热情，另一方面他们担心自己的行为会被误解为与性有关（Hansen & Mulholland，2005）。幸好，这种对肢体关爱的忧虑随着教师经验的增长而减少。年轻的男教师也找到了其他表示关爱的方式，如心怀同情地交谈和倾听。

尽管我们的四位教师都被告之要避免与学生的身体接触，但他们不想放弃所有的身体接触。听一听弗雷德的说法：

> 我的同事说他们再也不会碰学生了。我理解，但身为教师，你必须接触学生。当然，应该有规矩。我从来不会单独与一个孩子待在一起，因为看起来不合适，但我会拥抱孩子。……用不着大张旗鼓地去展示什么，但仅仅接触手或肩能表示很多东西。如果某人烦躁不安，我会把手放到他的肩头，他就会安静下来。如果他们觉得痛苦，需要拥抱，那么我会给他们拥抱。如果一个痛苦的人都得不到一个拥抱，那这样的集体又算什么集体呢？

要记住，弗雷德在自己的学区已经工作很多年了，有着良好的声誉，这一点很重要。作为新教师，你的情况大不一样。和同事谈谈学校实施的方针政策，有的学校实际上要求自己的教师"教而不触"。即使没有明文规定禁止身体接触学生，你也该小心，以防你的行为被误解。拥抱的时候，要有他人在场。击掌问候，而不是拥抱（Jones & Jones，2010）。放学后留学生，应该开着房门，或者让别的学生或教师在场。

了解学生对课堂环境的感觉

在《超越纪律：从承诺到社区》（*Beyond Discipline：From Compliance to Community*，Kohn，1996）一书中，阿尔菲·科恩建议教师通过询问学生培养安全感的方法来开始新学年：

> 教师也许会说："注意，对我来说真正重要的是你们可以自由表达想法，产生看似荒诞的想法，犯错误——不要担心别人会嘲笑你们。实际上，我希望这里的每个人都有这样的感觉。为此，我们能做些什么呢？"（pp. 110–111）

让学生把他们对教室环境的感觉反馈给你也是个不错的主意。"这个班里在发生什么？"是评估教室不同层面的一套常见问卷，其中包括学生的凝聚力、教师的支持、参与、合作以及公平（Fraser，McRobbie，& Fisher，1996）。问卷中的一些问题见

表3—2。如果你定期提出这些问题，那么就会了解学生对教室环境的感觉。

表 3—2   **"这个班里在发生什么？"中的一些问题**

> **学生凝聚力**
> 我认识班上的其他同学。
> 班里的同学是我的朋友。
> 我和同学配合默契。
> 在班上，我能得到其他同学的帮助。
> **教师的支持**
> 教师给我一些特别关注。
> 教师考虑我的感受。
> 我有功课难题时教师会帮助我。
> 教师和我交谈。
> 教师关注我的问题。
> **参　与**
> 我的想法和建议用在了课堂讨论中。
> 我给老师提问题。
> 我向其他同学解释我的想法。
> 老师让我解释我是怎样解决问题的。
> **合　作**
> 做作业时我和同学们合作。
> 在班上分组活动时，大家表现出团队精神。
> 我从班上其他同学那里学到了东西。
> 同学们与我精诚合作，完成课堂目标。
> **公　平**
> 教师给我和其他同学的问题以同等的关注。
> 我和班上其他同学有同样的话语权。
> 老师对我和其他同学一视同仁。
> 我得到来自老师的鼓励和其他同学的一样多。

对问题的回答为：几乎没有、很少、有时、经常、总是；得分分别为 1、2、3、4、5。
资料来源：Fraser, McRobbie, & Fisher, 1996。

建立互爱的生生关系

　　研究者关于在学生中间培养支持与信任关系的方法有大量论述。遗憾的是，多数的建议集中在小学课堂，在这种课堂上，教师通常一整天都和同一批学生一起活动，建立联系的机会明显更多。毫无疑问，当你每天用 42 分钟、45 分钟甚至 84 分钟教 3～5 组学生，创建安全的、充满关爱的环境便成了越发让人灰心丧气的挑战。中学教师在有限的时间内可能做什么，尤其是在教师背负讲授完课程内容的压力时？我们给四位教师提了这个问题。下面是他们的一些建议，以及一些对学生社交和情感学习有兴趣的研究者的建议。

以身作则与认清亲社会行为

　　教师经常勉励学生要互相尊重。可这样的勉励不可能起什么作用，除非教师自己彬彬有礼、尊重他人。正如玛丽·威廉斯告诉我们的："'听我言，不随我行'当然不起作用。"（Williams, 1993, p. 22）威廉斯对在中学（6～8 年级）课堂中如何教授和学习彼此尊重很感兴趣。她发现以身作则是最佳的教授尊重之道。对学生来说，教师"自己必须遵从道德标准"（p. 22）。学生们讨厌教师一方面教学生要善良，要尊重别人；另一方面却厚此薄彼，对待学生像"对待孩子"，听不进他人意见，还布置无聊的"作业"。

最近，和一位教师谈论她处理一名叫塞雷娜的"捣乱学生"时，我们就以身作则的重要性进行了诸多思考：

> 塞雷娜今天迟到了。她说在来教室的走廊里，一名同学一直在羞辱她。我让她到办公室汇报。我把这事告诉另一位老师，她问我："你相信她?!"她看我的样子仿佛我疯掉了。但我不喜欢一成不变地看待塞雷娜和其他孩子。确实，他们总是惹麻烦，但我当时没在走廊，不知道发生了什么。我希望自己以同样的尊重对待塞雷娜，就像对待其他孩子一样。我暂且相信她的话。孩子们不应该在同一标签下生活一整年，而他们的进步却无人理睬。

这件事表明，老师们有时把学生归结为捣乱者[或者罪犯、帮派成员、小偷甚至妓女（S. R. Katz，1999）]，没有给他们以教师应有的尊重。对那些吹毛求疵的教师，学生们通常也不大尊重。这当然就是所谓的"己所不欲……"。

给学生提供互相认识的机会

开学的第一天，克里斯蒂娜给学生们分发了题为《找出某个人》的材料。学生们必须找出符合36种描述中的任何一个的人（比如，"最少读过三本斯蒂芬·金的小说"的人，"和你喜欢相同电视节目"的人，"喜欢独自做功课而不喜欢和小组一起合作"的人），并且让这个人在适合自己的叙述旁边签名。学生只能在每页纸上签一次名字，即使不止一项适合自己。

如果除了签字之外，以上描述还包括与种族、文化和语言背景、是否残障等有关内容，并要求学生作出回答，那么"找出某个人"将会非常有效。请考虑以下的例子（Sapon-Shevin，1995）：

> 找出在年老的亲戚身边长大的人。那个人从亲戚那儿学到的一件事是什么？
>
> 找出父母来自外国的人。那个人从父母那里学到的一项传统或风俗是什么？
>
> 找出家里存在残障亲属的人。那个人从与残障亲属的交流中学到了什么？

为了建设班集体，我们必须为学生创造机会，让他们互相了解，发现彼此相同和不同的地方。开学之初，教师可以开展各种互相熟悉的活动，就像克里斯蒂娜选择的那样。其中有些活动见**实用贴士**。

实用贴士

帮学生互相认识的实用信息

● **猜猜是谁?** 要求学生写个简短的自传性陈述（家庭背景、爱好、课外活动等），不让他们在上面签名。收回陈述，读一读，让学生猜一猜写了该描述的同学是谁。（你也可以参加。）读过所有描述后，再读一遍，要求作者自报家门。

让学生说明，自己猜对了多少同学（Jones & Jones，2010）。

● 两个真相和一个谎言（或者两个事实和一个虚构）。要求学生写出三个关于自己的陈述，其中两个是真的，一个是假的，然后大家一起分享。比如，作者之一（卡萝尔）可能会写："我曾在《豌豆公主》中饰演公主，一天晚上演出时从15个床垫上掉下来，一根脊骨给摔错了位。""我在全阿拉斯加伐木冠军赛中获得第三名。"或者"我的蜜月是在尼泊尔艰难跋涉度过的"。学生们猜测哪一个是假的，然后卡萝尔告诉他们答案。（卡萝尔没有在尼泊尔跋涉，她背着重负走过科罗拉多和怀俄明。）这个活动可以全班来做，也可以分成小组来做。不管怎么做，因为学生可以选择要公开哪些信息，所以没有什么人会感到不自在。它还提供机会，让学生可以找到共同的兴趣和经历，同时验证他们的猜测和成见（比如，今天观察卡萝尔的人都没有猜出来她竟在蜜月时出去露营了）（Sapon-Shevin，1999）。

● 我的鲜为人知的一些事实。这是上述活动的一个变体。学生们写出自认为别人不知道的自我描述。纸张叠起来上交后，放进盒子里摇一摇。学生们依次抽取纸张，高声朗读上面的描述。每个人都来猜测是谁写的（Sapon-Shevin，1999）。

● 生命线。每个学生在一张纸上画一条线，线上标出6～10个点，代表他们愿意让大家知道的生命中的重要事件（如：兄弟姐妹的出生，近亲的亡故，在学校编排话剧中做演员，什么时候到这个学校入学的）。学生们分成两人一组，互相讲自己生活中的故事。每组里的成员也可以就生命线上的点对班上其他同学做介绍（Sapon-Shevin，1999）。

● 你得到的启示。让学生们把给他们启示的人或物的照片带到教室，外加一句语录，把它们钉在布告牌上（Schmollinger，Opaleski，Chapman，Jocius，& Bell，2002）。

● 你最引以为豪的是什么？让学生以脚注的形式写出他们对这一问题的答案。把这些以"成功之路"的形式贴在布告牌上（Schmollinger，Opaleski，Chapman，Jocius，& Bell，2002）。

学期初的一两个活动不足以让学生互相了解，更不要说建立起良好的班集体。注意到这一点很重要。克里斯蒂娜就在学年中得到了这一教训：

> 因为我的基本技能课上只有11名孩子，我觉得他们已经彼此熟悉了，尤其是我们在学期初组织了几次"了解你"的活动。可是，有一天在他们小组学习时，我发现有的孩子不知道其他孩子的名字。我很吃惊。这个班是由非英语母语的学生组成的。我意识到这两组学生从来也没有真正相互了解。显然，团队培养的工作本该贯穿全年，仅靠学期初的一两次活动是不够的。

开班会

在咨询和家庭作业时段，中学教师可以组织一种"有活力和受尊重的圈子"

（Circle of Power and Respect）或者叫"CPR"（Kriete，2002）。CPR 是中学版的"晨会"，是很多小学教师每天开始的活动，包括同样的四部分。学生们坐成一圈，首先是**互相问候**，问候可以很简单——一句简单的你好、握手，或者击掌。随着学生们越来越自在，教师可以引进一些变化（如用不同的语言问候）。之后是**分享**；在这一环节，有的学生讲一些他们希望分享的消息，其他同学问问题、做评论。有时，教师还可以提出一个"共同分享"的问题。如：你引以为豪的成绩是什么？如果你能改变学校的一件事，那是什么，为什么？你最钦佩的人是谁，为什么？分享之后，全班进行**小组学习**，来增进团队精神，鼓励合作参与和包容。小组学习包括游戏（如 20 个问题、动作猜字以及打电话）、猜谜、诗歌齐读。最后，学生们集中精力看有**消息和通告**的图表；通常，这一图表讲的是班级和学校的活动，指明学生需应对的"学术挑战"，以及他们需要加强的语言、数学和其他学业技能（见图 3—1）。

2005 年 12 月 21 日

大家早上好！

今天 11 点 15 分将举行纪念罗莎·帕克斯的集会。罗莎上个月去世了，被誉为"人权运动之母"。1955 年，她在一辆公共汽车上拒绝给白人让座，从而改变了美国历史的进程。

你对罗莎·帕克斯有何了解，请写在这里：

图 3—1　消息与通告图表

CPR 最理想的频率是每周举行三次，每天一早进行，但学校的日程不一定能挤出这么多时间。如果定期进行，CPR 可以让学生学会 CARES ——合作（cooperation，而不是竞争），坚持（assertion，而不是敌视），责任（responsibility，而不是冷漠），同情（empathy，而不是自我专注）以及自控（self-control，而不是缺乏控制）。此种班会详情见克里特的相关描述（Kriete，2002）。

到了中学阶段，很多学校会在日程表中把家庭作业和咨询时段结合起来，留出机会开班会。例如，在丹佛附近的杰斐逊县开放学校，每一名初高中教师被分配指导 18～20 名学生，每周与学生见两次面（Baker, Basile, & Olson，2005）。这种让小组学生经常和导师会面的机会是学习小集体运动的一部分，这一运动强调在独立学校或者大一些的学校里建立学习小集体（Cotton，2001）。即使你的学校日程没有安排定期的班会时间，但在你的课堂上进行团队建设活动，也能帮助学生创建相互关爱的关系。

两位教育工作者简·内尔森和林恩·洛特强调开班会的重要性。专栏 3—1 简要介绍了他们的一些想法。

专栏 3—1 　　　　会见教育家

与简·内尔森和林恩·洛特见面

简·内尔森和林恩·洛特是治疗专家和教育家，他们写作、做演讲，并就纪律问题与家长和教师座谈。他们的工作依据是阿尔弗雷德·阿德勒（Alfred Adler，1870—1937）与鲁道夫·德莱克斯（Rudolf Dreikurs，1897—1972）的理念，两人是维也纳心理学家，提倡对待孩子要尊重、和蔼但坚决。内尔森和洛特的合作始于 1988 年名为《青少年正面纪律》（*Positive Discipline for Teenagers*）的著作。自那以后，正面纪律系列著作扩展到针对不同年龄组，探讨不同的内容（如家庭、学校、儿童保健），服务不同的家庭（如单亲家庭、离异再婚的混合家庭）。

关于课堂管理的主要想法

1. 课堂管理的方法必须建立在**关爱和互相尊重的**基础上，其目的是创造利于培养学生自尊、促进学生学业表现的气氛。

2. 为了传达关爱，教师需要清楚影响他们与学生关系的五对行为。在每一对行为中，第一个是**妨碍**良好关系的行为，第二个是**建立**良好关系的行为：（1）认定，而不是检查；（2）解释，而不是探求；（3）指导，而不是鼓动；（4）鼓励，而不是颂扬；（5）采取"成年主义"策略（把孩子们当作成年人），而不是尊重。

3. **班会**不仅有助于把纪律问题减到最少，而且有助于学生开发他们的社交、学业和生活技能。

4. 为了让班会有成效，教师须花时间教给学生**八个部分**：（1）围成一圈；（2）练习赞同与赏识；（3）排出日程表；（4）开发交际技巧；（5）了解不同的事实；（6）识别人们做事的四大原因；（7）进行角色扮演和集体讨论；（8）聚焦于非惩罚性方法。

著作与文章

Positive Discipline in the Classroom，Revised 3rd Edition：Developing Mutual Respect，Cooperation，and Responsibility in Your Classroom（Nelsen，Lott，and H. Stephen Glenn，Prima，2000）

Positive Discipline for Teenagers，Revised 2nd Edition（Nelsen & Lott，Prima，2000）

Positive Discipline：A Teacher's A-Z Guide，Revised 2nd Edition：Hundreds of Solutions for Every Possible Classroom Behavior Problem（Nelsen，Duffy，Escobar，Ortolano，& Owen-Sohocki，Prima，1996）

网址：www.positivediscipline.com。

启用合作学习小组

研究表明，学生在学校上课时鲜有互动（Osterman，2000）。这种发现颇让人担心，因为有无数的研究证明，合作学习能有效提高同学间的积极关系。学生们在学业成绩、性别、文化和语言背景以及种族上有区别，合作学习尤其能促进学生间的互动与友谊，促使班上的学生接受有残障的同学，促进学生对班级的积极态度，增进学生间的感情（Good & Brophy，2008）。

两位著名的合作学习研究专家戴维·约翰逊和罗杰·约翰逊（Johnson & Johnson，1999）列出三种不同的合作学习类型。在**正规合作学习**中，教师把学生分为不同的小组，他们合作完成经过仔细组织的功课；不同的小组可以在同一堂课上花几个星期一起合作。在**非正规合作学习**中，学生们组成临时小组，他们也许会合作几分钟到一堂课的时间。比如，在一整堂课的课堂讲解中，唐尼经常告诉学生"转向你的邻座，谈一谈你们怎样处理这个问题"。最后，**合作基组**指的是长期的、不同的小组，学生们在其中互相支持彼此的学业进步和情感的健康发展。基组的成员可以在同学缺勤时为其收集作业，为同学返校后提供帮助，给课程有困难的同学进行辅导，检查家庭作业，为考试组织学习小组。基组成员每周碰面几次，每次5～15分钟，这是很有帮助的。（有关合作学习更详细的探讨见第十章。）

教授社交情感技能

请考虑如下情景：一个8年级女生发现同学们在传她的闲话，那么她是应该把那些同学堵在走廊骂一顿，还是在意识到自己受到了伤害、很生气之后，尽量使自己平静下来，决定和他们谈谈自己的感受？答案取决于她的"情感能力"——理解与控制社交情感状况的能力（Elias & Schwab，2006；Woolfolk，2007）。有情感能力的个体可以分辨与调节自己的情感，选择并采取最佳的解决办法，对他人表示尊重与同情，进行卓有成效的交际。我们有许多旨在促进这些技能的项目。实际上，我们所有教师工作的不同学区都实行了某种教授社交情感学习的项目。作为课堂上的教师，你也许不用向学生传授这些项目；但无论如何，你要清楚学校提供这些方面的项目，这样，假如有机会，你就可以加强学生这方面的能力了。

建设性地解决冲突是无数项目所强调的一种重要的社交情感技能。在方法上有很大不同，但这些项目通常分为两种：一部分训练全体学生解决冲突的策略；另一部分训练某一特定学生干部在同学中调解争端（Johnson & Johnson，2004）。《教学生做调解员》（*Teaching Students to be Peacemakers*，Johnson & Johnson，1995）一书就是针对全体学生的项目的一个范例。该项目涵盖12年级及以下的学生，学生会逐年学习越来越复杂的谈判与调解方法。研究表明，调解员项目训练出的学生能够把谈判与调解方法运用到不同的冲突中——课堂内外均可。此外，这种训练还减少了需要教师和校长应对的纪律问题（Johnson & Johnson，2004）。

在同学调解项目中，挑选出的学生指导争端者解决问题。让学生而不是成人做调解员的优势在于，学生能够用一种适合他们年龄的方式解决争端。调解员通常两人一组进行工作，他们解释调解的基本规则，为争端者提供机会从自己的角度辨识问题，解释自己的感受，讨论解决方法，评估不同解决方法的优劣，最后选定行动方法。这些步骤见图3—2中呈现的同学调解范例。

显然，在出现涉毒、酗酒、偷盗和暴力冲突等时不能选择同学调解，因为这些都是犯罪行为。但这种调解能帮助解决诸如传闲话、骂人、种族贬损、欺凌弱小等纠纷，以及涉及财产的冲突（如把借的书丢了）。即使这样，调解也应该是自愿与保密的。如果纠纷涉及违反校规校纪，调解可能无法替代纪律行为，但能提供解决问题的机会，"消除误会，改善气氛"。

控制学生间骚扰与欺侮的行为

促进亲社会行为的同时不能宽容可能危害安全与关爱的集体的反社会行为。学生们每一天都遭受同学的辱骂、戏弄、嘲笑、羞辱、社会排斥，甚至身体伤害。当这种学生间的骚扰不断重复（而不是不定期或者偶然），当它的目的是造成伤害、不适或者恐惧，当它涉及力量与权势的不均衡时，就变成欺凌（Hyman, et al., 2006；Olweus, 2003）。男孩比女孩更多地欺凌其他同学，而且往往着重于身体方面。女孩们的欺凌一般更加难以捉摸，更带"关系网"性质，如把某人排斥在自己的小圈子外，散布某人的谣言。

冲突：比利和胡安在数学课上相邻而坐。比利在计算时有个喜欢哼哼的习惯，这让胡安无法集中精力，完成作业。

胡安：你闭嘴别哼哼行不行？
比利：（更大声哼哼）怎么啦，有人说什么吗？
胡安：正经点，要不我过去让你安静下来。
比利：我倒想看看你怎么办。

老师听到他们的话，问他们是否想调解。他们同意了。

调解步骤1：介绍与解释规则
调解员1：（介绍自己和其他调解员）我们将作为你们的同学调解员。告诉我你们的名字。（男孩们做了回答，调解员写在表格上。）
调解员2：我们不是来评判和惩罚你们的，而是帮你们解决冲突的。我们在这里说的一切都将保密，除非我们讨论的事情是非法的、有伤害的，或者有滥用职权的嫌疑。
调解员1：开始前，我们需要你们双方对规则表示同意。规则有：
1）让其他人不受打扰地讲话。
2）礼貌待人，避免奚落。
3）要有责任心，愿意解决问题。
调解员2：你们双方同意上述规则吗？（如果双方同意，进行步骤2。）

调解步骤2：倾听与了解问题
调解员1：胡安，讲一讲你的问题。
胡安：我在做作业，可这个笨蛋大声哼哼，弄得我无法思考！
调解员1：请你礼貌一些，不要奚落或者骂人。
胡安：对不起。我在做题，可他**非常**大声地哼哼。
调解员1：他的哼哼打扰了你做功课。你的感觉怎样？
胡安：因为他每天都那样，我都快疯了。
调解员1：你很生气，因为你觉得他在故意高声哼哼。
调解员2：比利，说说你的情况。
比利：我在做作业，忙着我自己的事情。噢，是的，我是在哼哼。
调解员2：这种情况你怎么想的？
比利：我比较失望，因为胡安太敏感了。
调解员2：你觉得胡安反应太过，就想继续哼哼。
这样做对吗？（比利同意调解员的意见。）你们还有别的要说的吗？（如果有，挨个说。如果没有，继续到步骤3。）

调解步骤3：讨论解决办法
调解员1：你们都听了对方的讲述。想一想现在或将来你们怎么做能解决问题。我们

将写下你们所有的意见，以后再决定怎么做。（胡安说他可以更和气地请比利停止哼哼，比利说他可以和别的同学换位子，胡安说他可以戴耳塞，比利说他可以在心里哼哼。）

调解员 1：还有别的想法吗？（如果没有，进行步骤 4。）

调解步骤 4：达成一致

调解员 2：让我们考虑一下你们二人的意见。哪些有助于解决问题？（孩子们认为换座位不现实，而让胡安戴耳塞也不公平。胡安建议，比利也同意，比利应该在心里哼哼，如果他哼的声音大了，影响了旁边同学，胡安再提醒他。）

调解员 2：问题解决了吗？（如果两个男孩都同意，他们在同学调解表格上签上同意。如果他们不同意，就回到步骤 3，找出更多的解决办法。）谢谢你们自愿提出解决办法。我们会在几天内复查一下，看你们的新办法是否管用。

图 3—2 同学调解原本

学生间骚扰与欺侮的问题普遍存在（尽管出现频率取决于对欺侮标准的不同衡量）。在一个对 16 000 名 6～10 年级学生进行的大规模调查（Nansel, et al., 2001）中，30% 的受调查者报告他们卷入中等或经常性的欺侮。欺侮的主要对象通常是长相平平、穿着不入时或者身体发育成熟的女孩以及不符合"常规男性模式"的男孩（Shakeshaft, et al., 1997）。那些同性恋、双性恋和跨性别的青少年受攻击的危险更大。一项对学校环境的调查发现，在过去一年里，86% 的男女同性恋、双性恋和跨性别的学生受到了言语侮辱，其中 44% 受到身体骚扰，22% 受到身体攻击（Kosciw, Diaz, & Greytak, 2008）。30% 的男女同性恋、双性恋和跨性别的学生在过去的一个月内至少旷课一节或一天，因为他们觉得不安全。更有甚者，70% 的青少年听同学说"那太 gay 了"或者"你太 gay 了"，这里的"gay"意指糟糕或低贱。

尽管这种事情大行其道，但教师、导师和管理人员通常低估他们学校中存在的欺侮行为的数量。例如，巴龙发现几乎 60% 的受调查学生报告曾受到自己中学"一个或者几个小霸王的骚扰"；相反地，教师们相信只有 16% 的学生是小霸王们的受害者（Barone, 1997）。

遗憾的是，即使教师意识到出现了欺侮行为，他们也并不总是干预，或者干预的力度不够。一名受调查的学生这样说："对于骂人，他们（教师）只是说，'我不想再听到这样的话'，也就是那样。他们实际上没有做什么别的事……我希望教师马上制止这样的事，即使他们只听到一次。"（Shakeshaft, et al., 1997, p.25）

缺乏干预的原因也许是感觉欺侮是"近乎可以接受的"（Hoover & Oliver, 2008）。欺侮者可能会普遍存在，常常被当作正常的而放过一马。例如，当欺侮者是男生时，成人们会说"男孩就是男孩"，这种情况很常见。实际上，美国几乎 1/3 的教师认为欺侮是"规范行为"，受害者必须自己解决（Hyman, et al., 2006）。另一个不干预的原因也许在于：很多学生间骚扰与欺侮发生在走廊和食堂，教师觉得在这些地方他们没有管辖权。

如果教师希望创建安全和更多关爱的课堂，那么关键是要严肃对待学生间的骚扰行为，采取干预措施制止骚扰——不管它发生在哪里。你需要警惕那些涉及种族与民族、体型、残障、性取向、不时髦或奇特装束、使用非英语语言及社会经济状况等的伤害性评述。你需要明确，无礼的语言和诋毁，即使是开玩笑，都是绝对不可接受的。斯蒂芬·威斯勒是南缅因大学预防仇恨性暴力中心主任，他敦促教师对学生间骚扰做出即时反应：

> 不管是在走廊还是在教室，只要学生使用侮辱性语言或者典型的无礼语言，教师就要高声制止。在嘈杂的走廊里，干预可以是短暂的。与学生眼睛对视说："我听到你的话了。""我们不能这样讲话。"或者"那是个伤害人的字眼"。这些话传达的信息是：有偏见的诋毁和玩笑不可接受。这种抑制性的干预使事情免于升级，制止了学生继续使用不体面的语言。同时也给学生们树立了榜样，让他们懂得自己怎样干预伤害性语言的使用。最后，教师的高声干预还给那些总听到诋毁但觉得无人在意的学生传递了希望的信息。（Wessler，2008，p.47）

由于很多骚扰和欺侮发生在教师的听觉和视觉范围之外，教会学生在目睹不可接受的行为时怎样"站起来高声制止"变得至关重要（Wessler，2008）。罗伯特·马扎诺（Marzano，2005）提出了三条简单的规则来让学生防止他们中间的欺侮：（1）我们不去欺侮其他同学。（2）我们将大声制止或者寻求成人的帮助来帮那些受欺侮的同学。（3）我们将格外努力，让所有同学参加学校的活动。有些学校让学生签署了反欺侮的誓词（见图3—3）。

我们，＿＿＿＿＿＿＿＿＿＿学校的学生，同意参加制止欺侮的活动。

通过签署此誓言，我同意：
- 礼貌对待他人。
- 尽量包容那些不合群的人。
- 拒绝欺侮他人。
- 别人被欺侮时，绝不旁观、嘲笑或参与。
- 告诉成年人。
- 帮助那些被欺侮的人。

签字

＿＿＿＿＿＿＿＿＿＿

日期

图3—3　反欺侮誓词

资料来源：Harrison，2005。

让学生们认识到什么样的行为是学生间的骚扰和欺侮同样重要。例如，取笑是任何年龄段中最常见的欺侮行为，但让学生们区分互开玩笑和伤害性骚扰可能会比较困难。在一次和克里斯蒂娜的探讨中，她讲了个故事来说明"友好的"取笑会造成什么伤害：

> 今年，我教的一个班上来了个名叫安妮塔的新生。去年，我教过她的男朋友，一个3年级学生。他深陷麻烦之中，去年被逮捕了，但他洗心革面，真的做得很好。不管怎么说，有一天我听到孩子们就男朋友的事取笑安妮塔。他们问她，他是否被软禁，或者是否又进了警察局。她看起来很不愉快，但对我只字未提。课后，我告诉她，我听到孩子们的话了，问她感觉

如何。她表明她不喜欢，但不希望把事情"搞大"，她说不想让他们陷入麻烦。我提出要和那些孩子谈谈，但不会透露我和她谈过话。我告诉她我会明确说明，她没有要求我干预。第二天，我把孩子们叫到一边，尤其是两个男孩子，我告诉他们我听到了他们对安妮塔讲的话，认为他们讲得不合适。他们说，他们"只是开玩笑"。我告诉他们，"但开玩笑会伤害人"。我说，从安妮塔的表情上看，她不觉得那有什么好笑的。他们看来很吃惊——仿佛之前他们从没认真考虑过。他们承诺不再那样开玩笑了，并且他们做到了。

一种交流是取笑还是善意的玩笑，取决于卷入其中的人的社会水平和受欢迎程度（Hoover & Oliver，2008）。如果地位高的学生嘲笑地位低的学生，这种交流会被看作攻击。取笑同等地位的人会被看作玩笑。下面是几条准则，可以帮助学生们了解怎样做合适、怎样做不合适：

- 问问就某一话题开玩笑是否会造成伤害，如果是则不开那样的玩笑。
- 取笑会让人烦恼，注意传达此信息的肢体语言。
- 为被取笑的人说话。
- 如果某种话题的取笑让你烦恼，那么大声讲出来。
- 谨慎地使用幽默，尤其是讽刺。
- 避免取笑你不熟悉的人。
- 绝不就性问题取笑人，不论是男孩、女孩、他们的身体，还是他们的家庭成员。
- 不要取笑看起来不愉快的人。
- 接受善意的玩笑。

只要可能，就把思考性活动纳入你的课程，这对增强学生的意识也很有用（Shakeshaft, et al.，1997）。例如：在文学课上，学生们可以阅读有关骚扰和欺侮话题的小说；在数学课上，学生们可以探索和分析结果；在美术课上，学生们可以描述他们对骂人和奚落他人的感受。此外，学生和教师可以合作定义什么样的行为适合那些具有包容性、有爱心的学校。

警惕网络欺侮

最近几年，学校发生的骚扰和欺侮扩大到网络空间，"网络欺侮者"使用电子邮件、手机短信、即时信息、博客和诸如聚友网或脸书等其他社会网站来骚扰受害者。例如，8 年级的学生阿曼达·马库森报告说她的一些同学偷了她的化妆品，马上就有称她是告密者和骗子的即时信息纠缠她，而且"字眼越来越难听"（Harmon，2004）。16 岁的丹尼斯与男友分手时，男友把她的电子邮件地址和手机号码贴在涉黄网站和博客上作为报复。一连几个月，丹尼斯都接到使人难堪、令人害怕的信息和电话（Strom & Strom，2005）。一位中学生准备就 6 年级学生中"最令人憎恨的"5 个人做个调查，他建了个网站，同学们可以在上面投票（Lisante，2005）。幸好，一名"获胜者"的家长向校长举报了这一调查，这引起了一次讨论网络欺侮造成的危害的校内活动。

与"非在线"骚扰相比，成年人更少体验在线骚扰，而对新技术不熟悉或无所适从的成人也许都意识不到这一问题的实质和严重性。与此同时，网络欺侮会比普通欺侮更具羞辱性。只需轻敲几下键盘，谣言、取笑、令人尴尬的图片，以及恶言恶语便会在大量同学中传开，家庭再也不能成为逃避奚落的安全的港湾。此外，年轻人可以在线说出他们平时永远也说不出的话，这主要是因为可以在网络上匿名，以及和受害者距离甚远。一名学生这样说："在网络上，你看不到他们的脸，他们也看不到你的脸，你不必直视他们，看到他们受伤害。"（Leishman，2002，引自Shariff，2004）网络欺侮对女孩更具有吸引力，女孩更喜欢"关系上的攻击"，而不是身体骚扰，她们通常会避免直接对抗（Harmon，2004）。

一些应对网络欺侮的策略见实用贴士。

 实用贴士

应对网络欺侮

为校内使用网络制定明确策略，并在学校手册中体现（或者在你的班规中体现）。该策略须说明什么是网络欺侮，并罗列其后果。

自学学生使用的网络技术。不要让学生利用你的无知。

让学生明白，欺侮将被严肃对待。

保证严肃对待那些对网络欺侮表示关心的家长/监护人。

向学生们解释，他们：

● 永远不要在线分享个人信息，如地址、学校或者电话号码。

● 不要在线张贴显示自己身份的照片，或者在未经允许时贴出朋友的照片。

● 应限制网友接触他们的在线档案（在脸书或者聚友网上），结交网友，尤其是不认识的网友时须小心谨慎。

● 不要删除信息；他们不必阅读那些信息，但可以给他们信任的成人看。这些信息可以用来对网络欺侮者采取行动。

● 不要浏览不认识的人发来的信息。

● **永远不要**回复网络欺侮信息。

● 如果欺侮来自电子邮件或者即时信息，可以拉黑发件者的地址。

● 可把信息提交给网络运营商。

● 应该告诉成年人。

● 如果信息含有人身威胁，可以把信息报告给警方。

● 应该大胆反对网络欺侮。

● 不应该在愤怒时发信息。

● 永远不要发送不希望他人看到的信息。

让学生父母意识到，所有的主要网络运营商都提供某种家长控制软件。例如，美国在线开发了"美国在线卫士"，它能报告孩子们与何人交换了信息，他们访问了什么网站，并监控13岁及以下孩子的聊天室。

鼓励家长把电脑放在家中的公共区域里。

请当地警方相关人士来学校，就网络的适当使用作报告。

一定要在你们学校的所有电脑使用说明中增加道德规范的条目。

资料来源：Keith & Martin, 2005; Lisante, 2005; and the National Crime Prevention Council, 2009, at www.mcgruff.org.

警惕学生对学生的性骚扰

离开课堂时，一个男生拍了拍一个女孩的屁股。她厌恶地看了他一眼，告诉他"滚一边去"。另一个女孩眼泪汪汪地来找你，因为班上的一个男孩在传播上周两个人约会时的所作所为。你听到班上两个女孩取笑一个男孩是"种马"。这些是性骚扰的例子吗？对此你应该做什么吗？

性骚扰通常被定义为讨厌的、不受欢迎的性关注。这包括很多行为：

> 目光挑逗、捏、抓、具有暗示性的语言、挤压别人的性行为、传播性谣言、开和性有关的玩笑或者性歧视的玩笑、拉扯别的同学的衣服、以性的方式触碰他人、对同学的性取向进行侮辱性评论、约会时强奸、性涂鸦，或者采取其他可能导致不友好的学习环境的性行为。（Hyman，1997，p.318）

几项研究（AAUW，1993；National Council for Research on Women，1994）记录了一个事实：在美国中学里，性骚扰屡见不鲜。例如，一项调查发现，学校中83％的女孩和60％的男孩报告他们受到了令人讨厌的性关注（Lee，Croninger，Linn，& Chen，1996）。研究还显示，事情并非一些学生是作恶者、另一些学生是受害者这么简单：超过半数的学生报告说，他们曾经骚扰过别的同学，而自己也受到过骚扰。

有时，对你和你的学生来讲，区别无害的调情和性骚扰也许很困难。当你遇到这种情况，请记住：到底有没有发生骚扰，其实就看受牵连者"怎么认为"。换言之，决定因素是"动作的接受者受到了怎样的影响，并非施动者希望用动作表示什么"（Strauss & Espeland，1992，p.15）。接受者喜欢或希望得到的亲吻、触摸以及调情并**不是性骚扰**（尽管这些在学校不大合适）。

我们的四位教师都强调，有学生抱怨其他学生让他们感觉不舒服时，教师做出严肃的反应，这一点非常重要。唐尼给我们讲了她学校里一个刚开始教学的老师，在班上女生抱怨坐在她后面的男孩不断地摸她的头发，并"骚扰"她时，这个老师没有采取行动：

> 她的抱怨很含糊（我想她不希望明确说出发生了什么），因此，尽管她不断提出换座位，老师仍没有采取行动。他只是告诉女孩别在意那个男孩，或者让她告诉他别那样做了。最后，女孩的母亲给他发了电子邮件，同时也发给了校长和督学，说孩子屡次要求换座位都被忽视了。这有点乱套，但这位教师学到了很好的一课：如果孩子抱怨有人骚扰他，你必须重视起来。你班上的孩子需要觉得舒服，他们需要相信你会使他们安全。

考虑到这种对接受者感情的强调，人们可能会担心向别人讲奉承话却被人误解。你可以建议学生用几个简单的问题来指导自己的行为（Strauss & Espeland，1992）：

> 我希望自己的评论和行为出现在报纸或电视上吗？
>
> 如果我的父亲或母亲、女朋友或男朋友、姐妹或兄弟在场，我会说这种话或做这种事吗？
>
> 这是我希望别人对我的父亲或母亲、女朋友或男朋友、姐妹或兄弟说的话或做的事吗？

我和另一个人在权力上有差别（如，大小或者社会地位）吗？

最近几年，越来越多的学区为学生和教职工制定并颁布了有关防止性骚扰的规章。它们通常对性骚扰进行界定，概括了听到性骚扰事件时你应该采取的程序，并说明了各种结果。获得一份规章副本并遵循特定的程序是很重要的。请记住，最高法院规定，如果对"学生间严重的、普遍的和客观上冒犯性的"骚扰信息"故意漠视"，学校要负法律责任（Walsh，1999）。

给人警示的故事

营造充满关爱的教室环境绝非易事，尤其是对中学教师来说，他们与学生见面的时间非常有限。在一次与桑迪的会面中，她懊悔地讲述了在课堂上发生的一件事，这使我们明白了这一教训。我们在此讲述这一事件，并非想让你气馁，而是要表明建设教室环境确实是富于挑战的工作。

我的孩子们分成三人一组在做作业。我给他们选的小组。在其中一个组里，我选的女孩恰好是个优等生，而一个男孩得让人劝说着学化学。他们很快完成了作业的复习。另一个小组需要帮助，于是我建议他们请第一组帮助他们。第二组的一个名叫米切尔的孩子叫那个女孩——那个优等生——来帮忙。不愿学化学的男孩瑞安突然说："等等。为什么只叫**她**，不叫**我们**？你认为我们笨吗？"然后他转向我说："看，K夫人，这就是我不愿学化学的原因。因为所有的聪明孩子都知道自己聪明，也知道谁笨。他们认为学校功课不好的孩子永远也学不好化学。"

我站在那想，我该怎么解决这个难题？我该怎么说？我看到整个事件展现在我面前。24双眼睛在盯着我。最后我说："噢，我想你肯定把**他们**都蒙住了。"我真希望你能看到此时的情景。瑞安挺起胸，对米切尔说："**露西**不会帮助你们的，**我**来帮助你们。"

我曾经以为我们创造了一个有凝聚力的集体，但后来发现，这种情况仍很常见。孩子彼此有这样的看法，而这些看法就成了横在他们中间的障碍。米切尔的想法是，露西最善于解释问题。瑞安的想法是米切尔觉得他笨。我总是尽力说明，人们有各种不同的智力和各种不同的天分。我让孩子们在所有这些合作小组里合作，可这些障碍仍然存在。**但我会不断努力清除这些障碍。**

总结评论

阿尔菲·科恩建议，如果我们反思"是什么时不时地把学校变得可怕"，将对我们改善教学很有帮助（Kohn，1996，p.114）。这样，我们可以确保那样的经历和情况不会发生在我们班的学生身上。我们最近在按他的建议去做。和学生一起，我们回忆了我们所经历的可怕时刻。下面是学生的一些记忆：

作为初中生，我修学了代数 II 和三角学。尽管我是个好学生，可不知道为什么，我和老师就是合不来……学年中期，我们进行了对数的测验。我觉得自己都明白，可每道题我都犯同样的错误，完全考砸了。第二天进教室时我还觉得考试没问题。可老师举起我的试卷，不无幸灾乐祸地说他没有教好我。

以后的日子，我痛恨进那间教室，我痛恨那个当众羞辱我的老师。

当我从西班牙语Ⅱ被转到西班牙语Ⅰ时，学校对我来说很可怕……指导老师背着我给我父母打电话。他没有告诉我父母我不想转班，所以我父母说可以转。在改我的课表之前，我甚至没机会跟他们谈话。我觉得非常无助，感觉被人出卖了。

到了中学2年级，一个女孩总是跟着我、折磨我、骂我，还威胁说要伤害我……我的老师或者校方官员们没有一个来帮助我。我至今仍在纳闷，她为什么那样恨我。

最糟糕的是在初中……别的女孩嘲笑我，一年前她们还是我的朋友……我因为没有钱，没有好衣服，狠不下心来而备受折磨（我的意思是我狠不下心干违法的事，或伤害别人的感情）。那是我不喜欢上学的第一年。

暂停与思考

对太多学生来说，学校是个让他们觉得被侮辱、受威胁、被取笑、受背叛以及无能为力的地方。想一想，对你来说学校是什么时候变得可怕的。如果你牢记这些时刻，努力保证这些事情永远不会发生在你的学生身上，那么，你在创建更安全、更关爱的集体方面就已经上路了。

作为一个热衷于学业指导、关注教学内容的专家，你也许不愿意抽出时间在学生中创建关爱的关系，尤其是在看重学业、看重高分的年代。毫无疑问，创建关爱集体要花时间，尤其是当班上有很多不合群的、满腹怀疑的学生时。你当然该思考在你的处境下该做些什么，但要记住——你花在创建集体上的时间不仅会使你拥有一个更加和睦的班集体，产生更大的动力，还能让学生更加关注学业，取得更大的成绩（Watson & Battistich, 2006）。

小 结

本章开篇讨论了积极的师生关系在课堂管理中的重要作用。然后介绍了一些教师向学生表示关爱以及在学生中创造相互关爱关系的方法。

表示关心和尊重学生的方法

对学生要和气。
了解学生的生活。
敏感地发现学生的心事。
确立并执行明确的行为期望。
公平。
欢迎学生发表意见。
做个真实的人（也做个真实的教师）。
了解青少年文化。
给学生自主权。
有颗包容心。

发现学生的优点。

培养沟通技巧。

- 倾听并做出反应。
- 积极地倾听。
- 询问。
- 解决问题。

注意身体接触。

了解学生对课堂环境的感觉。

建立互爱的生生关系

以身作则与认清亲社会行为。

给学生提供互相认识的机会。

开班会。

启用合作学习小组。

教授社交情感技能。

控制学生间骚扰与欺侮的行为。

警惕网络欺侮。

警惕学生对学生的性骚扰。

关注教学内容的专家通常不愿从学业指导中抽时间来关注集体的建设。但请记住，创建班集体所花的时间将以和谐、有礼貌的班集体以及更大的动力、更好的成绩作为回报。

技巧培养活动与反思

课上活动

1. 想一想你初中和高中的老师，选择一位关爱学生的老师和一位不够关爱学生的老师。针对每位老师，写一个段落，用细节和事例说明每位老师的做法，在小组里分享。

2. 下列各组对话中，学生告诉老师他们遇到的问题，而老师没有采用本章建议的方法。针对每种情况，找到新的解决办法，尝试使用本章中讨论的各种沟通技巧：倾听并做出反应、积极地倾听、询问、解决问题。

学生：我父母不同意我周末去看望我上大学的男朋友。他们说信任我，其实并不是。

老师：嗯，我相信他们非常关心你，你真的不应该抱怨。毕竟，很多孩子的父母并不关心他们，我认识的一些父母让孩子任意而为。也许你也喜欢那样，但我认为你实际并不想那样。

学生：我受不了我的继母，她总是批评我，让我放学就回家照顾我妹妹，我觉得自己就像个傻瓜。

老师：噢，灰姑娘，我想事情没有那么糟糕。

学生：我父母让我考大学，可我想参加海军陆战队。你说我该怎么办呢？

老师：听你父母的话，考大学吧。读完大学，也可以参军。

独立活动

1. 采访一些初中生和高中生，问问他们如何定义关爱学生的老师，问问他们心目中的好老师该怎样对学生表示关爱。

2. 为开学第一周做计划。第一，想一想如何向学生做自我介绍。你会对学生说些什么？第二，想一想如何向学生表示你欢迎他们提意见。（你允许学生对规则、课程、作业和分组提出口头建议或观点吗？允许学生给你写信吗？能回答学生的具体问题吗？）第三，设计一项活动，让学生们相互认识。

3. 参观一个你从没去过的初中或高中的班级，及时记录下你走进这间教室，并成为其中一员时的感觉。观察一会儿，记录下老师营造安全、关爱的集体的方法，以及这间教室给你留下的印象。

载入档案袋

记录并保存你建立良好师生关系和生生关系的方法，包括写给学生的欢迎信、解决冲突的计划，以及"认识你"的活动。

第四章

确立班级行为规范

关于有效课堂管理的研究

明确你对学生行为的要求

开学之初：教会学生行为规范

总结评论

小结

技巧培养活动与反思

中学教师有时声称，他们的学生知道该如何举手投足，因为他们已经上学多年了。他们一般这样议论：

> 我的学生不是婴儿。到了初中和高中，学生们知道按时到校、做作业、尊重他人财物、讲话前举手等都很重要。课堂上要教的东西太多，我不能把时间浪费在教孩子们各种规矩上，这种东西他们已经清楚。

这种推论有一定的说服力，尤其是对那些热心于自己的授课内容、急于开始教学的教师。但是，尽管学生对恰当的学校行为有大致的想法，但他们并不知道**你对他们的特别期许**，认识到这一点很重要。而且，你的学生也许一天要和五个不同的教师见面，而每个班的期望都不同。第一节课的教师也许不在乎铃响时学生们在教室乱转，第二节课的教师可能会强调让学生坐在座位上；第三节课上，教师要求学生把作业放在课桌的右上角；而在第四节课，教师要学生把作业扔进教室前面的篮子里。

对诸如此类的基本课堂活动你有什么期望——如果你不告诉他们，你的学生又怎么知道做什么？让学生猜测你对他们的期望有失偏颇，正如我们在第三章中讨论的那样，向学生们解释课堂规则是一种关爱的行为。不了解适当举止的标准会造成误解和不安全感，即使所谓的"学校能人"那样的青少年也不例外。相反，**明确界定的课堂规则和程序有助于创造一种可以预测和可以理解的环境**。

对行为的明确期待还有另一个好处。正如第一章所强调的，课堂是拥挤、公开、不可预测的地方，通常在 42 分钟或 45 分钟一节课上学生要开展各种各样的活动。**明确的规则和程序会减少混乱，并防止浪费教学时间**。它们在很大程度上可以自动地使你的"常规活动"（如检查出勤、分发材料等）顺利和高效地进行，可以使你和学生解脱出来，开展真正的教学和学习任务。

　　本章描述了证明制定规则与程序之重要性的研究。接着，我们会考虑一些指导你建立课堂规则的原则。我们也将了解到唐尼、克里斯蒂娜、桑迪和弗雷德如何把规则和程序介绍给学生，以及他们对课堂管理这一重要任务的认识。

关于有效课堂管理的研究

　　1970 年以前，师资培养计划给新教师提供的仅仅是有限的建议。师资培训者会介绍一些"行业窍门"（如突然开灯或关灯，以让学生安静下来），强调严格与保持一致的重要性，告诫未来的教师只有到圣诞节才能露出笑容。但是，关于高效课堂管理者行为的研究却相对较少，我们也不清楚为什么有的课堂进展顺利，而有的却混乱不堪。

　　这种情况在 1970 年开始得到改变，这一年雅各布·库宁发表了有关有序课堂与无序课堂的研究报告。为了解释二者之间的差异，他着手比较了教师应对不当行为的方法。库宁惊奇地发现，优秀的课堂管理者和蹩脚的课堂管理者没有什么本质的区别。**真正**不同的是教师为**预防**不当行为所采取的策略。高效的课堂管理者持续监控学生的行为。他们的表现被库宁称为**"心在教室"**：他们能意识到教室任何角落在发生什么事情，并把这种意识传递给学生。他们还表现了**"复合能力"**——同时做几件事情。在多重事件同时发生的环境里这当然是一种令人满意的技能！此外，高效的课堂管理者会使课堂教学以轻快的节奏进行，这样学生便少有机会走神或捣乱。

　　库宁的工作让研究者纳闷：高效的课堂管理者是怎样开始新学年的？就此题目他们开展了一系列的研究。其中一个项目（Evertson & Emmer, 1982）要观察城区初中的 26 名数学教师和 25 名英语教师，要观察每个教师所教的两个不同的班。在学期的前三周，研究者在每一个教室进行了广泛的观察，并且详细记录了所发生的一切。在该学期的其他时间里，每个教师每三周或四周被观察一次（在他或她的所有教室）。在后来观察的数据基础上，研究者在数学教师里选定了效率较高与效率较低的教师各 6 名，在英语教师中选出效率较高和较低的教师各 7 名。研究者接着回到在学期之初收集到的信息，将教师们在学期前三周所做的事情进行比较——可以明显地看到差距，这样的差距甚至在开学的第一天就有！

　　教师对规则和程序的掌控是主要差距之一。尽管所有的教师对学生的行为有所期待，而且也花时间把他们的期待描述给学生并和学生讨论，但只有高效率的管理者在**教导**学生规则和程序时更为成功。例如，更有效率的教师通常会向学生发清单，阐明他们的行为期待，或者要求学生记在笔记本上。他们更清楚、更明确地表述可能引起问题的行为——那些经常发生的行为，也许不同的教师会碰到不同的行为（如喊叫、串教室、学生与学生互相影响、举手等）。有趣的是，至于那些每堂课上不经常发生的、简单的行为（如迟到、拿材料），两组教师没有明显的区别。

　　后来的研究证实，向学生明确说明你对他们的行为期待是很重要的。在一项研究中，研究人员用录像记录了两个经验丰富和两个缺乏经验的初中教师（两个数学教师、两个科学教师）初次和自己班上的学生见面的情景（Brooks，1985）。其反差尤其明显。

资深的数学教师被学生和校领导一致认为头脑清醒、组织严密，她把对学生的行为期待做成一份班级规则，一上来就分发给大家，让他们保存在自己的文件夹里。她首先讨论了全学校大的方针政策，但把大部分时间花在阐释课堂标准上——怎样进入教室，怎样使用材料，怎样与老师和其他同学互动，发生紧急情况时该做什么，怎样离开教室等。通常，**阐明一条规则时，她会解释基本的道理，给学生提供一个恰当行为的例子，最后指明不服从的后果**。有意思的是，在讲述规则和程序时她很少微笑（尽管在后来介绍课程时她总是面带笑容）。她以公事公办的语气讲话，并不断地扫视全班；她讲话时观察者没有发现捣乱的现象。

相反，没有经验的数学教师则显得凌乱而无组织。没有给学生们分发班级规则，也不鼓励学生把规则记录下来。甚至在讲述课堂上说话的规则和程序时，她都容忍学生们互相讲话。此外，在解释错误行为的后果时，她再三地微笑，这一非语言举止似乎与正在讨论的放学后留学生训话和家访不协调（也许传递出她不会认真对待所出现的后果）。

正如本文以下的选段所阐明的，这名没有经验的数学女教师很少给出例子或讲明道理。实际上，她**从来都不会**使用老练教师"规则—原理—例子—后果"这样的顺序。尽管她用的很多规则和老练教师的相似，但她阐述的规则自己不能实施（指望学生尊敬所有的教师），而且她还忽略了对一些基本规则的讨论（教师讲话时，学生要认真听）。此外，她的规则似乎没有主次之分，安排得凌乱不堪：

> 好的。我来讲几条课堂规则。呃，让你们了解一下。首先，我想让你们知道的是，我想，我希望每个同学都遵守学校的规定……是的，要遵守学校所有的规定，如果你们还没有的话，一会儿就给你们这张黄纸，所有的规定都在上面，它会给你们解释一切。这些规定适用于学校里和学校以外……哦，还有，你们从那个门进来时，我希望你们走进门来准备好上课。你们进来的时候，别想着再出去从柜子里拿点什么……对了，进来时你们要带铅笔、纸、夹子和一本书……当然，如果你功课做得快，可以带点别的东西。做完功课，你可以忙点别的事，因为我不想你们在教室说话……再有就是，我们在任何时候都使用铅笔……我不想你们把墨水留在作业本和考试卷上。所有的都要用铅笔写……还有我们都要有文件夹，以后告诉你们用来做什么……对了，还有，我希望你们有礼貌。首先，我希望你们尊重自己，无论何时都尊重你们自己；其次，尊重同学和老师。这个大楼的任何一名教师你们都要尊重，还要尊重每一名同学，如果你看到某个老师，他说的每一句话都要听。
> （Brooks，1985，pp. 67-68）

读到这样的片断，不可能不同情这个毫无经验的老师。毕竟，大多数新教师开学第一天都会紧张，尤其是在有人听课时。但正是**因为**这种紧张，你才必须（1）预先想好你对学生的期望，（2）计划一下该怎样向学生表述。让我们分别看一看每一个步骤。

明确你对学生行为的要求

> **暂停与思考**
>
> 我们分清了一般行为规范（规则）和特殊情况下学生须遵从的程序（常规）。为了让你清楚了解这之间的差别，请考虑以下的期待：（1）一节课结束时，学生们要等你说下课后才能开始收拾书包。（2）学生们要有所准备。（3）别人讲话时，要礼貌地倾听。（4）学生们上课前要把作业放进本班的篮子里。（5）小组学习时，学生们可以和本组成员安静地说话。本章后面部分我们还会探讨这些话题。

在第一个学生走进教室前，你需要考虑对其行为的期待。你不仅需要为学生的**一般行为制定规则**（通常指课堂规则），还需解释清楚在特定的情况下，你和学生们需要遵从的行为**规则和程序**。比如，学生们到了教室门口，是应该马上坐到座位上，还是三五成群、互相嬉闹，直到你要求他们到座位上去？他们是自己去储物柜取出一直在做的作业，还是等着你一个一个地发给他们？学生们做作业需要纸、尺子或量角器时，是他们自己去取，还是你让学生发放？或者你亲自发放？如果学生必须离开教室去储物柜或者图书馆，你允许他们去吗？学生在自己的座位上做功课时，他们该互相帮助，还是该独立自主？

因为这些事情看起来很琐碎，所以人们很容易低估它们对维持课堂秩序的作用。你在考虑该怎样分发纸张时，学生们则不确定完成课堂作业时回答同学的问题是属于帮助同学还是作弊，他们为此感到焦虑，这时的课堂就失去控制了。我们能看到，每个班的规则和程序不同，但没有它们，班级不会运转自如。

确立一般行为规范

高效的课堂管理者对学生的行为一般有四五种普遍规则（Akin-Little, Little, & Laniti, 2007）。这些规则描述了使教室适合生活和工作的必要行为，比如，"到校前要做好准备"，"遵守指令"，"尊重别人"。在克里斯蒂娜的班上，她把一般的行为准则写在一张清单上，在开学第一天发给大家。下面是她的一些基本准则：

- 尊重班上的每一个人：使用得体的语言，别人讲话时要专注地听，讲话前要举手。
- 发挥自己最好的能力，按时完成作业。
- 按时到校，铃响时坐在自己的座位上。

在考虑自己班上的规则时，应该记住四个原则。表4—1概括了这些原则。首先，**规则应该是合情合理的、必要的**。想想你要教的学生的年龄和特点，问一问自己什么样的规则适合他们。例如，禁止学生们走进教室时互相打招呼和聊天是不合情理的。考虑到年轻人不可抗拒的社交欲望，设立这样的规则肯定会引起学生的不满、失望以及消极抵制。确定一条规则——如"小声交谈"——来约束学生该**怎样**讲话，这样的做法更加明智。

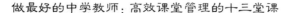

表 4—1　　　　　　　　　　　设立课堂规则的四个指导原则

原则	应考虑的问题
1. 规则应该是合情合理的、必要的。	什么样的规则适合这个年级学生的水平？ 设这个规则有什么适当的理由吗？
2. 规则应该清晰明了。	规则对学生来讲是否太抽象，不易理解？ 我希望学生们在多大程度上参与决策过程？
3. 规则应该与教学目的以及我们所了解的人们的学习方法一致。	规则是促进还是妨碍学生的学习？
4. 课堂规则要和学校的规章制度一致。	学校的规章制度有哪些？ 在走廊、餐厅或者集会时，是否对行为有特殊要求？ 学校有何关于电子设备（如手机）的策略？

同时问问自己，是否每个规则都是必要的。有没有迫切的原因？这些规则会让教室成为愉快的地方吗？它会增加学生学习的兴趣吗？你能解释它的基本原理吗？学生们能接受吗？在下面的评论中，桑迪强调了这一原则的重要性：

> 设立规则要有原因。例如，我的一条规则是关于按时到教室的。学生们知道他们放学后会被留下——即使迟到一次。学年开始时，学生们认为我太过严格，小题大做。但我可不是多么刻薄，我只想让学生按时到校，因为我总是铃一响就开始上课，如果他们来不了，会跟不上学习进度。很快，他们就明白了这条规则的真正原因。我听到他们对朋友说："我必须按时到教室，要不他们就开始上课了。"

与此相反，我们认识的一个生物教师坚持让学生用黑钢笔做笔记。尽管这个教师能够实施这条规矩，但她无法给出有说服力的解释，学生认为这样的规矩既随意又可笑。类似的还有，一个英语教师坚持让学生在做拼写和词汇测验时用草书书写。甚至对她的实习教师来说，这条规则都有点不近情理：

> 我自己作为一个印刷工，草书的等级从来没有超过三级，对硬性规定的草书没有兴趣。在真实生活中填表时，我必须打印才能让字迹清楚易读。唯一一次被人要求写草书是在与我合作的教师的词汇测验课上签名。我能理解为什么学生有时讨厌我们的规则。

如果**你**和学生都使用相同的规则，要证明它们是否合理和必要就容易一些。尽管有些规则是专门给学生定的（如讲话前要先举手），其他规则与每个人都有关系（如尊重他人及其财务）。桑迪告诉我们："如果一条规则对学生重要，那么对你也重要。比如，我要保证按时到班上，如果我迟到了，我要向他们做出解释。"弗雷德也同意这种说法："我尽力向学生们讲清楚，**所有人**都需要遵守规则。毕竟，规则不是权力，是规则使我们的文明生活成为可能。"

其次，**规则应该清晰明了。**由于规则经常是用笼统的语言（"有礼貌的"）表述的，它们有时可能太抽象，没有什么意义。在拟订规则时，要想出一些具体的例子和学生们讨论。比如，唐尼的一个基本规则是"准备充分"。她用准确的、具体的行为把"准备工作"描述出来："课堂准备包括每天都要带来你的作业、笔记本、钢笔或铅笔，以及包了书皮的教科书。"

有的老师相信，学生参与了决策过程，规则就更容易理解，也更有意义。参与，尤其是高年级的参与，使学生更愿意对规则"买账"，让他们在保证规则得到执行时更加投入，并且能使他们为成人生活做好准备。在中学阶段，有的教师开始时就问学生对自己班的"希望与梦想"是什么。（如，你对今年的数学课最重要的希望与梦想是什么？你真正希望实现什么？）然后，学生们思考他们需要什么——从别人那里以及从自己身上——以便实现这些希望与梦想。接下来要做的是，形成关于规则的意见。（这一方法更详细的信息见 *Rules in School*，Brady，Forton，Porter，& Wood，2003。）

暂停与思考

花点时间考虑一下让学生制定规则的想法。你自己的中学老师有采用过这种方法吗？你觉得它的好处是什么？如果这样做，你要记住什么，又需要为哪些意想不到的问题早做计划？

作为新教师，给学生宣布你亲自制定的规则也许更觉得舒服。实际上，尽管有多年的经验，唐尼、桑迪和弗雷德都没有容许让学生创设课堂规则。但他们确实要开展讨论，为规则阐明道理，也从学生那里征集例子。如果你真想让学生参与制定一系列的班级规则，那么需要提前考虑对你来说重要的规则，

而且要保证这些规则会出现在最终的清单里。同时，要意识到这一过程可能会导致不同的班级出现不同的规则，你很可能希望学生的规则清单适用于你任教的所有班级。

再次，你要记住的原则是**规则应该与教学目的以及我们所了解的人们的学习方法一致**。第一章讨论了本书的基本设想。其中一个是对秩序的需求不能取代对意义丰富的教学活动的需求。在决定班级规则时，要想一想它们是促进还是妨碍学生的学习过程。比如，在追求秩序时，有的教师禁止学生在做课堂作业时互相说话，有的教师不允许学生之间有合作学习活动，他们担心学生太吵。显然，这些制止措施有时是必要的（比如，你有时要求学生单独完成某一作业，好评估他对课堂内容的掌握情况）。然而，如果这样的限制真正实施，那将是可悲的。研究孩子们学习方法的教育心理学家强调，孩子们的互动是很重要的。这种思维主要依据的是苏联心理学家列夫·维果茨基（Lev Vygotsky）的研究，他认为，儿童的智力发展是通过与作为指导者和教师的成人以及更有能力的同龄人（Wertsch，1985）的合作来培养的。有意思的是，研究发现利用小组学习的方式益处很多，这种互动对**教师**和学生都有好处。比如，研究者发现，给同龄人解答问题的初中生自己的成绩也有提高（Webb，1985）。鉴于互动在年轻人的学习和认知发展过程中的重要作用，似乎明智的做法是不要禁止互动，而是花些时间教给学生适当的互动方式。（本话题在第十章将有详细论述。）

最后，**课堂规则要和学校的规章制度一致**。本原则的重要性可以从一名实习教师的日志片断中得到印证：

> 开学第一周，我把一名学生轰出教室，告诉他拿不来家长的条子就别回教室来。第二天，那个学生没带条子就回到了教室，而且我还被告知：（1）我轰走学生的做法违反学校规定；（2）只有年级导师才能直接与家长联系。

你的学校可能会为新教师举行情况介绍会，解释学校的规章制度、方针政策以及各种程序。尤其要注意关于在集会、餐厅、图书馆和走廊等场合的行为规范。你还应该了解你负责的行政工作（如考勤、收取校外旅行考察的费用、监督防火训

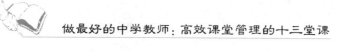

练、记录迟到等）。如果有学校手册，一定得准备一本，它将指导你制定自己的规则和工作程序。

你还要了解是否可以和学生一起阅读手册。比如，弗雷德的学生就收到了一本小册子，解释学校的规定、规则和方针，教师们在第一堂课和学生们一起阅读手册。手册中涵盖的规章制度用于下列情况：迟到，旷课，抽烟，吸毒，离开校园，对同学抱有偏见，使用手机、MP3 和其他电子产品，打架与人身攻击，私藏枪支等。阅读完手册后，学生们要在一项声明中签字，说明他们将遵守校规。声明随后被送到总办公室。

与学生们一道学习学校手册使弗雷德可以解释他的课堂规则和程序如何与校规校纪保持一致：

> 好的，大家看到了吧，学校的规定是，旷课之后回到学校要带着假条。我们再说得详细一些。不来上课时，你自己有责任给班上的某个同学打电话，把事情说清楚。因此今天离校之前，要个同学的电话号码。（他笑了。）一定要找个和你一样聪明甚至比你还聪明的人。（学生们笑了。他继续讲。）那么，至于迟到，学校的规定是："不要迟到。"如果迟到三次，就要接受处罚。我会小心观察，你快有麻烦时，我会警告你的。现在，谈谈逃课。如果你不在我的教室，我没法教你。（他讲话缓慢，带着强调的语气。）**如果你逃我的课，我就觉得你是针对我个人的**。对呀，我也是人。我知道有的时候你们需要在教室之外活动，你们必须去浴室或图书馆。但你们需要到我这里来请假并得到许可。不这样做，就是逃课。**而且，我讨厌死逃课了。所以，不要逃课。**

确立特定行为常规

教室里要发生如此众多的不同活动，为各种具体的情况界定行为规范令人望而生畏。匹兹堡大学学习研究与发展中心的研究人员观察了高效课堂管理者的举止，把他们应用的常规进行了归类（Leinhardt，Weidman，& Hammond，1987）。我们修改了他们的三级体系并提供了一种设计常规的思路。

课堂控制常规

这是一些**非课业性常规**，可以使你顺利地控制课堂。这一类型的常规包括**管理常规**（点名，记录迟到，分发学校通知），**学生活动常规**（上课之前进教室，课后离开教室，离开教室去找护理工，去图书馆或者到橱柜里找东西，消防演练，在教室使用卷笔刀或者拿材料），**教室管理常规**（清洁实验室桌子，给植物浇水，对大家所用的储存材料和仪器进行维护）。

如果没有清晰明确的课堂控制常规，那么这些活动会占去很多学习日的时间。对 5 年级课堂时间利用的研究表明，这些活动（换教室、等待和教室管理）几乎花费了 20％的课堂时间——比花在数学教学上的时间还多（Rosenshine，1980）。无疑，这一数字在管理不太好的课堂上更高。

明确了学生在这些特定环境应该做出怎样的行为，你就为教学省下了宝贵的时间。你还可以让学生在没有你的监督下完成很多日常的工作，使自己可以在教学或别的工作上集中精力。比如，克里斯蒂娜的学生在每节课开始时写日志，与此同时，克里斯蒂娜静静地点名。学生们知道，他们一进教室，就应该去拿日志，从黑板上抄下日志的题目，在分配给他们的时间内默默地写日志。在开学的第一天，克里斯蒂娜就为这一活动的顺利进行打下了坚实的基础。在下面的短文中，我们可以看到她把日志如何介绍给她的基本技能班：

> 在开始学习本堂课的内容之前，我想先把你们的日志给你们，这是你们每天都要记的……在封面写上你们的名字——不过，首先请打开日志，这样你们就会看到哪边是上，你才不会把名字写倒了，这可是你们常犯的毛病。然后写上英语3T、区段2，然后是我的名字。（指着黑板上自己的名字。）打开日志，在第一页上写上日期。我在黑板上写一个日志标题，你们抄下来，就此题目写出自己的感想。（写：**你对这门课有什么期待**？）写日志时，我喊停之前你们要一直写，写5～10分钟。不要说你们没什么可写或者你想不出什么别的话说。如果我给的题目你已经说过了，也可以写点别的。好啦，开始吧。

另一种课堂控制常规涉及如何处理电子装备，如手机和MP3。这些装备充斥校园，尽管学生们觉得自己有权携带，但这些东西可能会极大地分散他们的注意力。除非学校有特殊政策禁止携带这些装备，否则，你需要为自己的班级制定明确的规则。最常见的班级策略是要求学生在上课时关掉手机，放到一边（当然，你让学生用手机完成课程项目或使用其计算器功能时除外）。至于MP3，通常的班级策略是禁止使用，除非你在单独做作业，而且这种情况下也不能声音过大，让别的同学听到。

课程操作常规

这些常规**明确了进行教与学所需要的行为**，可以直接支持你的教学。它们使课程轻快地进行，也省得学生问诸如："我必须用钢笔吗？""我们应该从1数到20吗？""如果我做完了该干什么？"等等类似的问题。

课程操作常规描述了课程开始时学生们手头应该准备的东西，材料与仪器怎样分发和收取，要使用什么样的纸张和书写工具，该怎样使用纸张（如：把纸折叠成八格；在左边页标上数字1到10；上端写上名字、日期和题目）。此外，课程操作常规还明确规定了学生在开始上课时的行为（比如，把课本翻到相应的页码，静坐等待教师上课），以及如果早早完成作业或者没有按时完成作业时该怎么办。

清晰的课程操作常规对可能造成危险的教室环境尤其重要，如木工课、汽车修理课、烹饪课。比如，桑迪介绍化学实验室时，非常小心地把安全规定明确地告诉学生：

> 这个实验室有一些特殊的安全规定。第一，在使用本生灯之前，一定要把头发束到后面。第二，确认戴好护目镜。第三，我的课桌上有个大烧杯，你们可以把废弃的金属放在里面。其他东西你们都可以扔进水槽。

作业规程也可以包括在课程操作常规中，因为一堂课的速度与内容经常要取决于学生是否完成了作业。你需要订立迅速检查学生是否做了作业的规则，以及检查和收取作业的规则。

还要考虑针对缺课学生的规程？你如何了解他们的学业情况？他们怎样获知当天留的作业？怎样把作业给他们带回家？他们需要几天时间来补完欠缺的课程？

互动常规

这些常规指的是**讲话的规则**——师生之间的谈话以及学生之间的谈话。互动常规**明确规定什么时候允许谈话，以及谈话怎样进行**。例如，在全班讨论时，学生们需要了解，如果他们想对一个问题做出反应或者提出自己的评论时该怎么做。像其他很多教师一样，我们的四位教师通常要求学生举手示意，等待被点名，而不是简单地大声喊叫。这样，教师可以在全班范围内分配参与发言的机会，从而确保谈话不被几个过于积极的学生所垄断。教师们也可以通过让没有举手的学生发言来检查全班对课程的理解情况。

通常很难记清楚哪些学生已经发过言了。为了避免这一问题，唐尼有时采取一种叫学生发言的模式，比单纯地按行列叫学生更为巧妙：

> 我可能从教室后面的一个角落开始，沿对角线叫学生，或者我可以使用成绩册上以字母顺序排列的学生名单，轮流从名单的开头和末尾叫学生。我尽量做得不太明显，可有时学生能猜出该模式，他们会对我说"你落下了某某某"，或者"你没有让我回答问题"，于是，我会返回去，给那个同学一个机会。

另一个了解哪些学生得到了发言机会的方法是使用"冰棒棍法"。我们认识的一位中学西班牙语教师给每个班都准备了一个塑料杯子，每只杯子里盛有写着学生名字的小棍。一名学生摇晃杯子，取出一枚小棍，然后读出名字，直到全班每个人都有一次机会为止。该教师解释了她为何使用这种方法：

> 有时学生们在外语课上真是害怕发言，他们双眼看着地面，缩成一团，希望我注意不到他们。可这门课是一门"促进熟练程度"的课程，要求学生在"真实"环境下学会使用西班牙语。如果不发言，他们就学不会。使用冰棒棍是我的方法，可以保证不错过任何一名学生。

有些课堂，你也许希望学生们一起回答问题，而不是让个别人回答。一个简单的信号可以表示发言的规定改变了。比如，唐尼会点点头，伸出双手，手心朝上，做出邀请的姿势。有着音乐教育背景的弗雷德简直就是把全班当作合唱队来指挥。

桑迪有时也会终止普通的发言规则，但她对新教师另有告诫之言：

> 如果我站在黑板前，背对着全班，那么有学生想问问题，我不介意他或她大声喊："K夫人，我不明白……"或者在全班讨论时，有人问一个问题，我会要其他孩子帮助回答。他们会彼此转向对方，开始问问题与回答问题，就好像我根本不在现场。我可以站在一边观察。看到这种学生与学生之间的互动，真是棒极了。但新教师对此要小心。如果局面变得难以控制，我只需说："嗨，小家伙们，举手。"事情马上就可以解决，可我看到类似的局面在新教师那里失去了控制。

互动常规也包括**师生所使用的引起彼此注意的手段**。例如，如果学生在忙于功课，而你希望给他们补充一些东西，你会怎样发出信号告诉他们你需要他们注意呢？你会像唐尼做的那样，说"请原谅"，或者轻轻打开灯，还是举起手臂？反过来说，如果你正在忙着和一个小组或某个学生合作，而另一些学生需要你的帮助，他们怎样把这一信息传达给你？你允许他们大声叫你的名字或者离开座位向你走来吗？

最后，你需要考虑控制**学生之间谈话**的规则。二三十个学生坐得这么近，不说话才怪呢。你必须决定学生们什么时候可以讨论前一天晚上看的电视节目（如上课铃响之前），什么时候必须谈论学业上的东西（如在合作学习时）。你还需要考虑什么时候需要学生小声地谈话（如在做课堂作业时），什么时候你需要绝对的安静（如在你讲课或者进行测验时）。表4—2总结了我们刚刚讨论的三个类型的常规。

表 4—2　　　　　　　　　　　　　　课堂常规总结

课堂控制常规：使课堂进展顺利的非课业性常规。	收作业
	记录下谁做了作业
管理常规	发还作业
点名	分发材料
记录迟到	为作业准备好纸张（抬头、页边、书写工具的类型）
分发学校通知	
学生活动常规	收课上作业
上课之前进教室	完成作业后做什么
课后离开教室	
去卫生间	**互动常规**：明确规定什么时候允许谈话，以及谈话怎样进行。
去找护理工	
去图书馆	**师生之间的谈话**
消防演练	在全班课堂上
削铅笔	教师和小组学生合作时
使用计算机或其他工具	教师需要全班的注意时
取材料	学生需要教师注意时
教室管理常规	**学生之间的谈话**
清洁黑板或白板	做独立作业时
给植物浇水	上课铃响之前
存放个人用品（书包、手机、MP3）	换教室时
维护公用储存区域	播放通知时
	合作学习活动时
课程操作常规：这些常规明确了进行教与学所需要的行为，可以直接支持教学。	学生开会时
	有客人来和教师谈话时
带什么到学校	

　　结束制定规范与常规的讨论之前，我们再回顾一下本章第一个"暂停与思考"中要求你辨别每一个期待是否就是一条规则或者常规的问题。在第一个例子里，学生们等待你宣布下课再收拾书包，这就是一条课堂控制常规，一条使课堂进展顺利的非课业性常规。第二个例子，"学生们要有所准备"，就是一条规则。正如前面讨论的那样，唐尼使用这条规则向学生们解释每天他们需要携带什么到学校才算是为上学做好了准备。第三个例子，"别人讲话时，要礼貌地倾听"，也是一条规则，可以保证师生听清对方在说什么。第四个例子，让学生把作业放到篮子里是一条课程操作常规，可使教师顺利收取作业，腾出更多的学习时间。最后，第五个例子，学生在小组学习中安静地讲话是一个互动常规的例子，它明确规定了允许学生与学生谈话的时段。

开学之初：教会学生行为规范

　　为了尽量控制混乱状态，你需要**教给学生前文所述的一般的行为规范**，明确讲清各项条款，给出例子，讨论基本的道理。正如我们在本章的前面所指出的，埃弗森和埃默（Evertson & Emmer, 1982）的研究表明，这对经常发生的行为和可能造成误会的恰当行为（如做独立作业时说话）非常关键。你还要**教学生在特定环境下应该遵循的规则**。这种细致的工作对于化学实验室、木工工作室、电脑操作室或者陶器工作室等新环境尤为重要，学生们在这些地方没有什么经验。（王氏夫妇写过开学之初教学生规则和常规的重要性，有关他们的信息，见专栏 4—1。）

专栏 4—1   **会见教育家**

见见哈里·王和罗斯玛丽·王

哈里·王是一位大众教育演说家和咨询师，在中学教授科学课，获得过许多教学奖项。罗斯玛丽是一名初级教师。这对夫妇拥有自己的出版公司（哈里·K·王出版有限公司）。夫妇二人合著了一本书，名为《开学之初》（*The First Days of School*），该书售出了 300 多万本，成为最畅销的教育图书。他们还制作了 DVD 系列片《高效教师》，该片曾获得泰利奖 20 年来最佳教育录像片及国际电影电视节一等金奖。

关于课堂管理的主要想法

- 开学前几天做什么可以决定你一个学年的成功或失败。
- 高效教师在开学第一天给学生介绍规则（如对学生得体行为的期待）、程序和常规，在开学第一周继续教学生规则。
- 课堂中的第一难题并非纪律，而是缺乏程序与常规。
- 程序是课堂中该如何做事的方法或过程。当程序成为自觉，那就是常规了。
- 高效教师有点名、交换试卷、削铅笔、走进教室、开始上课、离开教室等程序。
- 教授程序的三个步骤为：（1）解释清楚；（2）练习（直到课堂程序成为常规）；以及（3）如果需要则再次教授规则，并加以强调（给予特殊表扬）。

著作与文章

The First Days of School：*How to be an Effective Teacher*（Harry and Rosemary Wong，Harry K. Wong Publications，2004）

Monthly columns by the Wongs can be found at http://teachers. net/wong. Some examples are listed here：

- An Amazing Kindergarten Teacher（May 2008）
- Schools That Beat the Academic Odds（Apr 2008）
- Wrapping the Year with Rap!（Dec 2007/Jan 2008）

网址：www. effectiveteaching. com。

让我们看看实际情况吧。开学第一天的上午，唐尼向学生介绍自己，并让学生们做自我介绍。之后，她给学生介绍了"基本规则"。请注意她同时提供了学生们肯定都想了解的信息——作业、笔记本、等级评定，以及额外的帮助：

> 今天，我们主要讲的是我们在这里该怎么做，我希望你们做出什么样的行为，以及某些行为可能导致的后果。我想讨论我们的规则或者说行为准则。我把它们分发下去，然后我们进行讨论。如果你们有疑问，告诉我。（她把一包材料分发给学生。）看起来这些规则多得吓人，实际上不是。很多都是你们熟悉的，我肯定其他老师也会这样做。
>
> 好的，我们来看第一页。这里是我们的基本规则。本页的第一个项目是关

于一般课堂程序的。**我希望铃响的时候你们坐在自己的座位上。**（她缓慢而坚决地说，语调严肃但愉快。）今天，有些人迟到了，我可以理解。今天是开学的第一天，你们到处跑，也许迷路了。（她微笑着说。）但我希望**今后不会再有人迟到**。几分钟后我会讲一讲迟到的后果。

唐尼继续详细介绍，回答学生提问，并让学生进行评论。她说明了关于笔记本、作业、额外帮助、论文页首写法，以及学生参与课堂教学的基本规则，解释了评分体系。之后，她说明了学生用来记录作业和截止日期的作业单，并详细解释了她用来评价学生笔记的规则清单。

正如这个例子所表明的，教学生行为准则不一定令人压抑、让人讨厌。实际上，有些教师根本不用语言规则。比如桑迪更喜欢谈论"化学教室指导方针"（见图4—1），但像唐尼一样，她希望把对行为的期待表达得清晰明了。桑迪明确界定（"迟到的意思是，上课铃响时不在教室"），尽可能给出例子，并强调每一条准则的原因。她解释了为什么包书皮是要紧的事（"课本就不会被化学品弄脏"）；她解释了为什么指导方针中有一条"负责声明"，保留进行临时测验的权利（"以防万一你们不阅读。但我真不想这样做，我希望孩子们测验都取得好成绩"）；解释了为什么上课不能戴帽子（为了安全的原因）；为什么学生要及时到校（铃响后我就开始上课）；为什么下课铃响她就让学生离开——即使她还有一句话没讲完（"我不想耽误你们，你们到下一个班的时候会迟到，这样对你们和下一个老师都不公平。但铃响前不要收拾书本"）。桑迪还讨论了课程的要求。她特别解释了家庭作业是怎么布置和评价的。

化学教室指导方针

1. 时刻做好准备上课。每堂课都要带好以下东西：a. 笔记本；b. 钢笔或者铅笔；c. 计算器；d. 自己的课本。

2. 按时到班上。不允许迟到。如果上课铃响后你才进教室，就算迟到。第一次迟到不惩罚，第二次迟到将报告给管理人员，第三次迟到就要进行家访。

3. 进教室后，立即坐到座位上，首先按黑板上"现在就做"的提示开始学习。黑板上还提示你第二天要交的作业，抄在你的作业簿上。

4. 本班的测验和小考将根据你从课堂讨论、家庭作业、课本阅读以及实验室学习中获得的信息出题。所有的测验满分100分，期中和期末除外。小考的分数从25分到50分不等。小考无须事先通知。测验和小考的成绩占总成绩的65%。

5. **你每晚都有化学作业！！！！！！**作业要求你读课文，以及/或者阅读课本或活页练习中的问题。上课前回收书面作业，发布上次作业的成绩。**不接受迟交的作业。**希望你们努力完成所有作业。如果该交作业时你因为参加学校活动不在教室，那么，**在离开前你必须把已完成的作业放到我的信箱，或者交给我本人。**

6. 如果缺课，你自己负责补习落下的内容。如果实验课请假，必须在请假的一周内补上。如果缺课三天或者更多，补课时间可以延长。**如果测验或小考时缺勤，而前一天你来上课了，那么返校的当天须参加补考。**

7. 本门课绝对不给额外分数！！！

8. **不允许逃课！！！！！！！！！**

9. 每天上课前或放学后我都可以提供额外帮助。

图4—1 化学教室指导方针（克鲁平斯基夫人）

好的，同学们，我们来说说家庭作业。你们每天晚上都有作业。请记住我不会接受迟交的作业，必须在第二天上课前交上来。按时交作业也是完成作业的一部分。作业快到期时，我给你们提示，但如果你没听到，或者过后想起来，那我还是不收。重要的是你们要清楚，你们的作业不是按正确与否给分，是按努力程度给分的。家庭作业在我这门课上不是无用的，它会把所有学过的内容都复习到。

最后，桑迪强调了到教室的必要性（她所使用的言词和弗雷德惊人的相似）：

看吧，第8条非常清楚（"不允许逃课"）；我觉得这一点不需要再讨论。我要你们在这儿，我希望你们在这儿。**如果你不来，我就认为这是针对我个人的。**

除了读一遍班规，桑迪还让学生学习了学校的总体教学方针。她以极其严肃的态度解释了合作与欺骗（最可耻的行为）之间的区别。她讨论了构成欺骗的各种行为（如，提供或者接受考试信息，考试中使用"未经允许的书面辅助材料"或电子仪器中的信息，将合作完成的作业完全归于自己名下，抄袭他人作业，以及虚构实验数据）。她还教学生一些策略来拒绝同学要求作弊的行为："如果有人问你测验中的题，只需回答：'唉，你知道K夫人的！你应该什么都知道的！'"桑迪还花了很多时间谈论剽窃。她告诉学生"剽窃就像某个人在你身后，把手伸进你的口袋，掏你的手机。想法属于别人，如同手机一样。"

和桑迪一样，克里斯蒂娜也谈论行为的"指导方针"。开学的第一天，她给学生分发了一份她为自己所教班级而编的报纸（见图4—2）。听一听克里斯蒂娜是怎样把报纸介绍给10年级英语R班的：

这是一页本课程信息。在首页上，有一封编辑来信，我就是编辑。请默读报纸。（她给学生几分钟读信。）有几件事我想指出来。我们一起来看看本课的目标。（她讲了一遍目标，解释了几个术语，谈到了他们实现目标所要做的活动。）好的，我们来看一看"学生行为指导方针"。（她讨论了单子上的项目，评论了几个要点。）我们都会努力使这个班积极、舒适，但我自己一个人是做不到的。你们有29人，而我只是一个人。所以，你们必须对班上的环境作出贡献——和睦相处，不奚落别人，使用得体的语言。你们不会听到我使用不得体的语言，因此，我也不希望你们使用不得体的语言。这一点我会很严格……"取得并完成补课任务"——我希望你们多留心，找出自己所落的功课。你们有两天时间做这种功课。"按时到校"——按时的意思是在你自己的座位上，而不是别人的座位上。如果你需要使用卫生间，先到班上来，把书放到桌上，让我知道你已经来了，然后你再去。那样的话，如果你晚来几十秒，我也知道你去哪儿了。记住外衣、头巾、帽子、食物和饮料不能带到教室；那是学校的规定，你们都要熟悉这一点。

我给大家说说惩罚箱：如果有捣乱行为，你会受到一次警告，然后被请出教室。花点时间看看评分标准……好啦，确定我们读的是关于规则的同一页，阅读本页，在上面签字。（她分发"亲爱的同学和家长/监护人"之页。）你们的第一次家庭作业就是把它带回家让父母签字。

与唐尼、桑迪和克里斯蒂娜相反，弗雷德介绍规则和程序时相对随意。正如我们前面看到的，他在给2年级学生上第一节课时，和学生一起学习学校的手册，先

10年级英语R班

秋季学期 ｜ 阅读　写作　口语　听力　观察　媒体文摘 ｜ C.弗里兰夫人

编辑来信:

亲爱的同学们:

　　欢迎你们来到10年级英语班。希望你们度过了一个愉快的夏天,并准备迎接令人激动的教育经历。非常渴望本学期和大家一起共同学习。

　　我非常认真地为大家准备了这门课程,我想你们会学到很多东西,并获得很大乐趣。为了获得成功,我必须要求大家合作。我会经常听取大家的意见,你们也可以随时和大家分享自己的意见。

　　请在上课时的适当时间提问或者发表意见,也可以在教室门口查一下日程表,在任何上课的日子来找我。此外,你可以通过学校的电子邮箱与我联系。但请注意,我不能保证立即回复。因此,需要及时处理的问题和意见(如作业问题)必须在离校之前告诉我。

　　请仔细阅读本介绍性材料的其他部分,并与你们的家长共享信息,它将为你提供本课程的概况。你会学习到规则、程序、评分标准以及课程目标,这一切对你整个学期都会有所帮助。

　　祝愿你们本学期取得巨大成功,只要有对班级的热情和奉献,你们就会实现自己的目标。

真诚的

C.弗里兰夫人

学生行为指导方针

学生们有责任:

- 在教室及班级电子论坛营造积极、舒适的学习环境。
- 尊重班上的任何一名同学,使用得体的语言,别人讲话时注意听,讲话前要举手示意。
- 竭尽全力按时完成作业。
- 及时取得并完成补课任务——每缺课一天需补习两天。
- 听取并遵循老师所给的指导,如果不清楚,请老师详细说明。
  （注:拒不听从指导将扰乱教育进程,会受到纪律处分。）
- 按时到校,上课铃响时保证坐在自己的座位上。
- 每天带课本、笔记本、书写用具,以及任何老师要求的材料到教室。
- 把所有食物、饮料、外套放在柜子里,手机放在家里。

目标

成功完成本门课程,学生们将能够:

1. 对听的行为和重要性有所认识。
2. 组织、准备并做出清楚和流畅的口头表达。

3. 分享想法、例子与理解,谦虚、有效地与人合作。
4. 认识到读书的多种目的,展现自己的能力来选择一种合适的方式,以理解课文及其目的。
5. 感受印刷和非印刷媒介,并做出自己的反应。
6. 利用研究技巧从大量不同的印刷和非印刷材料中获取、诠释、应用信息。
7. 为不同的目的和读者写出各种书面反应。
8. 使用大量不同的技巧作为学习的手段。
9. 使用语言艺术的技巧进行决策、谈判和解决问题。
10. 通过文学和语言培养对自己、对别人和对世界的理解。

评分标准

　　上课得分包括大评分和小评分,各占课上得分的50%。两者的总平均分占课程分数的80%。期末测验占课程总分的20%。

　　大评分包括长期项目和平时测验等活动,小评分包括课上作业、课后作业、小考、小组活动以及课堂参与。

惩罚箱

　　不听指导、不做补课作业的同学,他们落下的课将没有成绩。每次迟交的作业将少得10分。

　　上课铃响时没有在自己座位上的学生将被记为迟到(迟到6次没有成绩)。

　　扰乱别人学习或拒绝听从老师安排的学生会失去参与分数。如果继续,学生会被请出教室,然后还要接受适当的纪律惩罚。

图4—2　克里斯蒂娜的介绍性报纸

把学校的规章制度介绍给学生,然后再介绍班规。即使这时,他也没有分发材料,没有张贴规则,还在谈话时表现出一定的幽默感:

　　（弗雷德过了一遍手册,让学生们签了字表示收到并同意,然后接着讲自己的班规。）你们知道首字母缩写词是什么意思吗?它是由字母组成的词,每个字母代表一个词。PITA是个首字母缩写词。这是我们的主要规则:别做

PITA。PITA 是什么，苏珊娜？（她摇了摇头。）你不知道吗？（他环顾教室，看看有什么人知道。一片沉默。）PITA 就是 a…pain…in…the…neck！（讨厌鬼）（同学们理解后都笑了起来。）我希望你们每个人都牢牢记住：别做 PI-TA。我也给自己订了个规矩：**我每天必须让你们笑一次**。要是做不到的话，我回家连自杀的心都有。（学生们笑了。）好的，我们来谈谈你们在美国历史 I 中将学习什么东西。

对高年级的学生，弗雷德的方法更加不讲究条理。在开学的第一天，他做了自我介绍，点了名，然后马上开始描述课程。这节课上，他明确地向学生解释了特定环境下的规则（如怎样交作业），而没有教学生一般的行为规范。但他小心地监督着全班，一旦发现不可接受的行为，就立即给学生指出来。其他同学都能观察到他与个别学生的互动——他们很快了解了他的期待。比如，当弗雷德要求一名同学摘下棒球帽时，另一个同学听到了，也摘下了帽子。对于戴墨镜的学生，弗雷德问："你是因为眼睛不舒服才戴墨镜吗？"那个学生马上就摘下了墨镜。

我们可以看到，弗雷德对不可接受的行为作出明确的、及时的反应，以此向大一点的同学传递自己对他们行为的期待。他认识到，这一方法成功的原因之一是他在这所中学教书多年，素有名望。关于他的名望，弗雷德指导的实习教师这样说：

> **暂停与思考**
>
> 你已经听到了这四位老师如何建立班级规则和常规。哪位老师的观点和你的最为一致？是否有某种特殊的模式让你产生了共鸣，你会从唐尼那里借鉴一个想法，或者从弗雷德那里增加一个吗？在你形成自己的管理模式时，记住这些老师管理班级的方法，借鉴他们的思路，以完善你自己的想法。

大家都知道他看着像个"傻老头"，其实不是，他和孩子们的关系好极了，两天就能记住所有孩子的名字。他对孩子们严格要求，又给他们温暖，孩子们知道他实际上很关心他们。我从没见哪个孩子对他唐突无礼。一个眼神就足够了。

总结评论

唐尼、克里斯蒂娜、桑迪和弗雷德都对学生有明确的行为期待，而且表达得非常清楚。尽管这样，他们对学生的期待仍有所不同，介绍规则和常规的方法也不尽相同。这些不同反映了他们的看法：什么样的方法对那些特定环境下的特定学生最有效。唐尼、克里斯蒂娜和桑迪以系统、明确的方式教学生规则和常规，用很多时间解释她们的期待，还分发介绍规则的书面材料，并让学生记在笔记本上。克里斯蒂娜的做法更加细致：她要求学生签署一份说明，表明他们已经阅读并理解了有关"学生行为、惩罚措施、评分办法以及预期的课堂程序"等相关信息，还要求家长签字。相反，弗雷德就随意得多。他向 2 年级学生明确说明规则，但既不张贴，也不分发材料。对高年级学生会说明一些特定规则，但主要依靠监控和反馈来传达他对一般行为的期待。

作为新教师，明智的做法是采纳慎重周密的方法说明规则和常规。如果有自己的教室，也可以把规则张贴在教室前面的布告牌中，这样的话，学生就很清楚这些规则。一旦积累了经验，并赢得了名望，你就可以对高年级的学生采用更为随意的方式了。同时要记住，规则和常规不可能在一年之内制定出来且尽善尽美，它们会随着时间而变化，是你的经验和创造性努力的结果。

教学经验提醒我们注意下面这个问题：开学第一天，第五节课开始时，我们中的一员（英格丽德）给学生分发教室规则材料，这时教室里响起了抱怨声，学生们说整个上午的每一节课都是这样开始的。尽管我们强调早些建立行为期待的重要性，但是规则和常规不应该成为新学年最初几天最突出的部分。在设计开学最初几天的教学计划时，应确保将学习规则和各种各样的教学活动结合在一起，让学生感到他们所学的规则是有意义的、快乐的，这样他们也容易记住。我们希望学生知道他们能够在课堂里有更多的收获，而不仅仅是学会如何表现。

小　结

本章讨论了课堂规则和常规的两个重要功能：（1）提供结构和预测，让学生感觉更舒服；（2）降低课堂生活的复杂性，让教师和学生都可以集中精力教或学。我提出了两大类行为期待——一般行为规则和特定环境中的常规——并强调了明确教授这些规则和常规的重要性。

决定一般行为规范时，要确定它们

- 是合情合理的、必要的。
- 是清晰明了的。
- 与教学目的以及我们所了解的人们的学习方法一致。
- 与学校的规章制度一致。

确立特定行为常规

- 课堂控制常规
    管理常规
    学生活动常规
    教室管理常规
- 课程操作常规
    使用和分发材料
    作业常规
    提前完成作业的常规
- 互动常规
    谈话的时间及方式
    师生所使用的引起彼此注意的手段

明确教授规则和常规

- 给出术语的定义。
- 讨论基本原理。

● 提供例子。

请记住，确立好的规则和常规只是第一步。要使规则和常规发挥作用，你就要积极地把它们教授给学生。开学之初在教授规则和常规上多花些时间，就会减少在整个学年中不断重复的麻烦。

技巧培养活动与反思

课上活动

1. 小组讨论针对一般行为的课堂规则，其中五条规则必须足够具体。针对每条规则，列举其基本原理并举例，和学生讨论，使规则更有意义。想一想哪些规则最重要，并解释原因。

2. 表4—2列举了需要特定行为常规的各个方面，小组讨论该表内容。第一，就每一类情况使用怎样的常规，谈谈你的看法（例如，为了更有效地点名，你会制定什么样的常规?）第二，想一想哪些常规应该在第一天就告诉学生。也就是说，决定告知学生各项常规的先后顺序，这样，你才能在最适当的时候教授常规，并且让学生记得更牢。

独立活动

如果你在教课、实习，或者观摩其他教师的课堂教学，针对制定和教授规则与常规记录日志。使用表4—2中列举的常规，记录哪些常规造成更多问题，问题的实质是什么，以及你如何解决这些问题，也要记录下来哪些常规最有效。

载入档案袋

简要写一写能够指导课堂行为的规则。你会自己制定规则并分发给学生吗? 如果会，你会制定什么样的规则? 你会和学生一起制定规则吗? 如果会，你会怎么做? 描述一下你的具体方法。

第五章

了解学生，了解学生的特殊需求

　　学年之初得到学生名单时总让人跃跃欲试、兴奋不已、充满好奇：这些学生都是什么样的？他们来自哪里？他们都知道什么？他们怎样思考？他们的优势在哪里？他们面临怎样的难题与挑战？开学几周和几个月后，你开始对这些问题有了答案。慢慢地，你了解到**你的**学生是什么样的。这种了解让你修正自己的教学方式来满足学生的需要，同时帮你找到与学生沟通的方式。**创建包容、关爱的学习环境，了解你的学生是至关重要的。**

　　了解学生意味着不仅承认和欣赏每个人的行为方式，同时还明了青少年的共同特点。毫无疑问，你的课堂由各种能力各异、社交技巧不同、情感发育有很大差异的学生构成。此外，你的班级很可能有"特殊需求"的学生。尽管这一字眼一般指那些身体残障的学生，但把英语作为第二语言来学习的学生也会有特殊需求。类似的情况还有如在贫困、不安定、受虐待的环境中成长的学生，他们也许会有身体、情感或心理问题需要解决。

　　本章开篇将讨论一些中学生发展过程中呈现出的共同特点，以及课堂管理的内涵，然后探讨适用于英语语言学习者的支持性策略，并考察帮助身体残障和患有注意力缺损多动障碍的学生的方法，注意力缺损多动障碍是美国孩子中经诊断出的最普遍的行为障碍（Coles，2000）。然后，我们要考虑受困扰儿童的需求，即那些受滥用药物、虐待、忽视以及饮食失调等问题困扰的孩子。最后，我们探讨与贫困家庭或无家可归儿童共同努力的方法。

成长中的青少年

中学岁月要经历剧烈的身体、情感和社会变化。这一时期的青少年也许会变得困惑、阴郁、暴躁甚至反叛。他们一方面充满自信、雄心勃勃；另一方面焦躁不安，没有安全感。实际上，中等年级的学生在所有年龄段中最缺乏自尊心（Charles & Charles，2004）。青少年越来越关注同龄人，希望尽力"融入"进去，他们尤其关注容貌、穿着和自身形象。

根据埃里克森（Erikson，1963）的研究，青春期学生（从13岁开始）最重要的发展任务是自我认同的发展。年轻人必须找到答案来回答"我是谁"，或者经历"角色迷惘"或"自我认同混乱"。他们努力使自己"协调发展"，锻造他们的身份，在此过程中尝试不同的角色，并且暂时性地"过分认同""集团和大众英雄"（p. 262）。在此阶段，他们有"很强的排他性"，排斥所有与他们不同的人。埃里克森告诫成年人要明白（而不是去宽恕）这种偏执其实是在"防御一种自我认同的迷惘感"（p. 262）。

在青春期早期（初中到高中1年级），孩子们也开始质疑他们以前曾乐意接受的规范和社会习俗（如不允许在走廊里跑）（Nucci，2006），开始把规范看作有权势的人随心所欲地发号施令，青春期早期的孩子们更有可能违反学校的规矩。幸运的是，到了青春期中期（15岁或者高中2年级），大多数美国孩子进入了下一个阶段——理性看待社会习俗，认为它们对社会成员之间的有序交往起到了必要的作用。

与此同时，孩子们对涉及个人特权和隐私问题的看法也在发生改变。社会习俗触及的一些个人领域，如个人形象（发型、衣着）、个人关系（朋友），或者个人安全（性）等成为"充满争议的地带"，这些是青少年希望拥有自主权、能控制的地带（Nucci，2006，p. 725）。

同时，对于那些试图指导青少年行为的家长和教师来说，对习俗的否定和个人概念的外延（因而不得干涉成年人）使学生的青春期早期变成一段非常艰难的时光。

课堂管理的含义

既然中学的孩子常常"挑战限制"，那么区分创建安全环境所必需的规范和那些其实无关宏旨的次要行为便很有帮助。拉里·努奇这样说：

> 换言之，教师要清楚什么时候对学生的违规行为说"是"，比单纯为了维护规则的一致性说"不"更有意义，这一点很重要。比如，上课铃响时学生没有坐在座位上，而只是站到了座位旁，批评他迟到肯定让成年人有一种权威感，但这对提高学生关于迟到规则的认识毫无用处。（Nucci，2006，pp. 725-726）

努奇提醒我们，这一阶段会过去的，而教师（以及学生）将因耐心而受益："坚决、公平而又不乏幽默地执行规则比僵硬地要求学生服从更为管用。"（p. 726）

遗憾的是，不是所有中学都能采取这种更为体谅和灵活的方式。实际上，一些教育工作者就学校和青少年在这些问题上的不协调做过评论。随着初中生日渐成熟，尽管他们需要获取更大的自主权，但初中学校还是强调教师要实施更好的控制，实施更严格的纪律，使学生更少地参与决策制定、选择和拥有独立自主的机会（Eccles，Wigfield，& Schiefele，1998）。更有甚者，在学生面临创建坚定的自我意识的任务时，把他们从一个自我感觉最为成熟、地位最高的环境转移到一个视其为孩童、没有人情味的、庞大的中学（Woolfolk，2007）。他们从与一个教师保持密切联系的环境转到了一个与多位教师建立私交的环境。正当自我意识很强，自我概念却相当脆弱之时，他们进入了一个社会比较很多、竞争很激烈的环境。这样，中学生对学校的积极性和兴趣大幅降低便不足为奇了（Nucci，2006）。

显然，如果教师公平，愿意倾听，给学生以鼓励，为学生提供独立自主的机会以及他们需要的支持，那么所有学生都会茁壮成长。而青少年"成长的特性"（如为自我认同进行的斗争、不安全感、脆弱的自我概念、自我意识以及对"融入"的关注）使之更为关键（Emmer & Gerwels，2006，p.412）。在此阶段，非常关键的是教师要做到不贬低学生，不让他在同学面前出糗，表现出一定的幽默感。当教师敏感地认识到这一阶段学生所特有的情感紧张，尊重并谅解地对待学生时，学生对学校的依附感便增强了。这有着深远的意义：对学校的依附感可以极大地减少学生涉足诸如吸烟、酗酒、吸食大麻或者参与暴力活动等危险行为的可能性。

如何满足第二语言学习者的需求

过去20年中，美国讲少数族裔语言的人口大为增加。根据2005—2007年所做的社区调查，5 400万人（或者说美国5岁及以上总人口的近20%）在家中讲话不用英语（U. S. Census Bureau，2008）。1980年，该比例为11%，1990年为14%。加利福尼亚讲少数族裔语言的人口比例最高（42%），接下来是新墨西哥（36%）、得克萨斯（34%）、纽约（29%）、亚利桑那与新泽西（各约28%）、内华达（27%），以及夏威夷（24%）。2000年的美国人口普查显示，西班牙语是美国人在家中讲得最多的非英语语言，接下来是中文、法语、德语、他加禄语、越南语、意大利语、韩语、俄语、波兰语和阿拉伯语（Shin with Bruno，2003）。

少数族裔语言人口的增加也反映在公立学校的入学人数上。据估计，在2005—2006学年中，超过500万英语语言学习者被公立学校（从幼儿园到12年级）录取，占全部学校录取学生的10%多，比1995—1996学年增加了57%（NCELA，2007）。

暂停与思考

双语教育项目的争议很多，有的州出台法律限制双语教育，代之以强调使用英语的项目。即使一些英语语言学习者的家长也反对双语教育，他们认为这妨碍了孩子们的英语学习。与此同时，双语教育学者强调孩子用母语接受教育在促进他们现有文化技能方面的重要性。你是怎么看这个问题的？

联邦立法为英语语言学习项目提供资金与鼓励；但还没有针对残障人士的联邦授权的项目。教师教学的州可以授权这样的服务，或者仅仅允许这样的服务，抑或禁止这样的服务！尽管有很多差异，州法律通常号召承认与鼓励在英语语言方面的学习，并为特殊服务提供了多种选择，其中一种便是**双语教育项目**：对学生进行母语及英语教育，让学生在学习英语的同时修习其他学业。在某些州，如果一个地区有一定数量的英语语言学习者，在同年级水平上大家都讲自己的母语，这一地区就被要求提供双语项目。

当英语语言学习者来自多种不同语言背景时，双语教育项目就变得不切实际了。在这个问题上，学校通常会把学生放在一般只说英语的课堂，由一名受过英语作为第二语言培训的教师进行教育。由于强调英语学习，不同母语的学生可以共处一个教室。

在只讲英语的普通教育课堂里，如果希望英语语言学习者在学海"遨游"，而教师对教学又不做些调整的话，学生们无疑会遇到很多难题。如果补充一些"掩蔽教学"或者"特别设计的、使用英语的学业指导"（SDAIE）中的环境支持，英语语言学习者也许会表现得非常出色。SDAIE的综合模式由五个部分组成（Diaz-Rico & Weed, 2009）。第一，也是最关键的组成部分，是**教师的态度**。只有教师头脑开放，愿意向学生学习，SDAIE才能成功。第二个组成部分是**内容**，意思是课程既要有主题，也要有语言目标，课程必须在教师的头脑中用语言设计并实施。第三部分是**理解力**。课程必须包含帮助学生理解的明确策略（如，示范、经常性的理解检查、调整语言的使用等）。第四部分是**关联**，强调的是把学生的课程和他们的背景与经历联系起来的重要性。最后一部分是**互动**，"掩蔽英语课堂"上学生经常有机会一起做功课，用他们的母语来明晰概念，并用多种不同的方式来表现他们的学习。（有关这五个组成部分的更多内容，参见 Diaz-Rico & Weed, 2009。）

几名英语语言学习者的存在将使班级文化更加丰富，能让教师更加全面地理解学生。这也许会让人产生紧张情绪，尤其是对新教师来说。在不忽略班上其他孩子的前提下，如何满足英语语言学习者的需求应引起注意；然而，在教学中融入掩蔽英语策略，并遵从实用贴士所提供的建议将使**每个人**受益。

 实用贴士

帮助英语语言学习者的实用信息

● 为语言学习提供安全、宜人的环境。要意识到自己对不同文化持有的偏见。

● 花时间学习其他文化中的谈话模式，这样就不会误解学生使用的词语、手势或行动了。（谈话模式的例子见第十一章。）

● 向学生们传递你的期待，即所有学生都能够成功，并向学生们表示你渴望帮助他们。

● 增加有意义谈话的时间与机会，小组讨论与全班讨论将提供锻炼语言技能的机会。

● 找到让学生参与小组学习的方法，给他们分配不太依赖语言的角色（如，让他们画画，或者让他们做时间记录员）。

● 尊重学生的第一语言和文化的同时，鼓励他们讲英语。允许学生在适当的时间使用母语（如，他们需要和同一母语的另一名同学处理材料，或者需要在阅读文选中构建意义时）。

● 鼓励学生谈论他们的文化，仔细听并提出问题。不把课堂上的民族和语言多样性看作问题，而是看作师生均能获益的财富。

- 依赖并利用学生的背景知识和个人兴趣。
- 鼓励学生就自己的选择和真实生活中的目标写作。
- 鼓励家长在家里开发与维持学生的第一语言能力。
- 和学生一起学习和使用某种第二语言。
- 强调合作学习比个人学习更为重要。
- 强调"行胜于言"。
- 语速更慢些，发音更清楚些，让学生能直接看到你的嘴型。
- 向学生传递语言信息时伴以手势等肢体语言。
- 使用简单的日常用语解释课文，使课文的语言明白流畅。
- 进行每课小结。
- 改述问题和陈述，让不同能力的学生明白。用同义词阐明未知字词的意思。
- 控制词汇与句子结构（比如，如果你使用"滂沱大雨"这样的成语，请解释其含义）。
- 提出的问题应适合英语能力各异的学生来回答（如，表达同意或不同意的非语言信号，是与不是，单个的字或者简短的回答）。
- 学生回答问题时，重视其内容而非形式。
- 使用物品、录像、图画或者行动来增强学生的理解力，为学生说明学习背景。
- 在整个课程里采用 SDAIE 策略，强调核心课程内容，使用丰富多样的技巧与材料，如工艺品、音视频材料、影视图片、行动、角色扮演以及合作学习。
- 边想边说，形成多种不同的阅读理解策略（如关联、预测、推断等）。
- 使用多种多样的辅助阅读手段，如课文之旅、图画之行（预览材料）、图表组织（故事图片、人物分析），以及课文指示牌（章节标题、黑体印刷）。
- 使用多种不同的辅助写作手段，如小组作文、图表组织、以图画为主的课文。

资料来源：Cary，2007；Henning，2008；Romero，Mercado，& Vazquez-Faria，1987。

如何帮助残障、注意力缺损多动障碍学生

马修是桑迪最后一堂课上的学生，被认定为情绪失常患者。尽管他很安静，但一旦有人惹到他，他就会愤怒地发作，还有猛烈爆发的倾向。桑迪说，你可以将其形容为暴风雨前的宁静。她确保把马修放在同伴既合作又乐于支持的小组里。即使这样，他还经常情绪紧张，认为同组的成员"在浪费他的时间"而感到沮丧。桑迪说："马修其实很聪明，同伴为他感觉愚蠢（怎样写下答案）的事情争论时，他脸上会显出不屑一顾的表情，转身背对小组同伴，仿佛是在避开让他烦心的事情。我看到他展现那种表情，就会走过去干预。"桑迪仔细研究过马修的个性化教育项目（IEP），但只有和他的个案管理者及学校的心理学家紧密联系与配合才使得桑迪对马修的行为有了更深刻的理解。正如她所说的，"马修一年来化学学得很好——这要归功于很多人帮助**我**来帮助**他**。"

马修能出现在桑迪的班上是《残障个体教育法案》（Individuals with Disabilities Education Act，IDEA）〔2004 年被重新批准，该法案也称为《残障个体教育改进法

案》(Individuals with Disabilities Education Improvement Act，IDEIA)〕的直接结果，联邦立法要求为所有的残障儿童提供"免费的最佳公共教育"。根据 IDEA，残障被界定为：精神发育迟滞，包括失聪在内的听力损害，言语或语言损伤，包括失明在内的视力损伤，严重情绪失常，整形损伤，孤独症，脑外伤，其他健康损害（如因哮喘或糖尿病导致的缺乏力量和活力），特殊的学习障碍，聋盲，或者多种残障并存。

> **暂停与思考**
>
> 对于在普通教育课堂容纳残障学生，你持何种观点？你的观点受残障种类（如，身体的、精神的、认知的）的影响吗？如果有，你是否对教授包容性课堂有什么特别关注？

IDEA 要求，所有残障儿童须与其健康同龄人一起接受最大限度的、适当的教育，要提供他们所需的额外辅助与服务来帮助他们有所作为。普通教育和主流班级须被认为是"限制最少的环境"。法律同时要求，如果学生的残障状况严重，无法在普通教育环境下接受教育，学校应提供**一系列可供选择的安排**（例如，部分时间安排在特殊教育课堂，全部时间安排在特殊教育课堂，安排在特殊学校，安排在寄宿学校）。

下面几部分总结了残障学生的特点，并讨论了与这些学生高效合作的策略。他们的残障包括学习障碍、情绪与行为障碍、自闭症和阿斯伯格综合征、注意力缺损多动障碍。我们接着探讨各种不同的普遍策略，这些策略在你努力创建真正包容的课堂时将非常有用。

学习障碍

更多的学生被认定为患有"特殊学习障碍"，而不是其他障碍。10%被认定为患有障碍的学龄儿童中，就有超过 50%的儿童（或者全部学龄儿童的 5%）被确诊为患有学习障碍，而这一数字还在急剧增长（Vaughn, Bos, & Schumm, 2003）。据估计，每一个公立学校课堂至少有 1 名患有学习障碍的学生，或者更多（Henley, Ramsey, & Algozzine, 2002）。

很难给学习障碍下一个满意的定义，因为学习障碍的种类很多，被诊断为患有学习障碍的学生构成一个异质群体。IDEA 把学习障碍定义为"在与理解有关的基本心理过程中的一个或多个障碍，以及口头或书面使用语言的障碍"，它能导致其他障碍（如智力发育迟缓）无法解释的学习问题。我们通常是在学生的智力水平与学业表现之间出现严重差距时才将其诊断为患有学习障碍。然而，这种差距的标准受到了很多家长和教育工作者的关注，因为孩子们要艰难地度过几年，其差距才严重到需要去诊疗。这意味着大多数有学习障碍的孩子直到 2 年级末或者 3 年级才有资格得到特殊服务——这种情况似乎让孩子注定失败（Vaughn, Bos, & Schumm, 2003）。很多教育工作者目前更喜欢一种名为**干预反应（RTI）**的选择。在 RTI 中，教师为学生提供特殊学习领域中的早期小组型的、精细的教育。如果此种早期干预无益于学生，那么这些学生就被认定为患有学习障碍。

尽管一张单子很难完全概括所有患有学习障碍的学生的全部特点，表 5—1 还是提供了一些表明学习障碍的信号。如果学生表现出表上的几个问题，教师就应该考虑学生有可能患有学习障碍，并寻求特殊专业人员的意见。

表 5—1　　　　　　　　　　　　可能显示学习障碍的一些指标

当孩子有学习障碍时，他/她
- 学习字母、有韵律的单词或者把字母与发音匹配时也许有麻烦。
- 也许在发音与单词的协调上有麻烦。
- 朗读时也许会犯很多错误，经常重复和停顿。
- 也许不明白自己阅读的材料。
- 也许会混淆形似的字母和单词，如，b 和 d，was 和 saw。
- 也许拼写有大麻烦。
- 也许字迹潦草不堪。
- 难以做出精细动作。
- 记住字母的发音或者辨识单词间细微差别也许有麻烦。
- 理解或遵从指令也许有麻烦。
- 组织自己想要说的话有困难，或者不能思考自己写作或谈话要使用的词。
- 也许会混淆数学符号、误读数字。
- 也许无法有次序地重述故事。
- 也许不清楚怎样开始一项任务，怎样继续做下去。

资料来源：Fact Sheet 7 of the National Dissemination Center for Children with Disabilities（2004）。

　　对研究的回顾显示，在促进患有学习障碍的学生学业成功上，三种教学策略尤其有效（Vaughn，Gersten，& Chard，2000）。首先，教师需要为学生的能力和技能匹配相应的任务，要提供一系列的范例和问题，允许学生取得高层次的成功。其次，不超过六个人的小组教学尤其有效。最后，患有学习障碍的学生需要学会自我提问的策略（如在阅读或者完成学习任务时问自己问题）。教师可以通过大声说出自己对正在阅读的课文或者正在做的数学题的思考过程来给学生做示范。虽然这些教学实践很难说富有革命性；但我们觉得遗憾的是，教师在课堂上很少采用这些措施（Vaughn，Gersten，& Chard，2000）。

情绪与行为障碍

　　情绪失常与**行为障碍**这两个术语常常通用。IDEA 使用"情绪失常"这个术语，而大多数专业人士则喜欢用"行为障碍"，他们觉得这个术语所包含的羞辱成分少一些（Vaughn，Bos，& Schumm，2003）。

　　IDEA 把"情绪失常"界定为有以下一种或多种特点的状态：智力、感觉或健康因素解释不了的无学习能力；无法与同学和老师建立与保持满意的人际关系；在正常情况下表现出不当的举止与感觉类型；一种弥漫全身的不快与沮丧情绪；因个人原因或学校问题，表现出身体不适或者恐惧感。你可以看到，和**学习障碍**类似，"情绪失常"这个术语涵盖了多种不同状况，从行为障碍到情绪低落。

　　当要求老师们谈论"问题学生"时，他们一般会提到那些注意力不集中、好斗的、公然违抗他们的学生，以及其行为干扰他人的学生——这些人的行为障碍是比较**外化的**（Vaughn，Bos，& Schumm，2003）。这样的学生有**行为障碍**，一般特点为"重复性或持久性的行为模式，以此模式侵害他人基本权利或违反与年龄相符的社会规范与规则"（American Psychiatric Association，2000）。识别如此行为方式的人很容易，但你能对此做什么呢？

　　首先，**采取主动**是非常关键的。教师通常只对学生的负面行为有反应，我们应该教导患有行为障碍的学生做出更为得体的行为。这意味着你要严密监控学生的行为，激发、识别并奖励得体的行为（如在他们表现好的时候能够及时发现），预判和阻止不得体的行为。其次，患有行为障碍的学生能从**直接教授得体的社会行为**上获益，有良好行为时须给予奖励，同时启用"响应—代价"机制，不得体的行为将失去分数（或加分卡）（Ostrander，2004）。最后，**探索不得体行为的意图与目的**能揭示学生需要什么，以便使其行为更为得体，并开始学习，如怎样在解决难题时从他人那里得到帮助。另有一些建议列在了实用贴士里。（还可参考第十二章关于不服从的部分，以及第十三章关于使潜在的爆发性局面降级的部分。）

 实用贴士

帮助患有行为障碍的学生

- 保证你的教室环境组织良好，可以预期以及结构合理。
- 设计并实施提升集体感的活动（见第三章）。
- 积极努力，创建良性关系；给予一贯的、积极的关注，减少负面评价。
- 严密监控学生行为，承认并奖励良好行为。
- 直接教授社交技能（如，控制愤怒的技巧）。
- 提供结构合理的选择（"你愿意先做数学还是写作?""你希望自己做还是结成小组做?"）。
- 制定计划，在学生捣乱时能够调动他/她。
- 学会预判和缓和有问题的局势（见第十三章）。
- 采用自我管理手段（见第十二章），如自我监控、自我评价以及自我指导。
- 制定并实施意外事件协议（见第十二章）。
- 确保教学适合学生的能力水平，因为沮丧和学业失败能加剧学生的情绪/行为问题。

情绪失常的儿童和青少年还会表现出一种**内在化**的行为模式，如害羞、退缩、焦虑以及灰心（Vaughn，Bos，& Schumm，2003）。请考虑下面一位实习教师在日志中的说法：

> 我真的为我的一个学生担心。她的害羞和寡言让人难以置信。我甚至好长时间都没注意到她。她从不参加课堂讨论，从不举手，从不自愿做任何事情。我叫到她时，她朝地上看，不回答，或者回答的声音小到我根本听不见。午饭时间我在食堂观察过她，她似乎没有任何朋友。其他孩子对她并不刻薄——他们做起事来仿佛这个人不存在——而这也是我的感觉！

这样的学生，也就是那些看来伤心、沉默、寡言，或者易受刺激的孩子，实际上也许在经受抑郁症的折磨。表5—2列出了表明儿童和青少年可能存在抑郁症的信号。

表5—2 显示抑郁症的指标

- 犹豫不定，注意力不集中，经常忘事。
- 性格变化，如愤怒增加、易受刺激、郁郁寡欢、烦躁不安，或者牢骚不断。
- 睡眠方式与胃口起变化。
- 失去精力。
- 缺乏激情与干劲。
- 对个人外表与卫生失去兴趣。
- 失望、无助与伤心。
- 经常抱怨身体不好，说自己头疼、肚子疼。
- 想到自杀或者死亡。
- 缺乏自尊，经常表现为自责与自我批评。
- 退出自己一度喜欢的朋友圈和活动。
- 学校表现欠佳。

如果觉得学生得了抑郁症，你就该咨询指导教师或者学校的心理学家，这一点很重要（Schlozman, 2001）。描述自杀或行凶想法的杂志、图画和文章当然也可以提供参考。此外，教师要明白，得了抑郁症的学生经常感觉他们没有什么可对外贡献的。为了消除这种感觉，你需要尊重并相信他们的能力，尽可能减少他们的尴尬（如让这类学生回答没有明确答案的问题），鼓励他们帮助比他们小或者能力差一些的学生。最重要的是，你需要和这类学生建立联系。年轻时得过抑郁症的成年人经常回忆起对他的康复起到关键作用的老师（Schlozman, 2001）。

弥漫性发育障碍：自闭症与阿斯伯格综合征

自闭症与阿斯伯格综合征是两种**弥漫性发育障碍**（PDD），或者叫**自闭症谱系障碍**（ASD）。自闭症谱系障碍是一组障碍症，其特点是社交与交际技能存在严重缺陷。自闭症与阿斯伯格综合征有生物学和神经方面的原因，一般儿童到3岁时就比较明显。PDD的发生率不完全清楚，但疾病控制与预防中心（Centers for Disease Control and Prevention, 2007）的报告显示，每150名儿童中大概有1名儿童患自闭症谱系障碍。而且，这种病的发生率在急剧增长。例如，1993年到1998年，确诊为自闭症的病例增加了244%（Vaughn, Bos, & Schumm, 2003）。发生这种情况的原因不明。有的教育学家假定，这种增加源于更好的评估手段、诊断标准的变化以及家长与专家对PDD的意识的增长，而不是实际病例的增加（Hagin, 2004）。

患有自闭症的儿童和青少年表现出对社交场合缺乏反应与意识。例如，他们很少或不做眼神交流，对社交场合少有意识，对参与他人的快乐活动鲜有兴趣。此外，他们也许没有或者少有口头语言；那些确实具备语言能力的人在使用语言时通常带有自己的特质（如，重复别人讲给他们的话，这是一种被称为**语言模仿**的状况）。最后，患有自闭症的人经常表现出有限的重复性行为模式（如，晃动身体或者拍打手，无法灵活遵守常规或礼节），而且会把时间耗费在某些特定话题上（如列车时刻表）。对感觉输入，如噪声、光、触摸等高度敏感也是非常常见的。患自闭症的男孩比女孩多4倍（National Dissemination Center for Children with Disabilities, 2003）。

阿斯伯格综合征是一种独立的诊断类别或一种轻型的自闭症，目前人们对此争论不休（Myles, Gagnon, Moyer, & Trautman, 2004）。实际上，IDEA不把阿斯伯格综合征看作特殊的障碍类型，因此，患有阿斯伯格综合征的青少年经常在自闭症、行为障碍或学习障碍的诊断标签下接受特殊服务。与自闭症类似，阿斯伯格综合征的特点是明显的社交困难。然而，患阿斯伯格综合征的孩子经常渴望社交，他们缺乏的只是在社交场合如何适当地开展社交并作出适当反应的技巧与知识。比如，他们通常无法理解他人的视角，很难理解非语言社交线索。尽管阿斯伯格综合征患者临床诊断上没有显著的认知迟滞，也没有语言发育迟滞，但他们很难理解语言的精细微妙之处，如反语与幽默（National Dissemination Center，2003），他们的嗓音平淡、做作、呆板。他们的兴趣有限，沉迷的事物不多。他们在某个话题上会有无穷无尽（如鬼怪、数字或者电影）的知识，还会就这一题目进行长篇大论的谈话。此外，患阿斯伯格综合征的儿童和青少年通常运动能力较差、笨拙、不协调。与自闭症患者一样，患阿斯伯格综合征的人显示出"不能灵活遵守特定的、非功能性的常规或礼节"（American Psychiatric Association，2000，p. 84）。

自闭症和阿斯伯格综合征的表现有轻有重，注意到这一点很重要。因此，两个同样诊断结果的孩子做起事来差别很大，他们需要不同类别和数量的支持。尽管没有治愈 PDD 的良药，但教育干预能有效地改善患者的情况。患有自闭症的学生可以从辅助和替代性交际系统中获益。例如，他们可以学会指着交际板上的图画来表示他们对某学科的喜好。患有 PDD 的学生也可获益于社交技能的直接传授和识别社交线索。由于患自闭症和阿斯伯格综合征的学生总拘泥于常规，因此制定与遵守始终一致的课堂日程表就很关键。如果日程表确实需要修改，那么你一定要做足够的警示工作。帮助患阿斯伯格综合征的学生的更多建议见实用贴士。综合讨论也请参考克兰与西尔弗的著作（Kline and Silver，2004）。

 实用贴士

帮助患阿斯伯格综合征的学生

● **建立一个"总部"。**一个远离教室过度刺激的地方，一个学生可以安静下来而且安全的地方（如辅导员办公室、资料室、护理室等）。总部**不能用来处理留堂学生和受罚学生。**

● **通过"引导"让学生提前熟悉学习材料。**引导可以减少学生学新课带来的紧张，促进学生成功。典型的引导课应在一个安静的地方持续 10～15 分钟，可以在使用材料前一天晚上或者当天早晨进行。

● **布置环境：**

让学生坐在不受打扰的地方。

学生的桌椅上不要放不必要的材料。

使用花名册组织好学生。

给学生四处走动的机会。

● **调整教学安排：**

由于精细动作技能较差导致这类学生书写困难，因而可以让学生打字记录或者用录音记录答案。

由于语言信息难以处理，因而应尽可能使用视觉材料。

用不同颜色标记任务。

给学生提供表达大意的大纲。

安排简短、经常性的会面来检查学生对课程的理解。

把作业分解成一些更加简短的任务。

允许学生使用电脑或计算器。

资料来源：Myles, Gagnon, Moyer, & Trautman, 2004。

注意力缺损多动障碍

尽管教师经常发现患有注意力缺损多动障碍（ADHD）的学生尤其具有挑战性，可这种情况没有涵盖在 IDEA 给障碍学生所下的定义中。因此，除非适合其他种类的障碍（如学习障碍、严重的情绪失常、其他健康损害），根据 IDEA 的解释，患有 ADHD 的学生没有资格接受特殊服务。但是，根据 1973 年颁布的《复健法案》第 504 款，他们可以获得特殊服务。第 504 款禁止联邦资金接受者歧视残障者，要求接受联邦资金的学校满足残障学生的需求。根据第 504 款的定义，残障人指的是有严重的身体或精神损伤，这类损伤限制了其某一重要活动机能（如学习）的人。因此，这一定义适用于 ADHD。

目前没有 ADHD 的诊断测试，但表 5—3 列举了 ADHD 的一些症状。出现其中五种状况即可判定为患有 ADHD：（1）表现出六种或更多症状；（2）症状须持续至少六个月；（3）这些症状必须出现在七岁前；（4）症状必须导致孩子至少在两个不同环境（如家庭和学校）表现出功能缺陷；（5）其他弥漫性发育与精神障碍发作时，这些症状照样发生，且其他精神障碍无法解释这些症状。请记住，任何单一行为都是正常的。如果一个人在发育过程中，在不适当的年龄经常做出很多表5—3里的行为，那么就可以考虑其是否患有 ADHD 了。

表 5—3 ADHD 的症状

（1）或者（2）：
（1）六种（或更多）以下缺乏注意力的状况最少持续六个月，无法适应发育水平或者与发育水平不符：
注意力不集中
（a）经常无法注意到细节，或者在做课堂作业、学习或进行其他的活动时粗心大意。
（b）很难在做功课或者玩游戏时持续集中精力。
（c）当别人直面他说话时，他好像根本没在听。
（d）经常无法完成老师的指示，完不成课堂作业、杂务或其他活动场所的任务（不是因为对抗行为或者没有理解指示）。
（e）组织任务和活动有困难。
（f）经常规避、反感或不愿完成持续的脑力任务（如课堂作业或者家庭作业）。
（g）经常丢失完成任务或活动所必需的东西（例如玩具、学校的作业、铅笔、书本、工具）。
（h）很容易受外来刺激的干扰。
（i）日常活动中经常忘事。
（2）六种（或更多）以下多动症的状况最少持续六个月，无法适应发育水平或者与发育水平不符：

多动症

(a) 经常手脚乱动，或在座位上局促不安。

(b) 经常在教室或其他地方离开座位，而这些地方要求学生一直坐在座位上。

(c) 经常在不适宜的场合（如在青少年和成年人中间，也许受到烦躁的主观情绪的限制）到处奔跑或攀爬。

(d) 很难安静地玩游戏或者参加休闲活动。

(e) 经常"在动"，或者表现得好像"被马达驱动"。

(f) 经常无休无止地说话。

冲动性

(g) 经常没等问题结束就脱口说出答案。

(h) 很难等待自己的轮次（机会）。

(i) 经常打断或打扰别人（如插入谈话或游戏）。

资料来源：Reprinted with permission from the *Diagnostic and statistical manual of mental disorders*, Text Revision, Fourth Edition, (Copyright 2000). American Psychiatric Association。

据估计，3%～5%的美国学龄儿童患 ADHD，而男孩比女孩多得多（Wodrich，2000）。这种比例失调的原因尚且不明。有些研究者认为其原因可能与大脑的生物化学成分或结构有关。有人指出，原因可能是男孩有更多的社交活动，他们很难安静地坐下来，全神贯注于什么事情。还有人说，也许是因为小学教师有微妙的歧视，因为绝大多数小学教师是女性（Wodrich，2000）。

暂停与思考

最近几年，确诊为 ADHD 与接受 ADHD 治疗的孩子急剧增加，这引起人们的争议：是否可能诊断过度，抑或是这种障碍根本不存在。怀疑论者批评教师，说他们想抑制学生天生的热情和经历；批评家长，说他们没有给孩子提供指导和纪律；批评医生过度诊断。对这个问题你是怎么想的？

患 ADHD 的学生在学校经常遇到困难。他们也许效率不高、组织混乱、完不成作业，乃至丢失作业。他们也许有记忆、语言、视觉与精细动作控制上的困难，这将影响他们的学业成绩。的确，全体孩子中只有 3% 有学习障碍，而患 ADHD 的儿童和青少年中有 35% 存在学习障碍（Wodrich，2000）。最后，毫不奇怪的是，患 ADHD 的人也许难以达到教师与家长对他们的行为期待，以及与同龄人共同进步。

为了帮助患 ADHD 的学生，你的课堂应该有可预见性、安全、结构合理。对行为的期待必须明晰，后果必须公平、始终如一。更多特殊建议见实用贴士。

 实用贴士

帮助 ADHD 学生

● 确保课堂教学结构合理、规则明确，具有可预见性，并保持一致性。

● 确保行为期待清晰明了。

● 让他们的座位靠近你，让他们坐在注意力集中的学生中间。

● 经常与他们保持眼神交流。

● 确保他们的课桌上没有干扰物，提供硬纸板隔开干扰因素。

● 提供安静的学习区域或者"私密办公室"，让学生能为了更好地集中精力而走动。

- 在座位上学习时或者其他需要集中注意力的时间提供耳机以消除噪声干扰。
- 提供合理走动的机会（如练习间歇、交办一些差事）。
- 使用身体接触来让学生集中精力（如把手放在学生肩上）。
- 采用私密的信号来让学生集中精力。
- 提供线索与警示来减缓转折给学生带来的紧张情绪。
- 使用积极的强化手段以及行为改变技巧。
- 更改作业安排：

减少书面作业。

把作业分成小部分，让学生可以处理。

- 限制家庭作业的数量。
- 给作业和测验留出更多时间。
- 帮助学生组织材料（如作业簿、检查表、不同科目使用不同的颜色标注的笔记本，用于收集零散纸张的可折叠文件夹）。
- 尽量每天给学生布置一项他能够成功完成的任务。
- 尽量在学生聚精会神时让他们回答问题，要称呼他们的名字。
- 要额外提供几套书，让学生放在家里，这样学生缺勤时也不用过于担心，忘带课本也不会影响正常学习。
- 允许学生使用电脑，并要附上键盘使用和文字处理方面的说明；不要把不让用电脑作为惩罚手段。
- **不要惩罚，不要认为学生太懒，不要放弃。**

资料来源：Rief，1993 and CHADD Facts，1993。

帮助残障和 ADHD 学生的一般策略

在中学实施包容性教育尤其具有挑战性，注重教学内容的教师一般都会感到"完成课程内容"的压力——这一压力因为此阶段学生的高风险测试而变得更大。教师们同时还希望学生们具有独立的学习技巧，熟悉以前的知识，以便掌握新内容，而这对残障学生很不现实（Mastropieri & Scruggs，2001）。不管怎么说，研究显示，中学阶段的包容性课堂在学业和社交成果方面可能更成功（Mastropieri & Scruggs，2001；Wallace，Anderson，Bartholomay，& Hupp，2002）。本章下一部分将描述提高此种成功可能性的方法。

熟悉学生的个性化教育项目或者"504 计划"

IDEA 要求校方为每一名残障学生开发个性化教育项目。个性化教育项目是由一个团队开发的，其成员包括当地教育机构（比如可以使用学区资源的管理人员）的一位代表、一名残障学生的普通教育教师、主要负责实施 IEP 的特殊教育教师、家长或者导师、一名能解读评估结果的专业人士、学生（适当时）、学校或家长酌情请来的其他人士。

同样，根据《复健法案》第 504 款，可以享受特殊服务的学生将拥有一个"504计划"，用来说明学生所需的住所和服务，以保证该生获得适当的教育。和 IEP 一样，"504 计划"也由一个团队制定，尽管法律没有详细说明该团队如何组成。

遗憾的是，在中学阶段，普通教育教师经常不参与 IEP 或者"504 计划"的实施环节；有时，他们甚至不知道他们班上哪个学生有特殊需求（Schumm & Vaughn, 1992）。此外，接触学生的 IEP 或者"504 计划"也并不总是很容易。不同学校的策略和程序大相径庭。桑迪报告说，开学的第二天，她的邮箱里塞满了班上学生的 IEP 或者"504 计划"，她不得不签了个表单以说明她已经收到。与之相反，克里斯蒂娜什么也没有收到，学校的特殊教育者及护理员仅仅是给她展示相关文档。不过，无论你是怎样得知的，我们的教师都强调，实施是你的责任。桑迪这样说："教师们必须明白，IEP 或者'504 计划'是没有选择的。你不能忽视它们。如果没有人给你展示 IEP 或者'504 计划'（这种事时有发生），那么你自己有责任找到并阅读它们。"

还有一点很重要，你必须重新检查 IEP 的重要阶段，确保你在监控患有学习障碍的学生的进展。在这方面，用文件夹把相关工作的事例记下来以记录学生的进步将是很有帮助的（Vaughn, Bos, & Schumm, 2003）。

创建接受性环境

中学教师对包容性课堂的态度不如他们的小学同行积极（Scruggs & Mastropieri, 1996），这有点遗憾，因为包容性课堂的成功主要依靠教师创建积极环境的能力与意愿，所谓积极环境就是要接受个人的差别（Mastropieri & Scruggs, 2001）。阐明所有学生都是公认的、有价值的班级成员，制定强调归属感和尊重的规范，实施让残障学生和其健康同龄人互动的小组学习——做到这些，你就可以构建积极的环境了（Soodak & McCarthy, 2006）。有特殊需求的学生在社交方面有重大的缺陷，很难和同学建立友谊（Meadan & Monda-Amaya, 2008）。因此，你可以帮学生发现他们的共同兴趣，不管他们的能力和特殊需求如何（Grandin, 2007）。如果社交互动能通过共性培养起来，那么学生们会更容易把彼此作为班集体平等的一员来接纳。（参考第三章，创建包容性课堂环境的补充建议。）

与特殊教育教师和专业辅助人员协调与合作

除了执行 IEP 和"504 计划"，与特殊服务人员经常保持联系也很重要。比如，你可以请特殊教育家就如何促进学生的学习给你建议，还可以请他们给你展示如何讲课，或者请他们到你的课堂教授有特殊需求的学生。你还应该让特殊教育教师清楚你关心某个学生的进步。

接触特殊教育人员时，你需要展示相关学生的特殊信息，以及你已经采取怎样的干预措施和调节手段。"他快把我逼疯了"，"她总是需要关注"，或者"他在我班上简直应付不了"，诸如此类的抱怨于事无补。你的信息越详细，就越可能得到帮助。至于需要展示什么样的信息，下面是特殊教育教师的一些建议：

- 该学生的全面描述（优点和缺点）。
- 如果该生表现出不得体行为，那么详细描述其不得体行为：

什么时候做出不得体行为？

不得体行为出现的频率是多少？

不得体行为出现之前有什么先兆性事件？

不得体行为持续多长时间？

班上其他同学有何反应？

- 如果该生有学业问题，那么详细描述该生的学业困难（用功课实例来证明你的描述）。

- 你怎样努力更正或者应对该问题？
- 你需要怎样的帮助，或者你认为该生需要哪种形式的帮助？

包容性课堂越来越普及，课堂由普通教育教师和特殊教育教师共同管理也越来越常见。协作教学指的是两人或多人负责制定计划、教学、评估班上某些或者所有学生（Villa, Thousand, & Nevin, 2008）。**协作教学**，亦称合作教学，呈多种不同形式（Dieker, 2001）。比如，在"引领与支持"模式下，一名教师负责教学，另一名教师给学生或者小组提供帮助与支持；在"平行教学"中，老师们共同制定计划，但每个人教半个班；在"团队教学"中，两个老师共同做计划，共同教学生。

尽管协作教学效果良好，但它给师生双方都带来了挑战。其中有些困难源自学校支持不足（如缺少共同准备时间）、个性的冲突，以及在协作教学班级上角色与责任不明（Murray, 2004）。我们四位教师都没有安排过协作教学工作，但他们看到眼前的局面远远不够理想。克里斯蒂娜这样说：

> 普通教育教师和特殊教育教师的合作有时会产生问题，前者的"地盘"观念很强，只把后者看作助手。他们不做合作计划，只是说："这就是我们要做的。"但有时，情况正好相反。有的普通教育教师真心想和特殊教育教师合作，但特殊教育教师希望坐在教室后边，只帮助某几个学生。

为了避免这些问题，讨论每个教师在普通教育课堂的角色就很关键。实用贴士列举了中学阶段协作教学的策略。

像协作教学一样，普通教育课堂越来越普遍使用专业辅助人员和助教来帮助残障学生。实际上，在很多学校里，由专业辅助人员陪伴残障学生到校是达成融合的"首要或者唯一"的方法（Giangreco & Doyle, 2002, p. 2）。专业辅助人员在包容性课堂能起到宝贵的、至关重要的作用，但他们常常成为学生的实际教学者，而该生的普通教育教师反而形同虚设（Giangreco & Doyle, 2002）。这种事情发生后，我们所面对的困境就是资历最浅的老师负责教授那些带来最复杂挑战的学生。

 实用贴士

中学课堂的协作教学

- **慢慢开始。**讨论你对协作教学的理解，探索各种不同的模式。
- **引入管理人员。**讨论教学需要的各种支持（尤其是针对共同计划的时间）。看看这种支持是否能够随时提供。
- **逐渐了解你的同伴。**讨论在下列事务中，你对角色与责任的期待：

计划全班教学；

计划个别学生的调整；

指导教学；

评分；

与家长联系；

纪律。

- **制定可行的日程表。**决定多长时间进行一次协作教学（每天、一周数次、某一特定单元）。决定协作教学使用的模式。思考一下怎样确保两个老师都能积极参与，没人觉得自己工作负荷过重或者效能不足。共同安排时间。

资料来源：Murawski & Dieker，2004。

即便你的班上有专业辅助人员，你也应该和残障学生紧密合作，而不是把他们的教育推给一个对教学主题既不了解也无法从容应对的人，这一点很关键。你还需要和专业辅助人员讨论在教学和行为管理中各自的角色和责任。专业辅助人员可以提供的帮助既有很多非教学活动（如准备材料、记考勤），也有教学任务（如在学生独立活动时帮助他们，提供额外的实践机会以复习学生以前学过的内容），但他们不应该在学生的教学中担负首要责任。专业辅助人员融洽地与全体学生互动，而不是仅仅和残障学生互动，这才是令人满意的。

检查课堂环境，看有何不协调之处

问题不总是出在学生身上，记住这一点很重要。有时候，问题是因学生的需求和课堂环境之间的不协调造成的。一位实习教师与我们分享了一个不协调的实例：

> 贾森是一个患自闭症的学生，有个全职助教。贾森很聪明，能完成课堂作业，但在班上他总是沮丧、不安。其他学生——甚至老师——经常因为他的病症发作而说些不恰当的话，而且对他缺乏耐心。但他的助教没有努力向大家解释他的状况。贾森的老师把他和一组抗干扰能力强的学生分在一起，这样，贾森偶尔的发作就不会影响小组的其他人。然而，贾森所在小组的同学很少让他参与小组讨论，经常完全忽视他。毫不奇怪，贾森因为这个越发烦躁不安了。

这个故事显示，我们有时认为某个学生残障，而实际上他的问题是环境造成的（Gearheart，Weishahn，& Gearheart，1992）。在得出"问题全出自学生"的结论之前，请检查你的教室环境，考虑一下环境对学生的问题有哪些影响。下面是我们的教师问自己的一些问题：

- 学生坐在哪里？他的座位靠近干扰源吗？离教师太远吗？
- 该生难以和小组坐在一起？该让他和同伴坐一起，还是单独坐？
- 我在布置什么样的功课？课堂作业太过机械吗？太枯燥吗？太长吗？学生需要太多独立性吗？我允许学生自由选择吗？
- 我怎样和学生交谈？我怎样表扬学生？我**表扬**学生了吗？
- 我制定了哪些日常规范？它们与学生的能力相悖吗？我是否要求学生保持安静的时间太长了？我导致学生失败了吗？
- 我给学生足够时间来做课堂作业吗？给他们足够的过渡时间吗？

不要降低你的期望

有时，我们花大力气去理解和同情，乃至大幅降低期望，而这样也就教会了学生自降身价。我们弱化课程；我们原谅不得体的行为；我们把学生置于安全的环境，从不要求他们做我们认为他们不会做的事。而实际上，当他们不会做什么时，当他们举止不得体时，当他们不学习时，我们的看法似乎得到了印证。

去年，桑迪的一个班转来一位患脑瘤的学生，脑瘤导致他的运动技能永久损伤，一位助教陪他上课。桑迪描述说：

> 我从不降低一分标准，也从不降低我对这个了不起的年轻人的期望。他必须做到班上其他人要做的事情，但在某些情况下我们需要创新。每年，我要求学生制定计划，在实验室做一系列实验，来识别某种未知的溶液。很显然，这个年轻人无法在实验室握住化学品。我没有免除他实验室的功课，也没有找另一件事来代替（像IEP建议的那样）——他自己制定了计划，做实验那天我便成了他的双手。他一步一步告诉我他要我做什么，我严格按照他的指令去做。
>
> 我必须承认，当他按照自己的计划给我发出指令时，我真的觉得他的路走不通。我看不出他的方向，因为那肯定不是我接近未知溶液的方法。直到最后，我才发现那个无与伦比的计划成功地辨识出未知溶液。他以自己独一无二的方式辨别出未知溶液。不用说，他十分高兴！在尽力帮助学生开发自己的潜能时，班上这样的年轻人也能使作为教师的你成长。

利用同学辅导、同学帮助以及合作学习

成功的包容性项目会有效地促进学生共同成长。学生们可以在学术任务中做**辅导老师**，他们可以在困难的活动中做提供帮助的**伙伴**，可以做"留意"有特殊需求学生安康的**督导员**（Gearheart，Weishahn，& Gearheart，1992）。例如，"同学伙伴"是一个同学支持的结构性项目，在该项目中，健康的中学生每天最少有一节课和残障学生结为对子。伙伴们以多种方式在各种不同的环境中支持他们的同伴。伙伴们可以陪他们到学校动员大会，午饭时把他们介绍给其他普通教育学生，在科学课上帮他们完成实验室课题，或者在餐馆实习时教他们摆台（同学提供帮助的方式，见表5—4）。科普兰等人（Copeland，et al.，2002）发现，参与同学伙伴项目的普通或特殊教育教师都报告说，学生在学业和社交上获益匪浅，尤其是接受同学帮助的学生，他们似乎更加独立、更为自信、更愿意参与中学的日常活动。

表5—4　　　　　　　　　　　学生帮助残障同学的方式

- 教授课堂规范（如家庭作业放在哪里，刚到教室时需要做什么）。
- 读测验题，记录答案。
- 朗读课本中的选读内容，或者录音，需要时做些解释。
- 老师讲课时做笔记，课结束时花时间讨论笔记，回答问题。
- 在合作学习活动中帮助同学做好分配给他的任务。
- 课余时间里与其他普通学生交谈。
- 学生缺课时帮他们记录老师留的作业。
- 提供特殊技巧辅导。
- 提供组织帮助（如记录作业、找到课本上相应的地方、整理笔记本）。

注：同学可以为残障同学提供帮助，重要的是要确保每一位同学都有机会成为辅导老师或者支持者；换言之，不能把有学习障碍的学生限制在"被帮助者"的位置上。
资料来源：Copeland，et al.，2002。

研究还显示，合作学习可以增进残障学生和他们同学间的良好社交关系。有特殊需求的学生被安置在常规课堂里，利用合作学习可以使他们遭到**社交**孤立和摒弃的问题降到最小。（参见第十章成功实施小组学习指南。）

帮助遇到家庭问题困扰的学生

在一次会面中，老师们谈到怎样警惕学生们可能遭遇的难题。桑迪谈到她如何分辨需要立即采取行动的问题和不需要立即采取行动的问题，以及她是如何收集额外信息的：

> 我在学生的行为中寻找变化。如果我看到的可能是滥用毒品，那么我会立即报告。如果不像滥用毒品，那么我一般会走近该学生，问他怎么回事。如果一个孩子看似灰心丧气，我会说："嘿，你今天有点情绪不高。你有什么问题吗？想和我谈谈吗？"我们都有倒霉的时候，青少年的情绪变化无常，这是天性。一两天行为怪异并不意味着什么大问题。青少年不善于掩饰自己的情绪，很多时候他们的沮丧源自和妈妈吵架，或者不得不让小狗去睡觉，或者女朋友或男朋友和他/她们吹了。但是如果一名学生行为怪异或者沮丧超过数日，那么我会和其他老师联系，看看他们是不是也发现了反常的事情。如果他们也发现异常，我就会向校长或副校长汇报，他们通常知道学生家里有什么事。如果真的有问题，我会汇报的。

正如桑迪的评述所表明的，**你需要警惕潜在问题的一些表现**。作为浸染于青少年文化的成年人，你很可能会对什么是青少年典型行为有一定认识。这使你能观察到学生行为里的偏差或者变化，这些偏差和变化是出现问题的信号。注意到反常行为时，学着问自己一连串的问题（Kottler & Kottler，1993）：

- 这个学生的行为有何反常？
- 我所观察到的有无固定模式？
- 要做出明智的判断，我还需要什么信息？
- 我该和谁联系来获取背景信息？
- 如果再等一段时间来判定发生了什么，会有什么样的风险？
- 该生看来临近危险吗？
- 关于这件事，我该咨询谁？

吸　毒

为了应对源于吸毒和酗酒的问题，很多学校建立了学生援助计划（SAP），并安排了学生援助顾问（SAC）。注意：首字母"SA"**并不**表示吸毒。这一措辞是经过仔细考虑的。学生援助计划的重点是确认可能会吸毒和酗酒的学生，但他们会采取更全面的方法。原因有两个：第一，毒品问题通常和其他问题联系在一起——消沉、虐待、学业困难、家庭问题、怀孕；第二，求助于学生援助顾问不像求助于吸毒顾问那样令人难堪。克里斯蒂娜学校中的学生援助顾问雪莉·塞克斯顿（Shirley Sexton）强调了这样一点："不被看成'毒品小姐'至关重要。我竭力向孩子们说明，我可以谈论他们可能经历的各种问题——从失去亲人到离婚，到与家长的沟通问题。"

至于酗酒和吸毒，学生援助顾问能够向**酗酒者或吸毒者的孩子（COA）**以及**酗酒或吸毒的学生**提供帮助。我们首先看看酗酒者或吸毒者的孩子，考虑一下阿曼达和埃里克的情况（节选自 Powell，Zehm，& Kottler，1995）：

> 阿曼达的父亲是个酒鬼，一喝酒就变得脾气暴躁，出言不逊。13岁的阿曼达是母亲的主要精神支柱，她努力使其家庭看似正常。她承担了很多成年人的责任，而这些责任本应该由一家之主的父亲来承担。在学校里，她是一个很优秀的学生，老师说她超级可靠，充满学习动力，但没有意识到她充满了无力感和困惑感，而且她的行为力求完美。他们也没有注意到在课间和午饭的时候阿曼达基本都是一个人。她避免交朋友，是因为怕泄露了家里的秘密。

> 埃里克是个9年级学生，老师认为他是个乖戾、无礼的捣蛋鬼。他经常与同学打架，几次因反社会行为被学校停学。他母亲声称不理解他的行为。她说埃里克在家里从来不这样，而且暗示可能老师们才是他一再表现消极态度的原因。然而，他在家里也常有暴力行为。埃里克行为的核心是愤怒：愤怒于遗弃他的酒鬼父亲和长时间沉迷于自我怜惜的母亲。他打算等他长大可以离开学校时，就离家出走来缓解痛苦。他也徘徊在成为"瘾君子"的边缘。

每一次像阿曼达和埃里克这样的年轻人走进教室时，吸毒问题都会触及中学课堂——这样的事情并不鲜见。据估计，学校里每四个学生中就有一个来自父母双方或一方吸毒或酗酒的家庭（Powell，Zehm，& Kottler，1995）。当这样的年轻人变得像埃里克那样愤怒和捣乱时，看到问题的存在相对来说容易一些；可当孩子像阿曼达那样乖巧完美时，发现问题就远非易事。

莱斯莉·莉莲（Leslie Lillian）是弗雷德所在学区的一名学生援助顾问，她强调说酗酒者或吸毒者的孩子常表现出与常人差别很大的行为（见表5—5）：

表5—5　　　　　　　　　　　酗酒者或吸毒者的孩子的特点

- 难以建立和维持信任关系，经常被孤立。
- 自尊心弱。
- 缺乏自信。
- 难以做到自然与开放，原因是精神被控制，想最大限度地降低受惊吓的风险。
- 因为与其他家庭成员合作保守"秘密"而产生的否定和压抑。
- 为自己没有负责的事情感到内疚。
- 他/她由于父母的角色转换而产生的对自己感觉和期望的不确定性。
- 在"占有一切或一无所有"的环境中看待事物，有时表现出完美主义者对失败的恐惧。
- 难以控制冲动，这很可能是由于缺乏家长指导、关爱和纪律约束。
- 潜在的消沉、恐惧、惊慌反应或过度活跃。
- 专注家庭事务。
- 酗酒或吸毒。

资料来源：Towers，1989。

有些孩子成了完美主义者，有些孩子成了和平主义者。他们不希望出现促使父母愤怒的局面，因为父母的反应是那样不可预知。他们似乎在盘算："我不能妨碍任何事；我不能做任何错事；我要努力保持安静，这样就没有人会生气。"有人成了班级的小丑，也许他们觉得让人发笑可以缓解紧张情绪，也许希望引人注意。有人变得非常生气，他们也许会撒谎、偷盗，或者欺骗。有人变得伤心忧郁，他们的一切似乎都在说"管管我"。我们看到一系列的各式反应——和来自暴力家庭的孩子的行为相同。

对于酗酒者或吸毒者的孩子来说，家庭生活是围绕酒和毒品展开的，明白这一点很重要。在这样的家庭中，家规都是随意且不合理的，家长和孩子之间的界限模糊不清，生活以不可预知性和反复无常为主要特点。莱斯莉这样评说：

> 这些孩子从来也不知道回家做什么。也许有一天，他们带着低分考卷回家，家长会说："没关系，再做一遍就可以了。"可另一天，他们带着类似的试卷回家，却会被狠狠揍一顿。

意识到自己无力改变孩子的家庭生活，这是你与酗酒者或吸毒者的孩子共同合作时最让人沮丧的前景。相反，你必须竭尽全力，看看学生在教室的时候你能够做些什么。很多方法跟我对其他学生所实行的方法并无不同之处（见实用贴士）。例如，制定明确、一致的规则并营造信任和关爱的氛围非常关键。

 实用贴士

帮助酗酒者或吸毒者的孩子

● **留心观察**。不仅仅在学习或者行为问题上关注你的学生，也要注意不良嗜好和情绪低落等细微标志。记住，酗酒者或吸毒者的孩子可能会取得超过预期的成就，乐于合作并且保持安静，同时也可能具有破坏性，容易表现愤怒。

● **建立能够贯彻执行的界限**。家庭中存在混乱时，学校里的秩序感就至关重要。

● **要灵活**。尽管有必要建立界限，但太过僵化和缺乏变通的课堂规则可能导致学生的出格行为。

● **使不良嗜好成为讨论的焦点**。找到讨论此话题的方法。把问题融入读书指导、科学、社会研究等中去。

● **明确你是可以提供帮助的**。表达出你非常乐于与学生谈话。以温柔、关爱的方式接近有困难的学生。"我注意到你有些困难。我只是想让你知道我很关心你。任何想谈的时候都可以来找我。如果你想和其他人谈，我会帮你找一个你信任的人。"

● **建立专业帮助咨询网**。找到可以帮助学生的服务，并使学生可以求助于适当的专业指导。

● **接受你无力改变的事情**。你无法让他人停止酗酒或者吸毒。

资料来源：Powell, Zehm, & Kottler, 1995。

除了采用这些方法，你还要弄清楚你的学校是否有能够提供帮助的学生援助顾问或者其他特殊服务人员，弄清楚是否有为酗酒者或吸毒者的孩子设立的援助小组。例如，桑迪学区的学生援助顾问托尼娅·穆尔（Tonia Moore）在学校组织了几个小组，有时独立工作，有时在指导顾问的帮助下工作。托尼娅谈到参加这样的小组所带来的好处：

> 它给你那样的轻松感。评价总是如此："我觉得我是唯一的。""我不知道别人是否在经受这样的事。"羞耻感太强，以至于即使在小小的年纪，完全保密也非常困难。这样就立即产生了友爱。

遗憾的是，酗酒者或吸毒者的孩子也许不情愿参加这样的小组。雪莉·塞克斯顿组织了三个小组，一个针对丧亲之痛，一个针对离婚与分居者的孩子，另一个针对酗酒者或吸毒者的孩子。很快就有学生报名参加前两个小组，但到目前为止，大家对第三个小组没什么反应。雪莉不觉得奇怪。"这需要时间，"她解释说，"谈论父母嗜酒和吸毒是很敏感的问题。"

吸毒影响中学课堂的第二种方式就是学生自己吸毒和酗酒。国家毒品滥用研究所赞助的一项研究（Johnston，O'Malley，Bachman，& Schulenberg，2008）调查了全国 400 所学校 8、10、12 年级的 5 万名学生。2008 年的调查发现，在过去的一年中，8、10、12 年级中吸食毒品的学生比例均有不同程度的下降。实际上，在全国的 8 年级学生中，每年的非法毒品使用比例减少了 2/3（从 1996 年的 23.6％降低到 2008 年的 7.4％）。减少使用的毒品具体为安非他命、甲基苯丙胺、可卡因以及纯可卡因。2005 年降到最低点后，合成迷幻药的使用有所增加，而且此后在持续增加。2008 年使用频率变化不大的毒品有麦角酸二乙基酰胺（LSD）、海洛因、盐酸羟考酮和维柯丁等麻醉药。大麻的使用自 1996 年 8 年级和 2001 年更高年级学生中持续减少。而到了 2008 年，调查显示，这种减少进入拐点，各个年级学生的使用都略有增加。至于酗酒，自 2001 年以来，三个年级的各种统计都显示减少，2008 年仍在减少。

在很大的程度上，学生援助顾问依靠老师来帮助那些有酗酒或吸毒问题的学生，以及有类似问题的学生。但是老师可能不太愿意指出谁是被怀疑吸毒的学生。在同教师和顾问的谈话中，我们总结了五个不愿意的原因。第一，一些老师认为吸毒并没有那么严重。根据弗雷德所在学校学生援助顾问卡罗尔·洛因格（Carol Lowinger）的看法，"一些老师趋向于将问题最小化，尤其是涉及酒精和大麻时。第二，他们不会把大麻看作一种'真正的'毒品。他们认为，'哦，所有的孩子都这么做，这并没有那么严重'。"

第三，卡罗尔推测，一些老师认为这并不是他们的责任，而另外一些则想扮演知己的角色：

> 有时，老师被所有教学责任包围，感到即便不牵扯进学生的私人问题，他们的工作也已经够多了。……但是在其他时候，老师不汇报是因为他们想要帮助学生。你知道，很多老师真的很喜欢扮演调解员、管理者、被信任的知己的角色。他们喜欢学生就某一问题向他们诉说，有时，他们会作出保密的承诺："你可以告诉我你的秘密，我不会告诉任何人。"但是如果孩子的问题真的很麻烦的话，这就是一个问题了。首先，他们没有真正接受过像顾问那样可以提供帮助的训练。其次，他们可能会向孩子们传达一种信息，即去咨询顾问或者精神健康专家那里不好——而这并不是我们想要传达的信息。我们想让孩子们明白，在生活中我们需要各种各样的人以各种不同的方式帮助我们。我们不想让孩子们认为他们所需要的就是一个人，有了他们的老师，他们就不再需要任何其他人了。最后，他们可能实际上成为"职业授权人"——允许学生们继续进行自我毁灭性的行为。这对于孩子们没有任何帮助。你要做的就是对学生说："我非常关心你，所以不能让这样的事情继续下去。我们要为你赢得帮助。"

老师不愿意汇报的第四个原因是他们宁愿"给孩子们一个机会"，也不愿"出卖孩子们"（Newsam，1992）。桑迪这样评论这种态度：

> 有些老师害怕汇报可疑的吸毒行为，因为他们不想造成激烈的争吵，不想

让孩子陷入麻烦之中。他们也可能害怕汇报会破坏他们和学生的关系。但是我还没有发现这样的情况。有时，孩子会回来说："你为什么要这样做？"但是我会说："这对于我们来说太严重了，我们需要更多的帮助。"有时，我甚至会让学生和朋友一起来告诉我他的问题。他们知道我会想办法帮助他们的。**这就是他们想要的。**

最后，老师不愿意汇报可疑的吸毒行为是因为他们对种种迹象不太确定。托尼娅对这个问题很敏感：

> 老师们告诉我："我不知道吸毒是什么样子的。我没有接受过这样的训练。我不知道什么时候才能确认一个学生吸毒。"我告诉他们，这没关系。你不能仅仅通过观看来作出判断，还需要进行化学检测。但是你能够看出行为上的变化。你只要知道某人的行为有变化，或者与别的孩子不同。你不需要知道学生在吸毒，只需怀疑可能是吸毒或者和吸毒相关的问题就可以了。

是什么行为让你怀疑学生吸毒并进行汇报呢？图5—1给出了弗雷德所在中学使用的行为检测清单。很多学校采用与这个相似的清单。把你学校的行为检测清单放在手边，能够让你对学生吸毒或者与"瘾君子"共同生活的可能性保持警惕。

区分不同的情况很重要，一些情况中的行为模式可能意味着**校外吸毒**，而在一些情况中学生可能表现为**在校期间、在学校开展活动时，**或者使用学校财产时处于**毒品影响之下。**当看到可能"处在毒品影响之下"的学生时，你要立即填写行为检查表，并尽可能快地提醒合适的工作人员。弗雷德讲了这样的经历：

> 几年前，我的第一节课的班上有一个非常聪明的孩子……但是他吸毒了。我清楚地记得有一天他很兴奋地进了教室。我起初没有意识到什么，因为他只是很安静地坐下来，一切看起来都很正常。但是，之后他开始削铅笔，我也看到他走路的样子非常滑稽。实际上，他向一边歪着，看样子他要摔倒了……我给其他同学布置了作业，让他跟我来到大厅里。我尽力使自己非常谨慎，不想让任何人看到并谈论他。我本打算通知副校长，结果副校长恰好路过，于是就带他去护士那里了。

如果怀疑学生受到毒品影响，那就要立即提醒相关的人员，托尼娅·穆尔解释了个中缘由：

> 老师常常是放学时来找我，说："我今天真的很担心 X。我认为他可能真的在用什么东西。"这样毫无益处。我需要当时就知道。毕竟，那个学生可能会摔下楼梯，或者在午饭时间离开教学楼，过马路时被撞死。我们必须立刻处理。这可能是一个生死攸关的问题。

要确保你知道向谁汇报可能受到毒品影响的学生。在弗雷德和克里斯蒂娜的学校，老师会找管理人员，他们来到教室，陪学生去护士那里。在桑迪的学校，老师把学生送到护士那里，然后会联系学生援助顾问。在唐尼的学校，老师可以叫保安带学生去护士那里。

学习表现	拥有毒品/酒
＿＿＿＿成绩下降	＿＿＿＿偷窃和攻击别人
＿＿＿＿不积极参加活动	＿＿＿＿故意破坏
＿＿＿＿表现前后不一致	＿＿＿＿谈论参与违法活动
＿＿＿＿低于潜能的表现	＿＿＿＿随身携带器械
＿＿＿＿成绩上升过快	＿＿＿＿不参加活动的行为增加
＿＿＿＿缺少动力	＿＿＿＿放弃/逃脱练习
到校情况	＿＿＿＿不履行责任
＿＿＿＿出勤情况的改变	＿＿＿＿表现有变化
＿＿＿＿旷课	**破坏行为**
＿＿＿＿迟到	＿＿＿＿藐视规则
＿＿＿＿早退	＿＿＿＿不负责，谴责别人，说谎，打架，作弊
＿＿＿＿经常去见护士或顾问	＿＿＿＿与权威人士发生矛盾
＿＿＿＿经常去休息室	＿＿＿＿突然发作，言语侮辱
＿＿＿＿经常要求去大厅	＿＿＿＿下流的语言或手势
社会问题	＿＿＿＿吸引注意的行为
＿＿＿＿家庭问题	＿＿＿＿总是走错地方
＿＿＿＿工作问题	＿＿＿＿过度活跃，紧张
＿＿＿＿朋友问题	＿＿＿＿缺乏动机，冷淡
＿＿＿＿关系问题	＿＿＿＿极端消极
＿＿＿＿出走	**非典型行为**
＿＿＿＿经常借钱	＿＿＿＿很难接受错误
身体症状	＿＿＿＿过分敏感或戒心太重
＿＿＿＿走路蹒跚，协调性差	＿＿＿＿行为反常
＿＿＿＿语无伦次	＿＿＿＿吹嘘喝酒和吸毒
＿＿＿＿眼睛充血、目光呆滞	＿＿＿＿换朋友
＿＿＿＿有酒精/大麻的味道	＿＿＿＿沮丧
＿＿＿＿呕吐/恶心	＿＿＿＿没有目标
＿＿＿＿身体情况变差	＿＿＿＿不恰当的反应
＿＿＿＿上课睡觉	＿＿＿＿孤僻/沟通困难
＿＿＿＿身上有伤	＿＿＿＿公开场合的性行为
＿＿＿＿经常抱怨身体差	＿＿＿＿不切实际的目标
＿＿＿＿肌肉组织上的明显变化	＿＿＿＿没有具体的问题而寻求成年人的帮助
课外活动	＿＿＿＿绝对服从
＿＿＿＿不参加	＿＿＿＿总是寻求肯定

图5—1 弗雷德所在中学使用的行为检测清单

因为你不能够仅凭观看就断定学生是否吸毒，因此在你和学生谈话的时候，不要带着指控的口气。桑迪描述她通常如何处理这种情况：

> 如果我看到学生趴在桌子上，我会走过去轻声问："你需要去护士那里看看吗？"通常他们会说："不，我就是累了。"或者："不，我觉得烦了。"我会告诉他们："但这是化学课！化学课应该很有趣的。"通常他们会抬起头。但是如果头再低下去的话，我就会说："我想你需要到护士那里看看。你好像不太舒服。"我不是质问，我尽力让学生看到我是出于关心。有时是我错了，是学生熬夜写学期论文一直到早上4点。这没关系。出于小心而犯错要好得多。

作出判断可能是困难的，但是你需要记住转身走开并保持沉默可能会传达你原谅这种行为的信息，或者你不大关心他/她。

最后一点：如果你怀疑一个学生在学校里藏有毒品或者酒的话（例如在钱包或

者背包里），最好带着他找合适的学校工作人员，而不是自行检查。在一次意义重大的判决中（*New Jersey v. T. L. O.*，1985），美国最高法院宣布学校官员可以对学生进行适当的搜查，"如果有合理根据怀疑这次搜查能够为学生已经违反或正在违反法律或者学校的纪律提供证据的话"（Fischer, Schimmel, & Kelly, 1999）。换言之，在校学生所受到的保护比通常在严格的"可能原因"标准下给予普通公民的要少（Stefkovich & Miller, 1998）。然而，搜查学生的物品最好让熟悉法律细节的管理人员来执行。（此问题将在第十二章进一步探讨。）

虐待和忽视

在与唐尼的一次谈话中，她强调了在高年级学生中发现虐待和忽视问题困难重重：

> 在高中阶段，虐待和忽视问题没有在初中阶段那么明显。孩子们会掩饰它们。但是很清楚，他们中的很多人生活在非常恶劣的环境中。老师必须仔细观察，倾听所有你本不该听到的谈话。这样，你就能够了解孩子生活中和在社区中发生的事情。

正如唐尼所指出的那样，青少年虐待通常隐藏得很好。而且，青少年好像也没有小孩子那么脆弱：他们可能已经具备了和成年人一样的力量，似乎能够逃离受虐待的环境，而且似乎在家庭之外能够获得更多可能的帮助。由于这些原因，虐待和忽视并不被看作中学阶段的问题。但是青少年还是需要保护。在一次会议中，克里斯蒂娜回忆了一个女孩，她在12月气温接近零下6.67摄氏度的时候穿着短袖T恤来上学：

> 好像她在说："请看看我的胳膊。"我看了——看到上面都是淤青。作为一个新老师，我对处理这样的问题有些紧张，于是我去和一个更有经验的老师商量。我们和学校里的一个顾问谈了谈，他随后带那个学生去了护士那里。

认识到并不仅仅是女孩会成为虐待对象也很重要。看看唐尼讲的这个故事：

> 几年前，在我的班上有一个16岁的足球运动员。我注意到他在课堂中显得非常安静，这对他来说是不大正常的。我让他下课后来找我。他进来后，我说："你看起来不像你自己了。没事吧？"让我吃惊的是，他哭了起来。原来，隔壁一个35岁的女人引诱他，并和他发生了关系，虽然没有强迫他，但这依然构成了性虐待。我万万没想到会发生这样的事，我以为他是和女朋友分手了，或者在足球队里遇到什么问题。我真的受到了打击，而且我非常愤怒。我一直在想："她怎么能这样做？他还只是个孩子。"我想不通。我想："现在我该怎么办？"我是知道这件事的第一个人。当时已经放学，心理医生和顾问都已经走了。但是我说服他和我一起去见校长。校方接手了这件事。

全国儿童虐待和忽视数据系统报告，2006年大约90万儿童成了虐待的牺牲品（U. S. Department of Health and Human Services, 2008）。为了保护这些年轻人，所有州的法律都要求教育者向州的儿童保护组织汇报可疑的虐待行为。尽管虐待的定义各有不同，但各州通常都把非意外伤害、忽视、性虐待和情感虐待包括在内。熟悉这些问题在身体和行为上的表现至关重要（见表5—6）。

表5—6   儿童虐待和忽视在身体上和行为上的表现

儿童虐待或忽视的形式	身体上的表现	行为上的表现
身体虐待	无法解释的： ● 淤青或伤痕 ● 烧伤 ● 骨折 ● 割伤与擦伤	和成年人接触的时候表现谨慎 其他孩子哭的时候很担心 行为极端：侵略性或退缩 害怕家长 不敢回家 报告父母带来的伤害
身体上的忽视	经常饥饿，卫生状况差，不合适的穿着 经常无法自控，尤其是在危险活动中或者长时间内 经常感到疲倦或者无精打采 无人照管的身体问题或者医疗上的忽视 被遗弃	乞讨、偷吃 在校时间延长（早到晚走） 经常上课睡觉 酗酒、吸毒 有不当行为 声称自己没有监护人
性虐待	行走或坐立有困难 撕破的、污染的或者带血迹的内衣/ 生殖器部位疼痛或痒 外生殖器、阴道或者肛门部位的淤青或出血 性病，尤其是13岁以下儿童 怀孕	不愿意为体操课换衣服或者不愿参加体育课 退缩、幻想或者幼稚的行为 奇怪的、复杂的或者不寻常的性行为或性知识 与同龄人关系不好 犯罪或出走 被监护人性侵犯的报告
情感虐待	习惯失调（吮吸、咬、摇晃等等） 行为失调（反社会、破坏等等） 神经质的特征（睡眠失调、语言失调、压抑） 神经质的反应（歇斯底里、沮丧、强迫、恐惧症）	极端行为：侵略性或退缩 不适当的成熟或幼稚行为 发育缺陷 试图自杀

资料来源：Governor's Task Force on Child Abuse and Neglect，1988。

老师们通常不愿汇报，除非掌握了确切的证据。他们担心侵犯家庭的隐私，给相关的每一个人带来不必要的尴尬。然而，**没有一个州要求汇报者在汇报之前掌握绝对的证据**——记住这一点很重要。大多数州确实要求的只是虐待发生的"可信的原因"，或者"相信或怀疑的合理原因"（Fischer，Schimmel，& Kelly，1999）。如果你不确定是否存在虐待，但是有合理原因，那么你可以为了年轻人的利益而犯错，进行汇报。等待证据会很危险，也可能是违法的。因为如果后来孩子受到了伤害，而且很清楚和你没有汇报有关，那么你和你所在的学区都要负民事和刑事责任。同时，记住一点很重要，每个州都规定，汇报可疑的儿童虐待和忽视的行为免于民事案件和刑事起诉——只要你的行为"出于好心"（Fischer，Schimmel，& Kelly，1999）。

在你遇到可疑的虐待儿童的情况**之前**，了解你所在州的汇报程序非常重要。一些州明确指出了应该汇报的学校工作人员。其他州有更为普遍的条款，规定和孩子们一起的"任何人"都可以汇报。很明显，这包括老师、护士、治疗人员和顾问

(Fischer, Schimmel, & Kelly, 1999)。各州在汇报所需的表格和内容上的要求也不尽相同。大多数州要求先有口头汇报，随后要有更为详细的书面汇报，有些州还设有 24 小时免费热线电话。通常，你要准备提供一些材料：学生的名字和地址，伤害的性质和程度或者你所观察到的状况，以及你的名字和地址（Fischer, Schimmel, & Kelly, 1999）。

州与州之间的不同强调了熟悉本学校的过程和资源的重要性。最好的办法就是和能够提供指导和建议的人谈——有经验的老师、校长、学校的护士和学生援助顾问。

饮食失调

去年 4 月底，在弗雷德的观摩课上，我们对女学生萨拉的瘦弱感到十分震惊。她的眼睛和双颊深陷，胳膊好像小树枝。我们无法把目光从她身上移开。课后，弗雷德跟我讲了这个故事：

> 这个孩子是一个全优的学生——她很可能成为班上代表毕业生致辞的学生。她所做的每一件事都很完美。我认为她在我布置的每一次考试和作业中都没有低于 100 分。她也是一名优秀的足球运动员……对于我来说，她看上去甚至不会踢球。但我知道她每天练习，她也跑步。
>
> 萨拉的几个朋友在放学后来找我谈话——他们也为她担心。他们说她坚持认为自己胖，她几乎不吃东西——她好像特别顽固，不吃任何含有脂肪的东西——不吃比萨，不吃奶酪，不吃蛋糕或者饼干，当然什么肉也不吃。显然，他们看到她所吃的东西就是硬面包圈和生菜！
>
> 我和萨拉谈了谈——我告诉她我确实为她担心，但是她坚持说她很好，并说每个人都反应过度。我也把这种情况报告给了学校的心理医生和学生援助顾问，我知道他们已经叫来了萨拉的家长。我甚至自己也找过她的家长，但是他们不承认有什么问题……

萨拉好像得了神经性厌食症。这是一种饮食失调，通常开始于青春期，主要困扰着白人女性，但在黑人女性中也开始增加，并且男性也会出现这类问题（Brodey, 2005；Gonet, 1994）。患厌食症的青少年几乎是饿着自己，即使这样，他们还是觉得自己胖，而且觉得自己真的变重了。萨拉参加跑步和足球活动也很有代表性：为了更快地减肥，厌食者将过度的体育运动和节食相结合。

另外一种饮食失调是神经性贪食症：先是饿着自己，然后暴饮暴食（经常吃高热量和高糖分的食物），最后再把食物清除出去（方法是催吐）。贪食症患者可能体重不足、超重，或者体重正常，但是他们同样害怕长胖。也可能是他们感觉对生活失去了控制。于是，他们试图控制饮食和体重（Gonet, 1994）。

在这两种饮食失调中，贪食症更常见，厌食症更严重并很可能致命。但是两者都是需要长期治疗的疾病，不会自然痊愈。这就意味着你需要警惕饮食失调的特征，并把你的担心汇报给学校的有关人员。老师经常忽视饮食失调，因为关注体重是社会中的一种"正常症状"。此外，那些饮食失调的青年女孩通常都是成绩优异、顺从、完美的学生，在课堂上从来不惹任何麻烦。

帮助生活在贫困中的学生

美国有超过 1/6（1 330 万）的孩子被认为是贫困儿童，这意味着他们生活在联邦贫困线之下。2008 年联邦四口之家的贫困线为家庭年收入 21 200 美元（Children's Defense Fund，2008）。到底有多少无家可归的孩子还不清楚，因为联邦没有定期统计无家可归孩子的数量。而经常引用的数据是每年 130 万（National Law Center on Homelessness and Poverty，2008）。始于 2008 年的经济危机使该数据急剧增加。就在我们撰写此书时，失去工作和家园的人便住在"帐篷都市"里，报纸和电视新闻对此有越来越多的报道（如，McKinley，2009）。

很明显，生活在贫困中的儿童和青少年将面临数不清的挑战。和中产阶级的孩子相比，他们能接受的身体、牙齿和精神保健无疑会少得多。他们将遇到身体、情感和心理问题，会经历发育延缓，出现学业和行为困难，而且还有学业失败的风险。对于无家可归的孩子来说，居住环境各不相同，但远非充裕：有些人与其他家人或朋友同宿一室；有的住在窝棚里、紧急寄养处、废弃的房屋里、汽车里，或者汽车旅馆里；还有的住在大街上（National Coalition of Homeless Children and Youth，2008）。

学校也许是贫困儿童的避风港。但你能做什么呢？首先，**高效的教师会留心"贫困文化"的呼声**，贫困人员有一些共同的特质（经常是负面的）。从此角度看，贫困儿童构成一个同质群组，其特点与中产阶级儿童明显不同。这些特点包括**语言模式**（随便，而不是正规）、**价值观**（钱是用来花的，而不是用来存的）、**世界观**（关注当下，而不是未来）、**与他人互动的方式**（身体的，而不是言语的），以及**日常生活**（嘈杂、混乱，而不是安宁、有序）。贫困文化的想法在行政人员和教师中很有市场，在全国范围内就此主题也开办了无数的专业发展工作坊（如 Payne，2005）。尽管它们旨在帮助教师更好地教育贫困儿童，但有些批评家质疑贫困文化的存在，他们认为没有研究证据支持此种提议（如 Bomer，Dworin，May，& Semingson，2008）。而且他们认为，上述特点无疑符合**某些**贫困者，也符合一些不贫困的人，但他们不能概括所有的贫困者。此外，这些批评家警告说，这种贫困人员的特征化会导致教师的"赤字思维"，他们会把学校的失败归因于缺乏动力等内因，而不是诸如对容纳贫困儿童的学校资金支持不足等外部因素。存在"赤字思维"的教师通常会忽视或不考虑贫困儿童的真实能力，"指责牺牲者"，产生消极的看法。

其次，**贫困或无家可归学生的高效教师是"托起希望的人"**（Landsman，2006）。他们相信自己学生的学习能力，即使他们衣衫肮脏、食不果腹。老师们检查并调整自己的推测。一方面，他们很小心，不会假定贫困儿童不能实现班级的期望；另一方面，他们也不会假定学生们在舒适、安静、所需材料应有尽有的课桌旁就能完成学习任务。他们不会在让学生积极参与和学习上降低期望，但他们也显示了同情心和灵活性（如延长期限）。他们给学生尽可能多的选择和控制作业的机会，这样，学生们就会觉得他们在自己的教育上有自主权。

最后，**贫困或无家可归学生的高效教师特别努力地工作以建立支持性的、相互信任的关系**。他们礼貌地倾听，做出设身处地的反应，采取积极的倾听技巧来使沟通的渠道畅通（见第三章）。他们留心发现提供帮助的机会。唐尼告诉我们："有些学生很早就来学校或放了学还在学校逛游，不回家。他们假装需要额外的帮助，实际上根本不需要。只不过这样比回家更好。我总给他们提供小吃或早餐券。"桑迪也尽力提供学生需要的帮助：

我记得一个和我女儿年龄差不多的女孩。我注意到她穿的冬衣上有个拉链断了。我等到放学后，教室里就剩下我们俩时，我对她说："你就像我的女儿珍妮弗，在一年最冷的时候她总是弄断夹克的拉链！她有个大几岁的堂姐，真是好事。所以我总有多余的衣服给她。今年冬天，她已经在穿第二件衣服了。"我告诉她，我的办公室有一件富余的衣服，想让她试试，看合适不合适。当然合适了。自那以后，我就带衣服到办公室（一次几件），等我们单独在一起时，把衣服包给她。"珍妮弗的堂姐给的衣服太多了"，或者"我有些富余的衣服"，或者"我想你也许会喜欢"，我会说诸如此类的话。然后我逐渐在包里加上一些女人和男人的衣服。我总是把事情办得仿佛珍妮弗接受了别人的衣服，这没什么大不了。当然，这纯属谎话（珍妮弗并没有大她几岁的堂姐），但你必须竭尽所能帮助他人保持尊严。

实用贴士列举了一些帮助贫困或无家可归孩子的策略。

 实用贴士

帮助贫困学生

提供基本的"生存"帮助

- 手头存一些健康小零食。
- 如果学生住的地方总丢东西，允许他们把学习材料放在学校。
- 在你的房间为那些没有个人卫生用品的学生存一些盥洗用品。
- 手边存放备份的学习资料。

惩戒学生时须敏感

- 思考学生的不当行为是有意的还是在他本民族文化中可接受的。向他们解释，他们的行为也许在家里无所谓，但在学校不行，并说明原因。
- 没有交谈前不要惩罚睡觉的学生，也许他们没有床或安静的地方休息。
- 如果学生在受罚时大笑，你应该了解，这也许是他们保住面子的方式，教他们做出更合适的行为。
- 如果学生做出不良或粗俗的评论，让他们（教他们）使用更适合学校的措辞。
- 如果学生总对别人拳脚相加，告诉他们在学校不能这样。让他们（教他们）选择别的更得体的行为。

鼓励学业成绩

- 检查你教的内容以及你是怎么教的。你是否觉得贫困学生无论如何都不会上大学，所以给他们上课时打些折扣也无所谓？
- 在作业上给学生尽可能多的选择和控制，这样，他们会觉得在自己的教育上有自主权。
- 给学生提供熟悉的话题。
- 教给学生使材料井然有序的方法。
- 帮助学生设立目标，留心他们的进步。
- 用红字来评价学生的表现等级，这样，学生就可以自评作业。

● 保持符合现实的高度期待。

对经常换学校的学生提供特殊帮助

● 安排伙伴帮他们熟悉情况。

● 对他们的到来表示明确欢迎。

● 特意与他们吃顿午饭。

● 如果你知道他们要走，那么做一本纪念册给他们作留念。

● 与学校教育联络员协调帮助无家可归的学生。

资料来源：Grossman，2004；Landsman，2006；Payne，2005。

总结评论

我们深信教师对班级里的所有学生负有责任，其中包括典型的青少年、英语语言学习者、身体残障和患有 ADHD 的学生、受到困扰的学生以及生活在贫困中的学生。牢记高效课堂管理的原则，努力营造所有学生都能接受的课堂环境，使用本章提出的各种策略，能够增强你所有学生接受教育的体验。

然而，也要记住，有些学生的问题太过严重，你根本无法解决。正如弗雷德提醒我们的一样：

> 教育这个行业总会有失败。有些问题超出课堂范围，只能由某个老师或者学校来处理。有时，你只需要说："我尽力了，现在我得放手了。"

"放手"意味着承认你不能改变学生的生活，但不意味着你放弃了尽可能把学生的在校时间变得丰富而有意义的责任。卡罗尔·洛因格是弗雷德所在学校的学生援助顾问，他认为，在某种程度上，老师需要和对待"任何其他人"一样对待有问题的学生：

> 有时，老师们认为："这些孩子正在经历一个痛苦的阶段，我要让他们休息一下。"正是出于这样的关心，他们给了学生不应该有的休息。学生们应该承担责任，应该学习如何生活在真实的世界里，在这个世界中，你无法逃避你面临的问题。你要学习如何应对，而绝不是"我无法应对"。我并不是说在他们的问题很严重的时候也不能给他们留有任何余地；显然，我们需要灵活一些，并且能够提供帮助。但是他们仍然需要对自己现在的行为负责。如果总是帮助学生解决问题，那么我们会变得更能干，但这不是帮助他们，相反，可能让他们更加危险。

当学生面临严重问题时，建立一个安全、有序和人性化的课堂就显得更为重要了。你可能无法改变年轻人和家人的关系，但是你仍然能够努力建立起积极的师生关系。你也许不能帮助学生控制其不稳定的、混乱的家庭生活，但是你能给他们创造机会，让他们作决定，并掌控自己在校的时间。你也许不能对充斥在他们生活周围的暴力做些什么，但是你能够建立起培养合作精神和小组凝聚力的课堂环境。用弗雷德的话讲："你能够让他们知道你足够关心他们，而不是对他们放任自流。你能够继续教他们。"

小　结

　　要营造一个关爱的、包容性的课堂，就首先要了解你的学生。如今课堂里的学生，都处于身体发育和情绪发展的不同阶段，且文化及语言背景差异显著。很多学生将英语作为自己的第二语言学习，还有很多身体残障的学生与健康的同龄人共同接受教育。很多年轻人的生活环境使其处于面临身体、情绪以及心理问题的风险之中。

成长中的青少年

　　初中及高中的学生：

- 增强自我认同感。
- 改变对社会常规的看法及反应。
- 改变对个人特权及隐私的看法。

不断发展此种意识的教师：

- 帮助学生发现并拓展其能力范围。
- 给学生机会参与决策。
- 确保学生的自我成长感。

如何满足第二语言学习者的需求

- 为语言学习提供安全、宜人的环境。
- 避免习语和复杂的句子。
- 提出的问题应该是不同英语能力的学生都能回答的。
- 鼓励学生讲英语，并尊重学生的第一语言。
- 每课进行总结和解释。
- 强调合作学习比个人学习更为重要。
- 强调过程比结果更为重要。
- 在整个课程里采用SDAIE策略。
- 鼓励学生就自己的选择和真实生活中的目标写作。

残障、注意力缺损多动障碍学生

- 经常把智力水平与学业表现之间出现严重差距，或者早期的强烈干预对学生无效诊断为学习障碍。
- 情绪/行为失常可能是外在化的（如行为障碍），或者是内在化的（如沮丧）。
- 自闭症与阿斯伯格综合征是两种弥漫性发育障碍，是一组障碍症，其特点是社交与交际技能存在严重缺陷。
- ADHD不包含在IDEA所界定的残障中，然而，患者可根据1973年颁布的《复健法案》第504款的规定获得服务。其特点是注意力不集中、多动、冲动。

帮助残障和注意力缺损多动障碍学生

- 熟悉学生的个性化教育项目或者"504计划"。
- 创建接受性环境。

- 与特殊教育教师和专业辅助人员协调与合作。
- 检查课堂环境，看有何不协调之处。
- 不要降低你的期望。
- 利用同学辅导、同学帮助以及合作学习。

帮助遇到家庭问题困扰的学生

- 吸毒

学生可能是酗酒者或吸毒者的孩子，以及本人酗酒或吸毒。

酗酒者或吸毒者的孩子可以得到援助小组的帮助。

老师要留心那些可能吸毒或者酗酒的学生，并带他们求助于学生援助顾问或者其他合适的人。

学生是在校外吸毒，还是因某种影响在校内吸毒，要对上述不同情况加以区分。

- 虐待和忽视

教育者要向州"儿童保护组织"汇报可疑的虐待和忽视行为。

没有一个州要求汇报者在汇报之前掌握绝对的证据。

大多数州要求的是"可信的原因"，或者"相信或怀疑的合理原因"。

- 饮食失调

饮食失调的学生通常都是成绩优异、顺从的完美主义者。

帮助生活在贫困中的学生

- 留心"贫困文化"的呼声，贫困人员有一些共同的特质（经常是负面的）。
- 努力成为"托起希望的人"。
- 努力建立相互信任的关系。

有时，学生带到学校的问题可能铺天盖地，尤其是对于那些还在学习处理基本问题的新手老师来说，这更加棘手。事实上，一些学生的问题可能很严重，你根本无法帮助他们。然而，你依然可以努力营造安全、有序和人性化的课堂。通过让学生对自己的行为负责和继续教学，你可以让学生感受到你对他们的关爱。

技巧培养活动与反思

课上活动

1. 小组阅读下列情境，并讨论下列问题。

乔安妮·威尔逊的第二节英语课有 28 个学生。其中一个学生有学习障碍，在阅读小说和写作方面都感觉很困难。两个学生是新近移民美国的，英语水平很有限。还有一个学生患有 ADHD，他应该接受药物治疗，但有时会忘了服药。每当这时，他情绪就很激动，很难完成学习任务。威尔逊夫人很关心这些孩子的学业进步，但她不知道该怎么做。课堂支持教师每周有两天可提供课堂帮助，但并不提前规划时间，所以，他们更像是助手，而不是真正的老师。而且，威尔逊夫人也很痛苦地意识到，这个班级不是一个有凝聚力的集体，虽然并没有明显的不尊重别人的行为，但是其他学生通常会忽视有特殊需求的学生，并且不愿意和他们在同一个合作小组中学习。

问题：

a. 威尔逊夫人应该使用什么策略营造更具包容性的、接受性的课堂环境？

b. 对每个有特殊需求的孩子（如有学习障碍的孩子、那两个新近移民来的孩子、患有 ADHD 的孩子），想一想威尔逊夫人应该使用什么策略来提高他们的学习成绩。

c. 威尔逊夫人应该向课堂支持教师寻求什么样的帮助？

2. 小组学习。假设你是一名普通教育教师，和一名特殊教育教师共同工作，在共同授课开始之前，把你想讨论的问题列出来，尤其是你在教学计划、提供指导和课堂管理方面的期望。假设你是特殊教育教师，可重复上述过程。

独立活动

1. 在你观摩或任教的学校，采访校长或者特殊服务部门的主任，了解该学区对残障学生制定的政策和程序。严重残障的学生是否可以在普通教育课堂接受教育？如果可以，校方会提供给他们哪些特殊帮助？采访一位教师，询问他对应该在特殊教育班级或学校接受教育的学生进入普通教育班级学习持有怎样的看法。

2. 在你观摩或任教的学校，采访校长或者英语作为第二语言的教师，了解该学区针对英语语言学习者的政策和项目。该校可使用多少种语言？采访一位教师，其学生是英语语言学习者，课堂里只能讲英语，该教师向英语语言学习者提供什么样的帮助？

3. 在你观摩或任教的学校，采访一位学生援助顾问、一位指导顾问，或者特殊服务部门的主任，确定报告吸毒事件的政策。复印该校的治疗表，并和本章中提供的表格加以比较。

载入档案袋

报告可疑的虐待与忽视的程序，各州有所不同。查明你所在州的政策，并查明你所在的学校是否有可供遵循的特殊政策和程序。特别要找到下列问题的答案，形成指导原则，并收入你的文件夹：

由谁来报告虐待和忽视事件？

你应该在什么时候报告虐待儿童的事件？（有合理理由怀疑的时候？还是有合理理由相信的时候？）

向哪个部门报告？

报告中必须包括哪些信息？

报告时，需要提供你的姓名吗？

第六章

与家长通力合作

家长—教师合作所面临的挑战
如何应对挑战——促进家校合作
总结评论
小结
技巧培养活动与反思

"我不知道他妈妈丢了工作，他爸爸又一个月去向不明。怪不得他那么好斗！"

"她奶奶太棒了，总能确保她做作业。这一点她真的很配合我。"

"他爸爸愿意陪 8 年级去野炊，还能组织垒球赛！有他在真是太棒了！"

类似的评论在全国任何一个教师办公室都能听到。这反映了教师与家庭建立了积极的、有成效的关系所带来的一些好处。越来越多的证据表明，家庭和学校的合作与学生的学业进步有关（Anderson & Minke，2007；Jeynes，2007）。而家庭与学校的关系在课堂管理上也肯定有所反映。

首先，**了解学生的家庭情况可以使教师更好地理解学生的课堂行为**。听听唐尼是怎么说的：

那是开学的第一天，每个人都表现得很好，但这个女孩却高声喧闹，非常亢奋。很明显，大家都不喜欢她。她看起来完全无法控制自己。一到没课的时段，我就赶紧查了一下她家庭的情况。我发现她母亲把她扫地出门了，说自己无法照顾所有的孩子。女孩曾经试图自杀，而她现在真的只是在努力控制自己的行为。她在做兼职，和一个姑妈生活在一起。这个女孩事实上被原来的世界抛弃，而学校则是她的避风港。实际上，每当我想到女孩所面对的一切，我都会为她现在的良好表现深深感动。

听了唐尼的例子，如果知道约翰尼无家可归，在一个流浪者庇护所过夜，你就更容易理解为什么上课时他睡觉；如果知道卡拉的母亲在接受化疗，她的亢奋好斗就可想而知了；如果知道亚娜的父母如何逼迫她成功，就能理解她为什么对得全 A 这么急迫了。此外，这样的理解在处理学生问题时，会帮助你决定该采取什么样的行动。你就会更好地判断：你让家长校对学生学期论文的建议是否恰当，因为家长可能不识字；或者你让学生带回家的纸条会给学生带来好处还是让他挨顿打。

其次，**了解了你试图做的一切后，家庭会提供宝贵的支持和帮助。** 大多数家长希望子女在学校成功，他们会尽自己的可能来帮助孩子。但是，他们不能在真空中做事情。他们需要了解你在努力做什么，你希望他们的孩子在班上有什么样的表现。让家长熟悉你的课程、日常工作和策略将把他们对子女的困惑、误解和冲突减到最少。因此，克里斯蒂娜在开课之时要求家长在表单上签字，表示他们已经读过并理解了她让学生带回家的"报纸"——上面说明了课程的目标、策略和程序等。

再次，**家庭可以帮助开发或实施让学生改变行为的策略。** 通过共同合作，家长和老师可以改进学生的行为，而这是两者单独努力时做不到的。弗雷德讲了下面的例子：

> 我的美国历史 II 课上有一个男孩从来不做作业。这是他的最后一学年，我想他自己已经决定不再做任何事情了。他的父母对此束手无策。于是我们一起坐下来，制定了个计划。他们每周五上午 10：30 来找我。如果他们儿子的报告良好，孩子就能拿到汽车钥匙，可以和朋友们出去，可以去看球。如果报告很糟糕，那孩子就别想过周末了。我们告诉他："我们真的很关心你，如果只能这样做来让你顺利通过最后一学年，那就这样吧。"孩子试了试我们的计划，结果真没有愉快的周末了。从那以后，他真正开始好好表现，最后这个学年的成绩是 B。另外，他还获得了额外的补偿：他的父母给他各种各样的好事去做，因为他开始有责任心了。

最后，**家长志愿者可以在课堂和学校提供所需的帮助。** 因为学校总是缺少人手，所以家长可以搭把手：他们可以在图书馆、计算机中心帮忙，辅助做家庭作业；通过迎候来访者保障学校环境安全；陪学生野外考察；给其他家长打电话；与学校人员合作制定、管理、实施特殊项目。他们还可以与学校分享有关他们爱好、职业、游历与民族背景的信息，以此丰富课程内容。

暂停与思考

继续阅读之前，思考下列问题，每个问题想出三个可能的答案：
- 为什么有时老师不愿让家长参与学生的学校学习？
- 为什么有时家长不愿介入？
- 发生变化的家庭性质如何影响到家长和教师的合作？

虽然家庭和教师之间的紧密联系与合作有这么明显的好处，但两者经常不合。有时两者的关系是割裂和疏远的，有时是紧张和不信任的。是什么导致了这种紧张关系？教师怎样做可以避免它？在本章接下来的部分，我们将讨论妨碍密切合作关系的三个障碍——教师不愿让家长介入学校教育，家长不愿介入学校教育，以及家庭和美国社会的变化。然后，我们关注教师和有关家长参与的研究资料，以便提出家庭与学校合作克服挑战的方法。

家长—教师合作所面临的挑战

教师不愿让家长介入学校教育

教师不愿让家长介入的主要原因是：他们需要**付出额外的时间和精力。** 教学是一件在体力和情感上都很累人的事情，和家长联系有时被认为是个累赘。例如给

30 个家长打电话，与每个家长谈 10 分钟，就意味着 5 个小时的工作量（Epstein &
Becker，1982，p. 103）。而这仅仅是一个班！很明显，这是正常工作之外的事情，
因而教师寻思这额外的时间是否值得付出也是可以理解的。对于新教师而言，和家
长联系的工作似乎更为麻烦。克里斯蒂娜承认："我总是在准备材料和课程，给学
生评分，或者给学生的论文写评语。要想有创造性、有成效，就必须花时间——这
就使得和家长合作的时间比我希望的更少。"

此外，**教师对家庭的看法**无疑让他们不愿让家长有更多的介入。很多教师发
现，由于受自己工作职责、家庭琐事、照顾家里其他人等事情的限制，时间对家长
来说是件稀罕物。这些教师怀疑，让已经负担很重的家长花时间和孩子一起进行学
业活动或者帮助解决孩子的行为问题是否公平。桑迪告诉我们：

> 有的家长真的是被生活压倒了。我知道一个穷困的单身母亲就没有多余的
> 时间和精力来参与孩子的事情。她担心的是保住自己的工作，是养家糊口。她
> 的盘子已经太满了，根本盛不下别的东西。倒不是她不关心孩子，只是目前，
> 孩子不做作业并不是她的头等大事。了解这些事很重要。一旦知道得不到家长
> 的参与和支持，你就得想出别的办法。

有的教师也许认为家长太"无知"，算不得有效的教育资源（Eccles & Harold，
1993），还有的教师因为碰到了生气的、不负责任的或者冷淡的家长而觉得气愤。
他们会同意这一说法："太多的家长——不只那些弱势群体——根本就毫不在乎。
对他们来说，学校就是个免费的托儿所。"（Walde & Baker，1990，p. 322）

教师不愿让家长介入的另一个原因是，**他们担心家长也许不了解自己在课堂里
的角色**。有些家长志愿者在不适当的时候进行干预（比如，他们不经咨询老师就强
行惩罚学生的不当行为）；他们指导学生的方法与老师展示的相矛盾；或者他们破
坏了保密规则，分享学生的记录或相关信息。这种情况出现时，老师们会觉得家长
志愿者与其说是帮忙，不如说是添乱。

最后，教师不愿让家长介入学校教育与他们在课堂上享受的**权威和自治水平**有
关。家长会因为孩子的问题指责教师或者怀疑他们的职业能力。无怪乎有时教师要
看守和保护自己的"地盘"，尤其是当他们对自己的技能和经验缺乏信心时。的确，
研究表明，教师效力（教师对自己能教好、学生能学好的信心）更强的老师更愿意
与家长联系（Hoover-Dempsey，Bassler，& Brissie，1987）。

家长不愿介入学校教育

一般认为，家庭对学校的介入随着孩子从小学升入初中和高中而逐渐减少，而
到了高中，这种介入就几乎消失了（Rioux & Berla，1993）。这种减少的部分原因
是，中学教师比小学教师更少采用策略使家长介入（Pelco & Ries，1999）。唐尼对
家长参与的减少给出了另外的解释：

> 孩子们一离开小学，家长们就觉得似乎该剪断拴在他们身上的绳子了。他
> 们认为学生应该更多地依靠自己了，学校应该对孩子们负责了。同时，他们觉
> 得自己再也帮不上忙了，因为他们不熟悉课程内容。他们都说"我不懂代数和
> 几何"，或者"我不明白这些教数学的新方法"。他们被课程内容吓跑了，认为
> 自己帮不上什么忙。

还有更普遍的原因来解释家长在各个年级都不愿介入。显然，工作占用了家长的时间和精力，尤其是在低收入家庭里。这种家庭通常两个家长都有全职工作，家长干两份或更多工作，或者家长必须上晚班和夜班，家长的工作时间不可改变或者说变就变。

另外，有些家长保留着自己学生时代的不愉快（甚至是非常痛苦的）回忆。萨拉·劳伦斯-莱特富特认为，家长对学校的印象是由他们自己的自传故事形成的——"他们自己的儿时故事，他们自己的不安全感，他们自己的最初恐惧"（Lawrence-Lightfoot, 2003, p. xxii）。这些昔日的"可怕回忆"让家长对学校充满紧张甚至敌视，当然就不愿去参加会议或开家长会了。请听这个家长讲他不愿更全面介入儿子学校教育的原因：

> 他们希望我去学校，那样他们可以告诉我，我的孩子是傻瓜或者疯子。他们已经告诉我三年了，我为什么还要再去听呢？他们什么事都不做。他们只是告诉我我的孩子有多糟糕……看吧，我就是个例子。我知道的。它很吓人。他们叫我麻烦不断的孩子，可我是烦恼不断的孩子。没有人帮助我，因为他们喜欢我不去上课。如果我这个学期就离开，倒成全了他们的心思。我退了九次学。他们希望我离开。（Finders & Lewis, 1994, p. 51）

孩子在学校遇到困难时，有的家庭**觉得这是教师的罪过**。老师和他们讨论孩子的问题时，他们也许会为之辩护，不愿合作，或者不好意思说出他们在家里遇到的麻烦。这些家庭不是尽力去解决孩子的问题，而是会否认正在发生的事情，拒绝与老师合作。

还有的家庭也许**受学校惊吓，灰心丧气**。如果家长贫困、受教育少，或者英语能力差，情况尤其如此。有的家长会发现老师和校方对他们的要求置之不理（Gutman & McLoyd, 2000）；其他家长甚至害怕老师，认为老师是不容置疑的权威人物（Lindeman, 2001）。请想一想西尔维娅的故事。她是参与弗吉尼亚安嫩代尔中学移民家长领导班的一位家长。西尔维娅孩提时从危地马拉移民美国，4年级之后在美国上学。她英语流利，决心帮助刚从危地马拉来美国的继女。西尔维娅说："我继女的一个老师觉得有人给她做作业，认为她表现出色的原因是我在家里帮助她。"当那个班的负责人建议她给老师打电话澄清误会时，西尔维娅一脸惊愕："你的意思是我能跟老师谈话？我觉得那样做是对她的侮辱。"（Sobel & Kugler, 2007, p. 62）

最后，很重要的一点是要认识到有些家庭觉得**与学校合作不是家长职责的一部分**（Hoover-Dempsey & Sandler, 1997）。他们也许认为，学校教育应该"留给专家"，不妨碍学校教育就是对教师的支持。移民家庭甚至不明白，学校希望并重视家长参与教育活动："在美国之外的绝大多数国家，教师的工作是教育学生，家长的介入是不尊重教师的专业能力，这是条潜规则。"（Sobel & Kugler, 2007, p. 63）比如，亚裔美国人的家庭通常对子女的学业期望甚高；不管怎样，他们一般认为教育的事情属于学校（Fuller & Olsen, 1998）。类似的是，拉美裔美国人通常认为自己的角色是：保证孩子按时上学；教导孩子要尊敬老师；鼓励孩子在学校有良好表现；履行自己为孩子提供衣、食、住的责任；让孩子慢慢地适应他们的家庭责任（Chrispeels & Rivero, 2000; Trumbull, Rothstein-Fisch, Greenfield, & Quiroz, 2001）。他们认为介入学校教育**不是**自己角色的重要组成部分。

有个很好的例子来自对移民家庭帕迪利亚斯的调查。这个家庭的孩子们在学校都很成功，他们的例子显示工作要求和家长角色定位怎样影响家长的介入。而他们的介入形式是让孩子了解他们在田里的辛苦工作，教育孩子如果没有良好教育，则将来的结局和父母一样。下面是我们的采访片段：

> 采访者：我现在想知道你或者你太太是否以某种方式介入学校教育？例如，做志愿者或者家长委员会成员。
>
> 帕迪利亚斯先生：没有，先生……
>
> 采访者：嗯。你没有参加过家长会或者类似的活动吗？
>
> 帕迪利亚斯先生：是的，没有。因为我们总是忙工作，很少去学校。
>
> 采访者：甚至不去参加老师们在场的会议？
>
> 帕迪利亚斯先生：噢，偶尔吧，但很困难。我们真的有很多工作要做。
>
> 采访者：那么你们是如何介入孩子们的教育的？
>
> 帕迪利亚斯先生：是这样，我让他们看我的工作是什么样的，有多艰苦。

他们就明白了，如果不努力学习，他们将来只能做这样的工作。我让他们看到可怕的现实。（Lopez，2001，p. 427）

如果帕迪利亚斯家"介入学校教育"只限于家制糕饼义卖或者课堂开放日，那么，可以说，他们几乎没有介入孩子的教育。但正是他们的**"高度"**介入才使孩子们对学校有积极的态度。显然，我们需要小心判断：那些不参加学校活动的家长未必不关心自己的孩子。把家长参加学校活动看作家长介入的教师可能会忽略或低估其在家里的介入（Anderson & Minke，2007；Lee & Bowen，2006）。

家庭与美国社会的变化

1955 年，60％的美国家庭由一个外出工作的父亲、一个持家的母亲和两个或者更多的学龄儿童组成（Hodgkinson，1985）。老师给家长的信都以"亲爱的家长们"开始，因为他们有足够的理由相信两位家长都能读到信，而学校安排家长会也希望家长是给予孩子关怀的主要的人。

时代变了。我们的日常谈话中仍然把 20 世纪 50 年代的典型家庭看作"正常"家庭，但不到 1/4 的家庭符合该模式（Heilman，2008）。如今，几乎一半的婚姻以离婚告终（Heuveline，2005），而 50％的孩子在童年的某个阶段会生活在单亲家庭中（Heilman，2008），他们享受不到双亲孩子所能享受的亲人关怀和经济支持。在这些家庭中，他们生活里最重要的成人不是父母，而是祖父母、叔舅姑婶、兄弟姐妹或者邻居。"家中操持"的母亲正在减少；实际上，65％的学龄前儿童（Coontz，2007）的母亲在工作。800 万～1 000 万的儿童生活在男、女同性恋家庭中（Child Welfare Information Gateway，2008），而有些大一点的孩子则没人管，全靠自己。随着移民潮从拉丁美洲、中东、东南亚与太平洋地区，以及俄罗斯和东欧涌来，很多孩子来自非英语地区，而他们的家庭也不熟悉美国的学校。

美国社会的这些变化使沟通和合作变得比以往更为困难。尽管如此，研究发现，是教师的**态度和实践——而不是家长的教育水平、婚姻状况，或者工作地点——决定了家庭是否有效地介入了孩子的学校教育**（Epstein，2001；Griffith，1998）。换言之，是教师起了重要作用。因此，你不仅要清楚了解家长参与所面临的挑战，还必须注意到家庭和学校合作的各种方法。（注意：我们本章提到"家长"时，指的是各种在孩子的生活中给予他们关怀的人，而不仅仅是亲生父母。）

如何应对挑战——促进家校合作

乔伊丝·爱泼斯坦和她在约翰·霍普金斯大学的同事们研究了许多家长参与项目，发现了六种不同类型的家庭—学校合作方式。这些方式见专栏6—1。其中前四种类型为我们提供了讨论的框架。后两种类型的详细信息——包括家长参与学校决策制定以及与社区合作——可参见爱泼斯坦的其他相关著作。

专栏 6—1　　　　　**会见教育家**

见见乔伊丝·爱泼斯坦

乔伊丝·爱泼斯坦是约翰·霍普金斯大学社会学教授，学校、家庭与社区伙伴关系中心主任。她于1981年开始在小学调查家长介入教育情况，后来把研究拓展到中学。1996年，她和同事创建了伙伴学校全国网，帮助学校、社区、各州采用基于调查的方式开展家庭介入和社区联系的项目，来满足《不让一个孩子掉队》对家长介入的要求。目前参与该网络的有来自21个州的1 200多所学校。

关于学校、家庭与社区伙伴关系的主要想法

1. 精心设计的学校、家庭与社区伙伴关系项目将惠及学生、家庭和学校。

2. 广泛伙伴关系项目有六种参与类型：

● 类型1：帮助家庭履行基本义务——帮助所有家庭创建支持上学孩子的家庭环境。

● 类型2：与家庭沟通——就学校项目和孩子的进步，设计学校与家庭和家庭与学校沟通的行之有效的形式。

● 类型3：家庭介入学校教育——招聘和组织家长来提供帮助和支持。

● 类型4：家长介入家庭学习活动——就如何在家帮助学生做作业和进行其他与课程有关的活动、做决定以及做计划提供信息和建议。

● 类型5：决策——让家长参与学校决策，培养家长领导和代表。

● 类型6：与社区合作——确认并整合社区资源与服务，加强学校项目、家庭实践以及学生的学习和发展。

3. 为了创建持久广泛的伙伴关系项目，每个学校须建立伙伴关系行动队来评价当前的实践与需求，为行动设计选择、实施既定的活动，评估下一步行动以及协调不同实践活动。

著作与文章

Epstein, J. L. (2001). *School, family, and community partnerships: preparing educators and improving schools*. Boulder, CO: Westview Press

Epstein, J. L., Sanders, M. G., Simon, B. S., Salinas, K. C., Jansorn, N. R., & Van Voorhis, F. L. (2002). *School, family, and community partnerships: Your handbook for action* (2nd ed.). Thousand Oaks, CA: Corwin Press

Hutchins, D. J., Greenfeld, M. D., & Epstein, J. L. (2008). *Family reading night*. Larchmont, NY: Eye on Education

网址：www. partnershipschools. org。

帮助家庭履行基本义务

这一类型指的是家庭有责任保证孩子的健康和安全，在他们的每个年龄段给予监督和指导，创造积极的家庭环境来支持孩子在学校的学习和行为（Epstein & Dauber, 1991）。学校可以帮助家长履行这些基本职责，可以为家长提供参与技巧的讨论会，建立家长支持小组，开展青少年问题（如吸毒与酗酒、就餐骚乱）计划，并在必要时求助家长所在的社区和州机构。

要求教师除了教育**学生**之外再承担教育**家庭**的责任，确实显得麻烦而且不公平。毫不奇怪，有些教师对成为"社会工作者"犹豫不决，他们没有为这一角色受过培训，其他人则对没能提供适当家庭环境的家长感到怨恨和气愤。尽管这些态度是可以理解的，但请你记住，学生的家庭环境为他们在学校的成功至关重要。随着受困扰家庭数量的增长，帮助家庭履行其基本义务变得越来越重要。

那么，你作为教师该做什么实际工作来帮助家庭履行自己的基本义务呢？尽管你也许不会直接去计划家长教育讨论会，或者领导支持小组，但你可以起到重要的、**间接的**作用。你可以让家庭了解有用的材料，激励他们参加一些项目，让学校相关人员关注交通问题，帮助家庭安排拼车（Greenwood & Hickman, 1991）。

在桑迪和弗雷德所在的学区，家长支持小组提供机会让家长们聚在一起共诉心事，讨论诸如与青少年沟通、纪律、反抗同学间压迫，以及家庭/学校合作等话题。几年前，唐尼的学校开办了一个类似的项目：家长参与团。该项目是为9年级学生的家长设计的，目的是欢迎家长来学校，使家长在学校感觉自在，培训做家长的技巧，告知家长他们所享有的权利。如果你的学校有这样的组织，你可以让家长知道它们的存在，即使你没有直接参与其中；如果你看到一个有特殊需要的家庭，也可以提醒校方负责这些项目的人员关注这个家庭。

你还可以给家庭提供相应社区和州相关机构的信息。拿唐尼来说，她给没有健康保险的家庭提议去什么地方看病或看牙医。她的一个学生患贪食症（甚至在班级舞会时），唐尼便和家长合作，找到了一个提供心理和医疗援助的机构。

除了起到这种间接的辅助作用，有时和家庭进行**直接**合作也是恰当的。弗雷德说他经常需要让家长了解"这个被称为'青少年的'独一无二的生物"："他们并不是生养了150个孩子的父母，他们经常想不到的是，自己并非唯一有问题的家长。"同样，桑迪告诉我们，她和家长的合作经常是帮助家长更有效地和他们的青少年子女沟通：

> 我发现，很多时候我和家长的讨论以孩子在化学课上的问题开始，但慢慢就转向更加普遍的问题。你开始讨论分数，但你知道接下来你要谈的是孩子的晚归时间和约会。很多家长没法控制他们十五六岁的孩子。他们会跟我说："我简直就不知道该怎么做。孩子在家也是一样。我简直不知所措。"我理解他们的苦恼和与孩子合作的困难。（自己有十几岁的孩子对我有帮助！）我告诉他们："这不是你一个人的事。很多十五六岁的孩子有这样的表现，而很多家长也有这样的感觉。"我向他们提供一些看问题的视角，给了他们一些有关沟通的建议。我鼓励他们设立一些限度。我发现很多家长不喜欢设立限度，他们不想和孩子发生对抗，因此需要鼓励他们来监控孩子的所作所为。

> 有时，我会遇到专横的家长，他们给孩子太多的压力。他们的期望不现

实。考试得 95 分不算太好，他们希望孩子在班上得最高分。我告诉他们："等等，我们都希望孩子表现得最好，我们希望他发挥自己的最佳能力，但最佳能力并不是在所有的考试中都表现完美。"我记得一件事，我班上的一个女孩很少努力。第一次考试她得了 79 分，远远低于她的能力。和她谈话后，她开始比以前努力多了，下一次考试就得了 89 分。我告诉她我为她感到自豪，还说了类似的话："你父母一定很高兴。"她的表情有点奇怪，我知道出了问题。我发现她的父母只说了一句话："为什么不是 A?"他们没给她一点赞许。我决定和他们谈谈孩子的情况。我告诉他们："你看，你们的女儿从不做作业得 79 分，到努力学习得 89 分，这样的进步你们都不认可。她会认为不妨不学习得 79 分，因为努力学习得 89 分并没给她带来夸奖。"这样的家长需要理解承认进步的重要性，而不是一味地期待完美的分数。

在思考如何帮助家庭履行家长职责时，应该记住在孩子的抚养问题上存在着文化差异，这些差异会导致家庭和学校间的文化冲突——而孩子则夹在了中间。例如，来自集体主义文化的家长会强调对家庭的尊重、服从、帮助和责任，而来自个人主义文化的教师则强调个人成就、独立自主和自我表现（Trumbull, Rothstein-Fisch, Greenfield, & Quiroz, 2001）。桑迪所在学校的学生援助顾问托尼娅·穆尔提供了另一个文化冲突的例子：

> 我看到太多的学生身陷两种文化之中。在家里，家长希望他们遵循一套传统的标准；在学校，他们想成为真正的美国青少年。真是太难了。我们举办舞会，可我们有的孩子却要接受包办婚姻。一名印第安父亲不许他女儿参加毕业计划（毕业后学校组织的乘船旅游），这样，孩子们就可以置身于没有酒精和毒品的安全、有限的空间。他说女儿不能整夜待在外面。一个伊朗女孩不能参加班级舞会，她父亲不信赖这种活动。一个亚洲女孩在全国统考里获得 1 400 分，可她夏天还得复习功课，准备参加大学成绩测验。她的父母强调成就的重要性，而主流美国文化强调的是多才多艺。

如果你有学生最近移民到美国，你也许该帮他们了解美国中学的期望和标准。比如，在纽约长岛杰里科中学，教师和管理人员共同努力联系亚裔家长，这些亚裔家长不愿参加像管弦乐队演奏会这样的学校活动，认为这和学生上大学的志向毫无关系。该项目的目的是传达这样的信息：家长在各方面（不仅仅是担心考试分数和大学录取）参与学校生活对孩子们保持良好情绪和获得社交成功都是至关重要的。这些努力的结果是，更多的亚裔家长参加学校活动，成为学校集体的一部分（Hu, 2008）。

当家庭表达和学校相悖的价值观和目标时，很容易被认为是"不切实际的"、"心胸狭隘的"，或者干脆就是"错误的"。但这样的态度仅仅增加了家长的憎恨和怀疑。觉悟和尊重是实现跨文化理解的关键。

与家庭沟通

爱泼斯坦的第二类家庭—学校合作指的是**学校向家长通告学校计划与学生进步的义务**。两者的交流包括电子联系（电子邮件和网站）、打电话、成绩报告单和学生进度报告单、家长接待日，以及家长—教师见面会。这些肯定是与家长合作的最普通方式，无疑，这样的交流是不可或缺的。但关键问题不是是否进行这样的联系，**而是开展联系的时候，它们是否会被理解，它们是会增进信任和尊重还是会导致疏远和怨恨。**

所有的教师都强调，与家长交流时创造一种伙伴关系是很重要的。唐尼就有这样的说法：

> 有时我在市场，或者教堂，或者市中心商业区见到学生家长。这时，我认出他们，邀请他们给我打电话，谈谈他们的孩子。我告诉他们："我们必须一起合作，我们是伙伴。"

弗雷德也有同感：

> 有时，老师并不邀请家长进行交流。他们只有在出事的时候才打电话。但有些家长最开始时需要鼓励。如果你开始最初的联系，家长通常会继续这种交流。重要的是让家长理解你们双方都在为孩子的最佳利益工作。如果你把这些讲清楚，最暴怒的家长也会安静下来。我告诉他们："听着，我所做的一切对你的孩子都是最好的。但如果你有什么想法，请让我知道。你可以随时给我打电话。"我告诉我的学生家长："我们需要作为团队而合作。你的孩子需要知道我们在合作。"

很明显，唐尼、桑迪、克里斯蒂娜和弗雷德能够和学生家庭建立高效的伙伴关系，接下来的几部分将描述他们建立这种关系的方法。此外，实用贴士列举了一些与难以接近的家长开展交流的建议。

 实用贴士

与难以接近的家长开展交流

步骤1：尽量搞清楚为什么家长难以接近。问自己（或者学校里可能知道的人）：

● 家长们说英语吗？

● 家长来自一个不重视家长参与的文化吗？他们的文化认为学校教育就是该留给教师来做吗？

● 家长们的工作时间与家长会冲突吗？

● 家长们住得离学校远吗？他们有交通工具吗？

● 家长们是否在参加家长会时有别的孩子需要看护？

● 家长们知道学校在哪里吗？

● 家长们居无定所（因而没有固定地址来接收学校的信件）吗？

步骤2：形成解决策略，应付潜在的问题。例如：

● 保证家长可以收到自己用母语写的信函。

● 要确保信函写得简单易懂、词句温暖、充满友爱。

● 想办法把信息传递给居无定所的家长。

● 制定弹性时间的家长会计划，适应与之有冲突的家长作息时间。

● 为会议、家长会或其他活动提供儿童护理。

● 看看邻居或朋友是否可以代为联络。

- 决定会议是否可以在一个更方便、更熟悉且中立的地点举行。
- 安排家访。
- 向家长讲明白，你珍惜家长和家庭成员的语言、文化、知识和专业技能。

资料来源：Swap，1993。

电子联系

最近几年，越来越多的教师使用电子邮件和互联网来和家长保持联系。例如，班级的网站上可以贴出公告，包括作业安排和应交作业的时间、本周的题目、小考和测验的日期、目前及即将进行的活动简报、学生所需的材料和帮助等。网站还可提供链接，帮学生们完成作业。作为班级网站的替代选择，很多学校还建立了学生信息管理系统，教师可以由此了解学生的出勤和迟到情况，记录分数和标准化测验的成绩，生成报告。这些系统通常可以给家长提供有关孩子记录的网络通道。

例如，桑迪就使用了"家长联系"软件，家长以及监护人可以访问有密码保护的只读网站，通过在线成绩簿查看孩子的成绩（注意，家长只能看到自己孩子的成绩）。网上成绩可以使家长更容易了解孩子的学业进步，但教师们并不能确定所有的家长都能上网（或者即使有网络，他们是否会使用）。桑迪强调："如果孩子在班上表现不好，教师仍然有责任给家长打电话。"

来自家长的电子邮件里关心最多的还是孩子的成绩（Thompson，2008），因此，让家长很方便看到这一信息显然对他们非常重要。实际上，一项研究记录了以色列学校使用自动系统的情况。该系统可告知家长孩子的学业和出勤问题，使家长的参与度得到普遍提高（Telem & Pinto，2006）。因为能及早了解孩子的问题并作出迅速的反应，家长也觉得学校的工作人员更专业了。

像很多教师一样，桑迪和克里斯蒂娜通过电子邮件和家长联系，她们有几点忠告。第一，要记住很多家长不像教师希望的那样频繁使用电子邮件。最近的调查（Thompson，2008）发现，教师只与极少数的孩子家长保持经常性的电子邮件联系。第二，电子邮件经常出现凌乱和不准确的地方，所以一定要编辑邮件，避免拼写和语法错误。第三，在使用电子邮件讨论敏感问题时一定要小心翼翼。电子邮件不允许你用平和、安静的口气表达信息，或者用微笑、手势和身体语言来"软化"信息；你也看不到、听不到家长的反应。正因为如此，电子邮件比面对面交流或电话更容易导致误解。此外，轻敲几个键盘按键（有意或无意），电子邮件即可公之于众。因此，给家长写电子邮件时，请记住这些，并把敏感的或私人问题留待电话或者面对面交流。

积极的一面是，书面的信息（不管是电子邮件还是邮寄信件）可以使你仔细地、有目的地选择词汇，这是你与家长"实时"交流所不可能具备的优势。所以，不要在怒气冲冲时发出电子邮件。等你平静下来，仔细考虑好你要说什么后再行动。此外，家长不一定总能遵从这条建议，他们可能在生气时或者为一些事灰心丧气时给你发邮件，对此，你该有所准备。在这种情况下，不要让语气干扰你对问题的处理。

打电话

鉴于学生家长的生活忙忙乱乱，电话联络的一个主要问题竟然是建立联系！在开学之初，四位老师就找到了与学生家庭联系的时间和方式。有的企业对员工接电话有严格的限制，工作时间的一个电话可能招来一顿训斥。有些家长在夜间工作，早晨的电话会打搅他们急需的睡眠；其他的家庭也许根本就没有电话，你需要给他们寄去便条，要求他们给你打电话。（唐尼和桑迪都曾给家长寄去便条，她们使用普通的白色信封——上面没有学校的回邮地址。这样，孩子在父母没有看到之前把信从一摞邮件中拿走的机会就少多了！）所有四位老师也让家长知道老师们什么时间可以在学校接电话。唐尼甚至把自己的家庭电话留给了家长，她表示没有一个家长滥拨这个电话。

为了得到自己需要的信息，桑迪在开学第一天让学生填卡片，说明他们的住址和父母的工作班次。她同时要求学生说明他们的父母是否可以在工作时间接电话。此外，桑迪在给家长打电话时，通常打个"预先电话"，问一问学生家长什么时候打电话方便，并向家长保证没有天翻地覆的大事。她会尤为小心地检查学校的人员记录，以确定该与哪个家长联系了：

> 我的学生大部分来自离异家庭。如果父母没有享有共有抚养权，那么你不能和没有抚养权的家长谈话。如果父母分享抚养权，则记录会显示学生和谁在一起生活，我会电话联系这位家长。有时，记录会显示是否该给两位家长打电话，或者书面交流时是否应该有副本同时发给两位家长。

给家长打电话谈学业或行为问题前，桑迪总会通知学生：

> 我会这样说："我知道你们希望被当作大人来对待，可有时我们需要和爸爸或妈妈合作来保证你们成功。我们需要些帮助。我们独自解决不了问题。"我从来不把电话当成威胁或惩罚的手段。我总是在通知学生24小时之后再给家长打电话。那样的话，学生可以告诉家长老师要打电话过来。（或者告诉家长他们声称的75分实际上是55分！）在与家长谈话时，我会非常小心自己的措辞，这样就不会引发消极的反应。我不会说"你的儿子在班上捣乱"，而是会说"我们必须帮助你的孩子控制自己的行为，好让他学点化学"。如果孩子无礼，我就说："我打电话告诉你这一点，因为我觉得你也不赞同。我知道你想听的。"这样的话，你表达的意见是：家长会支持你的想法，你认为孩子的家庭不会赞同这样的行为。

在一次见面会上，我要求四位老师分享他们的看法，即如何确保与家长的电话联系是一种高效手段。他们的反馈列在实用贴士里。

 实用贴士

与家长进行高效的电话联系

● 上课时办公室人员接了找你的电话，请工作人员问一问什么时候回电话方便。

● 即使你没有课的时候有电话，也请办公室做记录并告诉对方你将回电话。这可以让你做些变更，为回电话做准备。你可以查一下记录，快速熟悉一下该同学的情况。

● 如果家长打电话抱怨，尽量别为自己辩护。倾听并试图理解家长的苦衷。答复中要讲明你的关切之情，向家长保证你有责任找出解决问题的办法。

● 如果家长打电话抱怨孩子为某事心烦意乱（"他说你对他吹毛求疵"，或者"她说你在全班面前让她出丑"），要承认孩子的感觉，表达你对孩子有此感觉的遗憾。如："哎呀，她这样想我真的很遗憾。能告诉我她具体说了什么吗，我好弄清楚发生了什么事？请帮我弄明白，我不想让她有那样的感觉。"不要上来就给自己辩护："我没有对孩子们吹毛求疵。"

● 对于不断打电话来的人（一周打三次电话的家长），要清楚地告诉他，你和孩子合作解决问题是很重要的，并向他解释频繁地打电话让学生很难为情。

● 如果电话太过苛刻，那么你很可能会为自己辩解，这时可以请另一个人留在屋里，帮你控制自己的语气。如果你开始不友善或者开始给自己辩解，同事会在你的肩头拍一下，或给你使个眼色。

● 如果家长失去控制，那么建议晚些时候再谈，这样你们双方都有机会变得心平气和。

● 如果家长要求你每周打电话报告学生的进步，建议他们给你打电话。（毕竟，你有150名学生要考虑，而他们只需考虑一个！）指定日期和时间让他们打电话（比如，在你周五备课的时段）。

也请注意几句告诫之言。尽管和家长联系讨论重大的问题是很重要的，但因为一点小的不得体行为就给家长打电话也是很烦人的。此外，这种行为也向家长和孩子传递了一个信息：学校无法应付出现的问题。这就仿佛在说："等着你的家长来找到解决问题的办法吧！"

还有一点需要强调，不要只有在出问题时才给家长打电话。唐尼提醒我们：

> 教师不应该仅仅在出事时打电话。打电话告诉家长好消息才是真正重要的，可以通过说"你的孩子表现得确实很好"，来告诉他们真的发生了很好的事。有时，我这样做了，孩子第二天会来跟我说："你给我家打电话了！你居然一点坏事都没说！"我会告诉他们："我没有什么坏事要讲！"我也会告诉家长正在发生的事情，也就是事情的进展。这样做，你实际上为良好的关系打下了基础，家长们以后会更加开放。如果下次给他们打电话时真有问题，他们就不大可能充满敌意或者为自己辩护。

成绩报告单

成绩报告单一直是教师与家庭交流孩子在学校进步的传统方式。可惜的是，成绩报告单提供不了很多信息。学生在西班牙语课上得C到底意味什么？她在词汇、理解还是会话上有问题？另一个学生数学成绩报告单上的D是因为题目太难，还是仅仅因为计算马虎？因为大多数中学使用电脑成绩报告单，所以教师不可能总给家长提供详细的、个性化的分数描述。唐尼告诉我们：

> 在我们的成绩报告单上，你可以从九个简短陈述中选择，如"该学生有点捣乱"、"迟到"、"表现良好"、"功课保持年级平均水平或超出该水平"、"缺考"。但只允许你勾选两项！这些项目缺乏个性化，我怀疑能否提供足够的信息。

成绩报告单的另一个常见问题是它的时效性太差。如果你只依靠成绩报告单来与家长交流孩子的进步，从发现问题到家长得到消息可能需要两个月的时间。为了避免这一问题，有些学校要求教师在每一个评分阶段的中期就给家长发去进度报告单。不同学区有不同的具体政策。桑迪解释了她所在中学的做法：

> 所有 7 年级和 8 年级学生的进度报告单必须在评分阶段的中期发出去。对于 9~12 年级的学生，只有当学生可能得 D 或 F 时，我们才发去进度报告单，但我因为别的情况也发进度报告单。我会告诉学生我要给他们家发进度报告单，我会把进度报告单给他们看。我认为他们有权利了解自己的进度报告单。

> 有时，给学生看进度报告单可以鼓励他们端正自己的行为。比如，爱德华因为两次作业没交得了 75 分的平均分。我告诉他要给他家寄进度报告单时，他请我只报告 75 分的平均成绩，不要提两次作业没交的事。他说如果他妈妈发现他连续没做作业，"会杀了他"。他允诺再也不会不交作业了。我觉得他是认真的，因此就同意了。但我告诉他，如果妈妈要问的话，我只能告诉她事实。他真的再也没有落过作业。

尽管桑迪在发进度报告单时比较谨慎，但她也认为严重的问题应该及时处理：

> 教师不应该依靠进度报告单来告知家长学生的严重问题。教师应该在问题萌发时联系家长。我所有的学生家长在收到进度报告单之前就知道自己的孩子得了 D 或 F。我寄送进度报告单是因为有这样的规定，但我的孩子家长会提前知道内容。依赖进度报告单不是很聪明的事，因为很可能 50% 的孩子在父母看到之前就把进度报告单从邮箱里取走了！

班级家长会（返校夜）

对很多家长来说，班级家长会或者家长接待日是他们和你见面以及见到教室的第一次机会。这同时也是你向家长展示你的工作以及未来计划的第一次机会。弗雷德是这样说的：

> 我为自己教室里发生的一切而自豪，我也想让家长为此高兴。我概述我的目标和课程大纲，描述对学生和家长的期望，也讲清他们可以期待我做什么。我通常会告诉他们我为什么教历史，我会做个宣传讲话，讲我希望达到的目的，讲他们可以如何帮助我。而这个晚上会很有意思。我敢肯定家长和孩子们一样也会笑。进行到一半的时候，铃就会响起来。时间总是不够用的，但我可以在随后的喝咖啡时间与家长们继续交谈。

如果你没有弗雷德那样的激情，也不用觉得糟糕。即使像桑迪这样有经验的教师，有时也会为班级家长会感到紧张。实际上，桑迪告诉我们："我真不喜欢班级家长会！好的一面是我总是很紧张，讲起话来语速快，结束得早。这就留下很多时间让大家提问题。"

以上评语表明，班级家长会上通常包括给家长们的简短介绍，这些家长按孩子的学习安排从一个教室到另一个教室。但也并不总是这样。比如，在克里斯蒂娜任教的学校，教师守在指定的教室 90 分钟，家长可以以任何顺序前来听简短的、个别的班会。由于每个家长的时间有限，克里斯蒂娜的目标只是把面孔和家长的名字对上号，让家长大致知道孩子的进展情况，并请他们约时间来进行更长时间的面

谈。她还展示最近的课堂项目，这样，家长在等着见她时可以浏览。

不论你的学校采取什么形式，请记住第一印象**确实**很重要，因此，你要仔细考虑该怎样安排这一活动。实用贴士里展现了与桑迪、弗雷德、唐尼和克里斯蒂娜的讨论中得出的指导方针。（很明显，有些方针只适合做小组介绍。）

最后评论一下班级家长会，不要觉得来的家长少就是针对你个人，这一点很重要。本章前面提到，家长们也许由于自己的时间安排不能出席；也许他们和你一样对返校夜感到紧张才没出席；或者，如果他们有不同年龄的孩子，也许在参加另一个孩子的班级见面会。放松自己，享受与出席家长的会面时间，会后给那些没来出席的家长发电子邮件。

 ## 实用贴士

班级家长会（返校夜）

● 为了增加出席见面会的家长人数，给家长们寄去电子邀请函，说明你希望与他们见面。如果班级有自建网站，可在页面上的显著位置公布返校夜的消息。

● 保证你的课堂干干净净、引人注目。展示你这门课使用的书和材料，以及学生本学年或以前做的项目。

● 在门口问候来人，介绍自己，了解他们是谁。**不要想当然地认为孩子的姓就是家长的姓，或者孩子的两个家长用同一个姓。**

● 保证自己的介绍简洁明了、组织得体。家长们希望听到你的目标、计划、理念、课程以及应对作业和缺课的策略。用幻灯片展示学生参加班级活动的照片。

● 提供印刷材料，供家长带回家。材料需包括你的目标、班级的日程安排、作业的要求等。你还可以给没来的家长发去该材料的电子邮件。

● 如果家长提的问题只存在于自己孩子身上，要让他们清楚地了解班级家长会的目的是介绍总体的情况。向他们表明，如果在更为私下的会面中谈论他们的孩子，你将再高兴不过了。为实现这一目的，你也许需要一张签字单。

● 仔细听家长们的问题。给家长机会谈自己孩子下学年的目标和他们对孩子的期望。这能开启对家庭—学校合作极为关键的双向交流。

● 给能参加班级活动的家长提供签字单（如做特邀演讲人或野外旅游的监护人。）

● 如果会后有茶点，可以走下讲台，和家长们一起享用，并聊聊天。如果只和其他教师待在一起，会让家长们感觉你们之间存在"教师—家长"的身份隔阂。

● **放松，享受你和学生家长的会面！**

家长—教师见面会

每个学年，学校通常安排一两次正式的家长—教师见面会。有意思的是，这种会面经常给家长和教师带来烦恼。家长讨厌会面的正式性（Lindle，1989），而且发现有限的会面时间让人心灰意冷。一位母亲说："十分钟的时间有点可笑，尤其是还有别的家长等在门外。我需要更多的时间把孩子在家里的表现告诉老师。"
(Lindle，1989，p. 14)

老师们也一样，有时也为这些正式的会面发愁。他们同意家长的看法，认为分配给他们的时间太短，会妨碍有意义的交流。此外，老师们抱怨人们对会面缺乏关注："你**不**需要见的人露面了，而你急迫地**想**与之谈话的人却没来。"有趣的是，唐尼并不介意好学生的家长出席家长会：

> 如果真有问题，在家长会之前我就已经和家长联系过了。我们已经见过面了。因此，我觉得很高兴见到那些孩子表现良好的家长。能给家长带去积极的报告真是太好了。家长们希望得到一切都好的保证。

开会之前，仔细准备是很重要的。比如，桑迪会再检查一遍学生的分数，用计算机评分程序打印出学生的进度表，注意到任何学业和行为上的表现趋势，记下几个关键词，以便和家长谈话时使用。给家长展示几个学生作业的样本也会很有效果。

会面有时会比较紧张，尤其是第一次和家长们见面，因此我们的四位老师一开始都会尽量让家长放松。他们建议可以用某件乐观的事情开始，比如"你儿子能到我这个班我很高兴"，或者"你女儿好像对我们所学的课程很感兴趣"。接下来，该讨论问题和弱点了——不是性格上的缺点（"她很懒惰"），而是需要解决的问题（"她按时交作业有困难。我们对此能做什么？"）。唐尼是这样表述的：

> 我也许会告诉家长："我们有个问题。你儿子的表现有点退步。你能帮我了解清楚吗？是不是发生了什么我需要知道的事情？"我强调我们必须携手合作。我解释说，如果我更多了解家里的情况，我会更好地和学生交流。也许家里有人去世了，或者父亲搬出去了，或者他们很快要搬离现在的居所。所有这些帮我更有成效地开展工作。

桑迪还试图让家长帮忙解决问题，但她警告教师不要提出家长无法做到的要求：

> 不要讲诸如"你必须让你的孩子在课堂上多参与"这样的话。要切合实际。如果你谈的是一个 17 岁的中学毕业班学生，他的父母有什么机会这样帮你？另外，你可以说："乔安妮在课上很安静。她一向如此吗？"

虽然应尽量给家长提供大量的信息，但我们的教师都强调了倾听的必要性。四位教师总是给家长留出时间提出问题、表达关心，而且他们请家长提建议。见面会应该是双向谈话，而不是独角戏。**不要想当然地认为贫困家长、文盲家长或者英语能力有限的家长没什么有价值的东西可以提供，这是非常关键的。**一位移民母亲这样表达自己的失望之情："我每次去学校，他们都告诉我该在家里做什么。他们想告诉我怎么抚养孩子。他们从来也不问问我是怎么想的。他们什么事都不问我。"
(Finders & Lewis，1994，p. 53)

艾伦·科特勒（Kottler，1994）强调，鼓励非英语母语的家长帮助你了解孩子的教育和文化背景是很重要的。比如，如果他们的儿子或女儿正在经历文化上的冲突，那么你也许应该问一问他们过去的教育经历、家长对孩子的教育目标、在家里是否讲英语，并且如果学生有一些特殊的需求或风俗，你也应该予以考虑。如果你见的家长带来翻译，记住你的谈话对象是家长，而不是翻译。你必须与家长谈话，和他们有眼神交流。一次最多讲两三句话，然后停下来等翻译。

你还需要对交际方式中的文化差异保持敏感。文化构成了语言交流的本质，它决定谁将开始谈话，中间插话是否合适，在问题和回答之前应该停顿多长时间等（Swap, 1993）。如果不遵从这些规范，谈话者会感到不舒服。下面阿萨巴斯卡印第安人和阿拉斯加白人谈话的例子说明了误解是如何在不同的交际方式之间产生的：

> （一个）白人讲话者经常问个问题，接着停顿，等着印第安人回答；然后，如果听话人似乎没什么可说的，白人说话者会再次讲话。印第安人虽然希望回答，但由于他习惯了讲话者较长时间的停顿，因而他就没有机会说话了。

> 另外，印第安人真有机会讲话时，会经常被打断，因为白人觉得他们思考时停顿的时间"过长"。一位阿萨巴斯卡妇女对我们中的一个人说："你正在考虑该说什么时，她们已经说起来了。"因此，印第安人说话时说得很少，而白人似乎总在讲话。（Nelson-Barber & Meier, 1990, p.3, 引自 Swap, 1993, p.91）

此外，你必须认识到，不同的文化对适当的课堂行为有不同的看法。比如，欧裔美国教师可能鼓励学生积极参与课堂讨论、表达意见、提出问题。相反，一些拉丁裔和亚裔家长可能希望自己的孩子在课堂上安静、服从，别和老师对着干，不要问问题（Scarcella, 1990）。拉丁裔移民家长也许最关注的是孩子在社交与道德上的进步，了解这一点很重要。

> 做集体福利的无私奉献者要远比关注自身成就更受尊重。因此，当拉丁裔移民家长来参加见面会时，他们的第一个问题可能是："*Como se porta mi hijo/hija?*"（我儿子/女儿表现如何?）老师的目的是与家长讨论他们孩子的学业进步，可当她听到30余位家长问同一个问题时，她真的很难抑制自己的惊愕。（Rothstein-Fisch & Trumbull, 2008, pp.14-15）

最后，四位教师强调，不要关上进一步交流的大门是很重要的。如果第一次家长见面会不理想，你也许可以建议再一次会面，也许可以请教育督导或指导老师来调节讨论。

有些学校开始尝试包括教师、家长或监护人以及学生的三方会议（Bailey & Guskey, 2001）。首先，所有的参加者，从学生开始，说明自己对学生功课中所展示的实力有什么看法。其次，讨论学生需要努力的两个方面，概括出未来的目标以及在各方应该提供的支持上取得一致意见。最后，老师回答问题，并总结相同意见。

研究表明，三方会议与传统的双向见面会相比具有明显的优势。例如，一项调查把传统的家长—教师见面会和学生作为参加者的会议（家庭—学校会议）进行了比较。被选中参加该项目的孩子有轻微的学习和行为问题。关于传统见面会有两个重大发现：第一，家长和教师都认为，见面会是交流信息

暂停与思考

我们已经知道，在中学阶段，家庭对学校活动的参与减少。阅读下一部分之前，思考一下能够使你的班级和学生受益的家庭参与的类型，以及如何鼓励这种参与的方法。

的重要机会；第二，赴会双方都有些忐忑不安。家长用**担心、紧张、不知所措、生气以及恐惧**来形容他们的情绪，而教师在见面会结束时用"筋疲力尽和终于解脱"来描述他们的感觉（Minke & Anderson，2003，p. 59）。与此相反，家长和教师都认为家庭—学校会议的模式增进了信任和沟通，提供了互相了解和了解孩子的更好机会。学生们那"超乎预料的成熟行为"和他们"对自己学业坦诚而富有见识的评价"（p. 60）给成年人留下了非常深刻的印象。确实，"教师常常注意到孩子们是最先带去'坏消息'的人，这使教师解除了让人心烦的负担，也极大地缓解了家长方面的自我防备"（p. 60）。证据还表明，家庭—学校会议完全可以在通常分配给常规的双向见面会的15～20分钟内进行。但需要注意的是，这样的三方会议需要进行培训和仔细的准备。（使用策略与建议见Bailey & Guskey，2001。）

家庭介入学校教育

在中学阶段，大部分家庭参与学校教育的形式包括对学生表现、体育活动或者其他项目的参与。家庭介入也可能发生在幕后，比如，家长也许会参加集资活动，面见未来的教师和校领导，为谢师日准备早餐，参加制定纪律和听课制度的委员会，为学生社会活动做监护人。

参加课堂活动是很不寻常的，但哪怕只吸引几个家长也会给课程以很大支持，并会丰富课程内容。例如，当弗雷德的当代世界文化班学习宗教时，不同信仰的家长来到教室解释他们的宗教信仰；在他的政治和法律教育班，职业律师会和大家分享他们的专业知识；而他的历史课则会请来纳粹集中营的幸存者。在桑迪的化学课上，家长们就科学和环境的问题发言，在附近大学工作的家长还安排去大学的实验室访问。唐尼举办了一个"微型职业日"，请该校成功的毕业生来讲述他们的职业经历，向学生传递"你也能做到"的信息。在克里斯蒂娜的新闻课上，家长、家长的朋友、以前的毕业生和当地媒体从业人员讲述他们做记者的职业经历。

如果你决定请家长来你的课堂，那么你需要仔细考虑怎样把他们请来。有时，家长不太主动仅仅是因为他们不知道该做什么，以及如何去做。返校夜提供了一个好机会，老师可以直接、亲自向家长发出邀请，解释家长提供帮助的不同方法。如果你真的请家长来课堂做报告，那么也请搞清楚其他不同的班是否也需要他来做报告。听说要在我们教的三个物理班重复做报告，一位工程师朋友吃惊不小。

另一个请家长参与的方式是让他们帮助你获取课堂所需的材料。也许一个孩子的家长在实验室工作，可以安排把多余的设备捐献给你的科学课堂。或者，某个家长在书店工作，可以把稍有损坏的书籍捐给你的文学课堂。（这种向学校的捐献在纳税时将被认定为慈善捐献。）你可以采取进一步措施请家长参与，用电子邮件和班级网站公布所需资料的清单。

如果你在一个家长很少参与学校教育的地区任教，那么则需要特殊的努力来改变现状。在唐尼任教的学校，校方成立了一个委员会专门考虑使学校对"家长更为友好"的方法。该委员会努力的结果是，不同的教师小组在周日上午到邻近的教堂邀请家长到学校去。唐尼这样说：

家长们抱怨说，他们觉得不受欢迎。好啦，让家长常来学校的目的在于：

"我们希望你来学校。这是你的学校，来看看这里在做什么。如果可能，来做点志愿工作：在图书馆帮忙，帮孩子们完成作业。我们欢迎你!"

唐尼的观点在一项研究中有所反映，越来越多的学校文化项目让更多的印第安家长参与孩子的学校教育（Powers，2006），而邀请拉丁裔家长参与学校的管理也提高了他们的参与程度（Marschall，2006）。

有特殊需要的孩子的家长

根据 IDEA，家长有权参与自己孩子的 IEP 的制定。鉴于包容性教育越来越广泛，你很可能将与残障儿童的家长接触，而且可能要参加每年一次的 IEP 大会（教师必须参加的会议）。但桑迪今年的班上转来一位患有情绪障碍的孩子，她以亲身经历告诫老师们，不要等待那些按规定召开的正式会议，甚至也不要等待定期的家长会：

> 每次我接收到 IEP 学生，都会马上去找病例负责人，说："给我讲讲这个孩子的情况。"然后我请他们定个时间和家长见面，通常在开学一周半时。这向家长表明你意识到了 IEP，会让家长有轻松和信任的感觉。他们将认识到 IEP 不是一纸空文，教师正在为他们的孩子谋划发展道路。它让你走上正轨，奠定了正确的基调。

> 在第一次会面时，我们就 IEP 谈了很多。请你记住，IEP 的条款是需要诠释、需要探讨的。比如，IEP 也许说学生该有更多的考试时间。那是什么意思? 是指不定量的时间吗? 十分钟吗? 还是别的什么?

> 我也希望向家长请教有关他们孩子的情况。今年，由于转来一个患有情绪障碍的男孩，因此了解他的病因是很重要的。什么事情让他紧张，导致病情突发? 每个孩子都是不一样的，我不喜欢意外，尽量避免意外。有时，你最容易做到的就是"别把他和另一个男孩比较"。

除了像这样在年初和家长们接触的会面外，桑迪全年都和家长保持密切联系。有时家长想要每周报告，桑迪愉快地满足他们的要求；但她也要求家长主动给她打电话："有那么多孩子，要我全记住真是太困难了。"

家长介入家庭学习活动

爱泼斯坦研究的第四种类型指的是家庭帮助儿童在家里学习的方式。在中学阶段，这种参与常常使家长焦虑不已。正如唐尼前面提到的，有的家长被这种事吓跑了。桑迪同意这一说法：

> 在小学阶段，家长经常帮助孩子做作业，给孩子们阅读，监督他们的学习。但到了中学阶段，家长们首先说的是："我不会计算。我不会做化学。我没有办法帮忙。"

不知道如何帮助孩子做家庭作业的不仅有家长，有些教师也怀疑家长们是否真的能帮上忙。相反，我们的四位教师认为，家长可以起到极为重要的作用。尽管家长也许不熟悉课程内容，但在监督学生做家庭作业、提供支持和鼓励、设立限制方面，家长的作用很大。弗雷德告诉我们：

> 我发现家长们真的想帮助孩子，但他们经常不知道该做什么。他们其实很

愿意接受建议。有时我建议家长帮忙检查孩子论文里的拼写。也许我可以建议他们检查孩子是否做了作业。也许我应该解释研究论文的要求，建议他们检查孩子是否达到了要求。我会建议他们看一看孩子的论文。很多时候，孩子们宁可把自己的论文扔进垃圾箱，也不给家长看。

同样，桑迪也告诉家长，即使不懂化学作业也不用担心，他们一样可以帮助创造有助于孩子的环境：

> 如果孩子学习化学有麻烦，99％的问题不在科目上，而在于花在这个科目的时间上。家长们可以监督孩子花在作业上的时间。他们可以说："看电视的时候做化学作业不管用。"他们可以说："出门之前你必须做作业。"如果作业有问题，他们可以建议孩子在遇到难题时给朋友打电话。他们可以保证孩子放学后来找我帮助。我会告诉他们："我希望你的孩子每周到我这里来两天，这样我可以帮他学化学。但你们必须保证让他到我这里来。"

最近有关家长帮助孩子完成作业的研究评述（Patall, Cooper, & Robinson, 2008）增强了我们教师的信念。该评述总结了家长介入的各种不同类型，就何时何地做作业对孩子的学业最有益制定了规则。此外，这种介入不需要家长接受多年的高等教育。对中学生作业的调查（Xu & Corno, 2003）发现，家庭成员在安排环境（如，找个安静的地方，为孩子创造学习空间，关掉电视等）和帮助孩子控制情绪（如，让灰心丧气的孩子平静下来，孩子沮丧时给予鼓励）上尤为重要。家长的受教育水平与有效帮助孩子完成作业之间没有联系。

关键是要认识到，这种有关家长职责的观点也许与家长们重视独立和自立的信念相冲突。例如，一位母亲解释了她不参与女儿学校教育的原因：

暂停与思考

作业是个争议不断的话题。例如，在《作业的终结》（*The End of Homework*，Etta Kralovec & John Buell）中，埃塔·克拉洛维克和约翰·比尔认为，作业增加了歧视。那些从家里得到支持和帮助的学生会大踏步前进，而不能得到家里帮助的学生则越来越落后。这个问题你怎么看？

> 那是她的教育，不是我的。我必须教会她照顾自己。我每天夜里工作，因此她得自己起床，为上学做准备。我几乎总是不在。她必须自己做事。她是个坚强的孩子……她简直就是个大人，我的感觉是他们想让我手把手地带她做作业。并非不关心，我真的很关心。我认为帮助孩子学习很重要，但我觉得那不是我的分内之事。（Finders & Lewis, 1994, p. 52）

> 显然，这位母亲关心孩子的健康成长，但她认为女儿生存和成功的关键是自立。

总结评论

本章描述了教师接触家庭的不同方式，给出的建议各有不同，有的很平常，有的需要花费时间和精力。逐渐了解学生及其家庭情况后，你就能决定哪种方法最恰当、最可行。当然，你也要切合实际。作为新教师，你可能想拖延与学生家庭沟通及合作的相关工作。但是，你要记住，家庭参与对学生取得成功至关重要，向家长发出参与学校教育的具体邀请，也会对家庭在家里或者学校的参与产生极大的影响

(Deslandes & Bertrand，2005)。

　　如今这个时代，单亲家庭，母亲在外工作，由祖父母、叔舅姑姊或者邻居照顾孩子，与大多数老师文化背景不同的孩子的数量越来越多，诸如此类的情况非常普遍。家庭与学校之间的合作从来没有如此困难过，但也从来没有如此重要过。

小　结

　　本章首先探讨了与家庭紧密合作的诸多好处，接着概述了家庭与教师合作存在的挑战，强调了是教师的态度和具体做法，而不是家长的教育水平、婚姻状况或者工作地点决定了家庭是否卓有成效地参与孩子的学校教育。最后，我们提出了克服挑战、增进家庭和学校合作的策略。

与家庭通力合作的益处

- 了解学生的家庭情况可以使教师更好地理解学生的课堂行为。
- 了解了你试图做的一切后，家庭会提供宝贵的支持和帮助。
- 家庭可以帮助开发或实施让学生改变行为的策略。
- 家长志愿者可以在课堂和学校提供所需的帮助。

家庭—教师合作所面临的挑战

- 教师有时不愿让家长介入学校教育的原因是：

需要付出额外的时间和精力。

认为家长负担过重、冷淡、不负责任或者缺乏所需的技巧。

要享受教室内的权威和自治水平。

- 家长有时不愿介入学校教育的原因是：

因工作要求而负担过重。

对学校有着不愉快的回忆。

认为教育是专家的事。

如果孩子有问题，他们觉得愧疚。

发现学校是恐怖吓人的地方。

认为与学校合作不是家长职责的一部分。

- 不断变化的家庭性质和美国社会：

单亲家庭数量增多。

"在家操持"的母亲正在减少。

孩子们生活中最重要的成人不一定是父母，而是祖父母、邻居或者叔舅姑姊等。

很多孩子来自非英语文化背景的家庭。

促进家庭和学校的合作

- 学校可以通过提供家长教育、建立家长支持小组、求助社区和州机构来帮助家庭履行其基本义务。
- 教师需要通过网站和电子邮件、打电话、成绩报告单、学生进度报告单以及面对面的交流（如返校夜和家长见面会）向家长通告学校的计划和学生的进展情况。

- 家庭成员可以到教室和学校做志愿工作。
- 家长可以在家里帮助孩子进行学习活动：

监督他们做家庭作业。

给孩子鼓励和支持。

设立限制。

作为新教师，针对家长的沟通和合作，你需要决定做些什么切实可行的工作。你也要记住，家庭的参与对学生取得成功至关重要。

技巧培养活动与反思

课上活动

小组阅读下列短文（每个小组阅读一篇），完成下列问题：

讨论每篇短文中提供的信息。

列出你想得到的其他信息，并说明你如何得到这些信息。

除了跟家长/监护人/家庭讲，列举其他解决问题的方法。

想一想你要为会面做些什么准备。

确定你会怎样组织会面，才能使你陈述信息时，既有效，又不会显得心存戒备。

表演你和学生家长就此事可能发生的对话。

短文 1：

你已经强调了科学家们以团队方式进行研究工作，并在 7 年级普通科学课上采用了很多合作学习活动。学生们成排就座，但是他们能够很快移动自己的桌子，形成四人"研究小组"，小组成员也因人种、族裔、性别、学业水平等而有所不同。家长会上，班里一个巴基斯坦女孩的父亲要求你将他的女儿分在一个全部是女孩的小组里，他解释说，他们国家的文化不允许女孩和男孩坐在一起。当得知女儿的座位安排和研究小组的其他成员后，他很不高兴。

短文 2：

上周，你和乔伊的母亲刘易斯夫人会面，你描述了乔伊的破坏性行为以及你的处理办法。你也解释了乔伊很少完成家庭作业，大多数小测试和常规考试的分数都很低，这可能会影响到整个班级的成绩。刘易斯夫人好像接受也理解了这些信息。然而，第二天，愤怒的刘易斯先生给你打来电话。他告诉你，他从来没有见过自己的妻子如此沮丧过，他想尽快再和你见一次面，搞清问题的原委。他也暗示你，出现这样的问题可能是因为你和他儿子之间的性格冲突。尽管这个电话让你措手不及，你还是安排了两天后和他见面。

短文 3：

你的 10 年级班里，有一个学生没完成作业。她是班里学习能力很强的孩子，能完成绝大多数课堂作业，也很友好、随和。你再三要求她完成家庭作业，可是每天她都只做一点儿，或者一点儿也不做。问她为什么不完成作业

时，她说："我不知道。"你给她家长寄了两封信，还发了信息。一天，她妈妈在快要放学的时候，突然来到学校，告诉你，她女儿抱怨你总是挑她的错，不喜欢她。

短文4：

保罗是你6年级班上的一名非裔学生。你知道他母亲在家长—教师联谊会中非常活跃，经常参与学校和学区的政治事务。保罗的阅读和写作能力都很强，也很聪明。然而，很遗憾，他在班里的表现并不好。他经常不完成课堂作业，对你布置的各种作业总是发表一些负面评论。他对你越来越不尊重，也越来越想摆脱你。对此，你都进行了记录。有了这些详细的记录，你感觉已经充分准备好与家长会面。保罗的父母来了之后，你仔细对他们进行了说明。他父亲解释说，在他们家，他们鼓励孩子们质疑所学的知识，不要仅仅因为是在课堂里讲的就相信。他还解释说，很多有色人种学生之所以想摆脱学校的束缚，是因为他们在以欧洲为中心的课程中无法展现自己。保罗的母亲则建议，作为一名欧裔美籍教师，你应该了解学生原有的历史和文化，这样才能吸引他们。她甚至建议你应该听一听保罗对你布置的作业的批评意见，以此来检验和评价一下什么是本质上存在偏见的课程。

独立活动

1. 为了给新学年做好准备，你决定给班上每个学生的家庭发一封信，目的是介绍你自己，描述课程，重点介绍几个即将到来的活动，解释你在作业、行为和出勤方面对学生的期待。

选择你实际要讲授的科目（如：美国历史、代数Ⅰ、西班牙语、家政学Ⅰ、世界文学、体育等），然后写这样一封信。写信时，要注意语气得体、行文清晰有序，避免使用教育术语，激发他们对学校的兴趣。

2. 安妮塔对家庭作业总是很"健忘"。她得了好多零分，放学后通常会被留堂补做功课。你给她母亲打电话，报告她的行为，要求帮忙，但她母亲不想介入。她这样说："我使出浑身解数在家里管她，她怎样完成课堂作业是你的责任！"

就这样的问题，咨询两位经验丰富的教师，了解他们的做法，并在此基础上制定你自己的解决办法。

载入档案袋

用2~3件材料来证明你具备与学生家长沟通的能力（例如，新闻通讯、交互式作业、家长帮助学生完成家庭作业的要求清单、家长参与解决班级事件的邀请函、学生奖励证书、与家长会面时使用的清单）。

第三编　授课组织与管理

教育工作者谈论课堂管理与教学时，仿佛这是两项完全不同、各自独立的任务。从这个角度看，管理和教学在时间上有先有后。首先，你要确定规则和程序，预判结果，创建和学生的积极关系，促进集体观念；其次，你才能开始教学。

恰恰相反，我们清楚这两项任务其实是紧密联系在一起的，甚至是密不可分的。正如我们在第一章所指出的，为了避免混乱的问题，教师不仅要培养积极的师生关系，采用良好的预防性管理策略，而且必须实施节奏合理、组织有序，以及引人入胜的教学活动。学生们发现教学活动的目的性和趣味性很强时，就很少分心与捣乱了。

在这一部分，我们将讨论管理教学与教学时间的方法，以促进学生的投入和学习。第七章讨论可用于教学的时间量，以及确保不浪费这种宝贵资源的方法。第八章提出，教师要负责激发学生的学习动机，并提供了很多不同的策略，这些策略是从研究、理论以及我们四位教师的实践中得来的。第九章到第十一章考察了四种中学常见的教学情况：独立作业（亦称课堂作业）、小组学习（包括合作学习）、背诵（问答顺序），以及讨论。就每一种情况，我们将描述教师必须意识到的独特的管理挑战或"陷阱"，然后建议创建教学环境、提高成功机会的方法。我们利用四位教师的经历和智慧来说明如何高效地利用这些教学模式。

第九章到第十一章所依据的前提是，在这些不同类别的教学中，什么样的行为可谓得体与有序。例如，在以学生为中心的讨论中，高声喊叫是完全可以接受的，但在以教师为中心的背诵中则是不合适的。同样，在合作学习活动中，教师也会鼓励学生共同努力，但在完成独立的写作作业时，则禁止互相帮助。进行独立作业、小组学习、背诵以及讨论时，学生有权知道教师对他们的行为期待。因此，除了学年之初提出的一般行为规则，你还必须考虑，在这些教学活动中，什么样的行为是得体与令人满意的，从而绝对明确地表达你对学生行为的期待。

第七章

最大限度地利用课堂时间

课堂时间到底有多少
增加学习机会
区段时间表的使用
总结评论
小结
技巧培养活动与反思

开学第一天，整个学年的结尾看起来似乎遥遥无期。如果你是新老师，你可能不知道如何填满面前所有的学校时间，尤其是你甚至不确定**明天**该做些什么。但是，随着时间流逝，你会感觉没有足够的时间完成你需要做的事情。除去集会、消防演习、通过对讲机通告、标准化测验、暴雪停课、节日和办公室工作，能够用于教学的时间远远不够。实际上，年末时，你会将时间看成一种宝贵的资源——不是用来填满（或者消磨）的，而是必须巧妙地节约和使用的。

暂停与思考

记住，一般学生每年在学校里度过1 080小时（180天×6小时/天），估算一下学生真的能够有效学习（如参与有意义的、适当的学习任务）的小时数，或者百分比。接着往下读，看看研究者们的计算结果，以及你的估算是否正确。

本章讨论时间问题和时间安排，其前提是巧妙地利用时间将最大限度地增加学习机会和减少混乱。首先，我们看一下能够真实用于教与学的学校时间量。其次，我们考虑有效利用课堂时间的策略，集中讨论三种补充方法——保持活动顺利进行，减少过渡时间，让学生负责。最后，我们考察区段时间表。这是一项改革尝试，将传统的42分钟或者50分钟的一节课改成85～90分钟，数量减

少，而每堂课时间变长。

课堂时间到底有多少

尽管这看起来像是个简单问题，答案却并不简单。事实上，答案依赖于所讨论的时间的种类（Karweit，1989）。大多数州要求一个学年大约为180天。假设你在一所中学任教，将每一天分成42分钟的学时，这意味着你的每一个班有126小时的**规定时间**。但是学生缺课、纳入计划的特殊集会活动、暴风雪导致的延迟开学、

家长会议要求的早一点放学——类似的因素立即减少了教学时间，所以，**教学时间**实际上少于规定时间。如何处理时常发生的课程中断和取消情况，听听一位实习老师的意见：

"好的，至少你让学习变得灵活一些！"如果计算次数，我就已经听过一百万次了。我相信这学期我所接触的每一位老师都对我说过这样的话。一次前所未有的降雪，课业测试，实地考察海洋生物旅行，半天的在职培训，赛前动员会，集会……最少需要连续两天多的时间。毫无疑问，我必须比教案上的计划更灵活一些。开始实习时，要将教案打印好，夹进活页夹（并标明"星期一"，"星期二"等等）。一段时间之后，我开始称每一天为"第一天"、"第二天"、"第三天"等等。再过一段时间之后，我开始用铅笔将课程写入备课本。大概在我的实习教学经历的中程，我开始把课程写到分类的纸张上，以便能够按需要灵活安排——只是将课程转移到备课本的方格中去，确信不会弄乱。我继续成功地使用这种方法，并且确实使我的一位合作老师也开始使用同样的方法。

即使学校在上课，学生正常出席，你的课堂时间能够保证充足的42分钟，一部分可利用的课堂时间还是必须用于非教学性活动。这意味着42分钟的学时中只有一部分真正成为**教学时间**。在《一个叫作教室的地方》（*A Place Called School*，John Goodlad，1984）一书中，约翰·古德拉德认为他研究的高中老师将76%可利用的课堂时间用于指导（教与学），20%的时间用于课堂常规活动，1.3%用于行为控制，其余的2.2%用于组织学习。有趣的是，这些数字根据学科领域的不同而变化：依据用于教学的时间，外语课列为首位（高中阶段为83%），而英语却列为末位（73%）。学校之间的差异也同样明显，高中阶段用于教学的时间在68%～84%之间变化。初中阶段也有相似的变化。例如，在克雷斯特维尤初级中学，教师们将69%的课堂时间用于教学，25%的时间用于课堂常规活动。但是，在费尔菲尔德初级中学，教师们则用87%的时间用于教学，只有9%的时间用于课堂常规。

即便在同一所学校和同一个学科领域，教师之间也会有很大的差异。在一些课堂里，课前的导入、点名、分发材料、收作业和批评学生的错误行为占用了过多的时间。例如，卡韦特描述了一节"一小时"的数学课，前10分钟收午餐费，最后的10分钟让学生排队去吃午餐——只剩下40分钟用于实际教学（Karweit，1989）。

在那些对于课堂常规和非教学性任务缺乏有效策略的教师的课堂里，这样的情形屡见不鲜。让我们看看新老师吐温小姐在数学课开始时检查作业所面临的困难（Leinhardt & Greeno，1986）。吐温小姐有两个目的：确认谁完成了作业并口头订正一下。她这样问道："谁没有作业？"学生用以下三种反应之一做出回应：举起完成的作业；大声喊没有；或者走到老师跟前，告诉她自己是否完成了作业。然后，吐温小姐谈论了作业的重要性，将检查的结果标注在一张用于分类的纸上。

接下来，吐温小姐让一些学生给出作业的正确答案：

她说出一串问题的题号（1～10），并让一个学生给出答案。学生缓慢地按顺序给出答案。（第一个被选出的孩子是班里成绩最差的，她没有完成作业，只是当时在脑子里计算。）这样，在订正前十个问题的答案时，老师就无法控制节奏和答案的正确性；然而，直到学生在第六题出现错误时，吐温小姐才意识到这个学生没有完成作业。（Leinhardt & Greeno，1986，p. 87）

吐温小姐继续叫学生给出答案，然而其余的学生则忙于检查自己的作业。最后一个被叫到的学生迅速按问题顺序给出答案，但他同时说出了题号和答案，导致了混乱（例如，"24，27；25，64"）。吐温小姐检查作业共用了六分钟——但观察者很清楚，她并不清楚哪些学生完成了作业。

　　相反，研究人员描述了成功且资深的朗布兰奇小姐进行的一次作业检查。朗布兰奇小姐首先给出提示："好的，43 页。"然后开始叫学生的名字。那些完成作业的学生简单地回答："是的。"而那些没完成作业的学生则站起来，把他们的名字写在黑板上。30 秒内——最小程度的忙乱——朗布兰奇小姐可以确定谁完成了作业。

　　下一个目标是订正答案：

　　　　学生们拿出彩笔，一起答出正确的答案——分数的最简形式。当老师说出问题，"$\frac{1}{12}+\frac{1}{12}$"，他们回答"$\frac{2}{12}$ 或者 $\frac{1}{6}$"。完成这项工作的时间是 106 秒。（Leinhardt & Greeno，1986，p.85）

　　朗布兰奇小姐的作业检查并不是一个你可以照搬的模式；实际上，她的程序也许并不适用于你的课堂。重要的是，朗布兰奇小姐确立起一个使她能够有效地，甚至自动检查作业的流程。而吐温小姐则缺少一个可行的策略。尽管这两位教师在时间上的差别只有大约四分钟，但这很可能显示出她们通常在课堂时间安排上的不同方法。

　　即使教师在教学，学生们也不一定注意听讲。我们必须考虑另外一种时间——**专注时间**，或者叫用于完成任务的时间。假设你正在讲课，一些学生却在传纸条谈论上周日晚上的聚会，写下一节课的作业，梳头发，或者往窗外张望。在此情况下，你用来授课的时间多于学生专注学习的时间。这种情形很典型。研究表明，学生一般会有 70% 的"专注时间"（Rosenshine，1980）。明显的差异再一次因班与班的不同而显现。一项对 30 所中学理科教师的研究发现，有些班的专注率为 54%（如普通学生一半时间注意力集中），而另一些班的专注率则为 75%（McGarity & Butts，1984）。

　　很大程度上讲，这样的变化反映了教师控制课堂事件和促使学生参与学习活动的能力。但其他的因素也同样起作用——学生对学校和课程的态度（Marks，2000），每天的时间与每周的时间等。虽然缺乏实证，但一些教师坚持认为出现满月时学生的注意力会下降（错误行为增加）！

　　注意力也因活动的不同而产生实质性的差异。例如，一项研究显示，在完成小组学习或者独立作业时，学生的专注程度（其内涵为兴趣、注意力与愉悦）高于听课、看电视或录像（Shernoff, Csikszentmihalyi, Schneider, & Shernoff, 2003）。显然，要求学生积极参与的教学策略比让他们消极上课的策略更具吸引力。学生们接受他们认为关系密切、挑战适度的任务时会表现出更高的专注度——这把我们带到最后一种时间的讨论。

　　我们需要考虑的最后一种时间类型是**学生用于有意义且适宜的任务的时间量**。有时，我们过于注重增加学生用于完成任务的时间，而忽视了任务本身。我曾经看到 9 年级的学生在普通科学课中用 15 分钟的时间给图表中的花涂色。学生们看起来全神贯注；确实，观察者记录用于完成任务的时间时，会得到一个很高的比率。但是，活动的目的是什么？在 1 年级，涂色对于培养孩子出色的动作技巧颇有益处，可很难想象这在中学阶段也值得花费时间。给花涂色不是科学，而在这种情形下，1/3的科学课却用于非科学的活动。让学生在他们不理解并且不能取得成功的任务上花费时间同样没有意义。

暂停与思考

看到高效教学所拥有的时间之少，大多数教师会惊讶不已。哪些活动占去了教学时间？你能通过哪些活动来最大限度地增加高效学习的机会？请带着这些问题阅读本章下面的内容。

本章从"究竟有多少学习时间"这一问题入手。图7—1描述并回答了这一问题。最左侧的立柱表示在一个规定学年内，以每堂课42分钟计算将拥有的时间——126小时（180天×42分钟）。为了便于讨论，假设学生缺课和集会活动占去10天或者7小时（10天×42分钟）。这样，第二根立柱表明可利用的时间是119小时。与古德拉德（Goodlad，1984）的可利用的课堂时间使用的研究结果保持一致，我们假设记录和管理任务花费每节课20％的时间，那么，每天只剩下34分钟用于实际教学的时间，这就是96小时（立柱3）。如果学生只能在80％的时间内保持注意力集中，就是77小时（立柱4）。假设这期间学生只有80％的时间用于有意义且适宜的任务，我们看到真正的有效学习时间只有62小时——这个典型的中学班级大约只有"规定的"学校时间的一半（立柱5）。

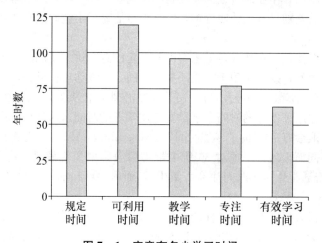

图7—1　究竟有多少学习时间

显然，这些数字是估算而来的。正如我们所强调的那样，不同科目、不同学校和不同班级之间有着实质性差别。尽管如此，图表还是证明了根本的一点：**真正用于学习的时间与学年刚开始时的印象相比是极其有限的。**

增加学习机会

多年来，时间成了有改革思想的教育工作者最常讨论的话题。例如，1983年教育业绩国家委员会宣布，教育体系中"不断上升的平庸化"使我们成为"一个处于危险中的国家"。其发布的报告倡导多种形式的改革，包括建议将日学时延长至7小时，一学年延长至200天或者220天。十年后，时间与学习国家教育委员会（National Education Commission on Time and Learning，1994）也指出了延长教学时间的必要性。该委员会将教师和学生描述为"时间的囚徒"，并用佩里少校（Oliver Hazard Perry）在1812年战争中的密件来诠释："我们遭遇了敌人，他

们是时间。"（p.1）

最近，由美国进步中心和美国未来协会设立的项目组也得到了同样的需要更多时间的结论。在题为《越发公平，越发聪明》（*Getting Smarter, Becoming Fairer*）的报告中，项目组指出："如今的时间分配与利用仍受缚于一种农耕经济······在放学后以及暑假时间里，孩子们仍需在田里帮忙。"（Brown, Rocha, & Sharkey, 2005, p.15）项目组断言："美国孩子在下午被突然推出教室实在是浪费机会。"（p.18）项目组的第一个建议是，增加学生在校时间来延长教学日，而在低效率的学校则要延长教学年。

尽管这两个报告都非常中肯，但 6 小时、180 天的学年在美国仍然被确定为标准。由此，对教师来说，巧妙而有效地控制可利用的时间就变得至关重要。本章的后续部分将讨论增加学生学习时间的三个策略：保持活动顺利进行，减少过渡时间和让学生负责（见表 7—1）。当然，这些策略不仅最大限度地增加了学生的学习时间，也有助于创建与维持课堂秩序。

表 7—1　　　　　　　　　　　　　增加学生学习时间的策略

保持活动顺利进行	避免突然转移话题。 避免"因刺激而受阻的事件"（因无须注意的一件事或一个物体而脱离正在进行的活动）。 避免赘述和分割。
减少过渡时间	明确活动的开始和结束：将第一个活动做完，宣布过渡。 监控过渡，确信每一个学生都集中了注意力，然后开始第二个活动。 使学生对过渡有所准备。 确立明确的课堂常规。
让学生负责	清楚地传达任务和要求。 监督学生的进展。 制定收发和检查课堂作业与家庭作业的常规。 保存好记录。

保持活动顺利进行

汤姆·古德和杰里·布罗菲（Good & Brophy, 2008）发现，当学生无所事事地等待时，"四种事情可能发生"，"其中的三种是很糟糕的：（1）学生保持兴趣和注意力；（2）他们变得无聊或者疲惫，失去集中注意力的能力；（3）他们注意力分散或者开始做白日梦；或者（4）他们会做出很多错误行为"（p.79）。由于等待很可能导致不当行为的发生和可贵的学习机会的丧失，对教师们来说，学习如何保持课堂活动顺利进行就是很有必要的了。

我们再一次向雅各布·库宁的研究寻求指导性帮助。库宁调查了教师在保持课堂活动顺利进行能力上的差异，然后力求揭示活动顺利进行和学生参与错误行为的关系（Kounin, 1970）。

库宁的调查确认了教师在协调课堂活动的方式上存在很多差异。在一些班级里，课堂活动流畅而活泼地进行，然而在另外一些班级中，课堂活动走走停停且进行缓慢。库宁甚至用特殊的词汇描述他观察到的问题。例如，他发现一些工作效率低的教师会中止一个活动，开始另一个，然后又转回到第一个活动，库宁称之为话题的**突然转换**。下面的情形将证明这一点：一位外语教师检查完作业后，让学生翻到课本的下一章。然后她停下来说："等一下，多少同学的作业全部正确？……很好……好的，现在我们讨论一下未完成时态。"

库宁也观察了**因刺激而受阻的事件**，在这种情况下，由于无须注意的刺激（一件事或者一个物体），教师脱离了正在进行的活动。库宁描述了这样一个例子：教师在解释一个数学问题，注意到一个学生在做题时支着左肘。她离开讲桌，要求学生坐直，并对他改正后的姿势加以评价，然后返回讲台。

有时，教师由于**赘述**而减缓活动节奏——继续解释学生已经明白的问题，或者反复唠叨原本适宜的行为。另外一种节奏减缓是由于教师将一项活动分割为几个部分造成的，尽管这项活动能够作为一个独立的单元完成，库宁称之为**分割**：

> 教师在拼写和算术之间做了如下的过渡："好的，同学们，合上你们的拼写课本。放下红笔。现在合上拼写课本。把拼写课本放进桌子里。别让它们碍事。"（停顿了一下。）"好的。拿出算术课本，放在桌子的正前方。对了，除了你的算术课本，把桌子上的其他东西全部收起来。然后坐直。我们可不想做懒汉，是不是？这很好。现在拿起黑笔，翻到课本第16页。"（Kounin, 1970, p. 106）

话题的突然转换、因刺激而受阻、赘述、分割，这些都威胁到课堂活动的顺利进行，不仅浪费了学习时间，也会对学生的行为产生重要影响。当课堂活动流畅而活泼地进行时，学生更易于参与活动，而不易于做出不当行为。实际上，正如库宁在40年前得出的结论一样，活动的顺利进行在课堂秩序中所起的重要作用远远大于教师用来控制错误行为的特殊技巧。

在观摩桑迪的课堂时，我们领略了她保持课堂活动顺利进行的巧妙方法。那是在10月末，学生们在实验室里做银的生成实验。你在读下面的简介时，会注意到桑迪通过以下措施确保课堂上没有"中断时间"：上课之前，准备好黑板以检查作业，迅速上课，在实验室活动过程中让学生将作业题写在黑板上，确保一些学生在先于其他同学完成实验时有事可做。

11:21　桑迪将数字4～11间隔均匀地写在黑板上。

11:22　她站在教室的门口，学生进入教室时，向他们问好。

11:23　上课铃响了。桑迪从门口走到教室前面。"请摘掉帽子。今天我们有很多事情要做。首先，我们要完成实验。你们不需要戴风镜。其次，我想检查一下你们做的化学方程式。你们要把最后得到的平衡方程式写到黑板上。还有，你们要学会解决与这些平衡方程式相关的问题。开始吧。"

11:24　学生们走到实验桌前，拿到仪器，开始做实验。学生做实验的同时，桑迪在教室里走动、帮助、质疑和指导，氛围非常轻松。桑迪微笑、大笑，就他们正在制造的银和学生开些玩笑。她在走动时，也注意到哪些学生完成了实验，并让他们把作业题写在黑板上："乔，你做完了？得到所有的数据了？好的，把第4题写在黑板上。金，你做完了吗？请写第5题。"他们离开实验桌，拿着作业，把规定的题目写在黑板上。实验结束时，4～11题已经写在黑板上了。

11:33　桑迪注意到绝大多数学生的实验已接近尾声。她说："完成后，回到你的座位，这样我就知道你完成了。"学生们一个接一个地回到座位上。他们拿出作业，开始对照自己的答案和黑板上的答案。

11:37　收起仪器，清理实验桌，全班同学都坐好。

11:38　桑迪介绍黑板上的问题："好的，看一下黑板上的方程式。首先我要说，写方程式感到困难时不要着急。12月再写方程式就行。但是，现在你们必须知道的是怎样平衡方程式。好的，看第1题。"她转向写在黑板上的第1题，开始检查。

12:00　讨论完所有的问题，桑迪开始第三项活动。"现在希望你们仔细听。不要记笔记。我知道这听起来很奇怪，但是我希望你们仔细看、认真听并思考。我要讲解一种新问题。"她把一个化学方程式写在黑板上，并要求学生思考。学生们感到困惑。桑迪让他们考虑这个问题，然后她提出一些简单的问题启发他们，并建议如果他们需要的话可以写在纸上。她在教室里走动，看他们怎样做，对他们的尝试加以评价，鼓励他们与别的同学商量。

12:07　下课铃响了。学生们还沉浸于思考如何解决问题。桑迪对同学们说："今晚继续思考，明天告诉我你思考的结果。"

后来，桑迪反思了那天的课程，并谈论了她经过怎样深思熟虑的尝试以保持课堂活动顺利进行：

> 一些人会认为这是强迫性的。许多教师让学生收拾实验室，坐下，然后将所有的问题写在黑板上。但是，当一些学生坐在座位上，其他学生在黑板上写字时，你做些什么呢？即便在实验中，如果他们要将某种东西煮十分钟，我就布置一个问题让他们去做。孩子们不能就坐在那里看着那东西煮十分钟，那样他们就会拿水瓶喷水玩了。也许我很奇怪，但我就是不能容忍任何中断时间。有那么多事情要做，而时间又那么少。

减少过渡时间

从时间管理的角度看，课程与活动之间的过渡具有不确定性。保罗·冈普的分析能帮助我们了解其中的原因（Gump, 1982, 1987）。冈普发现，第一，终止第一个活动可能存在困难，尤其是学生全神贯注投入时。（令人哭笑不得的是，教师竭尽全力让学生全身心投入后，却使他们很难开展其他的活动！）第二，与活动自身相比，过渡的结构更为松散（Ross, 1985）。既然在组织学习和在教室走动方面有更大的灵活性，那么，也就有更多的机会造成混乱。事实上，在一项对实习教师教授的50个班级的研究中，马歇尔·阿林发现，过渡时所产生的混乱时间（碰撞、叫喊、令人生厌的手势）是非过渡时间的两倍（Arlin, 1979）。第三，学生有时会"贮存"问题或紧张情绪，而在过渡时间内处理（Gump, 1982）。他们会找老师抱怨分数，请求老师允许他们在抽屉里找书，或者倒出书包里所有的东西找作业。尽管这些行为都是合乎情理的，是为了避免接下来的活动产生混乱，但它们同样使过渡变得难以控制。第四，这会推后学生开始第二项活动的时间（Gump, 1982）。学生很难平静下来，老师不得不停下来处理个别学生的问题，或者忙于收集所需要的材料。

冈普的分析表明，教师可以通过以下三种方法减少造成混乱的可能性——使学生对过渡有所准备，确立有效的过渡常规，以及清晰界定课程的界限（Ross，1985）。这些原则对患有 ADHD 的学生尤其重要，因为他们对过渡感到特别困难（McIntosh，et al.，2004）。

提前准备

马歇尔·阿林（Arlin，1979）的研究显示，实习教师未能提醒学生即将转变活动时，过渡会变得更加混乱。这通常发生在一个学习阶段结束时，因为实习教师甚至没有意识到时间到了：

> 下课铃要响时，课程仍没有结束，教师无可奈何地说："好吧，你们可以走了。"学生们冲出教室，经常会把别人碰倒。（有时，学生甚至来不及等老师发出下课的信号。）然后教师可能会想起一个通知，突然对着乱糟糟的学生大喊："别忘了把旅游费带来！"（Arlin，1979，p.50）

相反，阿林研究中的另一些实习教师就能够使学生对过渡有所准备。确信课桌整齐、学生保持安静时，他们才准备下课。学生还在座位上时，他们宣布通知，然后让学生们秩序井然地离开教室。

我们的四位教师是非常勤勉的"看表人"。他们小心翼翼地监测时间，通知学生什么时候下课。这可不像听起来那么容易，甚至对经验非常丰富的教师也是如此。在唐尼的观摩课上，我看到教师和学生全都完全投入课程而忘记了时间。下课铃响时，一个女孩脱口而出："该死！时间过得真快！"唐尼大笑着表示同意，结束课程并布置作业。幸运的是，她早在学年开始时就告诉学生是由她——而不是铃声——来结束课程，所以，学生们依然专心致志地坐在座位上，直到她讲完。

除了提醒学生活动结束外，让学生在课堂活动过程中对变化有所准备也是同样有益的。在下面这个例子中，我们看到弗雷德向学生解释他们当天要做的事情，并且不时地提醒他们在变换活动之前还剩多少时间：

> 上课铃响了。弗雷德将一篇《新闻周刊》刊载的有关中国问题的文章分发给学生，并让他们拿出纸和笔。"在我分头找你们登记分数时，请阅读这篇文章并做笔记。你们有大约 12 分钟的时间。这之后，我们讨论以下问题：中美之间需要竭力解决的问题是什么？仅仅是西方专横的问题吗？好好记笔记，我要收上来，并且要你们口头表述你们的观点。"
>
> 学生们安静下来开始阅读，弗雷德拿出记分册，坐在讲桌旁。他悄悄地做手势，让学生到讲台前与他讨论分数。几分钟之后，他看了一下表。"同学们，你们还有大约 7 分钟的时间完成阅读和记录。"
>
> 过了一会儿，他又提醒了一次时间："还有大概 2 分钟，你们就应该完成。"12 分钟结束时，他从讲桌旁站起来。"好的，你们已经用足够的时间阅读了这篇文章并做了笔记。请在纸上总结一下中美之间的根本问题，不超过 25 个字。"

过渡常规的作用

在第四章，我们讨论了清晰而明确的课堂常规对于课堂活动流畅进行的重要性。常规在过渡时期比在任何时候都重要。好的常规为过渡时期提供了机制，能够避免混乱和浪费时间。

在克里斯蒂娜的课上，进入教室的常规非常清楚。她的学生走进教室，坐在座位上，拿出日志，写下黑板上的日志主题。在克里斯蒂娜看来，使用日志能够达到很多目的：

> 使用这种常规使我在点名、检查作业等时间的同时让学生进行有意义的活动。日志是一种能使写作变得流畅的定时性练习。我让学生清楚，在我宣布时间到了之前，他们不能停下来……开始的时候，他们很难理解为什么不能停下来……同样，日志的条目通常与我们正在学习的文学作品相关，这有助于介绍或者扩展阅读。每天的日志任务创造了一种良好而安静的氛围，在这种氛围中，我能够就下一项活动提出要求。

同样，唐尼每次上课都要学生进行"现在做"的活动，这可以帮学生安定下来，给她时间记考勤。她强调说，"现在做"的不是与课程无关的外加作业；它有助于学生理解前一天学过的材料，或者让学生"开始"目前的功课。

在很多课堂，过渡常规**不够清晰**，老师给出一些微妙的线索，让学生搞清楚老师希望他们做什么，大多数学生也许没问题，但那些患有 ADHD、自闭症或其他学习障碍的学生也许有麻烦，结果是遭到"申斥"。如果班上有这样的学生，教会他们如何进行高效有序的过渡是至关重要的（只有这样才公平）。肯特·麦金托什等人（McIntosh, et al., 2004）建议，教师要教给学生明确的常规，要进行"预先校正"、正面强化和积极监督。这些技巧在下文的实用贴士中有更为详尽的描述。

清晰的开始和结束

如果教师能够做到结束第一个活动，宣布过渡，确定每个学生都集中了注意力，然后开始第二个活动，那么过渡就可以流畅地进行（Arlin, 1979）。换句话说，流畅的过渡以界定分明的转换为特征。

在下面这篇简介中，我们可以看到克里斯蒂娜完成了一个界定分明的过渡。观察一下她使学生从小组学习过渡到全班活动所做的准备：

> 学生们分成 4~5 人的小组坐好，为其他组设计诗歌课。克里斯蒂娜在教室里走动。她看了一下表，然后走到教室的前面。"请注意一下。我们准备开始这节课的下一部分。仔细听我所有的要求，不要动。首先，每组的一个组员交上你们的作业。这位同学要检查一下是不是每份作业都写了名字。然后，回到你们原来的座位上，拿出笔记本和课本，翻到 295 页。还有，拿出笔放在桌子上。坐好之后，请阅读 295 页的简介。还有什么问题吗？好，现在可以动了。"

后来，当我们表示她的学生迅速而有效地完成过渡时，克里斯蒂娜说有时让学生耐心地等待很困难：

> 我的意思是，如果过渡需要一系列的动作，他们就想在听到你的第一个要求时马上行动。如果你允许他们这样做，他们就听不到其他的要求了。这样，过渡时间自然就会延长，因为你不得不浪费时间重复每一个要求。我学着告诉他们："不要动，直到我讲完。"

实用贴士

教学中的过渡

● 考虑一下上课时间会发生的过渡，诸如以下几种：

进入与离开教室。

把材料放到一边，准备下一个任务。

清理出学习空间。

从小组学习转到独立作业。

上交作业。

为小组学习挑选伙伴。

● 明确教授预期的过渡行为：

用正确和错误的例子为过渡行为做示范。

为学生提供实践机会。

提供反馈。

如有必要，再教一次。

● 提供预先校正（过渡开始**前**对其行为进行提醒）。

● 巩固加强高效、积极、有序的过渡：

给予特别的赞扬或者特别的权利与活动。

如果需要，给予实际奖励。

● 对过渡进行积极监督：

扫视教室，留心得体与不得体的行为。

在教室走动，接近学生以鼓励他们表现出得体的行为。

在过渡期间与学生互动，给予提醒或特别的赞扬。

资料来源：McIntosh, Herman, Sanford, McGraw, & Florence, 2004。

有时，为了保持活动顺利进行，教师会急匆匆地发布指令，开始活动，根本没注意学生是否在听。阿林写道："好几次我注意到，老师要学生进行新的活动时，超过 15 名学生仍在做前一项活动。"（Arlin，1979，p. 50）不用说，这些学生接下来请示老师该做什么时，老师会恼羞成怒。另外，保罗·冈普警告说，等待**太长**时间会导致学生失去动力："等待所有人绝对聚精会神，有时会导致过渡时间不必要地延长。"（Gump，1982，p. 112）冈普提醒我们，通过使教学活动流畅进行，教师可以把暂时走神的学生"拉回来"。

让学生负责

多伊尔评论说，只有要求学生对任务负责，他们才会认真对待（Doyle，1983）。你个人的见习经历很可能证实这种说法的正确性。即便是成年人，也需要许多自律和成熟才能全身心投入工作。中学生是**青少年**，对他们来说，充分利用课堂时间不太可能，除非他们知道必须对自己的表现做出解释。

此外，如果学生并不清楚他们应该做的事情，就**不能**很好地利用时间。有时，教师告诉学生"开始工作"，然后立刻遭到学生连珠炮般的发问："我能用钢笔吗？"

"需要写下问题，还是只写答案？""我们必须展示所有的工作吗？""我能在实验桌上写吗？"这种情况发生时，教师便不得不把宝贵的课堂时间用于澄清最初的要求。

为了帮助学生明智地利用时间，教师必须**清楚地传达任务和要求，并监督学生的进展**（Emmer & Evertson，2008）。这些做法最大程度地减少了学生的混乱，传达了课堂任务的重要性这一信息。看一下我们的教师如何看待这两种做法，也看看他们在这个问题上的研究成果。

传达任务和要求

学生开始做功课之前，最好解释一下他们将要做什么，为什么要做，如何获取帮助，如何处理已完成的功课，完成后再做什么，以及他们有多少时间完成任务。你也要确定学生熟悉你的课业标准，例如，用什么样的纸，用铅笔还是钢笔，以及"展示整个学习过程"是什么意思。一旦给出要求，最好让学生用他们自己的话解释一下所要做的事情，并且给学生提问的机会。只问一句"都明白了吗"，很少能得到有用的信息。

除了明确提出课堂活动要求以外，教师需要清晰明了、有条不紊地布置家庭作业。如果你的学生对记住应该做什么有困难，那么记住这一点尤为重要。以前桑迪布置家庭作业的常规做法是针对那些缺乏学习能力的学生设计的。但是，她很快就意识到，这种常规做法对每个学生都是有益的：

> 我第一次把家庭作业写在黑板上时，在黑板的中央写得非常大，并让学生马上抄下来。然后我又写在了黑板的左角上，一直保留到要检查的那天。我不时地提醒学生们，他们应把要完成的题目序号也写得很清楚。比如，如果作业是第1~5题，然后是第7题、第9题、第11题和第13~16题，我就写出1、2、3、4、5，因为一些学生（尤其是缺乏学习能力的学生）不知道逗号和波浪线的区别。

克里斯蒂娜在写出任务和要求时也不遗余力，尤其是在涉及重点工作时。有时，她把详细要求打印出来，分发给学生。有时她让学生从黑板或者投影仪上抄写要求。在一次会面时，她这样解释为什么需要给学生明确的要求：

> 这不仅减少了我需要回答的问题的数量——一次又一次地——也使学生对任务的细节负责。如果他们从投影仪上抄下了要求，他们就不能说："你没告诉我们需要五种资源。"或者，如果书面的打印稿列明了要求，他们就不能说："你没有说使用引文来支持我们的答案。"我也认识到，这对于与家长见面也很有用，因为每一项任务都记录在案。我保存所有附带要求的打印稿和投影仪幻灯片。这样，我就能够证明我对学生说明了要求（偶尔受到质疑的时候，也便于向家长解释）。另外，再布置同一项任务时，也不用重新写了。

监督学生的进展

一旦对任务提出要求，学生开始工作，通过在教室走动监督他们完成就变得至关重要（Fisher, et al., 1980）。这种做法能使你明白学生的进展，识别问题并给予帮助，并且核实任务与学生能力是否适应。走动还能确保学生充分利用时间。

观察我们的四位教师可以看到，他们很少坐下，除非参与小组学习：

> 唐尼的班级正在使用直尺和量角器发现平行四边形的性质。学生做功课时，

唐尼不停地走动。她节奏稳定而缓和地评论、提问和表扬："很好，维罗妮卡。""全部完成第一题了吗？""进行的同时回答问题，这样结束时，你就得到了所有的答案。""谁需要帮助？""'连续的'是什么意思，乔斯？""谁不会使用量角器？"

课后，唐尼谈论了她不停走动这件事：

> 我不知道一个人怎么能坐着教数学，坐着时我只觉得不舒服。你必须往黑板上写字，你必须指导学生解决问题，你必须看到他们的方向是否正确。在教室里走动，我能发现错误。我能问："你在做什么？解释一下你的推理。"我可以通过谈话帮他们解决问题。授课时，我必须站起来，不停地走动。

学生工作时，除了走动外，监督学生是否合格地完成任务也是必要的。这要求**你制定收发和检查课堂作业与家庭作业的常规**。例如，课程开始时，唐尼让学生拿出家庭作业放在课桌上。他们检查作业时，她就在教室里走动，并在记分册上将完成作业的学生加以标记。整个过程只要几分钟，并且不浪费教学时间，因为全班同时在检查作业题。

桑迪用一种不同的方法。她为每节课准备了一个文件夹放在讲桌上。作业要在刚上课时放在文件夹里。她发出"交作业的最后通牒"，然后合上文件夹。上课时，桑迪有时会检查一下，看是否遗漏了某份作业。这使她能很快发现哪个学生没交作业，并查明是怎么回事。如她所说："这样我就避免了学生对我说：'我**确实**做了作业，一定是你弄丢了。'"

了解学生长期性作业的进展尤其重要。通过建立中期的检查点，你可以帮助学生完善"初始计划"。例如，如果他们在写研究论文，你可以确定合适的日期让他们提交作业的每一部分（比如主题、初期注释、参考目录、初稿、终稿）。这不仅能使你监督学生的进展，也同样有助于缓和青少年面临繁重作业时的焦虑。

弗雷德讲了个有趣的故事，指出这种方法的价值：

> 去年，我的学生做一个很长的研究论文。我让他们按期上交每一部分以便清楚他们的进展情况——工作提纲、文献目录、注释、草稿以及终稿。我使用分数制。任务的前四部分每部分占 10 分，终稿占 60 分。
>
> 今年，我觉得那样做很幼稚，就决定不再那么做了。我对学生说："我要像对成年人一样对待你们。"他们说："太棒了，我们能行。"哎，可最终他们没有完成论文。他们告诉我："我们一团糟，我们放弃了，我们拖延了。"他们要求我像去年那样做！我相信他们成熟了，而他们说："我们没有。"

最后，你需要**保留学生完成作业的记录**。在一些学区，教师可以用自己的方法记录学生的进展，另一些学区则要求教师遵循规定的形式。例如，唐尼的记分册反映了她每周的课程计划以及她一年需提交的四次"季度主题计划"；根据学区的教学目标，这些计划反映了她每天的授课内容。在每个记分段，唐尼必须每周记录两次作业成绩，每个教学目标至少记录一次测验成绩。如果在某个记分段需要达到五个教学目标，那么唐尼至少要记录五次测验成绩。

相反，弗雷德就能够使用自己的记录方法。弗雷德甚至没有一个常用的记分册，他只是在电脑里记录学生的分数。不过，像唐尼一样，他仔细记录学生的进展情况。学年伊始，他向学生解释他的记分方法：

我用一两分钟的时间和你们讨论一下分数问题。我没有记分册。我在电脑里记录你们的分数。你们可以在课后任何时间查看自己的分数。分数由五部分的得分组成，包括家庭作业、课堂作业、课题、考试以及小测验。每一项课堂任务占4分，一次大型考试相当于五个课堂任务——大约20分。总分值为120～130分。你总能找到你的总分和每一次的成绩……在座的每一个同学都能通过这门课程并做到最好，这对我来说很重要。如果你们需要我的督促，让我知道，这样你们会做得更好。记住，分数是你们的，任何时间都可以查看。

　　每天检查学生的作业并打分是一项艰巨而耗时的工作。一位英语实习教师最近写道："教师必须不断攀登巍然耸立的作业之峰"：

　　　　有时我不清楚自己是一个教师，还是一个会计师！然而，我的经历……使我能够找到处理这些沉重负担的方法。为每门课程准备色彩协调的文件夹，将缺课学生的名字写在测验单上以明确补考工作，这些简单的事情都成了我在教学过程中感觉极其愉快的"花招"。

　　像这位实习教师一样，你需要找到"大题小做"的方法（Shalaway，1989）。我们询问了桑迪、唐尼、克里斯蒂娜和弗雷德如何处理作业，并将他们的方法列于实用贴士。

 # 实用贴士

处理作业

　　弗雷德： 检查学生的课堂作业和常规的家庭作业，但大块的时间并不用于阅读和打分。他只使用简单的方法来明确学生的常规任务。（例如，4分为满学分，基本完成任务为3.5分，等等。）

　　在需要高级思维活动的作业上多花时间，这些作业评分较难。

　　在测验中，建立"结构化测试"问题。针对测试构思你自己的答案。（知道测试应该说些什么。）打分时寻找关键词。

　　拒绝为有三个以上技术性错误（拼写、标点等）的论文打分。我告诉学生："我要为100份这样的论文打分；坐在这里修改你们的拼写错误对我来说不公平。我不是来校对的……交论文之前，找个聪明人给你校对。"

　　桑迪： 根据尝试/努力，而不是对错给作业打分。

　　最初的几次作业，非常仔细地阅读**任何内容**，仔细检查实验报告。这样，学生们会明白，你对他们真的期望很高，他们必须做到清晰彻底。后来的作业，你可以只浏览前几页（目标、过程、材料），把大部分时间花在数据部分。

　　有时，做很花费时间的实验时，让学生以表格方式提交数据。

　　唐尼： 每天检查一遍家庭作业，但让学生检查自己的作业。在记分册里输入一个对勾（与分数相对应）表示谁完成了作业。

　　每周让学生给自己的作业打一次分，记录在你的记分册上。

　　每周收一次家庭作业，自己亲自打分。

　　克里斯蒂娜： 将"用于打分的时间"作为课程计划的一部分。认真计划活动和适当的时间以确保你有足够的时间打分。例如，收完研究论文后，我让学生进行课堂活动任务，这样，我能监督他们，而不用收太多作业在课后检查。这使我将大部分时间用于给研究论文打分。

使用印有红字抬头的纸张写回复，不用一次又一次地写相同的评语。

指导学生使用正确的编辑、校订和回复步骤，这样他们相互之间就能提供反馈。例如，我为一份很长的研究论文的第一部分初稿提供详尽的回复，然后学生用一份附带打分指导的清单相互对论文的第二和第三部分进行反馈。

区段时间表的使用

许多中学开始使用区段时间表以最大程度地增加学习时间，鼓励使用不同的教学策略，以及允许教师和学生深入探讨主题。通常有两种时间表形式。在 **4×4 区段时间表** 中，每天安排 4 个 80 分钟或 90 分钟的教学时段，而非传统的 6 个或 7 个。因为每天都有课，所以通常需要持续一年的课程能够在一个学期或 90 天内完成，学生每次只要上 4 门课。**A-B 型或交替日时间表** 也是每天有 4 个延长的时段，但在整个学年中每门课程都是每隔一天上一次。这意味着学生每次要上 6 节或 7 节课程。

尽管与两个 42 分钟或 50 分钟的学时相比，一个 80 分钟或 90 分钟的时段确实不能提供更多与学生交流的时间，但区段时间表的倡导者坚持认为延长时间后的课堂创造了更多**可用的教学时间**（Fleming, Olenn, Schoenstein, & Eineder, 1997）。因为课程的数量少一半，用于上课开始阶段（例如点名、让学生安静下来、分发材料）和结束阶段（比如布置作业、整理东西）的时间也同样减半。更重要的是，教学时间不再是支离破碎的。

从这一点来说，区段时间表对成绩影响的研究还不一致，有的研究显示了学术上的收获（如，Lewis, Dugan, Winokur, & Cobb, 2005；Nichols, 2005），有的没有差别（如，Bottge, Gugerty, Serlin, & Moon, 2003），还有的研究竟发现了负面的影响（如，Gruber & Onwuegbuzie, 2001）。另外，区段时间表**的确**使学校环境更为放松，纪律问题也有所减少—— 也许是因为它缓和了走廊拥挤程度（Shortt & Thayer, 1998/9；Zepeda & Mayers, 2006）。4×4 区段时间表还给教师带来另一个好处：他们通常每天教 3 节课，而不是 4 节课或 5 节课，这样，他们每次只对 75～90 名学生负责，而不是 125 名或 150 名。毫无疑问，这更易于培养周到且关爱的师生关系。

遗憾的是，区段时间表不可能总是像倡导者预想的那样，使教学创新而更具多样化（Queen, 2000）。理查德·埃尔莫尔是一位学校调整专家，他报告说，他曾经问过一名中学社会学老师对区段时间表的看法。那位老师回答说，那是他职业生涯中发现的最好的事情。埃尔莫尔问他个中原因，他解释说："现在我们可以完整地看场电影。"（Elmore, 2002）

这则逸事表明，改变时间**结构**并不总能改变时间的利用。例如，一项对 48 节延时课程的调查（Bush & Johnstone, 2000）发现，所有科目的老师（代数、生物、英语和美国历史）都花大部分时间进行以教师为中心的传统教学。几乎没有个性化教学和小组学习。这些发现进一步加强了一位中学生的评论。他认为，80 分钟的课堂并不一定产生更加积极的学习："**相反，它只会创造更多时间让学生做白日梦，**

在笔记本上乱画，或者补觉。"（Shanley，1999）

克里斯蒂娜承认这种评论的真实性，但她仍然是 4×4 区段时间表的热情支持者。在她的观摩课上，克里斯蒂娜使用了多种不同的教学形式——全组介绍、小组学习、学生主导的讨论、写作、学生表演——以保持和鼓励学生的专注程度和积极参与。她在包括英语课在内的所有学科使用这些形式。在下面的这段节录中我们看到，在一节课里，学生写各自的日志，进行小组阅读技能训练，在微型课上学习参考资料或"参考文献"页的格式，以及表演他们阅读的一出戏剧：

11:35　学生进入教室，坐在座位上，阅读写在黑板上的日志条目，开始写当日的主题："写一写如果过去的一天完全不同的重现在面前，你的生活将会发生怎样的变化。那天究竟发生了什么？"学生写日志时，克里斯蒂娜悄悄地点名。

11:50　克里斯蒂娜给出课程步骤："首先是小组学习，你们要练习推论过程。其次，我们进行微型课，学习创建'参考文献'页。星期三，你们要讲演。在讲演之前，我要收上所有的书面材料，所以，我想回顾一下你们需要上交的材料。最后，我们完成《安提戈涅》的阅读。"

11:52　学生开始分组，练习如何做推论。克里斯蒂娜在教室里走动并给予帮助。

12:18　克里斯蒂娜宣布各小组还有最后两分钟时间。

12:20　学生把椅子放回原位并坐好。克里斯蒂娜让他们拿出笔记本，翻到调查部分。她把投影仪移到教室的正前方，揭下罩子，并宣布她想讲解一下调查报告中"参考文献"页的格式。她把幻灯片放在投影仪上，回顾要求的格式。学生注意力非常集中，记笔记，问问题。

12:40　"好的，同学们，让我们组成一个希腊剧院，来完成《安提戈涅》的阅读。"学生们形成新的布局，基本上是个圆圈，一端末尾处有"合唱队"，并有一个通向"舞台"的入口。"我们上一次讲到 337 页。合唱队，该你们了。"克里斯蒂娜阅读舞台说明，学生们开始表演《安提戈涅》，以王后的死结束。一个男生阅读了剧本的最后一段台词。

> **暂停与思考**
>
> 你更喜欢区段时间表教学，还是传统时间表教学？原因是什么？你认为学时的长短不同会影响到教学吗？

12:58　"好的，同学们，把课桌放回原位，听我说你们下面要做什么。"学生回到原位之后，克里斯蒂娜宣布本学时的最后一个活动："打开日志和课本。你们有四分钟的时间。写一下你们刚刚听到的最后一段台词。

它是什么意思？为什么重要？你同意吗？"

13:02　学生完成日志条目。下课铃响了。

总结评论

基德尔在《在学生中间》（*Among Schoolchildren*，Tracy Kidder，1989）一书中描述了一位活跃、苛刻、直率、公正、有趣而勤勉的小学教师克丽丝·扎亚克（Chris Zajac）生活中的一年。在书的结尾，基德尔描述了克丽丝有关学年最后一天的想法。尽管克丽丝确信她"属于学生们"，但还是对自己没能帮助所有学生这一事实感到懊悔——至少没有提供足够的帮助：

> 今年又是这样，一些学生需要更多来自她的帮助，还有很多问题没有解决，但并不是因为没有尽力。她没有放弃，她用完了时间。(p.331)

像克丽丝一样，我们都用完了时间。一年结束得太快了，一些学生的要求也太多了。但愿本章介绍的观念和原则将帮助你充分利用有限的时间。

小　结

本章将时间描述为"宝贵的资源"。首先，我们核算了能够确实用于教和学的学校时间量。其次，讨论了增加学生学习时间的三个策略——保持活动顺利进行，减少过渡时间，让学生负责。本章的最后一部分讨论了区段时间表的使用。

时间的类型

- **规定时间**：各州要求学校上课的时间。
- **可利用时间**：规定时间减去缺课、特殊事件、半天上课日时间。
- **教学时间**：确实用于教学的时间。
- **专注时间**：学生专心致志于学习任务的时间。
- **有效学习时间**：专注时间的一部分，学生完成有意义且适宜的学习任务的时间。

如何增加学习时间

- 保持活动顺利进行，通过避免：
突然转移话题。
因刺激而受阻的事件。
赘述。
分割。
- 减少过渡时间，通过：
界定课程界限。
让学生对过渡有所准备。
确立常规。
- 让学生负责，通过：
清晰传达任务与要求。
监督学生的进展。
制定收发和检查课堂作业与家庭作业的常规。
保存好记录。

区段时间表

- 区段时间表的类型
4×4区段时间表：一学期或90天内每天都安排4个80分钟或90分钟的教学时段；学生每次上4节课。
A-B型或交替日时间表：整个学年中每隔一天安排80分钟或90分钟的教学

时段，学生每次上 6 节或 7 节课。

● 优势：

更多可用的教学时间。

教学时间不再支离破碎。

更加放松的学校氛围。

缓解走廊拥堵的情况。

提供使用不同教学策略的机会。

● 问题：

区段时间表不可能总像倡导者预想的那样使教学形式更加新颖。

通过巧妙使用时间，你能够最大程度地增加学习机会，减少课堂混乱的情况。思考一下在你的课堂里有多少时间是用于有意义且适宜的工作，而有多少时间被杂务所吞噬。要知道，可用于教学的时间远远少于学期开始的印象！

技巧培养活动与反思

课上活动

阅读下面的短文，并识别出威胁课堂活动顺利进行的因素。一旦找到这些问题，重写这篇短文，使课堂活动顺利进行；或者解释一下，如果你是老师，如何避免这些问题。

P 夫人等着她那些高中 2 年级的"优秀"学生拿出昨晚她布置的 10 道序号混合题。杰克举起手："我拿错书了，P 夫人。我的储物柜就在大厅对面，我能去拿下数学书吗？"

"快点，杰克。我们要检查 10 道题，却只有 50 分钟的时间。"杰克离开了，P 夫人又转向全班："好的，现在与同桌交换一下作业本。"她等着，学生们在找谁是自己的同桌。她扫视了一下教室以确保每人都有同伴。"好的，现在把你的名字写在作业的右下方，表明你是批改者。我把作业收上来后，就能知道谁是批改者，也能搞清楚，谁确实认真又负责地批改了作业。"学生们把名字写在作业下方时，她在教室里走动。"阿里亚蒂斯，我说的是右下方。"阿里亚蒂斯擦掉名字，重新写在右下方。"好，现在我们订正答案。如果你的同桌做错了，在题目上画一个圈并尽量找到他做错的原因，这样，你就可以给他解释一下了。好的，第一题，正确答案是什么？"教室后面的一个学生举起手。"比利？"

"我没有同桌，P 夫人。我能去一下洗手间吗？"

"杰克马上就回来，这样你就有同桌了。等我们检查完作业再去。"杰克回来了。"坐在比利的旁边，杰克，和他交换一下作业。"

杰克怯生生地看着 P 夫人。"作业没在我的书里，P 夫人。我一定是昨晚放在桌子上了。我很晚才做作业。"

"同学们，和你的同桌对一下第一题和第二题的答案，看看是不是一样，看看你们的解题方法是不是一样。杰克，到教室外面来。"

比利又举起手。"P 夫人，请问我现在能去一下洗手间吗？"

"可以，比利。填一下出入证，我给你签字。快点回来。"比利去洗手间了。P夫人随着杰克走出教室，开着门以便能看到其他的学生。"两周之内，你已经三次没完成作业了，杰克。怎么回事？"

"嗯，P夫人，我妈妈……"这时，办公室对讲机响起来。

"我去接一下吗？P夫人？"一个学生在教室里喊。

"好的。告诉他们我马上到。"

"他们就是告诉您，如果比利没什么事的话，马上去办公室。"

"回到座位上，杰克，下课后我再和你谈。"P夫人又走到教室前面。"抱歉，同学们，重新开始吧。都对完第一题和第二题了吗？"全班低声表示同意。"好的，第三题，从第三题开始，琼？"

琼给出正确答案。P夫人订正了三个问题的答案，并让学生解释。学生检查作业时，P夫人在桌椅间前前后后地走动。走到塔尼娅的桌前时，她注意到一页粉红色的纸。"同学们，我差点忘了收学术交流会的表格。这次交流会为我们展示今年在数学方面取得的进步提供了机会。有多少人填写了表格，描述了你要进行的课题？"学生们开始翻书包，翻找数学课本。找到表格的同学交给了P夫人。她提醒其他同学明天带来。"好的，让我们看第六题，不，第七题。我们在做第七题，对吗？沙基亚。"沙基亚开始回答。然后比利回来了。坐在门边的一个学生提醒P夫人，比利要去一趟办公室。"比利，到威尔金斯先生的办公室去。"

"为什么，P夫人？我不过是去了趟洗手间。"

"我不清楚，比利。去吧，快点。我们在上课。"比利离开后，P夫人转向学生。"把作业传到前面来。我来检查其余部分，并打出分数。我们要讲一下分数的减法。谁能想一个需要用分数减法的实际生活问题？米西？"

"我能去一下卫生室吗，P夫人？我不舒服。"

独立活动

1. 在观摩一节课时，仔细观察教师使用时间的方法。精确记录整个时段，注明有多少可利用时间确实用于教学目的。

2. 观察一个采用区段时间表的班级。如何使用延长的时间？使用了什么教学策略（例如讲授、合作学习、讨论、模仿等）？每个教学策略持续多长时间？教师是否利用了整个学时？学生能否保持注意力集中和全身心投入？

载入档案袋

为下列情形设计过渡活动。记住，你的目的是巧妙地利用时间。

a. 每天开始上课。

b. 点名。

c. 检查作业。

d. 收作业。

e. 发作业。

f. 从全体活动到小组学习。

g. 每天结束课程。

h. 学生离开教室。

第八章

强化学生的学习动机

坐在一所郊区中学的教师办公室里，我们听到社会学部教师们的谈话。一位 9 年级的教师大声抱怨他今天的第三节课："这些孩子不关心学校。我不想再浪费时间激发他们的学习动机了。如果到现在他们还不能对自己的学习负责，那也太糟糕了。"我们思考这位教师的话时，感到他在暗示学习动机完全是学生自己的责任：要在学校取得成功，学生必须自带动机，就好比要自带笔记本和笔一样。这种说法也表明动机是一种稳定的特征，就像眼睛的颜色。从这个角度看，一些人想学习而来到学校，一些则不是。这会是一个令人心安理得的观点：如果动机是与生俱来或者不可改变的特征，那么我们就不用花费时间和精力想办法去激发学生的动机了。

另外，一些教育者认为动机是后天形成、能够改变的性格特征。它也随特定情形而变化，随个别活动的性质而变化。所以，世界语班的学生在表演去餐馆吃饭时充满热情，而做动词变位时则兴味索然。

根据后一种观点，教师有责任鼓励学生参与学习活动。如果学生来到学校时已经兴趣盎然，这当然令人高兴（也更加容易）；然而，如果不是这种情形的话，教师必须加倍努力创造更佳的课堂环境以鼓励学生的参与，激发学生的兴趣。例如，今年在弗雷德的一节当代世界问题课程中，按弗雷德的说法，大部分学生只是在"原地踏步"。在一段谈话里，弗雷德分享了他的挫折和决心：

> 这些孩子是持续的"斗争对象"——最难对付的孩子。他们不笨、不坏，只是对学习没有产生内在的动机，并且习惯于不慌不忙。中学的最后三年中，他们发现了消极抵抗的作用。他们太消极了，老师只好对他们置之不理。但是，我拒绝放弃。我直视着他们说："告诉我，你们要是只想待在家里做个懒

汉，我就不管你们了。"没有人这样说。真的，我想他们最终会明白，在我的课堂里，他们没办法混过去。他们甚至不能对我发怒，因为他们知道我是站在他们一边的。

弗雷德的说法表明，激发学生的学习动机说起来比做起来要容易得多，尤其是在面对青少年时。从小学到中学，学生学习动机的下降趋势得到了很好的证明（Anderman & Maehr，1994）——这通常令新任教师感到沮丧，尤其是那些对自己任教的学科领域充满热情的教师。思考一下这条摘自一位实习英语教师日志的记录：

> **暂停与思考**
> 你在什么时候兴趣盎然地想要学习点什么呢？可能是去准备考驾照，或者冬天去学滑雪。你为什么这么有动力呢？在你学习的过程中，有什么支持吗？是什么因素使它成为成功的助力？将自己的经历与每天在教室要做的事情结合起来。

我怀着崇高的理想开始了我的实习，比如我将如何引导学生认识文学的美，如何开启他们被埋没的洞察力和天赋……我准备了认真而复杂的讲稿以及大量的作业，确信学生看到自己知识能力的充分显现时会心存感激。然而，第三周的一天，真相抬起了它丑陋的头：大多数学生没有（也可能永远不会）怀着对新电脑游戏（那么多的）的热情学习文学。

为帮助身处其境的教师，本章集中介绍激发学生学习动机的方法。首先，从激发中学生的角度思考一下用什么方法激发学生的动机。其次，考察了产生动机的因素。最后，我们总结了来自调查、理论和四位教师实践的一系列激发学生学习动机的策略。

用什么方法激发学生的学习动机

与我们一起工作的许多师范生认为，教师是通过**使学习有趣**来激发学生学习动机的。实际上，他们经常将设计有趣而引人入胜的活动看作"好老师"的标准之一。但是，杰里·布罗菲提醒我们，"学校不是日间夏令营或者娱乐中心"（Brophy，2004，p. xii），教师不是顾问或者娱乐指导。考虑到强制出勤、必修课程、抑制个性的班级规模，以及对利害攸关的标准化测验的恐惧等因素，总能保证学习有趣是不合理的、不现实的。一位拥有从幼儿园到研究生院教学经历的教育学教授比尔·艾尔斯表达得更为直率。好老师希望让学习变得有趣的想法常困扰到教学，针对这种状况，艾尔斯写道：

> 娱乐使人分心、引人发笑。小丑有趣，玩笑也有趣。学习可能吸引人、引人入胜、令人惊异、令人迷惑、令人投入，通常令人深感愉悦。如果有趣，那很好，但有趣不是必需的。（Ayers，1993，p. 13）

我们也许都能记起这样的情形，教师鼓励我们完成一项并不有趣的学习任务，但毫无疑问，它有价值、有意义。学习外语的例子立刻浮现在我们脑海里。我们俩都不善于学习语言，必须在外语课上讲话时，我们感到焦虑和窘迫。我们发现对话和口语练习令人痛苦不堪，角色表演难以忍受。然而，我们有朋友花了三年时间在中学学习法语，又用了两年多时间在大学学习，而另一个在大学毕业后很久又学了三个学期的西班牙语。我们都下定决心，去国外旅游时尽可能流利地与当地人交流！

布罗菲将这种动力称之为**学习动机**："发现学习活动有意义并值得，尽力从中取得预期学习利益的趋势。"（Brophy，2004，p.15）他认为学习动机区别于**内在动机**，拥有内在动机的学生进行学习活动是因为他们深感愉悦。当然，有时，你可以利用学生的内在兴趣使学习活动变得有趣，但不可能总是这样的情形。因此，教师需要考虑培养和保持学生学习动机的方法。

期望×价值模式

根据期望×价值模式考虑激发学习动机是有益的（Brophy，2004；Wigfield & Eccles，2000）。这种模式假定动机依赖于**学生对成功的期望和他们寄予任务的价值**（或者可能带来的奖励——如能够讲流利的法语）。这两个因素相互作用，就像一个乘法算式（期望×价值）：如果任何一个因素缺失（例如为零），就不会产生动机。

这种期望×价值模式表明，在动机方面，你有两个主要的任务。**首先，你需要保证，如果学生付出努力，他们能够成功地完成手头的任务**。这意味着要布置与学生成绩水平相适应的任务，也意味着帮助学生认识到他们有成功完成任务的能力。看一下汉娜的例子（Stipek，1993）。数学课上，汉娜经常坐在桌旁无所事事。如果老师鼓励她试着做其中一道她应该完成的题目，她就说她不会。当老师要求她按步骤回答时，她能够正确回答大多数问题，但她坚持说自己是猜的。汉娜觉得自己不行，并且把老师的失望看成是自己无能的证据。她是患有"失败综合征"的典型例子（Brophy，2004）。

幸运的是，像汉娜这样极端的例子并不多见。但是我们可能都遇到过这样的情形，预感到失败会导致逃避或者中止。冗长的学期论文作业是不可抗拒的，所以我们拖延，直到没有足够的时间把它真的做好。微积分太难，所以我们选择普通数学取而代之。如果失败是不可避免的，就没有必要付出努力。如果我们很少努力，就很少会取得成功。

教师的第二个责任是帮助学生认识到手头的学习任务的价值。例如，萨姆（Stipek，1993）是班里的"小丑"。他得到的分数是C+和B−，尽管他完全能够得到A。在家里，萨姆把时间花在了电脑上，阅读他能找到的有关宇宙空间的每一本小说，他喜爱科幻小说，甚至写了一部短篇小说。但是他对作业几乎没有什么兴趣。如果作业碰巧与他的个人兴趣一致，他就竭尽全力；否则，他便觉得作业没有任何意义。

为了帮助像萨姆这样的学生，你需要提高课堂活动的价值。例如，既然萨姆喜欢与同学互动，你便可以在班上采取小组学习。为了让萨姆展示自己的兴趣，英语老师可以要求萨姆与大家分享他所写小说的片断。萨姆的生物老师可以请萨姆解释他最喜欢的科幻小说中的科学现象。另一种策略是向学生讲清楚成功完成任务或掌握知识带来的**奖励价值**。例如，萨姆也许觉得学习历史价值甚微，但仍然能够认识到，如果想继续在大学学习科学，历史必须及格。

依据期望×价值模式，布罗菲回顾了相关的理论和研究，得出一套教师能够用于激发学生学习动机的策略（见表8—1）。本章的下一部分即以布罗菲的研究为基础。首先，我们看一下模式中第一个变量——学生对成功的期望——的策略。

表 8—1　　　　　　　　　布罗菲激发学习动机的策略

增强成功期望的策略
- 提供成功机会。
- 教学生制定合理目标及评价自身表现。
- 帮助学生认识努力与成果的关系。
- 提供信息反馈。
- 给予气馁的学生特殊的动力支持。

提高任务价值的策略
- 将课程与学生个人生活相联系。
- 提供选择机会。
- 做对学习感兴趣的榜样，表达对学习的热情。
- 纳入新颖/多样性的因素。
- 给予学生积极响应的机会。
- 允许学生创造成品。
- 为学生提供相互交流的机会。
- 给予外在奖励。

资料来源：Brophy，2004。

暂停与思考

你已经阅读了期望×价值模式，思考一下它对教师意味着什么。你将如何在你的教学领域激发一个对学习没有兴趣的学生的学习动机？

阅读时，请记住，**如果你没有创造一个安全、充满关爱的课堂环境（第三章），那么这些策略将是无效的**。激发学生学习动机之前，必须让他们感觉到他们不会丢脸，让他们理解冒险和出错是正常的，让他们知道他们是班级里被接受、受尊重的一员（Ryan & Patrick，2001）。

事实上，布罗菲认为，支持的环境是成功运用激发策略的"基本前提"（Good & Brophy，2008，p. 148）。

五花八门的激励策略

提供成功机会

如果任务看起来太难，学生在完成时可能会害怕。你可以针对不同的学生调整任务，使其变成开放性任务，这样，就能有多种答案。教师应给予额外指导，把冗长的项目分成短一些、"更易操作的"部分，或者允许延长时间。弗雷德称之为课堂作业"倾斜绳子理论"："如果我们在教室四英尺高的地方拉条绳子，有些学生能跳过去，而有些就不能。但是，如果我们倾斜绳子，那么每个人都能找到合适的地方跳过去。"弗雷德说："成功比我所知道的任何事物都更能激发学生的动力。如果我能让学生感到成功，也许就能完全了解他们。"

克里斯蒂娜在教学生写调查报告时采用了类似的方法。她没有要求学生在四到五周内独立完成论文，而是将任务分割成小的部分——记笔记、列参考书目、写提纲、写引言、使用附加说明——并让学生按时上交每一部分。这不仅使任务看起来相对容易，也能使克里斯蒂娜及时订正错误，使学生沿着正确的方向前进。

有时，回过头来再讲一下已经讲过的知识很有必要，这比一味往前赶更好。例如，唐尼在课上讲解如何作图等分一个角时，很明显，大多数学生都迷惑不解。学生们费力学习时，沮丧的声音从教室的各个角落响起："我不会，你说不能转动圆规，但是不行。""我需要橡皮。""嘿？""你怎么做？""我不会。"唐尼在教室里走动，尽量帮助每一个有困难的学生。最后，她走到教室前面对全班同学说："好吧，再讲一次。我看很多同学的方法都不对。"她以很慢的速度开始再次解释步骤。讲完每一个步骤后，她都问："都明白了吗？"然后再讲下一步。学生们开始积极地回应："是的。""啊哈。""好的，我们会了。"一个刚才还困难重重的女孩大声说："来，科林斯小姐，我想让您看一下我做的。"唐尼检查了她的作业——正确。那女孩转向同桌大声说："你看，我只是需要一点帮助。有时，我必须一步一步地做。我会了！我会了！"

有时，提供成功机会要求针对不同成绩水平的学生设计不同的任务。思考一下下面的例子：

尹先生在行政管理班的高年级学生被分成三到五人的小组进行研究。他们的目的是了解《权利法案》随着时间的推移是如何不断扩充的，以及它对社会不同群体的影响。

尹先生将学生分成准备情况相似的小组（例如，有困难的阅读者到一般水平的阅读者，或者一般水平的阅读者到高级的阅读者。）所有的研究小组必须调查一个事件，如：（1）随着时间的推移，《权利法案》中的一个或多个修正案的效力是如何变得更广泛的；（2）促使重新解释《权利法案》中一个或多个修正案的社会事件；（3）重新界定一个或多个修正案的法庭决议；（4）一个或多个修正案的最新解释和应用。

学生们有一份正确书写结构和内容的要求，并且要求他们分别形成各自小组研究的书面报告。各组均可利用打印机、电脑、录像和音响等设备资源。

尹先生以两种主要的方式区分这项任务。一些研究小组调查他们熟悉的社会群体，事件更为明晰的地区，或者从基本阅读水平的角度看有更多可利用信息的地区。其他组将调查不熟悉的社会群体，界定不明的事件，或者信息资源更为复杂的事件。另外，学生可以选择写短文、仿写，或者对话的方式以反映他们的理解程度。（Tomlinson，1999，pp. 54-55）

另一种促进成功可能性的方法是采取不同的教学方法，使不同程度的学生都能接受教学。大多数学校设立了基于霍华德·加德纳（Gardner，1993，1995）"多元智能"（MI）理论的项目。加德纳认为，人们具有至少八种不同的智能（见表8—2）。学校传统上强调语言和逻辑—数学智能的开发（宠爱那些这方面突出的学生），而忽视或者低估其他方面的智能。尽管加德纳不提倡用所谓的"正确的方式"来完善多元智能教育，但他的确建议教师们以多种不同的方式来处理同一主题。这样，更多的学生可以参与进来，更多的学生可以有"做个行家"的感觉（1995，p. 208）。例如，讲授光合作用时，你不仅可以要求学生阅读课本上描写光合作用的章节（语言智能），还可以让学生开展不同的活动以开发他们各方面的智力：用水彩画出光合作用的过程（视觉—空间智能）；在日志里做记录，反映个人认识上的变化，并与光合作用进行比较（内在智能）；按光合作用的步骤做个时间表（逻辑—数学智能）；把参与光合作用过程的"角色"表演出来（身体—运动智能）；或者就不同程度的光对植物生长的影响进行预测（自然智能）（Campbell，Campbell，& Dickinson，1999）。

表 8—2   加德纳的多元智能

智能种类	描述
语言智能	使用语言来表达和理解复杂意义的能力；对声音、节奏和词语意义的敏感度。
逻辑—数学智能	推理和认识逻辑与数字模式的能力；对比率和假设进行计算、计量和思考的能力。
空间智能	准确感知视觉世界的能力；用三维方式思考的能力；自己通过空间的能力；创作与理解图表信息的能力。
音乐智能	对音高、旋律、节奏和音调的敏感度；创作与欣赏不同形式的音乐表现的能力。
身体—运动智能	利用身体以及灵巧掌控物体的能力。
人际间智能	理解别人以及和别人有效互动的能力；准确了解他人情绪和情感的能力。
内在智能	理解自己的能力；洞察自己情绪、情感、欲望和动机的能力。
自然智能	了解自然和观察不同模式的能力；对自然世界不同特点的敏感度。

资料来源：Arends，2008；Campbell，Campbell，& Dickinson，1999。

显而易见，在 42 分钟一节的课上以及利害攸关的标准化测验中，在每一个主题里考虑所有的智能是不可能的。加德纳自己就宣称，这样做是浪费精力，也是误用多元智能理论的一种表现形式（Gardner，1998）。尽管如此，多元智能理论还是提出了多种不同的方法，使学生能积极参与学习活动。在计划的教学活动中通常结合两三种智能，这样你就可以为学生提供更大的成功机会。

另一种事关学生成功的思考有必要提一提。要记住，学习新东西的过程往往包含着暂时的失败和可能的挫折（Alfi，Assor，& Katz，2004）。要紧的是，你要允许你的学生在教室的安全环境里经受暂时的失败，这样，他们才能获取应对失败的技能和成功后的控制感，这将使他们有继续学习的动力。

教学生制定合理目标及评价自身表现

一些学生认为考试成绩不到 100 分就是失败，而其他学生则满足于刚刚及格的分数。你应该帮助学生制定合理、可行的目标。每门课程最开始的时候，克里斯蒂娜都让学生制定他们希望达到的目标（见图 8—1）。然后，以这些目标为基础，学生们选择用于评价自己学习的标准。这些目标必须包括克里斯蒂娜要求的四项因素和学生自己设计的八项因素。学生将作业保存在一个"收集夹"里，贯穿整个记分阶段。到了评定目标的时候，他们可以从中选择代表其进步的作业。每一次选择时，克里斯蒂娜会要求他们解释这项作业代表了哪个目标和标准，这样学生也就完成了一份反思报告。最后将挑选的作业与反思报告一起，放进克里斯蒂娜和学生共同评估的文件夹。

克里斯蒂娜也给学生一份说明，详细列出如何给每个主要项目打分，并要求学生在上交之前给自己打分："这样，学生就会清楚自己将得到的分数，是满足于此，还是再多学一些，他们可以做出选择。"有趣的是，克里斯蒂娜发现学生的自我评价通常与她自己给出的分数相差无几。

目标

你的个人目标应该代表你在这门课程中希望完成的事情。选择与你对这门课程的期望直接相关的目标。例如，尽管你想成为百万富翁是正当的，但这个目标并不和英语课特别相关，因此建议选择更具体的短期目标。

一旦选择了目标，在横线上解释你选择该目标的理由。然后，列举两个你认为能够实现目标的方法。

目标 1	选择这个目标的理由
你能做的两件帮你实现目标的事情	
目标 2	选择这个目标的理由
你能做的两件帮你实现目标的事情	
目标 3	选择这个目标的理由
你能做的两件帮你实现目标的事情	
目标 4	选择这个目标的理由
你能做的两件帮你实现目标的事情	
目标 5	选择这个目标的理由
你能做的两件帮你实现目标的事情	

图 8—1　克里斯蒂娜的目标设置表

在弗雷德 11 年级的一个学生在学年初上交了一篇极其糟糕的文章时，我们观察到了帮助学生制定目标的又一个例子。文章很短、肤浅，又模棱两可，书法和拼写也很糟糕。弗雷德调查时，发现这个学生缺乏学习能力。尽管如此，他还是非常确定地告诉学生他的表现不合格："看看，你不会写，你甚至不会打字，不会拼写，但是你不笨。所以你该做些什么才能好一点呢？制定一些目标吧。"在资源室老师的帮助下，他们设计了一个计划，让这个学生学习用键盘打字和使用检查拼写程序。布置下一次作业时，这个学生跟弗雷德抱怨太难。弗雷德表示同意，但是坚持要求他完成。他做完了——尽管还远远不够完善——但确实比第一次作业有了进步。思考这个学生的问题时，弗雷德说：

> 我们都同情他，但是他不能就这样下去，我们必须督促他克服缺陷。旁人可以允许他是个小孩子，但他该长大了。有很多能让他取得进步的方法，我的工作就是教他制定合理的目标，然后努力去实现。

帮助学生认识努力与成果的关系

像汉娜一样，一些青少年在没有尝试任务之前就宣布失败了。没完成好任务时，他们将失败归结于缺乏能力，没有认识到成功是努力的结果。其他学生可能过于自信，甚至骄傲，认为他们不用付出太多努力也能做得很好。不过，在任何一种情形中，你必须明确努力与成果的关系。任何可能的时候，应指出学生的进步，并帮助他们看到努力的作用："看，这星期你完成了所有数学作业，这肯定很有用。看看你在测验时做得有多好！"

桑迪班里的一个学生上课时不记笔记，后来痛苦而清楚地明白了努力与成果的关系。桑迪第一次注意到他不记笔记时，让他拿出笔记本并打开。他这样做了，嘟囔着："我打开笔记本，但你别想强迫我记笔记。"后来他告诉桑迪，他像其他孩子一样，不需要记笔记，因为他记忆力好。桑迪解释说，凭她多年的经验，在化学课上记笔记是绝对必要的，她建议他拿出笔记本并打开"谨防万一"。第一次考试结束，这个学生得了40分。桑迪对他说："我知道这并不是因为你不能把它做好，你怎么想？从中得到什么结论了吗？"学生回答道："我想我必须记笔记。"

提供信息反馈

有时，把作业交给老师就像把它扔进黑洞里。作业在教师的桌子上堆成堆，学生也知道他们的作业再也不会发回来了——打分或者没打分。从学生的角度看，努力做作业，交给老师，然后却得不到老师的反馈是令人气愤的。其实，缺乏学习反馈不仅仅令人气愤，也不利于激发学生的学习动机和提高学生的成绩。新教师评价研究证明了向学生提供反馈的重要性：

> 一项特别重要的教学活动就是向学生提供学习反馈（让他们知道自己的答案正确与否，或者给出正确的答案）。应该尽可能经常地向学生提供学习反馈。他们得到越多的反馈，就会更加注意和学习。与其他教学行为相比，学习反馈与成绩之间有着更加深刻和一致的联系。（Fisher, et al., 1980，p.27）

学生做作业时，如果你在教室走动，就能针对他们的表现提供及时的反馈。你能发现错误，帮助解决问题，对正确而有创见的工作给予肯定。在下面的简介中，我们看到桑迪是如何帮助两个把溶液倒进漏斗时出现问题的女孩的。实验时通常只能把纯净无色的溶液倒进烧杯，但这种溶液是黄色的，且含有固体微粒。

桑迪：为什么会这样？

塔尼娅：因为我倒得太快太多了。

桑迪：对。（她叫所有学生过来看看这两个女孩的问题。）那么，发生了什么呢？

莉萨：黄色的溶液透过滤纸，浸到折痕后面。

桑迪：好的，你们打算怎么做呢？

塔尼娅：倒回去，但是我们会损失一些。

桑迪：（对其他同学）他们还能倒回去吗？

学生：是的。

桑迪：不错。你们清洗了烧杯，这很好。

有时，任务正在进行中，你是无法监督的。这样，你就要在他们完成任务后检查，并尽快返回作业。你也可以允许学生自己检查作业。唐尼认为这对教学来说有很多好处：

> 我喜欢在教室里检查作业和让学生检查自己的作业。这就给了他们机会，让他们看看自己是怎么做的，什么地方不清楚。如果我只是让他们把作业交上来，并且我打分，他们会知道哪些题对了，哪些错了，但是他们不知道为什么。但是，每周我确实要收一次作业自己来批改。那样，我自己就能弄清楚学生是怎么做的。

作为英语教师，克里斯蒂娜发现让学生批改自己的作业和同学的作业不仅有教育意义，而且能使他们更快地得到反馈：

> 我过去以为让学生为自己的论文打分或者修改同学的论文是摆脱困境的好办法，但是经验丰富的教师告诉我并非如此，我也开始同意了。如果我自己提供所有的反馈，就不会有一个以写作为基础的课堂了。我的学生写了很多论文草稿，我不可能很快读完……所以，我教他们自己修改和同学间互相修改……他们在给同学修改时学到了很多东西，并能立刻得到反馈。

不论你是在任务进行时检查，在家喝咖啡时检查，还是和你的学生一起检查，重点是学生**需要知道他们是怎样进步的。根据绝对标准或者学生过去的表现，而不是其他学生的表现给予反馈也很重要**（Brophy，2004）。不是说："祝贺你！你在班里排第六名。"相反，你可以说："祝贺你！你从上次的 79 分上升到这次的 87 分。"同样，你可以用鼓励进一步努力的口气指出学生的优点和缺点（"你已经确实把握了奴隶主和废奴主义者的观点，但没有把握住奴隶自己的观点。再检查一下这一章，增加一个段落来完善你的报告。"）

给予气馁的学生特殊的动力支持

对学习能力有限或者缺乏学习能力的学生来说，学习是长久的斗争。这样的学生不仅需要指导性的帮助（例如个性化活动、额外的学习帮助、安排适宜的任务、额外的时间），也需要特殊的鼓励和动力支持。例如，唐尼不断告诫学生碰到困难时不要灰心，同时提醒他们，人们是以不同的速度工作和学习的。她将成绩差的学生与耐心且乐于助人的学生组合成对，鼓励同学之间的帮助和指导。同样，桑迪经常使学生相信他们是一个集体：

> 我有那么多学生都害怕上化学课，他们觉得化学课比其他课程都难。我用学期前五六周的时间让学生相信——"你并非独自一人，这里有支持，我在这里帮助你，我们慢慢地、有系统地来做……你们不用在三或四天内学会，那会是一次长途旅行，但还不错。"如果我能让他们信任我，并且我相信他们能做到，最后他们会获得更多的自信和舒适感。

学生考试成绩不理想或者作业完成情况不好时，桑迪也会表达出她的关注和惊讶。她会问："这是怎么了？""是什么问题？"所以，那个学生知道老师没有看不起他：

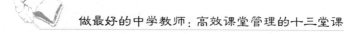

很多时候，教师会对得 A 的学生说"做得不错"，而对得 D 或 F 的学生一言不发。但是如果你不问是怎么回事，他们以为那是你希望看到的成绩。有时，你没说出来的话比你确实说过的话更具杀伤力。

克里斯蒂娜发现，没有通过中学毕业标准化测验的学生特别灰心和焦虑。像桑迪一样，她明确表示希望他们下一次能够通过，最起码，能够提高分数。他们无数次地做练习测验时，她鼓励他们并分析他们的表现。这样，她让学生知道一件事情，即再参加考试时会有所不同。回答也不一样了——"我不会再睡觉了"，"在选择之前，我会读一读所有的选项"，"我会弄清我阅读的是哪一类主题并加以标注"。只靠一个计划就能帮助学生变得更为乐观。克里斯蒂娜也会在测试的前一天向学生赠送含有格兰诺拉燕麦卷和其他有益健康的小点心的"爱心包裹"（以防他们没心思好好吃早餐），以及一张写有"应考窍门"的纸，提醒他们早点睡觉，记得定闹钟！

遗憾的是，教师有时形成了起反作用的行为模式，比如表现出较低期望，增强学生认为自己是失败者的错觉。表 8—3 列举了一些这类行为。

表 8—3   **教师可能会传达较低期望值的方式**

1. 差生回答问题时，给出答案或者叫其他人回答之前等待时间过短。
2. 给出答案或者叫其他人回答，而不是通过提示或改述问题帮学生改善其答案。
3. 奖励不恰当的行为或不正确的答案。
4. 更为频繁地批评差生的失败。
5. 很少表扬差生的成功。
6. 很少关注差生。
7. 把差生安排在离教师较远的位置。
8. 对差生力所能及的学习要求较少。
9. 与差生交流时不够友好，表现较少关注和反应，很少目光交流。
10. 对他们的问题给予更简短、不充分的答案。
11. 很少接受和采纳差生的观点。
12. 把差生限制在低水平、重复的课程上，以练习和实践任务为重点。

资料来源：Brophy，2004。

正如布罗菲指出的那样，一些差异的形成是由于学生的行为。例如，如果学生在讨论中的发言不相关或不正确，教师就很难接受和采纳他们的观点。此外，**恰当的适应个别差异的教学与不恰当的因材施教**两者间的概念区分总是模糊不清。向差生提一些简单些、不需分析的问题可能使教学有意义。但是，控制你参与这些行为的程度，以及思考传给差生或缺乏学习能力的学生的信息都很重要。如果你发现你有许多表 8—3 列举的行为，那么你可能"只是在敷衍差生，而没有认真帮助他们发掘潜力"（Brophy，2004，p. 129）。

对课堂中性别倾向的研究显示，教师会表现出表 8—3 所列举的一些行为，对女学生传达较低的期望（Sadker，Sadker，& Zittleman，2009）。因此，对你来说，重要的一点是，掌控好你与男女学生的互动比例，确保你不会向女生传递你无心表达的信息。

提升学生对成功价值的认识

回想一下，我们四位教师班里的学生都强调了教学具有刺激性的重要性。像一个学生写的一样："不是每一件事都有趣……但还是有一些教师能够使（材料）更为有趣和更具挑战性。"（见第一章）这个学生直观地理解了学习动机不仅依赖于对成功的期望，还依赖于学生对任务价值的理解以及对成功所带来的奖励的理解。还记得萨姆吗？不知道课程作业的价值，他几乎不愿付出任何努力，尽管他知道他能够成功。像萨姆这样的学生不可能对教师让他努力学习的劝告有所反应，对此，教师面临的挑战是找到方法说服他们，使其认为功课具有（1）**内在价值**（做这项功课能带来享受），（2）**实用价值**（做这项功课将促进个人目标的发展），或者（3）**成就价值**（做这项功课将肯定他们的自我观念或者满足他们对成绩、理解、掌握技能和赢得威信的需要）（Brophy，2004；Eccles & Wigfield，1985）。让我们思考一下教师能够用于提高学生对成功价值的认识的策略。

将课程与学生个人生活相联系

一项新教师激发策略的研究表明，如果教师提出完成任务的理由，并使课程与学生个人经历相联系，学生就会更多地参与课堂活动（Newby，1991）。遗憾的是，**这项研究还发现新教师只是偶尔使用这些"实用策略"。**

我们在阅读一份有关 7 年级教师试图解释为什么一个氧原子与两个氢原子结合时（Gordon，1997）想到了这项研究。班里的一个男孩杰西不觉得这有趣。然而，用两个 7 年级女孩被杰西吸引这件事为例解释该概念时，老师就能鼓励他的参与。戈登揶揄道，"有关性的比喻能立刻激起青少年的兴趣"，并能有效地引起他们的注意力和参与——"只要比喻是恰当和得体的"（Gorden，p.58）。提醒一句：尽量少用这类比喻，因为这类比喻有效的前提是：你的所有学生都是异性恋，而且觉得你的比喻有吸引力。

学生不是来自主流文化时，教师必须竭尽全力将学习内容与学生自身的文化相联系。这种做法不仅能够缩短两种文化之间的距离，也使学生能够依据自身的实际情况研究文化对象（Ladson-Billings，1994）。加利福尼亚一所多文化城市中学的两名英语教师提供了一个极具说服力的例子（Morrell & Duncan-Andrade，2002，2004）。他们认为街舞音乐可以作为"看似距离遥远的街道和学术世界的联结桥梁"。因此，两位老师使用街舞音乐培养那些成绩欠佳的 12 年级学生的批评和分析技巧。首先，他们把一些名诗和街舞歌曲成双配对；接着，把全班分成小组，每组配上一对诗歌和歌曲。学生们要解释诗歌和歌曲，并分析它们之间的关系。这一课程单元展示了拉德森-比林斯（Ladson-Billings，1994）所谓的**与文化相关的教学**的力量。

我们的四位教师很清楚将学习任务与学生生活联系起来的必要性。唐尼讲授百分数时，让学生进行了一个名为"购买你的第一辆汽车"的活动。学生们在小组里讨论他们选择的车究竟会花多少钱——这项任务涉及理解和使用利率公式，计算折旧费，了解底价和运输费用，计算出月度付款是否符合预算。弗雷德带着学生研究《权利法案》时，一起讨论了穿一件印有淫秽标语的 T 恤是否受言论自由的保护。考虑到实用性的必要，他说：

> 你不用每天都做，零星一点就能起到作用。教师总是不得不问："那又怎么样呢？这和我有什么关系？"我弟弟总是说："如果它不会让我变富或者变

穷，就别烦我。"我弟弟不是个好学生，所以我在讲任何知识时，都使用"我的弟弟鲍勃测试"。我问自己："那又能怎样？怎样才能让我的学生变得更富或者更穷？"

提供选择机会

保证学习活动与个人兴趣相关的最有效方法之一是提供选择机会。此外，调查表明，学生独立自主时，更有可能获得内在动力（Ryan & Deci, 2000），并与学校"黏合"（Roeser, Eccles, & Sameroff, 2000）。这种机会在初中尤为关键，在那时，学生们通常要面对比小学更多的教师控制，而分数则成了外在的奖励（Urdan & Schoenfelder, 2006）。在向初中过渡的阶段，老师可以在课堂上给学生一些自主权，来帮他们开发自主能力，激发他们追求挑战的行为。尽管规定课程和高风险的标准化测验阻碍了选择机会，但是学生通常有其他的方法来完成要求。想一下学生是否可以（1）参与学习活动的设计；（2）决定怎样完成任务；和/或者（3）决定什么时候完成任务（Stipek, 1993）。

在一项研究中，研究者就给学生提供的教育选择类型询问了 36 位教师（Flowerday & Schraw, 2000）。尽管选择类型因课程内容和年级不同而有所变化，但所有教师都赞同以下六种主要的选择类型：（1）学习的主题（研究论文的、课内项目的、课堂展示的）；（2）阅读材料（体裁、对作者的选择）；（3）评估方式（测验或最终项目）；（4）活动（读书报告，或者模型）；（5）交际安排（两人一组还是分成多人的小组，组员的选择）；（6）步骤的选择（何时参加测验，学习规定课题的顺序，何时交作业）。教师们还表达了自己的想法。他们认为选择可以增强学生的自主意识和自我决定的意识，提高他们的兴趣和热情，因而有助于激发学生的学习动机。

尽管有此想法，老师们还是倾向于把选择作为一种对学生努力学习和良好行为的奖励，而不是**激发学生努力学习和良好行为的策略**。因此，老师们往往会把选择给予那些自我调节能力良好的学生。很容易理解老师们为何会把选择给予那些有责任心、有进取心和行为良好的学生。（这当然是更为保险的做法！）可如果我们不把选择视为一种奖励，而是看作一种激发动机的策略，我们会看到，这一策略对萨姆这样的学生来说将更为有效。

把选择融入课程的方法不止一种。为准备州中学毕业测验，克里斯蒂娜的学生不得不完成各种各样的写作任务，如一封劝告信，或者对有争议的话题做评论，写作原因/结果短文和解决问题的短文，但学生通常为所有写作选择他们自己的主题。弗雷德的学生就历史人物做报告时，弗雷德会指导他们选择一个最像他们的人物（或者他们自己想成为的人物）。唐尼鼓励学生在小组里"集思广益"，以解决最棘手的问题——他们随后要复习的内容。有时，四位教师都允许学生在做合作作业时自由组合。

做对学习感兴趣的榜样，表达对学习的热情

为了帮助学生保持学习兴趣，你自己充当好学的榜样很重要。你可以告诉学生你正参加的课程，你正在读的书，或者你继续学习的其他方式。我们在教授大学预科时，都向学生表明我们在假期旅程中学到了什么，或者我们为这些旅程做了什么

准备，比如学一门外语，或者学会戴着呼吸器潜水。初高中老师对他们的内容区块通常非常热心，因此，你可以让学生清楚你在做什么，来使自己的学术研究与时俱进。

研究显示，当教师自己就是好学的榜样时，学生们会感觉课堂学习是以掌握内容而不是获得分数为重点（Urdan & Schoenfelder，2006）。克里斯蒂娜经常提及她对阅读的热爱和她写诗的情况。唐尼向学生提出涉及许多技巧和步骤的问题时，常常告诉他们："我喜欢这样的问题！这太有意思了！"桑迪也以类似的方式经常高声感慨："这是化学中我最喜欢的部分。"这话通常让学生闪动着眼睛回答道："噢，K 夫人，**任何东西**都是你最喜欢的部分！"弗雷德要介绍一个很难的概念时，他就会宣布："现在听我说，大多数美国人根本不理解这个概念，他们一点儿门都摸不着。但它确实非常重要，我希望你们理解。"

纳入新颖/多样性的因素

在唐尼的观摩课上，我们看到她介绍"今天的挑战问题"。唐尼分发一美元钞票的复印件，并让学生算出如果把它们首尾相连地排列起来，需要多少张面值一美元的钞票才能达到一英里长。复印的美元自然能引起学生的热情。在弗雷德的观摩课上，为了更好地告诉学生如何做出更理智、更道德的选择，他也用到了钱。他在过道上走，把一张五美元的钞票放在一个空椅子上，然后转向坐在下个座位的女孩说："你可以把它放进口袋里，走出门，去麦当劳，对不对？拿着钱跑掉。那是当然可能的，但是那样做对吗？"

在克里斯蒂娜的基本技能课上，我们看到学生阅读和讨论雷·布雷德伯里（Ray Bradbury）的《火星人编年史》（*The Martian Chronicles*）。然后，克里斯蒂娜解释怎样给主要事件做图解。很显然，她在课业中开展这种艺术活动，不仅增强了学生对故事的理解，也引起了他们巨大的兴趣。

给予学生积极响应的机会

经常是教师走来走去地讲，学生消极地坐在那里听。相反，我们的四位教师把课程安排得便于让学生积极参与。当弗雷德的学生在政治与法律教育原理课上学习司法体系时，他们进行模拟审判。在克里斯蒂娜的课上，许多学生报怨非常不喜欢诗歌，克里斯蒂娜便努力以一种令人难忘而个性化的方式让学生体验诗歌。她把学生分成小组，设计一堂使每个学生都参与其中的诗歌课：（1）写一首诗并使用一种特别的文学修辞方法（例如典故、隐喻、明喻、讽刺、头韵、尾韵等）。（2）研究一首诗。指导学生以《死亡诗社》中的基廷先生（罗宾·威廉斯饰演的人物）为范本，鼓励学生设计一堂"吸引感觉"的课，就"像许多诗歌参加的游戏或运动会"，并要求学生"站起来，走来走去"。例如，一个小组设计了一个觅物游戏，然后解释该游戏与爱伦·坡的诗歌《埃尔多拉多》的联系。

允许学生创造成品

过多的学校时间用于练习、训练和实践。学生练习写作，但很少全面地写；他们练习阅读技巧，但很少连贯地读；他们练习数学步骤，但很少做真正的数学题。创造成品能赋予任务意义和目的，并能增强学生的学习动机。

因为猛烈的暴风雪，学校停课七天，行政官员竭力想办法弥补损失的时间。弗雷德便组织学生给州官员写信提出不同的建议。因为任务是**真实的**，信件必须能够邮寄，这样的动力远远大于练习册上的商务信件写作练习。同样，桑迪的实验课也不是根据规定步骤得出既定结论的简单练习，而是对真实问题进行的真实调查。

作为多体裁项目的入门，克里斯蒂娜的学生创作少儿读物。首先，亲子班的教师耐心地讲解了怎样给孩子们写书（例如，多少人物比较合适，虚幻的主题还是与孩子个人经历接近的主题最合适，使用简单词汇的重要性）。然后学生们开始创作并相互校正和修改。他们互相朗读，从每个班里选出六本送到艺术班，配以插图和封面。戏剧班也参与进来，他们选出其中的四本表演给中学 1 年级的学生看。

为学生提供相互交流的机会

四位教师都确信，如果允许学生一起工作能够增进他们的动机（和学习）。他们为学生提供了许多相互交流的机会（这个主题将在第十章进一步论述）。

有时，需要认真地分组，有时则可随机。例如，一天，我们看到唐尼洗了一副纸牌（必须承认她从没学过怎么把纸牌洗好），绕着教室让每个学生抽出一张。然后，让学生站起来找到和自己纸牌数目相同的人。学生们找到自己的同伴后，她接着解释小组学习的规则。

给予外在奖励

一些高效的课堂管理者发现，奖励学生有利于学习的行为（如专注和参与）和已取得的良好成绩大有裨益。在课堂中使用奖励的方法是建立在心理学**积极强化**原则的基础之上的：受奖励的行为得到加强并有可能重复出现。尽管奖励不能提升学生对行为或任务价值的认识，但是它们将行为表现或成功完成课业与令人满意的结果建立了联系。

奖励可分为三类：社会奖励、活动奖励和有形奖励。**社会奖励**是你承认和欣赏学生行为或成绩所做出的口头或非口头的表示。拍一下后背、一个微笑、竖一下拇指——这都是常用的社会奖励，所费无多，随时可用。

表扬也能起到社会奖励的作用。为达到有效的目的，表扬必须**具体而真诚**。不是一句简单的"好文章"，你可以试着说："你的文章表明你已经牢牢掌握了隐喻和明喻的区别。"不是说："你今早真棒。"你可以试着说："你走进教室，摘下棒球帽，马上拿出笔记本的样子棒极了。"表达明确能使你的表扬提供更多的信息，也能帮助你避免一次次地使用迅速失去影响力的陈词滥调（例如"做得不错"）。如果用于增强影响力，表扬也应该**随着强调行为的不同而有所变化**。换句话说，只有在行为出现时，才能给予表扬，让学生明确表扬的是什么。

> 唐尼分发实验工作表，要求学生画一个平行四边形，并通过五项活动"发现"图形的性质。她强调，学生应该在每项活动之后写下他们的发现，然后得出最终结论。学生开始活动时，她在教室里走动，提供帮助，纠正错误，加以鼓励并进行评价。看到莎内卡的纸张时，唐尼对她说："莎内卡，你是按要求进行的，在学习的同时写出了答案。"

除了拍拍后背和口头表扬，一些教师使用更为正式的方法认可成绩、进步和合作。例如，他们展示学生的作业，颁发奖励证书，提名学生为年终校极奖励候选人，或者将学生评为"本周最佳学生"。不管使用哪种方法，注意不要因为公开认可令学生难堪。正如桑迪在第三章提醒我们的那样，中学生通常不喜欢在同学中太显眼。此外，一些学生的文化背景更欣赏集体而不是个人的成绩，对这种学生的公开认可也许会让他们感到尴尬（Trumbull，Rothstein-Fisch，Greenfield，& Quiroz，2001）。

除了社会奖励外，教师有时会用**特殊活动**作为对良好行为和成绩的奖励。在中学，看一场录像（吃着爆米花），听听音乐，享受一段自由时间，或者晚上不用写作业，都是很好的奖励。确定采用哪种活动作为奖励时，要认真听取学生的意见。如果他们想听音乐或者开个爆米花晚会，你就能确定那些活动可以成为一种奖励（至少对一部分学生来说是如此）。观察学生在课余时间进行什么活动，例如，他们读杂志了吗？和朋友聊天了吗？画画了吗？这些也可列入备选方案。

最后，教师可以使用**有形的物质奖励**来鼓励良好行为——曲奇饼、糖果、钥匙链、铅笔——尽管这样的奖励小学比中学要用得多。例如，唐尼去打折超市买了一大袋糖果放在讲桌后面的储藏柜里，学生表现好时，她就出其不意地拿出多滋乐糖果分给学生。同样，学生复习一些枯燥的事实性知识准备考试时，弗雷德也会奖励他们。他让学生做词汇宾果游戏，告诉他们："我口袋里有两个为获胜者准备的奖品——两张免费去夏威夷度假的机票和一块糖，你将得到我先从口袋里掏出来的那个。"弗雷德还时常用糖果表示他对良好行为的欣赏，正如他所说的：

> 如果一个人从未让我伤心过，我会不由自主地报以慷慨的行为。我会说："拿着！"送给他们一块糖或者一包甜果馅饼。这太令人吃惊了，孩子们会因为一小块糖而发狂。

奖励的问题

给予外在奖励的做法已经成为众多争论的焦点。一种反对意见认为，给学生有形的奖励以换取良好的行为和学习成绩无异于行贿。持这种观点的人认为，学生应该为了自身的利益做出适宜的行为和参加适宜的活动：进行课堂活动时，他们应该保持安静，因为那是一种社会责任；他们应该完成作业，练习课堂上学到的技巧；他们应该学习西班牙语的动词变位，因为他们需要知道。另一些教育者承认内在动机的好处，但认为在不可能完全随心所欲的情况下，不可避免地要使用奖励的办法。甚至理查德·瑞安和爱德华·德西这两位坚持独立自主重要性的心理学家也承认，教师"不可能完全依赖内在动机鼓励学习"，因为"许多教育者想让学生完成的任务本身并不有趣或者令人愉悦"（Ryan & Deci，2000，p.55）。

另一种反对意见认为，奖励其实是试图控制和操纵他人。分发奖品时，实际上是说"做这件工作，你就会得到它"——一种类似于训练宠物的方法。《为奖励所惩罚：金星的烦恼、奖金计划、A级、表扬和其他贿赂》（*Punished by Rewards：The Trouble with Gold Stars，Incentive Plans，A's，Praise，and Other Bribes*）的作者阿尔菲·科恩坚持认为，奖励和惩罚是"一枚硬币的两面"（Kohn，1993，p.50）。尽管奖励肯定更加令人愉悦，但也具有"与惩罚完全一样的控制力"（p.51）。根据科恩的说法，如果我们想让学生成为自律、负责和充满爱心的人，必须放弃外部控制的做法，在充满关爱的课堂环境中为学生创造发展能力、进行交际和培养自主能力的机会。更多有关科恩工作的信息见专栏8—1。

专栏 8—1　　　　　　会见教育家

见见阿尔菲·科恩

阿尔菲·科恩的作品广泛涉及教育、养育和人类行为。他经常就如下主题进行演讲，如"更严格标准"的严重影响，用 A 级、表扬、小贴纸和竞赛来"贿赂"学生学习，反对竞争的案例，教孩子关心别人，以及家庭作业的神话。《时代周刊》称科恩为"很可能是我们国家最直言不讳地反对以分数评判教育的批评家"。

关于学习动机的主要想法

● "怎样才能激发这些孩子的学习动机？"这个问题反映出一种"控制模式"，外部控制扼杀学习动机（Kohn，1993，p. 199）。

● 奖励真的能激发人们的动机吗？当然可以，奖励激发人们争取奖励的动机（p. 67）。

● 竭尽全力想赢得奖励的人，与不这样想的人相比，往往工作完成得更加糟糕。就像惩罚一样，奖励是一种控制的形式，就是为了能让人顺从。

● 相反，3C 原则为激发"真实的动机"创造了条件：**合作**（collaboration，一起学习）、**内容**（content，值得学习的东西）、**选择**（choice，教室里的自治权利）。当学习活动与学生的兴趣、疑问和真正关心的问题建立联系，并有机会合作完成时，当他们能够共同决定学什么和怎么学时，奖励就变得可有可无了。

著作与文章

The Homework Myth：Why Our Kids Get Too Much of a Bad Thing（Da Capo Press，2006）

The Case Against Standardized Testing：Raising the Scores，Ruining the Schools（Heinemann，2000）

The Schools Our Children Deserve：Moving Beyond Traditional Classrooms and "Tougher Standards"（Houghton Mifflin，1999）

Beyond Discipline：From Compliance to Community（Association for Supervision and Curriculum Development，1996/2006）

Punished by Rewards：The Trouble with Gold Stars，Incentive Plans，A's，Praise，and Other Bribes（1993/1999）

网址：www.alfiekohn.org。

另一个主要的担忧是，奖励学生的某种行为实际上**破坏了他们行为的内在动机**。马克·莱珀等人（Lepper，Greene，& Nisbett，1973）进行的一项颇具影响的研究对此问题有所探讨。首先，研究者识别出在自由活动时对绘画特别感兴趣的学龄前儿童，然后与这些孩子单独见面。一些孩子只是被叫去画画（"无奖励"研究对象）。另一些孩子知道画完后能得到"好画家"奖励（"预期奖励"研究对象）。还有一些孩子被叫去画画，结束时会得到意外的奖励（"意外奖励"研究对象）。随后在自由活动中的调查显示，提前知道会得到奖励的孩子只有一半参加了随后的美术活动，其他两组的孩子没有什么变化。

这一研究激发了大量对外在奖励潜在负面影响的调查。尽管结果并不完全一致，但调查者得出这样的结论：**学生进行本身就很有趣的活动时得到奖励，会减弱他们继续参与活动的兴趣**。通常对这个结果的解释是**过度辩护假说**，即受到奖励的人认为，既然他们为此受到奖励（比如，提供额外的辩护），那么任务必定是乏味而无趣的。换言之，以前觉得是"游戏"活动，现在则被看成是"功课"（Reeve，2006）。另一种解释集中于外在奖励与自主能力和自我决定的需求相冲突的可能性。这种解释认为，如果学生认为奖励是以控制他们的行为为目的的，那么，他们做功课的兴趣会随之减少。

暂停与思考

受到 NCLB 法条的影响，全国各地的学校都在尽力提高出勤率，他们向学生提供一些赢得汽车、电脑、音乐播放器、疯狂购物、食品，甚至是一个月住房租金的机会（Belluck，2006）。刚刚读过提供外在奖励这一部分的内容，你对这种做法作何评价？你认为这样的奖励能够提高出勤率吗？

外在奖励对内在动机的不利影响已经发现，并且会继续得到热烈的讨论。事实上，另一项研究（Cameron，2001；Cameron，Banko，& Pierce，2001；Cameron & Pierce，1994；Deci，Koestner，& Ryan，1999，2001）已对预期的有形奖励的影响得出了相反的结论。根据其结果，完全可以说："如果你们正确完成任务，就能得到学校商店学期末的优惠券。"（根据完成情况和表现水平奖励）但是**不能**说："完成任务，你会得到学校商店学期末的优惠券。"（无根据的奖励，Cameron，2001）相反，其他研究者认为，"因为参与、完成或者表现良好而期望得到有形奖励"对内在动机是**完全**有害的（Deci，Koestner，& Ryan，1999，p.656；2001）。在口头表扬和意外有形奖励方面，两者是一致的：两组调查者都得出结论，认为口头奖励能增强内在动机，意外的有形奖励没有负面影响。此外，多数研究者认为，当学生对功课的兴趣较低时，外在奖励对激发内在动力有所帮助（Williams & Stockdale，2004）。例如，你在讲授西班牙语的动词变位——这是中学生普遍缺乏兴趣的一门课，随着学生逐渐认识到学好变位对完成写作和阅读作业的意义，在开课之初给学会变位的学生以奖励的做法便被逐步淘汰了。

目前，谨慎使用外在奖励是妥当的做法。思考课堂奖励方法时，记住以下实用贴士中的建议。

 实用贴士

使用奖励

● **使用口头奖励增强参与学习任务的内在动机**。很明显，表扬对学生的内在动机具有积极影响。但是记住，青少年受到公开表扬时会感到不好意思，而且他们善于察觉虚假的表扬。为了起作用，表扬应该具体、真诚，并以你强调的行为为根据。

● **对学生不喜欢的活动给予外在奖励**。如果学生喜欢一项任务，就没必要提供有形奖励。对学生可能感到乏味和厌恶的活动提供外在奖励。

在任务完成之后，出其不意地提供有形奖励。这样，学生更有可能把奖励看成是对他们任务表现的反馈和教师满意的表现，而不是控制他们行为的企图。

- **特别小心地使用预期的有形奖励。** 如果你选择使用，确定以任务的完成或者达到一定的表现水平为根据。如果不考虑学生的表现，仅因为参与了任务就给予奖励，他们很可能在没有奖励的时候就不花那么多时间去做了。
- **确保选择学生喜欢的奖励。** 你可能认为动物贴纸很不错，但是中学生可能并不喜欢，他们的行为也就不会因此得以加强。
- **简化奖励方法。** 详细的奖励方法是不可能在复杂的课堂环境中得以持续的。方法越新奇，越有可能无法执行。此外，如果奖励过于突出，就会在一定程度上掩盖行为的内在原因，学生会热心于收集、计算和比较奖励，以至于忽略了行为本身的意义和价值。

有效激励成绩差、有不满情绪的学生

在《从混乱中构建团体》（*Building Community from Chaos*，1994）一书中，俄勒冈州波特兰市一名中学教师琳达·克里斯滕森生动地描述了在激发毫无学习兴趣的学生的学习动力时遇到的挑战。克里斯滕森讲述了她的第四节高中英语跟踪课，上这门课的大多数学生没有达到毕业的学分，满怀气愤和情绪，认为英语课是浪费时间，明确表示不要"工作表、组合句子、阅读和讨论小说，写'我们根本不关心的素材'"（p. 51）。克里斯滕森知道必须吸引他们，"因为他们喧闹、不守纪律、脱离控制"（p. 51），但她不知道该怎么做。最后，她决定使用麦康（Ruthann Lum McCunn）的小说《一千块金子》（*Thousand Pieces of Gold*），这是她上大学时当代文学与社会课程的必读书：

> 学生并不因为这本书而兴奋，实际上他们没读。我设计了90分钟的课程阅读和写作对话日志，但是只有几个学生准备了。大多数学生没有读，很明显也没有计划，但他们甚至不愿撒个谎。
>
> 为了使他们对小说产生兴趣，我大声朗读了其中能唤起同情心的一段：丢掉工作，以及最终失去亲人的愤怒使陈变成了法外之徒。学生们突然从中看到了自己的生活。陈与一群强盗组建了新的家庭。学生们可能说：陈是犯罪团伙的一员。我意外地发现了激发学生兴趣的方法——暴力创造了文学与学生生活的结合点。
>
> 这种联系，这种跨越文化、时间和性别的影响，挑战了学生以前持有的观点——阅读和讨论小说与他们毫不相关。他们可能理解了书中人物的境遇，也发现了自己生活中的问题。（pp. 51-52）

克里斯滕森的故事表明，当学生感觉不满、无动于衷或心怀抵触时，找到激发他们动力的方法尤其令人望而生畏。这种学生认为学习任务毫无意义，不愿意参与，即使知道自己能做好。有的可能担心，学校教育会"把他们变成自己不喜欢的样子"（p. 205）。这种担心在非裔美国学生和其他有色人种学生身上尤为明显，这些学生把学业成绩等同于"假装白人"。在20多年前发表的一篇颇有影响的论文里，人类学家描述非裔学生如何聪明地在自己的学业成绩上"踩刹车"，他们或者不学习、不做作业，或者翘课、迟到，或者不参与课堂活动（Fordham & Ogbu，1986）。毫不奇怪，"假装白人"的现象从此成了人们热议的话题，最近的一项研究

(Fryer，2006）也提供了支持这种现象的观察证据。

激发有抵制情绪的、学习潜能尚未发掘的，或者缺乏兴趣的学生需要"再社会化"（Brophy，2004，p. 307）。这意味着以更加持续、系统和个性化的方法使用本章介绍的策略。在这方面，外在奖励可能尤其有益。引导学生参与他们最初觉得乏味或者毫不相关的任务，"至少有一个机会"培养学生实实在在的兴趣（Hidi & Harackiewicz，2000，p. 159）。

再社会化还意味着要把对学生的高期望和实现这些期望所需的鼓励与支持结合起来——简言之，要向学生显示，你既把他们当作学生，也把它们当作人来关心。我们在本书第三章提到过，关于学生对学校和老师的认识有大量的研究（见Hoy & Weinstein，2006）。这种研究始终表明，当学生觉得老师对他们富于爱心，能给予支持时，他们的学习动力更能激发出来，会积极参与课堂活动，行为更加亲近社会，有责任感（如，Murdock & Miller，2003；Ryan & Patrick，2001；Wentzel，1997，1998，2006）。

教师的关爱对不合群的、被边缘化的和有学业失败风险的学生尤其重要。例如，安妮·洛克·戴维森访问了49名来自多种不同社会经济、文化与学业背景的学生。资料显示，学生们不仅偏爱和感激对他们身心健康表示关心的老师，而且愿意用专注和善意来回报这样的老师。那些"受辱"的学生反应尤其明显，他们面临"社会边界"——就价值观、信仰和预期行为方式而言，他们的学习环境（学校）和社会环境（家和社区）之间存在差异。一个学生在描述激发学生学业进步的温迪·阿什顿老师时，这样说道："她不会奚落你，她会和你谈话，然后走开。'是啊，你知道我爱你，我希望你能有所成就，所以，不要在班上胡闹了。'"（Davidson，1999，p. 361）戴维森认为，没有面临社会边界的学生也许更能接受相对疏远和人情味淡薄的老师，因为这些学生在根本上把学校看成一个机构；当学生面临导致疏离感和边缘化的社会差异时，教师的专注、支持和尊重就显得至关重要。

就像对温迪·阿什顿的评价所揭示的那样，这种关爱不是让老师"热情而含糊"，而是让老师做一个"热情的要求者"——给那些在心理和身体上遭受社会的抛弃的孩子提供一个"严格的、严肃的、有组织的、有纪律的"课堂环境（Irvine & Fraser，1998，p. 56）。研究者在为期三年的研究中，在两个生源多样化的城区找到了一些这样的老师。两个城区都在竭尽全力弥合低收入家庭和高收入家庭孩子在学业成绩上的巨大差距。研究者访问了家长、学生、教师和官员，在每个学校都参观了每个年级抽样教师的教室。观察和访谈使他们发现了一些**根本就拒绝让学生失败**的老师。其中一位老师是富兰克林夫人，是位6年级非裔老师，她所在学校的多数学生是有色人种孩子。富兰克林夫人认为，太多老师对学生失望，对他们也不抱太多希望。她这样说："孩子们不是问题，而家长们却是找借口的人。"（Corbett，Wilson，& Williams，2005，p. 9）富兰克林夫人不为学生做得不好找任何借口。她评分的策略是：得到C以下的作业必须重做。有意思的是，对学生的访谈显示，学生们不是憎恨，而是欣赏这种严格的评分方式。正如一个学生说的："我们老师从来不让学生的成绩停留在D或者E上；她不会让我们溜过去。她教育我们。别的老师不关心你做什么，只要你及格，他们就会放行。在这里，我得让我自己过得去。"（p. 10）

总结评论

不久前，一位教育心理学教授谈论说，如果未来的教师清楚如何激发学生的学习动机，那就没有必要学习课堂管理。尽管我们觉得这种言论甚为天真、不切实际，但我们明白，也同意其预设的前提，即对手头的课业充满兴趣、全心投入的同学不大可能做白日梦，打扰别人，或者公然反抗。换言之，管理和动机是紧密相连的。

在思考提高对学生的成功预期以及他们心中的任务价值时，不要忘了激发学生动机不是偶然为之的。弗雷德主张"我该如何激发学生动机"应该是每次课程计划的组成部分时，也强调了这一点。幸运的是，本章讨论的激发学生学习动机的策略与当前对良好教学的思考是一致的：强调学生的积极参与、互相合作的小组学习和不同评价手段的使用（Brophy，2004）。

最后，记住第三章关于创建更为安全和关爱的课堂环境的建议。正如我们强调的那样，学生觉得教师关心他们时，会更有动力。用布罗菲的话说就是："通过与每个学生建立富有成效的联系，你将成为最有力的激发工具。"（Brophy，2004，p. 380）

小　结

尽管教师有责任激发学生的动机，但本章开篇便质疑了"好老师要让学习有趣"这种观点。考虑到中学课堂的各种制约因素——强制出勤必修课程，约束个性的班级规模以及对利害攸关的标准化测验的恐惧，这一目标显得不现实，也不恰当。更为恰当现实的目标是激发学生的**学习动机**，这样学生们积极参与学习活动，是因为他们觉得有意义、有价值。

期望×价值模式

- 动力的产生依赖于：
  学生对成功的期望。
  他们对任务价值的认识（或者课业将带来的奖励）。
- 任何一种因素缺失，就不会产生动机。

五花八门的激励策略

- 提供成功机会。
- 教学生制定合理目标及评价自身表现。
- 帮助学生认识努力与成果的关系。
- 提供信息反馈。
- 给予气馁的学生特殊的动力支持。

提升学生对成功价值的认识

- 将课程与学生的个人生活相联系。
- 提供选择机会。
- 做对学习感兴趣的榜样，表达对学习的热情。

- 纳入新颖/多样性的因素。
- 给予学生积极响应的机会。
- 允许学生创造成品。
- 为学生提供相互交流的机会。
- 给予外在奖励：

记住不同种类的奖励：社会奖励、活动奖励、有形奖励。

要注意，学生进行本身就很有趣的活动时得到奖励，会减弱他们继续进行活动的兴趣。

仔细考虑何时何地使用奖励。

有效激励成绩差、有不满情绪的学生

- 如果有色人种的孩子努力在学业上有所作为，那么要敏感地意识到，他们担心人们指责他们"假装白人"。
- 要认识到，应该让无动于衷、心怀抵触的学生知道你关心他们。对学生心目中的"好老师"的研究显示，他们希望老师确保他们做作业，维护班级秩序，愿意帮助他们，把作业解释得清楚明了，教学方法随时变化，并且花时间把他们当作人来了解。
- 使用本章描述的策略，以更加持久和更有条理的方式来展示你的关爱。

努力让学生参与学习活动，你便可以避免很多因学生厌倦和沮丧而产生的管理问题。管理与动机是紧密相连的。

技巧培养活动与反思

课上活动

1. 在下面的两篇短文中，教师对课堂活动进行了说明。小组讨论他们使学生参与计划、指导、创造或者评价的方法。

　　a. 彼得斯夫人感觉7年级有关民间故事的一个课程单元可以改写成剧本。她选择了保罗·班扬和佩科斯·比尔的故事。彼得斯夫人分配角色、指派学生画布景时，学生们都很兴奋。彼得斯夫人写好剧本，让学生们拿回家背诵台词。她要求家长们帮助做演出服。排练三周之后，他们为小学生和家长们进行了表演。

　　b. 威尔金斯先生希望10年级的世界文明课程能帮助学生了解远古文明。他布置了一个分为五个部分的研究课题。学生要研究四大文明（埃及文明、美索不达米亚文明、印度河文明和商文明）；写著名考古学家霍华德·卡特的传记；描述三个金字塔（阶梯金字塔、大金字塔、塞索斯特里斯二世的金字塔）；概述五个国王的统治（汉谟拉比、图特摩斯三世、拉美西斯二世、大卫王、尼布甲尼撒）；制作一个金字塔模型。他给学生们四周的时间完成任务，然后收上来打分，并在学校图书馆展览。

2. 根据学科（例如英语、世界语、数学、科学）进行小组学习，在你的教学内容范围内选择主题并设计课程或者活动，至少使用两种增强感知价值的策略。

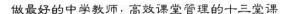
独立活动

采访一位有经验、讲效率的教师，探讨他/她认为对那些不满意、有抵制情绪的学生最有效的激发策略。

载入档案袋

在你的教学内容范围内设计"倾斜绳子任务"，让学习成绩不同的学生体验成功。例如，任务可在复杂性方面有所不同；任务可以是开放性的，答案不唯一的；要求使用不同的参考材料；或者允许学生选择不同方式表明他们的理解程度（例如报告、海报或者角色表演）。（使用本章中尹先生的例子。）

第九章

独立作业的管理

独立作业的缺陷
有效独立作业的设计和实施
总结评论
小结
技巧培养活动与反思

独立作业是一种常见的中学教学活动。（有人会说它**太**常见了，我们一会儿会讨论这一观点。）

学生们按要求在座位上用手头的材料做作业，老师可以自由地监督整个班级——观察学生的表现，提供支持和反馈，参与小型的讨论会，并让学生为家庭作业做准备。独立作业通常能够给学生提供练习或复习以前所学过内容的机会。例如，在"直接指导"或"明确教学"（Rosenshine，1986）中，老师复习以前学过的内容，分步骤讲解新内容，并给学生练习的机会，首先在指导之下练习（有指导的练习），然后再独立地练习（独立练习）。

老实说，本章的内容还不尽完善。独立作业也叫**课堂作业**，而这个词则有一层负面含义，尤其是对那些强调学生积极参与和合作的教育者来说。事实上，和唐尼、桑迪、弗雷德和克里斯蒂娜座谈时，我们已经发现在这个问题上有着很大的分歧。一方面，弗雷德认为课堂作业很有价值：

> 我用课堂作业给孩子们机会来进行技巧练习，如作出预测、有效的推论和总结……得益于大量练习的这些智力技能，就像网球中的反手击球一样。如果我有 27 个学生在课上做作业，我就能四处查看，及时发现他们在做什么，给予个别评判，如果他们有问题还能及时发现。如果是家庭作业，我就不能给每个人这么及时和个性化的反馈。

另一方面，桑迪持非常激烈的反对态度。"我讨厌课堂作业，"她说，"就我而言，这不过是浪费时间。"同样，唐尼也说她从没布置过课堂作业。而且的确，我们经常看见她使用直接指导模式，先检查家庭作业，然后引出新课的一小部分，再让学生做一两个问题，同时她在教室里巡视。唐尼承认，她使用"有指导的练习"，但这并不是课堂作业：

这不像在小学，你有不同的读书小组，你必须想办法让孩子们忙碌很长一段时间，以便自己可以跟小组一起工作。我的大多数指导都是和整个班级一起进行的，因此就没必要让所有的学生都安静地坐在那里写作业。

最后，克里斯蒂娜承认了这其中存在的矛盾。她承认，每次她听到**课堂作业**这个词，就会想到"坐在桌子后面改作业，写课堂计划，甚至读报纸的糟糕老师，而学生则坐在座位上，安静地完成枯燥的作业"。但是她也承认，独立作业有时非常管用：

> 实际上，我需要有和个别学生谈话的机会，这时候我需要班上的其他学生做些有意义的事情。或者我可能会想让学生在课堂上做些什么，这样我就不用再给他们留附加的家庭作业了（尤其是当他们正在做一项长期作业时）。或者当我希望能对作业做一些引导，再做一些交互式的活动时，我就会布置课堂作业，而不是家庭作业。但是我对课堂作业很敏感，总是问自己："这个工作需要在课堂上做吗？还是应该回家做？"

我们讨论、解释并且分享了有关课堂作业的糟糕之处和有用之处的各种趣事。最后，我们意识到，我们的看法没有原则上的分歧。我们都同意，老师有时需要布置作业，由或不由老师严密监督。我们也同意，课堂作业不意味着绝对安静；事实上，所有老师都坚持认为应该允许学生互相帮助。但是我们也同意，课堂作业常常都会很忙碌，会持续很长时间，而且很多老师会用它来取代积极教学。正如唐尼所说的："一些老师认为课堂作业是'整堂课给学生点事情做，这样我就可以做些别的事'。他们会教10分钟，然后让学生做30分钟的课堂作业，自己则坐下来。这不是课堂作业，而是一堂自习课。"

> ### 暂停与思考
>
> **课堂作业**一词含有否定含义，而是否布置课堂作业经常引起争论。当你还是学生时，写课堂作业的经历如何？你认为班级里会出现什么类型的课堂作业？有人认为课堂作业是"无法避免的灾难"，你有何想法？

本章先讨论滥用独立作业时出现的一些问题——这时老师没有反思怎样布置作业，以便对学生来说合适且有意义。然后我们会考虑唐尼、桑迪、弗雷德和克里斯蒂娜所使用的方法，他们努力想要避免（或者至少让这些问题最小化）把大量的时间花在课堂作业上，而是为你提供一种对课堂作业的思考方式，以便更好地决定什么时候布置课堂作业，怎样布置课堂作业。在全部的讨论中，两个术语——**独立作业**和**课堂作业**——会交替使用。

独立作业的缺陷

正如克里斯蒂娜指出的那样，**课堂作业**这个词使人想起这样一幅图画——无聊、被动的学生做着重复、单调的作业，而老师则坐在桌子后面批改作业或是读报纸。考虑一下下面典型课堂作业环境的描述。这是罗伯特·艾弗哈特观察到的——他花了两年时间在一所高中指导现场工作——这个场面出现在马西老师的英语课上，课程内容是学习商务信函的格式。

首先，马西让学生们翻到他们语法书上商务信函这一章，读这一部分。五分钟后，马西问学生们："多少人没读完？"开始大概有1/3的学生举起了手。罗伊——跟我一起坐在后排——用胳膊肘碰了碰约翰。约翰大声说："我没读完。"

"我也没读完。"罗伊补充说，笑了。不用说，他们都读完了。我看见他们几分钟前就合上了书，然后开始来回传一本《疯狂》杂志。

"好，我再给你们几分钟，但是请快一点。"马西说。那些没读完的继续读，而其他学生开始做不同的事情：望着窗外，乱写乱画，或者从他们的钱包里拿出照片看。然后罗伊从课桌下面拿出了一本《自行车》杂志，开始翻看。几分钟后，马西走到黑板前，开始概述商务信函的结构。

"好，我们首先要做的是写上回复地址——在哪里，同学们？"

"在纸上。"一个缩在座位上，轻轻拍打铅笔的男生说。

"好，很可笑，这是当然的。在什么其他的地方？"

"在纸的正面。"

"同学们，认真一点！你把回复地址写在哪儿？拉里？"

(Everhart，1983，p. 47)

马西最后完成了对信件格式的描述和解释。然后她让学生写自己的商务信函，下个周末交。今天，他们要写第一段：

大约十分钟以后，马西问道："有多少人没写完这一段？"大概六个学生举起了手。"好，我再给你们几分钟写完。其他同学请把你们所写的段落读给别人听，因为我想让你们明天在课上读给大家听，你自己必须清楚，如果你自己都不清楚，其他同学明天也不会明白。"

一个坐在教室后面的学生似乎有点吃惊。"嘿，你刚才没说要把信读给全班同学听。"

"对，我也不想在全班同学面前读。"菲尔补充道。

马西双手叉腰，断然地说："现在继续，同学们，你们都想把作业做好，在上交作业、打分之前，你们还有机会练习和修改。我相信你们都想得A。"大多数学生都发出了笑声，马西也笑了。

"我不在乎。"我听到一个女孩小声说。

"就是，我也不在乎，我只要把这个愚蠢的东西做完就行。"

说完这些，唐转向阿特说："嘿，阿特，你的信上写了什么？"

"我给大象橡皮公司写信，抱怨他们的橡皮太小了。"

"哇！"罗恩答道。

"但是我不想写这封信。马西要发怒了。"

"肯定的。"阿特说。

学生们继续说话。最后，马西从座位上站起来说："同学们，快点做，不然有人就得在放学后留下来。"(Everhart，1983，p. 48)

对这件事的分析让我们看到经常与课堂作业联系在一起的五个问题（这在表9—1中做了总结）。第一，很明显**作业对于学生来说没有意义**。唐把这叫作"愚蠢的东西"，阿特用大象橡皮公司开玩笑，而一个不知名的女孩小声说她不在乎是否得A。用弗雷德的话说，马西让学生做的是"垃圾作业"，坏了课堂作业的名声，不仅浪费了宝贵的学习时间，而且也会引起厌倦、疏远和不当行为。很显然，如果学生不理解课堂作业的价值，他们就不太可能投入精力。这时，老师就只能用留堂或者分数等外部刺激来威胁学生了。回忆一下马西的话。首先她对学生说："我相信你们都想得 A。"然后她又警告说："同学们，快点做，不然有人就得在放学后留下来。"

表 9—1 课堂作业的问题

很常见：
1. 作业没有意义，没有教育意义，或者没有激励作用。
2. 作业和学生的学习水平不相符。
3. 指示不够清楚完整。
4. 老师没有巡视，也没有监督学生的理解程度和举动。
5. 一些学生早早做完，而其他人还没有做完。

第二，看起来马西布置的作业不适应学生不同的学习水平。对于一些学生来说，阅读作业好像太容易，他们很快就读完了，开始乱画，看窗外发呆和靠读杂志来打发时间。其他人又觉得阅读有点难，需要"再多读几分钟"。同样地，十分钟写一段话对于大多数学生来说，不是一件很难的事情，但是六个学生在马西检查进度的时候表示，他们没有写完。（当然，也可能是他们在浪费时间。）

布置不适合学生水平的作业是卡罗林·埃弗森和艾德·埃默所做的研究中低效管理者的典型行为（Evertson & Emmer, 1982；见第四章对此项研究的具体描述）。你可以回忆一下埃弗森和埃默在初中观察数学和英语教师的例子，并找出谁是效率较高的管理者，谁又是效率较低的管理者。通过观察，埃弗森和埃默得出了如下结论，即效率较高的老师都比较重视对学生的引入技巧：

> 下面这个例子显示出学生不能很好地理解任务：在一个英语低级班里，老师让大家"从无生命物体的角度写一篇文章"。由于对"角度"这个词解释不清，问题变得更为复杂。他们还记录了更多超出学生理解能力的词。由于更多地了解学生的技能……其结果是在更为有效的老师的课上，课堂活动的参与和作业完成情况更加成功。（p. 496）

第三个问题就是**马西没有给学生清楚完整的指示**。开始上课时，马西告诉学生读有关商务信函的内容，但是她没有说为什么要读这一章，用多长时间，或者是否需要做笔记。换言之，她只告诉他们"去做"——而没有解释阅读的目的，或者建议可能使用的策略。马西也没有解释他们随后要在课堂上自己写信。而且在讲完信件格式之后，就让学生写第一段，再一次忘了告诉他们接下来要干什么——第二天他们要朗读自己的信。（马西可能在最后一分钟才做了这个决定，为了让早早做完的学生有事可做。）一些学生很不高兴，这也不足为怪。有人抱怨说："嘿，你刚才没说要把信读给全班同学听。"而另一个人也提出异议："对，我也不想在全班同学面前读。"

马西的话不够清晰和完整，这让人联想起埃弗森和埃默所研究的那些效率较低的老师（Evertson & Emmer, 1982）。除了在了解学生能力上有所不同之外，老师们在表达信息的技巧上也有所不同。更为有效的英语老师在给出指示和阐明目标时比效率较低的老师更清楚。（有趣的是，这一区别没有呈现在对高效和低效的数学老师的比较中。）根据埃弗森和埃默的说法，更为有效的管理者"能够更好地把复杂的问题分解成若干个过程，并帮助学生理解任务，以及完成任务。学生知道该做什么且有能力做时，他们会更用心地去做"（Evertson & Emmer, 1982，p. 496）。

马西课堂上的第四个问题就是**缺乏对学生的监控**。尽管这段描述没有清楚地告诉我们学生阅读和写作时马西在做什么，但是最后一段说马西从座位上站起来警告说话的学生，另外，马西不仅要问有多少同学没有做完，而且她似乎也没有注意到教室后面的学生在读《疯狂》杂志。这些都是可以预料到的后果，因为马西没有巡视教室，检查学生进度，帮助他们解决问题，以及提供反馈。如果不提供这样的管理和支持，马西还不如让学生在家里做作业。

最后，**学生们做功课的进度不一**，马西对此没有真正做好计划。他们可能同时**开始**做课堂作业，但是不可能同时**完成**。参差不齐的结果可能会打乱原本看似漂亮的计划。不能按时完成作业的学生可以回家继续做，而比预期完成得要早的学生应该有些其他事情做——如果他们必须坐在那，又没事做的话，可能会打扰还在做功课的学生。在马西的班上，比其他同学提前完成的学生实际上表现得算是相当不错了：他们读《疯狂》和《自行车》杂志，看窗外，乱画，或者看钱包里的照片。但尽管如此，他们仍是在浪费时间，而这些时间本可以用来做一些更为有益的活动。

有效独立作业的设计和实施

对马西布置课堂作业的分析帮助我们解释了和这个特殊课堂环境相关的一些特殊问题。在本章的这一部分，我们会讨论避免或者最起码使这些问题最小化的方法（见实用贴士）。

实用贴士

有效独立作业的设计和实施

设计有意义、有帮助和与学生有关的作业。

问自己如下问题：

- 作业的目的是什么？
- 作业与目前的教学有联系吗？学生有可能看得出这种联系吗？
- 教师的指示清晰明了、易于执行吗？
- 作业给学生提供了练习重要技能或学以致用的机会吗？
- 作业给学生提供了批判性思考或参与问题解决的机会吗？
- 作业有阅读和写作的要求吗？或者只是要求学生填空、画下划线或画圈？
- 作业要求高水平的回答吗？或者只强调低水平的事实记忆和"死读书、读到死"等一些孤立的次级技能？
- 该作业有没有让学生在学校（如需要教师辅导）而不是在家里完成的理由？
- 学生能否不需帮助而完成作业？否则的话，怎样提供帮助？

使作业和学生们不同的学习水平相符。

确保书面和口头指示清晰完整。

监控学生的行为与对作业的理解程度。

为参差不齐的结果作出应对计划。

设计有意义、有帮助和与学生有关的作业

中学课本通常在每一章结束时都会留有问题、活动、练习，有的还配有一些补

充学习的指导、练习册，或者活动表。因为这些材料不总是有价值或者与学生相关，因此评价你所布置的活动就变得很关键。正如弗雷德所说的：

> 典型的课堂作业任务是没有经过深思熟虑的结果。它不经意地布置下来，又不经意地完成。"阅读并回答287页的问题。""填空。""阅读并给这一章写出提纲。"更可怕的是，学生并不认为这样的作业很糟糕！这告诉我，他们已经对这样的事情习以为常了，没有认识到这是在浪费时间，但是课堂作业不应该是这样的。

为了明确他们所布置的独立作业不是"这样的"，唐尼、克里斯蒂娜、桑迪和弗雷德很仔细地评估了他们在课上让学生完成的作业。前面的实用贴士里列举了他们在设计独立作业时问自己的一些问题。

很多教师更愿意独创自己的作业，而不是依赖现成的材料。这样，他们能更好地把作业和学生的背景与经历结合起来，瞄准学生所遇到的特殊问题，给学生以更多的个性化表现机会。例如，当弗雷德希望学生熟悉图书馆的资料时，他要求学生们做这样的作业：

- 就你感兴趣的一个主题，在电子数据库事实档案中查找三项事实。
- 利用年鉴找到一个国名以你姓氏的第一个字母开始的国家，并告诉我们这个国家的人口数。
- 使用《纽约时报》电子数据库（网络或者光盘）找到你上次过生日时发生的重大事件。
- 看一个人的传记，这个人的姓以你名字的第一个字母开头。

根据弗雷德的看法，这种简单的、个性化的作业对学生的学习动机有积极效果。（同时还有意外收获：学生只能自己做自己的作业。）对"情景兴趣"（Schraw & Lehman，2001）的研究表明，通过指出材料间的联系，给学生更强的控制感（如，提供做题的选择），以及说明为何要坚持做某项作业（如，解释该作业的用处），教师就能提高学生做作业的兴趣（相关建议见第八章）。

弗雷德承认，他不能总是"一周五天，周复一周都具有奇思妙想"，但他总是努力保证他所布置的独立作业有着有效的目的。他的说法值得我们铭记于心：

> 看，我只是普通人……有时我也会给学生布置不那么有趣的课堂作业，我不能引以为傲的作业。但是我确实努力使这种情况成为特例，而不是常态。要给学生布置有意义并且有教育作用的课堂作业。

使作业和学生不同的学习水平相符

弗雷德喜欢使用开放性的作业，这可以让学生在不同层次上成功地完成作业。例如，学生阅读课文的某一章节时，弗雷德常常放弃章节后的问题（通常只有一个正确答案）；相反，他可能要求学生提出自己的问题。其他时候，他会提出一个更为宽泛的问题，在其多样化的班级里，几乎每个人都能以某种方式作出回答，尽管答案在长度、主旨、一致性方面不尽相同。正如在第八章中提到的，弗雷德把这叫作"倾斜绳子理论"：

> 如果我们在教室四英尺高的地方拉条绳子，有些学生能跳过去，而有些就

不能。但是，如果我们倾斜绳子，那么每个人都能找到合适的地方跳过去。我坚信人们不想在最低点跨过。我们可以鼓励学生去倾尽全力——一旦你教会了孩子去倾尽全力，你就教给了他们远比课程主题更为重要的事情。

在下面的例子中，我们会看到外语教师如何在她那具有多样化特性的班级运用"倾斜绳子理论"讨论同一个问题，但是在难度和复杂性方面呈现不同的水平：

> 希金斯夫人的德语一班在学习过去时动词的构成。一组学生练习句型，其中有大量的德语句子。然而，每个句子都使用英语动词，学生们必须给出德语动词过去时的正确形式。希金斯夫人保证空出的词是规则动词。
>
> 另一组水平较高的学生也做类似的练习，但是他们会遇到更多、更复杂的空出的词，包括一些不规则动词。另有两个组做同样的练习，但是所有的句子都是英语，要翻译成德语。还有两三个学生根本不需要句型练习，希金斯夫人给他们规定情境，指导他们完成其中的语法结构。（Tomlinson，1999，pp. 51—52）

更多区分不同作业以及照顾所有学生不同需要的方法，参见汤姆林森（Tomlinson，2001）的著作。

如果学生难以一直保持其专注程度，把大作业分成一系列小作业（Wallace，Cox，& Skinner，2003），或者难题之间穿插一些容易的题会有帮助。例如，研究者发现，两名有学习障碍的中学生在完成几张难易交叉的数学题活页时，专注的时间更长（Calderhead，Filter，& Albin，2006）。遗憾的是，学生们的准确率不受此因素影响。

确保书面和口头指示清晰完整

确保课文或练习册上的指示清晰准确非常重要。若不这样的话，你可能会遇到下面的情况，这是一个实习老师讲述的发生在外语课上的故事：

> 我决定使用这个练习册，它随机列出了我们读过的故事（例如，"园丁说蒲公英长势很猛"）中的 10 个问题。在这个单子下面有 10 行，用 1～10 的数字列了序号，要求学生把这些叙述或事件按照发生的顺序排列起来。很多学生认为数字 1～10 代表了事件的顺序，因此在每一个数字旁边，他们都写下了叙述的文字。（"1—7"表示故事中发生的第一件事在列表上是第 7 段）。有的学生认为 1～10 指的是表上叙述的顺序。他们写 1—7 时，意思是表上的第一件事发生的次序是 7。不用说，很多孩子"没完成"这个作业！直到我看到这些作业，我才明白为什么会这样。那时我才意识到它多让人困惑。这给我很好地上了一课。不要认为写在"正规的"练习册上的所有东西都是清楚的！

有过几次这样的经历后，克里斯蒂娜现在会改写那些她认为不清楚的指令。例如，她给全学区学生布置的一个作业是读一本书，并写一篇日记，要含有十项规定内容。学生有十个指导性的问题，但是在原来的要求中看不出学生应该回答**一个**问题还是**所有**的问题。实际上，两者都不用做。于是克里斯蒂娜就加上具体要求，即学生需要在日志**某处**处理每一个问题，但是不用遵循特殊的顺序，也不用在日志的每一部分都处理问题。

有时，老师认为他们不用再向学生口头解释该做什么，因为课本或练习册上都有书面要求。学生读书面要求当然很重要，但是不要以为他们会自动这样做，这也是你要教的一项技能。看看下面这位实习老师得到的教训：

> 给学生发东西的时候，他们不会本能地去读，他们等着有人来解释……我知道，我应该仔细地说出所有的目标，并仔细地解释内容，但是有时候我想让他们……感到好奇，看看自己面前的作业到底是什么。我试图在分发的讲义上用卡通图案或者独特的绘画引起他们的注意。我已经习惯了大学的思维方式——发给你材料，你自己去阅读而不是等人解释。我必须记住：高中的情况和大学正好相反。

除了检查书面要求的明确性之外，还要确保你的口头指令清楚完整。回忆一下马西的写信活动，其中的一个问题就是，她没有告诉学生为什么要读商业信函这一章，有多长时间，她也没有解释学生在该堂课的后半段要写信。把这和唐尼引入简短的课堂作业的方式做一下比较，唐尼的作业要求重新设计方程来解出五个变量。尽管这个作业只需要几分钟，她还是解释了学生要做的事情，他们要用多长时间，完成之后需要做些什么：

> 我需要大家做的是把书翻到 178 页。拿出纸、铅笔或钢笔。我们要看一下这一章的复习部分，看到第 15 题。我会给每个人分配练习。第一题，厄尼斯特；第二题，德米加；第三题，拉托亚；第四题，杰尔姆。（她给每个人都分配了习题。）现在我想让你们解出你们所分到的问题。它们就像我们刚才复习过的家庭作业一样。你们要重新设计方程来解出不同的变量……我会给大家大概两分钟来做这道题。做完以后，请告诉我们答案，并向其他同学解释这个问题。

马西也没有告诉学生，他们第二天要朗读自己写的信，这让很多学生感到沮丧（"嘿，你刚才没说要把信读给全班同学听。"）。这是克里斯蒂娜努力要避免的情况，特别是因为英语课经常要求学生描写个人经历和感情：

> 克里斯蒂娜发了一份自己写的文章，是关于自己种族背景的。她向学生解释，他们要读她的文章，记下观点，然后写出关于认同问题的文章，总共有 30 分钟的时间。她提醒他们："选择你们觉得可以在小组内交流的事情，记住我会选择一些小组来谈你们的观点。"一个在前排的女生点头说道："那么我们就要写一些能够与人分享的东西。"

在给出课堂作业的要求时，你也需要说清楚学生是否可以向同学求助。在一些班级里，老师鼓励学生合作，然而在其他班里，询问同学或者接受帮助就等于作弊。后一种情况对学生来说，真的是一种窘境。一方面，他们需要老师的指导，以便解决一些麻烦；另一方面，他们需要成功地完成作业，并帮助有困难的同学（Bloome & Theodorou, 1988）。

学生们对帮助同学这一规则的理解和接受也会受到文化的影响。若是学生来自崇尚集体主义的社会（如，非洲、亚洲、西班牙以及美洲印第安区域），提供帮助尤其受到重视。在崇尚集体主义的社会里，人们为彼此的利益承担责任，人们强调为共同利益付出努力（Cartledge with Milburn, 1996）。因此，来自这些文化圈的学生对教师要求独立完成作业的指令有所抵触。反之，来自崇尚个人主义的文化圈（如，英语国家）的学生则重视个人努力。

　　总的来说，我们的四位老师不仅允许，而且鼓励学生互相帮助。正如唐尼所说："我不能走到每一个学生身边去，因为学生们会不停地叫我过去帮助。我认为，必须让学生互相帮助，他们用那样的方式会学得更好。"克里斯蒂娜同意这种说法。她巡视教室，监控学生的进度时，经常让有问题的学生去问那些她已经帮助过的学生：

> 我这样做有几个原因。第一，对于我已经帮助过的学生，他们会认为我把他们当作"专家"，他们会很高兴。第二，我认为让学生教其他同学，能够帮助他们记住我刚刚讲过的内容。第三，它让我免于重复同样的解释。第四，我认为这样就建立起一个帮助型集体。但是我会回去看看帮助别人的学生是不是讲清楚了，还有，被帮助的人是不是明白了。我不想让学生认为我是因为不想受打扰而把这种责任推给他们。

　　很重要的是，我们要注意这些老师都努力地解释"帮助"的真正意义是什么。他们努力向学生解释，只提供答案或者为他人做作业不是帮助，并且他们强调：抄袭是毫无意义的。唐尼说，她的几何课上有"寄生虫"，他们自己不想做任何事，只想让其他人给他们答案。（这经常让更为勤奋的学生感到愤怒。）为了防止这种情况发生，她有时会给邻座的学生布置不同的作业，这就让他们互相帮助，而不是互相抄袭。

　　尽管所有的老师都坚信同学之间相互帮助的价值，但有时还是不允许学生彼此帮助。在这种情况下，他们会仔细地解释：基本规则是不一样的。听听桑迪的话：

> 很多时候，我强调科学家不会孤立地工作，他需要看看别人的数据，问问："其他人也是这样的结果吗？"但是一年中总有四五次，我会在实验室进行一些测验，在这里，学生要单独地听指令，完成操作程序，并且得出结论。这是我的方式，它让我确信每一个人都知道如何点燃酒精灯、操作器械等。这不是发现课或者检查课，而是让学生应用他们在课上学到的知识。在这样的实验室活动中，学生彼此不能说话。这和常规的实验室活动有很大的不同，因此我必须说得非常清楚，他们不能互相询问——我们的标准是不一样的。

监控学生的行为与对作业的理解程度

　　课堂生活的观察者注意到，学生对独立作业的参与积极性通常低于有老师指导的活动。为什么会这样？很明显，即使他们知道活动是有意义、可以理解的，但课堂作业也要求学生按自己的步调完成，因为没有诸如教师提问一类的外部机制推动着他们前进（Gump, 1982）。他们可能会开始乱画、发短信、梳头发、削铅笔——直到老师让他们回到作业上。事实上，研究表明，完成课堂作业通常会遵循可以预见的周期（deVoss, 1979）：学生开始做作业—注意力减弱—说话声音加大—老师干预—学生回到作业上。这个周期可能会重复几次，直到下课之前学生急急忙忙做完作业。

　　为了避免"赶作业"的情况，克里斯蒂娜给学生留出休息的时间，这样，学生的个人时间可以很好地用在作业的每一部分，同时也会不断地提醒学生他们该做到哪里了。她也会巡视教室，仔细指导学生的功课。事实上，我们的四位老师在学生做作业的时候都不会坐着，除非他们与学生进行个别谈话。下面的例子来自唐尼设计方程的课，我们会看到她在学生做作业时巡视教室的方法，注意她是如何**同时运作的**（Kounin，1970）——一边和某个学生一起做功课，一边监控其他学生的行为。

> 学生在做唐尼刚才布置的作业。她在教室里巡视，从学生的身后看，一边评论，提供帮助，督促他们继续。随后她走向三个曾经缺课的学生，他们正在补做前一天的作业。她检查了他们的作业，并帮助一个有问题的女生。与此同时，她不时地抬起头，扫视全班，监督其他学生。一个男生好像无所事事——"杰尔姆，你做完练习了吗？"

巡视的目的不是简单地监督学生的行为，还可以让你监控学生**对作业的理解**。回忆一下第七章里讨论过的**专注时间**和**有效学习时间**的区别。很明显，仅仅让学生忙碌起来，专注做功课是不够的。他们还必须理解自己该做的事情，并成功地完成作业。这也要求监督。桑迪评论说：

> 布置课堂作业的时候，我从来不坐在桌子后面写什么。我出于指导的目的布置作业，而不仅仅是让学生在我改卷子的时候有事可做。这就意味着我需要到处走，看看他们在做什么。例如，一堂课快结束时，我可能会说："让我们试试第1、2、3题。"我绕着教室走，提供帮助。如果我看到学生做得很好，我就可以让他们把第4~6题当作家庭作业来完成。

观察我们的老师指导独立作业时，他们与学生互动时既安静又周到的方式给我们留下了深刻的印象。这种方式至少避免了两个问题。首先，教师大声评论会让学生分心，妨碍他们的进展；其次，公开的评论会让学生感觉尴尬，对他们的学习动力产生负面影响，使他们不愿意问老师问题。

暂停与思考

新教师需要努力应对有关课堂管理的一个问题是，在教室走动，监控所有学生完成独立作业的同时，还要帮助一些有问题的学生。想一想，你有什么办法能够提升自己的"兼顾"能力。（如解决个别学生问题的同时，还能监控其他学生。）

就帮助做课堂作业的个别学生而言，弗雷德里克·琼斯等人另外提出了建议："赞扬，指点，离开。"（Jones，et al.，2007，p.18）按琼斯等人的说法，教师给每个学生的帮助时间应该在20秒之内。教师不要提问学生——我们刚才说的第一件要做的事是什么？——或者提供个别指导，而是表扬学生做的正确的事情（这边做得不错），给予直截了当的指点（照黑板上的样子做），然后离开。这样，老师可以快速而有效地巡视全班，把学生等待帮助的时间缩到最短。

对参差不齐的结果作出应对计划

尽管为提前完成作业的学生计划好活动非常必要，但你也需要仔细考虑你所采取的方法。如果学生知道还会给他们布置额外的（也许是乏味的）功课，他们会磨磨蹭蹭，假装没有做完。例如，在马西的课上，罗伊和约翰都说他们还没有读完那一章，而实际上他们早就读完了。显然，他们希望能有时间读《疯狂》杂志，而不是做商务信函的新作业。

在我们四位教师的课堂上，参差不齐的结果很少出现，因为课堂活动设计周密，学生很少能提前完成。听听桑迪是怎么说的：

> 学生不仅需要理解他们做些什么，为什么要做，还要知道完成之后要做什么么。如果你不这样安排，有些学生就会草草了事，想着："我要很快做完，之后就有时间做家庭作业。"如果知道后面还有相关的作业，他们就会持续做下去。我从来不布置那种封闭式作业。我会说："今天我们要分析学过的知识。分析之后，给未知的知识画个流程图。"我知道要完成这作业，得用整整两节课。快下课时，我会说："如果没有做完，今天晚上做。"如果他们一开始就知道这是一项家庭作业的话，他们就会放松，认为把它看作家庭作业就行了。因此我从来不让他们知道他们不能完成。如果他们觉得要做的太多，就会说："哇，我真的要拼命了。"如果是十分钟的任务，他们就会磨蹭。我建议老师计划好某个练习要用的时间，然后再布置相关的作业。

克里斯蒂娜发现，在学生完成写作任务时，参差不齐的结果是一项很特殊的挑战：

> 一些学生几分钟之后就会说："我做完了。"我告诉他们，如果做完了，就必须进行下一项写作过程，即修改。我教给他们修改内容所需的策略，这样，他们不至于卡壳。个别的写作研讨和微型课堂也会有所帮助，因为我会提供具体的写作选择供学生尝试。

总结评论

本章主要讨论了独立作业的种种缺陷和面临的挑战，并提出了避免问题，或者至少使之最小化的办法。请记住这些，它们可以帮你决定学生完成课堂作业时的活动种类，决定介绍作业的方式，以及指导学生行为的规则和程序。

重要的是，要注意本章特别强调给全班布置作业的情景，这时老师要巡视并帮助学生完成任务。但这不是使用课堂作业的唯一方法。一个选择就是给大多数学生布置作业，而你可以跟那些需要特殊帮助的学生或者需要更具挑战性作业的学生一起做作业。另一个选择是让一些学生做独立作业，而和另一些学生讨论他们的分数。在第七章我们从弗雷德的课堂看到了这样的例子。

课堂作业的这种使用方法在学校教育的初级阶段很普遍。我们大多数人都会回忆起我们的老师和"红雀"、"蝴蝶"或"老虎"一起学习的情形，而其他同学则独立做功课。但是在中学阶段，与小组教学相结合的独立作业就少得多了，中学教学经常在大组里进行。

研究认为，小学生花太多的时间做课堂作业，而这些作业的价值很成问题，因此我们不赞成在中学阶段重复这样的活动。然而，有时你和个别人一起做练习，而让大部分学生做独立作业，也是适宜的。如果你班级的学生存在很大的差别，这个形式对你来说非常有用。但是请注意：如果你不打算巡视或者提供帮助的话，你的作业就必须比平时更加清楚和有意义。你还需要锻炼兼顾的技巧，这是一种真正需要你"脑后长眼睛"的情况（Anderson，1985；Fisher, et al.，1978）。

小　结

本章探讨了独立作业或课堂作业，一种需要学生在自己的座位上完成指定作业的情况。课堂作业给教师提供了机会，可以观察学生的表现，提供帮助与反馈，与个别学生"开小会"，让学生为家庭作业做准备。但是，课堂作业也会被误用。课堂作业经常让我们想到这样的情景：老师坐在讲台后计算分数或者读报纸，而学生则被动、枯燥地做着重复乏味的习题。

课堂作业的问题

- 作业对学生毫无意义。
- 作业不适应学生不同的学习水平。
- 教师没有给学生提供清晰完整的指示。
- 教师没有监督学生的所作所为。
- 学生们步调不一，有的提前完成作业，其他人则没有做完。

使这些问题最小化的指导原则

- 布置有意义、相关联的作业。
- 使作业和学生不同的学习水平相符。
- 确保书面和口头指示清晰完整。
- 监控学生的行为与对作业的理解程度。
- 为参差不齐的结果作出应对计划。

本章特别强调给全班学生布置课堂作业的情况，但有时也可以给班上大多数学生布置作业，而你可以和个别需要特殊帮助或者需要更具挑战性工作的学生一起完成练习，或者与一些学生讨论分数。在中学阶段，教师很少布置这种课堂作业，但是，如果你要与小组一起学习，这也是行之有效的策略（比如，你班里的学生差异极大）。但要注意：如果你这样布置课堂作业的话，就需要"脑后长眼睛"。

技巧培养活动与反思

课上活动

1. 选择练习册或者讲义的一页（最好在你的教学内容范围之内），复印四份带到班里。各小组核对活页，考虑下列问题。如果发现问题，提出改进建议。

说明清楚吗？

这一页有助于学生理解任务吗？

这项活动加强了要求学生掌握的技巧了吗？

这项任务有意义吗？

图片是起到了帮助作用，还是分散了学生的注意力？

2. 选择练习册或者讲义的一页（最好在你的教学内容范围之内），复印四份带到班里。各小组核对带来的材料。每一页都要标注主题，描述活页的框架，识别出练习或者延伸的技巧，提出其他可以达到同样目标的活动。见下例：

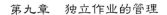

主题	活页描述	技巧	替换方法
谁在莱克星顿和康科德打响了第一枪？	三段观察过或参加过莱克星顿和康科德事件的人的讲述；学生要判断每一段的观点。	确定观点和偏见	选择下列人物中的两个（一个英国军官，一个美国民兵，一个法国记者，莱克星顿一位部长的妻子，康科德酒馆中的女侍者），从他们的角度讲一讲莱克星顿和康科德事件。

独立活动

1. 采访2～4位初中或高中学生，了解他们对于课堂作业的看法。如果可能的话，选择学习成绩不同的学生。你的采访应包括下列问题：

在哪些课程中课堂作业最多/最少？

在你的班级里，老师如何布置课堂作业？

在何种条件下课堂作业有用/没用？有趣/无趣？

同学们在做课堂作业的时候，老师通常都会做什么？在这方面，老师们是否有不同意见？

老师允许你向同学寻求帮助吗？还是要求每个人独立完成作业？

2. 观摩一个班级，最好是在你的教学内容范围内，并注意在一个学时内有多少时间用于独立作业。在此期间，观察三名"目标"学生，尽量选择一名成绩优秀、一名成绩一般的和一名成绩较差的。注意在独立作业时间内，学生需要完成什么活动。（针对不同学习成绩的学生，这些活动都是一样的吗？）每两到三分钟，记录一下学生是在做作业，还是在干别的事。如果可能的话，让学生解释一下他们在做什么，为什么这么做。

载入档案袋

在你的教学内容中选择一个主题，并确定教学目标（例如，"学生能够描述光合作用的过程"）。然后，以此为目标，设计三项学生独立作业。活动要有差别，以适应优秀学生、一般学生和较差学生。简要说明你的教学目标是什么，你是如何设计有差别的学生活动的。

第十章

小组学习管理

> 专心看自己的试卷。
>
> 做功课时不要和同桌讲话。
>
> 专心听老师讲课。
>
> 如果需要帮助，请举手。
>
> 做自己的功课。

这些都是传统课堂上的规矩，在这种课堂里，学生很少有机会进行交流、互相帮助，或者合作完成任务。这样的话语已经成了我们对课堂看法的一部分，还没有上幼儿园的四岁孩子都会在玩上学的游戏时说这样的话。

欠缺交流让人感到十分遗憾，尤其是在如今多样化的班级里。让学生两人或者多人一组学习有很多好处。唐尼和克里斯蒂娜在第八章中提到了一个好处：如果学生能够在课堂活动中互相帮助，就不太可能会"有麻烦"，也不太可能坐在那里等待老师的帮助，或者变得无所事事，开始捣乱。此外，和同学一起做功课能够增强学习动力，那些消极对待学校和课堂作业的学生尤其如此（Pell，et al.，2007）。在学生辩论和讨论、提问题、解释以及评估其他同学作业的过程中，分组活动也能够积极影响学生的成绩（Walters，2000）。学生们分成各种不同小组学习时，他们就能跨越性别、人种和种族因素建立彼此之间的关系（Ginsburg-Block, Rohrbeck, & Fantuzzo, 2006；Kutnick, Ota, & Berdondini, 2008；Oortwijn, Boekaerts, Vedder, & Fortuin, 2008）。分组活动还能帮助那些身体残障的学生融入普通教育课堂（Johnson & Johnson, 1980；Madden & Slavin, 1983）。最后，正如雷切尔·罗坍所观察到的，分组活动可以帮助教师构建更为关爱与公平的课堂，学生们在其中"成为彼此的学习、语言和社交资源，他们是团体的一分子，作为个体又对彼此负责"（Lotan, 2006, p.525）。

既然有这么多的好处，为什么中学课堂中的小组学习还那么少呢？部分原因与教师维持秩序和完成授课内容的责任有关。在拥挤复杂的教室中，老师讲解，学生倾听时的秩序更容易维持。而且，如果校园文化把有序的课堂等同于安静的课堂的话，那么老师在小组学习抬高声音时会感到不舒服。看看下面这位实习老师的日记：

> 每次我读到小组学习时，它们听起来都那么妙，我每天都想使用这种方法。于是我就在上课时试了试，由是，顺带产生了其他的想法。我喜欢这种方式带来的学习过程，可一经采用，我又无法控制局面。最让我烦恼的是，我不在乎教室里面的声音有多大，我担心的是其他老师和校长的反应。有几次我正采用合作学习的方法，有人进来问我是否需要帮助，或者他们径直让学生安静下来。这让我很生气。我甚至觉得唯一可以接受的声音就是压根儿没有声音。

最后，像课堂作业一样，小组学习面临一系列挑战，也存在潜在的缺陷，让老师管理起来很困难。本章讨论了这些特殊的缺点。根据四位老师的经验以及小组学习的相关研究和学术文章，本章还讨论了使这些问题最小化的方法。

小组学习的缺陷

让我们以拉尔夫（Ralph）最近的经历开始讨论。他是社会学实习老师，在最近一次会谈中，他讲了在美国历史 I 课上尝试采用分组活动的情况：

> 我们在学习区域差别——从 1800 年到 1850 年这一时期，美国东北部、西部和南部好像三个不同的国家。我想让学生研究每一部分关于三个问题的观点——税收、奴隶制和联邦政府的职责。我不想只是讲课，或者让他们先读课文再讨论材料，这看起来像是一次很好的合作学习活动。学生没有太多分组活动的经验，但是我的合作老师真的很好，他鼓励我尝试新的事物，他说："当然可以，试试看会发生什么事。"
>
> 我决定利用两天时间来进行这一活动。第一天，我计划把全班分到国家的三个部分，让每一组研究他们这一部分关于上述三个问题的观点。我这个班只有 20 个学生，于是我想让每一组有六到七个学生，这看上去不错。第一天结束时，他们应该选出一个人作为小组的发言人——东北部的丹尼尔·韦伯斯特、南部的约翰·C·卡尔霍恩，还有来自西部的亨利·克雷。第二天，这三个发言人会讨论这些问题。
>
> 我来到教室，为我们要进行的大型活动激动不已。每个组的人数是否绝对相同并不十分重要，我觉得如果学生选择了他们自己的部分，就会更有动力。于是我说，他们可以决定自己想要研究哪一部分。我对他们说："如果你想研究东北部，请到这边的角上来，如果想研究南部，请到那边角上……准备好了吗？开始。"哦，这并没有效果。首先，大多数学生想成为西部或南部的一员——西部有九个人，南部有六个人，而东北部只有四个人。而且，我真的无法相信，西部都是女孩子（欧裔或亚裔美国人），南部就是白人男孩的小组（我知道他们什么也不会做的），东北部是三个非裔学生和瑞克·穆尔，他是个白人篮球运动员。还有一个安静的、没有安全感的孩子站在教室中间，不知道该去哪儿。我必须让学生换地方，而他们又对此感到不高兴，开始抱怨说不知道我在做什么，等 M 先生回来时，他才会进行"真正的教学"。
>
> 嗯，最后我让西部的几个女生换到东北部那组去，这样三个部分基本上人

数就相等了，然后我解释他们要做些什么。我让他们利用课本，给他们看了我从图书馆找来的所有资料，并告诉他们使用这些资料。我解释说，他们要互相帮助，研究他们这一部分关于税收、奴隶制和联邦政府职责的观点。然后他们要合作写出表明他们立场的论文，列出观点，并选择小组成员扮演韦伯斯特、卡尔霍恩和克雷，准备明天的讨论。这时本堂课只剩下 25 分钟了，于是我告诉他们可以马上开始。可大多数人都坐在那里发呆，不停地说：“我不知道我们要做什么？”几个学生站起来，走回到自己的座位上，拿课本和铅笔（当然，我忘了告诉他们在换座位时带上书和别的用具），我绕着教室给他们发材料，但是很多学生还是坐在那里一动不动。

我不停地巡视，让他们开始。我走过去时，他们就匆匆记下一些笔记，但是我觉得他们只是看起来好像在做功课，只想让我快点走过去。最后，西部和东北部的一些学生开始查书里面的一些内容，做笔记，但是他们没有互相帮助。我根本不能命令他们合作！一些学生压根儿什么都不做，就坐在那儿，看其他人做。我甚至听到这样的话：“让爱莉森扮演克雷，她是我们班上历史学得最好的。”同时，一些南部的男生大部分时间都在说笑。他们一直在互相贬损，说什么“他太笨了，不能扮演卡尔霍恩……我们这组没有聪明的学生”，并喊道：“嘿，G 先生，我们这组需要几个聪明人。”我一直让他们保持安静，开始学习，但是他们都不听我的。

这一节课临近结束时，我告诉他们，他们的家庭作业是找出自己那部分的观点。然后，我让他们选出发言人。当然，没人愿意当发言人。在西部，他们决定由一个尽责的学生做这件事。在南部，他们捣乱。最后，一个聪明人说，好的，他来做。哦，他第二天缺课，于是就没有卡尔霍恩了，学生们觉得这太滑稽了。

总之，这是我实习经历中最糟糕的两天。我读了所有教育家的著作，他们都说合作学习是很好的方法，我真的很兴奋，但是现在我有点迷糊了。也许你的班真有动力这样做，就很奏效，但是我的班却没那么了不起（真正聪明的孩子都进了优等历史班），也许他们

暂停与思考

你已经阅读了拉尔夫小组学习的经历和想法。拉尔夫有宏大的目标和乐观精神。他的课堂是什么时候开始支离破碎的？他的何种行为导致了问题？你会给拉尔夫什么建议？小组学习真的如拉尔夫所说，只适合优秀学生吗？

就是不能这样一起合作。

很遗憾，拉尔夫的故事并不罕见。它很清楚地说明，如果老师不懂与分组活动相关的问题，也没有采取措施加以预防，就会发生什么样的事情。让我们仔细看看四个这样的问题。

首先，正如拉尔夫所看到的，让学生自己组成小组通常会形成性别、种族和人种方面的**隔绝**。你在无种族隔离学校的咖啡厅里吃过饭吗？你一眼就可以看出同一种族和人种的人会坐在一起。重要的是，要认识到妨碍跨种族友谊的形成阻力很大，不加以干涉的话，大多数学生都会选择和那些与他们相似的人接近。残障学生和正常学生建立友谊面临的阻碍更大（Slavin，1991）。IDEA 鼓励在普通教育课堂中接收残障学生，但是仅仅在教室学习并不能保证他们受到大家的喜欢或者被大家接受。

第二个分组活动的问题是**小组成员的不平等参与**。有时是因为“寄生虫”现象，

也就是说，一两个学生做了所有的活儿，而其他人只是坐着休息。我们看到这也发生在拉尔夫的课堂上，只有几个学生在认真地做作业，一个组决定让爱莉森——历史成绩最好的学生——做这一组的发言人。尽管这是完成任务的一个有效方法，但它没有公平分配责任。那些不劳而获的人不可能学到任何关于区域差别的知识。

不平等参与也会由其他更为尖刻的原因引起。在调查学生以小组合作方式做数学题的观点时，成绩中等的布雷特说他经常无法理解任务的内容；因此，他要么不参与，要么分心。同样，成绩较差的学生彼得"意识到其他同学很少问他的观点，而如果他提出了自己的观点，其他人也从来不听他的"（King, Luberda, Barry, & Zehnder, 1998, p. 8）。为了保住面子，他总是做一些"愚蠢的"、"奇怪的"举动。

按照凯瑟琳·马里安（Mulryan, 1992）的分类，布雷特和彼得是被动学生中"气馁的"和"不被认可的"学生的典型（见表10—1）。我们要记住这些类别。尽管有些学生表现消极的根源是不劳而获的欲望，但有时候，没有参与活动的学生也会觉得气馁、不被认可、消沉、没有动力、无聊或者高傲。

表 10—1　　　　　　　　　　　　　　　六种被动的学生

种类	描述	典型成绩水平
气馁的学生	学生认为分组工作太难，认为让其他能理解任务的同学去做比较好。	大多是差等生
不被认可的学生	学生们最初努力参与，但是被其他同学忽视或者不被其他人认可，他/她感觉最好还是退出。	大多是差等生
消沉的学生	学生不喜欢小组中的一个或几个学生，或者觉得跟他们在一起不舒服，不想和他们一起工作。	优等生或差等生
没有动力的学生	学生认为任务不重要，或者"只是游戏"而已，因为老师不给所付出的努力打分。	优等生或差等生
无聊的学生	学生觉得任务没有意思或者无聊，经常是因为觉得功课太简单或者没有挑战性。	通常是优等生
高傲的学生	学生觉得同学能力不强，或者觉得要向他们解释太多。通常以各自独立工作而告终。	优等生

资料来源：C. Mulryan，1992。

正如一些学生在小组学习中很被动或者不参与一样，其他人可能会接管或者控制交流（Cohen, 1994a, 1994b）。那些主导的学生通常是班里的"优等生"——他们在同学心目中是成功的、有能力的。其他时候，主导学生是那些很受欢迎的学生，因为他们是优秀的运动员或者特别有吸引力。有时，这只是反映了我们社会对欧裔男生的优势地位的认同。确实，研究表明，在多样化的小组中，男生通常比女生容易起主导作用（Webb, 1984），而欧裔学生则比非裔或拉丁裔的学生更容易起主导作用（Cohen, 1972；Rosenholtz & Cohen, 1985）。

分组活动的第三个缺点是**缺乏成效**。在拉尔夫的班里，一个显著的特点是指导时间被浪费在学生分组上，分好组后，大多数人也没有做多少事情。几个学生，尤其是在南部小组中的学生，好像把交流的机会看成是闲逛和社交的机会。他们的行为无疑分散了其他学生的注意力。而且，混乱的局面令拉尔夫沮丧，他反复地让学生安静下来——却没有成功。

最后，分组活动的第四个问题和学生**缺乏合作**有关。拉尔夫告诉我们，学生倾向于独自活动，那些在"少年组"的男生花很多时间来"彼此嘲笑"。这种行为当然很令人失望，但却不令人惊讶。正如我们所指出的，大多数学生没有在合作小组中学习的经验，传统课堂的标准与成功的分组活动迥然不同。

对拉尔夫经历的分析表明，**成功的分组活动不会自己产生**。如果你想让学生有效合作，就必须认真设计好小组及小组任务，教给学生新的规范，让他们有机会练习预期的行为。正如桑迪所说：

> 有时，新老师进行分组活动的时候，他们认为："我给学生分组就行了。我要做的仅此而已。"他们没有为小组和小组学习做计划。这就是他们的问题所在。你不仅需要考虑你怎么给学生分组，还要考虑分好小组后要做什么。你必须仔细计划，这不是件容易的事。

有效小组学习的设计和实施

根据研究和我们四位教师的经历，本章的这一部分就避免小组学习的缺陷提出了一些总体策略（见实用贴士）。

实用贴士

有效小组学习的设计和实施

● **决定所使用的小组类型：**

允许帮助型——允许学生在完成自己的作业时互相帮助。

必须帮助型——期待学生互相帮助。

同学指导型——好点的学生帮助差点的学生。

合作型——学生们为共同目标而努力，可实行分工责任制。

完全合作型——学生们目标一致，很少或几乎没有分工，小组成员共同努力创造小组成果。

● **决定小组的人数：**

两人一组对年龄小的学生更为合适。

通常推荐的小组人数是 4～5 人，最多 6 人。

● **决定小组的构成：**

仔细考虑能力水平、性别、文化/语言背景、人种/种族、才干以及社交技能。

● **为积极的相互依赖构建任务，让学生：**

分享材料。

努力实现小组目标，获得分数或者奖励。

分享信息。

分享才智及多种能力。

完成不同角色（收集材料者、计时员、记录员、协调员、汇报者等）。

● **明确个人责任：**

明确所有成员对实现目标需要担负的责任。

评估个人的学习。

根据学生的个人需求给予不同的责任。

> ● **教学生学会合作：**
> 帮学生理解合作的价值。
> 提供小组学习的技巧培训。
> 提供评估小组学习经历的机会。
> ● **监控学习、参与以及合作行为：**
> 监控小组，在需要时介入。

决定所使用的小组类型

　　学生们可以采取很多不同的合作方式。苏珊·斯托多尔斯基（Stodolsky，1984）提出了五种不同的分组学习类型：允许帮助型、必须帮助型、同学指导型、合作型和完全合作型。前三种类型可以看作"合作课堂作业"（Cohen，1994a）。所有这些类型都要求学生互相帮助，完成作业。在**允许帮助型**小组中，学生完成自己的任务，他们被作为个体来评价；然而，他们可以——但不是必须——互相帮助。**必须帮助型**小组的不同点在于，学生**应该**互相帮助。在**同学指导型**小组中，学生之间的关系不是平等的：一个"专家"和一个需要帮助的学生组成一组，因此这种帮助是单向的。对残障学生以及英语作为第二语言的学生来说，同学指导这种方式尤为有用。

　　合作型小组与上述情况不同的是，学生要完成共同的目标，而不是各自为政。在一个**简单的合作型**小组中，可能会出现一些不同的责任。例如，一个研究内战的小组可能会让一个学生研究战争的原因，另一个研究著名战役，第三个研究重要将领。任务是独自完成的，但是每个人的作业最后要放到一起进行协调，最终总结出合作成果。

　　更为复杂的是**完全合作型小组**。这时，学生不仅有共同的目标，而且很难分工。所有的小组成员合作总结出合作成果。这就是拉尔夫在历史课上采用的小组学习，当时他让学生研究所选地方有关税收、奴隶制和联邦政府职责的观点。（当然，他的学生可以决定把研究任务分开，再把结果整合在一起，但是拉尔夫没有指导他们这样做。）

　　计划分组活动时，记住这些区别非常重要。**不同类型的小组适用于不同类型的活动，要求采取不同的技巧**（见表10—2）。例如，在帮助型小组中，学生最终负责完成自己的任务。尽管这些学生需要知道如何请人帮助，如何解释和演示（而不是简单地提供正确答案），以及如何提供支持和鼓励，但是，由于不用实现共同目标，他们不需要具备那些真正环境中所需要的、更为复杂的技巧。

表 10—2　　　　　　　　　　　　　不同类型的小组

小组类型	需要的技巧	活动范例
允许帮助型	寻求帮助	做黏土雕塑
必须帮助型	解释 提供支持和鼓励	学生互相寻求帮助和提出观点，但是每个人都要完成自己的雕塑
同学指导型	寻求帮助 解释 提供支持和鼓励	指导者帮助受助者完成一系列的化学题

续前表

小组类型	需要的技巧	活动范例
合作型	把小组任务分配给个人 让学生合作得出最后的成果	调查学生放学后都做些什么：每个组员采访一个年级的学生，然后组织数据建立一个小组图表
完全合作型	轮流 听每个人的意见 协调努力 分享材料 合作完成个别任务 解决矛盾 达成一致意见	判断政党之间的关系：作为一个小组，判断某个虚拟人物是属于民主党还是共和党

让我们来考虑在克里斯蒂娜班上看到的下列活动，它可以作为一个帮助型小组的范例：

克里斯蒂娜的学生正分成小组完成不同的任务，整理他们完成的工作，选择可以放进文件夹的条目，填写"文件夹选择表"，他们要解释为什么选择某一项特殊的内容，它体现了什么样的衡量标准。一些对话是评论进展情况的，不是针对具体某个人的："我要选择这一条，我最后明白了隐喻和明喻之间的区别。""我喜欢这首诗里的头韵。"但是有些是要求帮助和提供观点的："这两个之中你会选择哪个？""我们该选择多少东西？""你喜欢这个还是那个？""我不明白这是什么意思……"

和帮助型小组的情况相反，合作型小组所需的是寻求和给予适当帮助之外的技巧。学生必须能够制定出行动计划，能够为了共同的目标协调彼此之间的努力，能够评价同学的贡献，并给出建设性的反馈，能够为了小组的目标调控个人的进步，能够总结和综合个人的努力。看看下面由唐尼提供的例子：

在我的基本技能课上，我训练学生收集、分析和描述数据。我让学生每四人一组。每个组都要开展调查，了解中学生放学后做什么。例如，他们用多长时间看电视、闲逛、打篮球、做兼职，以及做作业。然后，每个组必须访问80名高中生，小组中的每个成员负责访问某一个年级的20名学生（换言之，一个人访问所有的新生，一个人访问所有的2年级学生，等等）。每个人必须收集信息，然后一起合作，制作出一个小组的图表，告诉人们四个年级的学生如何安排自己的课余时间。学生们知道，每个人必须做好分内之事，否则他们无法完成计划，因此如果有人不做事，就会影响到其他同学。

没有责任分工的完全合作型小组会遇到更大的挑战。学生不仅必须轮流活动，仔细倾听彼此的发言，协调努力，而且必须能够就单一的任务进行合作，求同存异，互相让步，并达成一致意见。在一次访问弗雷德的班时，我们看到了一个非常好的完全合作型小组学习的例子。这个班分成许多四到五人的小组来讨论八个虚拟美国人的形象（例如，"一个在一家大型汽车厂工作的工会成员，这个工厂坐落在工业带上，它包括布法罗、克里夫兰、托莱多、底特律、芝加哥和密尔沃基。他是大学毕业生"，"一个科罗拉多小县城里的银行主管，她很关心自己的工作，未婚，准备买房子"）。学生判断每一个人物所属的党派（或者无党派），这种问题对于一个参加竞选的人来说会很重要，不管他会不会投票。尽管学生们要完成自己的任务，但只有整合大家的努力，小组学习才能成功：

　　　　弗雷德分发了描述这八个模拟美国选民（或非选民）的工作表。他解释说，学生首先要做独立作业，为每一个人物做笔记。每个人都做完之后，他把全班分成四人或五人小组。弗雷德解释说，学生要分享他们的观点，一定要给出自己的理由。他鼓励这些小组对每一个虚拟选举人达成一致意见，并建议不同的人为每一个选民做记录。每个组要把他们的结果汇报给全班同学。

　　　　学生开始看这八个人的资料，分享各自的观点。弗雷德巡视教室，让学生们解释自己的理由（"你为什么认为他是民主党？"），评价他们的回答（"我真不敢相信你们这么自信！"），并检查每个组的进度（"你们讨论到第几个了？每个人都有机会为一个人物做记录吗？"）。

　　　　所有的小组都结束了，弗雷德宣布 B 组将是第一个汇报的小组。B 组的四个成员站到教室前面。桑德拉汇报了小组关于前两个人的看法："我们认为他是民主党。他一定会投票。我们认为他关心汽车安全问题。"汇报在继续，弗雷德不时地提出问题并加以评论。

　　尽管这个活动首先要求学生作为个体思考自己的答案，但后来他们必须通力合作得出小组报告。他们要决定谁做哪个人物的记录者和报告者，轮流解释小组得出某一观点的理由，谦虚地听取彼此的发言，不带攻击性地否定别人的观点，就汇报内容达成一致意见。这些不是简单易学的技巧，即使对成年人来说也是如此。

　　正如这三个例子所表现的，学生们越是互相依靠，就越需要更多的技巧来进行成功的合作。如果你刚刚开始尝试，采用简单的小组形式是不错的主意。在拉尔夫的例子里，我们能看到他最先尝试了一种最复杂的小组学习。他创建了一种环境，指望那些不习惯互相帮助的学生进行完全的合作。

　　斯宾塞·卡根提出了很多可用于不同年级和内容领域的简单的分组形式。有关卡根的更多信息见专栏 10—1。

专栏 10—1　　　　会见教育家

见见斯宾塞·卡根

　　斯宾塞·卡根曾是临床心理学家和心理学及教育学教授。1989 年，他创立了卡根出版与专业开发机构，该机构提供材料，组织研讨会，开设合作学习、多元智能、情绪智能、友善用脑教学、课堂激发手段等方面的研究生课程。卡根博士首倡"结构"的概念，它是指在学生中组织社交互动的无内容方式。他的"结构"理论已应用于世界各地的课堂教学中。

关于合作学习的主要想法

　　1. 在传统课堂上，教师采用的是"全班问答"的结构。在此结构里，教师提出一个问题，学生们举手示意，教师叫起一名学生作答。这是**次序性结构**，每个同学依次参与，但少有时间积极参与。这一结构也导致学生为了赢得教师的关注和表扬而进行竞争。

2. 教师可以遵循**同时性原则**来增加学生参与的机会。例如，如果让学生两人一组讨论同一问题，那么在任一指定时间，半个班都在进行讨论。

3. 广而言之，教师要为具体目标选取最为适用的结构。有些结构适合团队建设或沟通技巧的开发，有的则最适合掌握事实性材料或者理解概念。

● "编号齐动脑"是一种检查学生理解学习内容的恰当手段。学生们在一个小组内 "报数"（如从一到四）。教师问问题时，全组成员 "集思广益"，使每个人都知道答案。教师叫出一个编号，则让该编号的学生回答问题。

● 用 "定时配对分享"的方法，学生们两人一组来回答教师提出的问题。首先，甲同学谈一分钟，然后乙同学再谈一分钟。这种同时性互动可以让全班同学参与回答问题，而同样时间内，传统的 "全班问答"结构只有两名学生参与问题的解答。

著作与文章

Kagan，S. (1989/90). The structural approach to cooperative learning. *Educational Leadership*，47（4），14

Kagan，S. (1994). Cooperative learning and the gifted：Separating two questions. *Cooperative Learning*，14（4），26-28

Kagan，S. (2001). Teaching for character and community. *Educational Leadership*，59（2），50-55

Kagan，S. (2006). Cooperative learning, the power to transform race relations. *Teaching Tolerance*，53

Kagan，S.，& High，J. (2002). Kagan structures for English language learners. *ESL Magazine*，5（4），10-12

Kagan，S.，& Kagan，M. (2008). *Kagan cooperative learning*. San Juan Capistrano, CA：Kagan

网址：www.kaganonline.com。

决定小组的人数

在某种程度上，小组的大小取决于你所布置的任务。学外语的学生互相练习词汇时，或者学家政学的学生为了准备考试复习度量衡时，两人一组比较合适。两人一组能够最大限度地增加学生参与的机会，对新老师来说比较容易掌控。如果学生年龄较小或者不太成熟，老师经常采用两人一组，而不是人数更多、需要更多社交技巧的小组。即使在中学，桑迪也一定要在利用合作小组之前，给学生提供两人一组的练习机会。

在下面的小插曲中，我们可以看到唐尼在帮助学生时，使用的就是两人一组的形式：

唐尼在复习包含多种角度的问题（辅助的、补充的和纵向的）。在黑板上解释了一些问题之后，唐尼宣布，学生要独立做下面的练习。她解释道："请听好你们接下来要做的事情。在作业方面，你们可以和其他同学协商。你要报数：一、二、三。（学生们照做了。）如果你是一号，就从19题开始做，每隔三题做一题（22、25、28、31、34和37）。如果你是二号，你的练习就从20

题开始，每隔三题做一题。如果你是三号，你的练习就从21题开始，每隔三题做一题。跟与你序号相同的同学结成一组。你们的任务是互相帮助，理解问题；你们有20分钟的时间。请大家在本节课结束时把作业交上来。"

如果任务比较重，需要进行任务分配（例如，中学生课下活动调查），那就应该形成多于两人的组。三个人的组相对好管理，但你要确保其中的两个人不会形成联合，孤立和排斥第三者（Cohen，1994a）。

总的说来，教育者推荐四到五人的合作小组（Cohen，1994a），六个人就已经是上限了（Johnson，Johnson，Holubec，& Roy，1984）。记住，随着小组规模的扩大，"资源池"也会增大；换言之，有更多的头脑来思考这项工作，也有更多的手来做这项工作。然而，可以肯定的是，组越大，越难制定行动计划、分配发言机会、分享材料，以及达成一致意见。

决定小组的构成

除了决定小组的类型和人数之外，你必须仔细考虑小组的构成。正如我们在本章前面所提到的那样，分组活动让学生与不同的同学建立联系。因此，教育专家（如，Slavin，1995）通常建议教师创建多样化的小组，其成员在性别、民族、人种、语言背景和能力上各不相同。另一方面也很重要，即要敏感地认识到，达成多样化的努力可能把某些学生与平时相处融洽的同学分开，这让他们很烦恼。

让我们思考一下贝丝·鲁宾提供的实例。她研究了两个不知名的多样化城市中学的9年级课堂。这些班级的教师尽量采用小组学习来帮助学生"互相学习、理解差异、提高与他人合作的能力"（Rubin，2003，p.553）。然而，非裔美国学生占班级的少数，在班上创建反映种族构成的小组会导致"每个小组有一名黑人孩子"（p.553）。因此，当两个非裔学生蒂芙尼和克里斯蒂提出想分在同一小组时，老师拒绝了她们的要求，而是把她们分到了不同的小组，每组有三名她们不熟悉的白人学生。鲁宾如此评说："每个小组包括一名黑人学生通常意味着，该同学在该小组里没有任何亲近的同学。"（p.553）

同样，教师在组成多样化还是同质化的小组时，必须考虑学生的成绩水平。有时多样化的小组好处更多，比如，你也许希望建立一个帮助型小组，几名学生在某种数学技能上通力合作。但通常来说，教育工作者建议针对学习成绩采用多样化的小组形式（Cohen，1994a；Slavin，1995）。

这种建议的一个原因是，多样化的小组给学生提供了更多提出问题和接受回答的机会。但要记住，创建学习多样化小组并不能保证，学生们真的专注于自己的行为。研究表明，学生们在小组里的互动会反映教师的行为（Webb，Nemer，& Ing，2006）。如果教师把学生当成被动受教者，而自己是积极的问题解决者，那么学生们在小组里也会效仿。研究还显示，小组的成效更源自同学间的互动，而不是他们的成绩水平（Webb & Mastergeorge，2003）。因此，给学生示范如何进行卓有成效的互帮互学比建立学习多样化的小组更为重要。

在决定小组的构成时，你需要考虑的另一个变量是社交技巧。较之学习能力，弗雷德更注重社交技巧和学生的性格：

首先我要考虑谁和谁不能分在一组，我说："好，他去第一组，她去第二组，等等。"然后我就考虑，班上最受欢迎的学生都有谁，他们和任何人都能很好相处，我也把他们分开。然后我就分开那些"大嘴巴"——那些不会倾听，总是说话的人。最后我考虑那些需要"特殊处理"的学生。也许有人不讲英语，也许有人非常敏感害羞。我想："哪个组不会伤害这个学生？"然后我会尽量把那个孩子分到最能帮助他/她的那个组去。

弗雷德的话表明，把学生的性格和社交能力考虑进去的话，小组会运转得更好。有些学生很难与其他人合作——他们可能比较多变、易怒，或者好指手画脚，把他们分到不同的小组才对。另一方面，有些学生的领导才能超凡脱俗，有的则擅长化解矛盾，还有的正义感很强，可以帮助保障小组每一名成员公平参与。划分小组时，通常明智的做法是把这样的学生分到不同的小组，这样每个组都能从他们的才能中获益。所有四位老师都是这样做的，但桑迪和唐尼偶尔会发现，把所有具有领袖潜质的学生放到一个组也很有效。唐尼解释说：

> 起初，其他组的学生会说："哦，我们小组中没有一个好同学。这不公平。"他们多少会有些漫无目的，干坐在那里不知道该做什么。但是在受到鼓励之后，他们也开始行动起来。当然，这样并不总会有效，但有时这就为发掘新的领导者提供了机会。

老师使用不同的方法来给学生分组。一些理论学科的老师会把学生的名字写在卡片上，同时还写上学生的成绩水平以及和其他同学的关系（例如，这个学生和谁的关系不好）。然后根据学习成绩排列顺序，把最好的学生和最差的学生分到每一个小组（尽管很多老师尽力避免极端的做法），接着分配中等生。在建立实力均匀、合作良好的小组时，把学生的名字写在卡片上，你就能让学生自由地移动。

试图建立完美的小组是一种让教师望而生畏的挑战。雷切尔·罗坦（Lotan，2006）提出了另一种方式——**控制性随机分配**，即教师当着学生的面分组。在墙上用挂图来展示分组情况，老师像移动扑克牌一样移动学生的名字。所有的牌发完后，教师再检查一遍分好的小组，做些必要的调整。比如，一个学习英语的同学需要有人给他翻译，一对要好的朋友有必要给分开。

四位教师在分组时偶尔会采用控制性（或非控制性）随机分配的方法。在第八章，我们曾提到唐尼从桌子上拿起一副纸牌，走向一个学生，让他帮忙洗牌：

> "我不擅长这个。我没学过。"（几个学生开始嘲笑她不会洗牌。）洗完牌后，唐尼从一个学生走向另一个学生，让每一个人都"选一张"。她在教室里走的时候，学生们和我都想知道她要做什么。每人都拿到一张牌以后，唐尼让学生注意。"现在，我需要你们找到和你有同样数字或者同样花色的人。找到伙伴后，找张桌子分组坐下。然后我会告诉你们要做些什么，再分发材料。"学生们站起来，在教室里走动，寻找自己的伙伴。小组形成以后，唐尼开始指导他们以小组为单位处理要解决的问题。

课后，我和唐尼讨论了这种分组方法：

> 这是我第一次尝试这么做。我的主要理由就是让他们和自己邻座以外的人说话并一起合作。他们坐在第一天就选好了的座位上，其中一些人非常安静，又很害羞。他们不会在教室里走动，或者和其他同学交流。这个活动让他们站

起来，形成一些新的小组。

唐尼、弗雷德、桑迪和克里斯蒂娜有时也会让学生自己分组，但是只限于某种活动，而且是在学生有了各种形式的小组学习的经验之后。例如，克里斯蒂娜允许学生自己分组去完成需要在家做且时间较长的作业。正如她所说的，"让学生在校外和不是朋友的人合作太难了"。

为积极的相互依赖构建任务

如果你想确保学生在一项任务上合作，那就必须创造一种环境，让学生觉得要想成功就需要彼此的努力。这就叫作**积极的相互依赖**，这也是把小组学习转化成真正合作学习的基本特征（Antil, Jenkins, Wayne, & Vadasy, 1998）。

促进相互依赖的一个简单方法就是要求小组成员**分享材料**（Johnson, Johnson, Holubec, & Roy, 1984）。例如，两人小组中，其中一个人有一页数学题，另一个人有答题纸，如果他们想完成作业并检查答案的话，就需要合作（至少一点点）。然而就其本身而言，分享材料不能保证交流富有意义。

另外一种鼓励相互依赖的方法就是确立**小组目标**。例如，你可能会让每一个组得出一个简单的结果，例如报告、科学展示、一首诗，或者一篇幽默故事。克里斯蒂娜组织学生学习戏剧《安提戈涅》时，让学生分段朗读梭罗的散文《论公民的不服从》，然后在小组里：（1）用自己的话解释公民不服从的行为；（2）解释公民不服从的目的；（3）列举出三到五个公民不服从的真实事例；以及（4）预测公民不服从在这个戏剧中的重要性。克里斯蒂娜解释了下列问题：小组成员应该如何讨论作业的每一部分，融合他们的观点，每一组上交一份报告。尽管要求提交小组共同成果增加了学生们合作的可能，但是克里斯蒂娜发现这个方法并非万无一失：小组中的一个人可能会承担所有的工作，而其他人可能什么都不做。

强调合作重要性的一个更有力的办法是给**小组评分**或者**奖励**。例如，假设你想要鼓励学生互相帮助，标出化学离子。你可以奖励那些全体组员正确标出所有离子的小组，也可以给所有组员都达到预期效果的小组额外的分数。一些老师在上课前给组员每人一个数字（例如，1 到 4），然后转动带有数字的旋转球或者掷骰子，选出小组的顺序号，该小组的家庭作业或者课堂作业要评分（Webb & Farivar, 1994）。小组中的每个人都会得到该分数。这样的方法很显然增加了小组成员的压力，他们要保证每个人的家庭作业或者课堂作业都已经完成，而且出色地完成。

还有一种促进合作的方法，就是布置一项任务，学生们需要彼此互助以获取**信息**（Johnson, Johnson, Holubec, & Roy, 1984）。例如，在唐尼有关收集和展示信息的课上，组员要收集关于青少年课外活动的信息。因为每个同学负责收集一个年级的信息，因此，他们需要合作来完成一个图表，描述新生、2 年级、3 年级和 4 年级学生的活动。

拼图这种合作学习方法由来已久（Aronson, et al., 1978）。它很好地诠释了在小组学习中，要想圆满完成任务，就得互相帮助。多样化的小组可以用来学习分成不同部分的学习材料（通常是叙述性的材料，如一个社会学章节）。每个组员只阅读该材料的一部分，然后各小组暂时解散，同学们在"专家组"与分配了同样阅读任务的同学会面。他们在这些"专家组"互相帮助，学习自己的材料，然后回到自己的小组，把所学的东西教给本组成员。这样，每个人都要学会所有的材料，因此，要圆满完成任务，就要认真听取同伴的汇报。然而，使用这种方法也需几分谨慎。最近的一项研究发现，学生们通常会学习分配给他们的部分，对同组伙伴的材料则少有学习热情（Souvignier & Kronenberger，2007）。

你也可以用丰富和复杂的任务建立相互依赖的关系，这样的任务需要多种能力（例如，读、写、计算、角色扮演、制作模型、解决空间问题、画图、创作歌曲、公开演讲等）。要让学生相信小组的每个成员都擅长这些活动中的某一项，没有任何组员是全能的，这样你就可以缩小优等生和差等生在参与方面的差别，而且也可以让那些被忽略的人参与进来（Cohen，1994a，1994b，1998）。听听唐尼的说法：

> 我班上有一个女生，数学不太好，但却是个艺术人才。一次，我们的小组任务是制作饼干，我把她分到了一个小组中。我认为这个小组具有接受能力，并且很敏感。我讲了活动的要求，告诉他们活动中需要具备艺术能力。我努力让他们了解，并不是所有的人都擅长同样的事情，每个人都有不同的长处和弱点。

最后，你可以给组员**布置不同的角色**：如果小组想要完成任务，每一个角色都要履行职责。例如，弗雷德有时会指派一个记录员、一个计时员、一个鼓励别人的人（促进参与）、一个任务管理者（让同学坚持主题）、一个总结者（在小组学习结束时做报告）和一个观察员（监控小组的进程）。有时，弗雷德所分配的角色和活动本身是完整的一部分。在一次关于战后重建的社会学研究模拟中，学生组成了"总统顾问委员会"，就内战后南方的规划给安德鲁·约翰逊总统提建议。对于重要的问题，所有的小组都要拿出指导意见：

- 最近反抗我们的南方人是公民吗？他们应该和其他忠诚的美国人一样享有权利和特权吗？
- 我们该怎么处置叛乱的领导人，尤其是李将军和戴维斯总统？
- 我如何保证南方由那些忠于合众国的领导来管理？
- 跟我们打仗的军人是叛国者吗？
- 我们该怎么处理以前的奴隶？他们也应该拥有公民权吗？允许他们投票吗？前奴隶主失去了奴隶这种"财产"，我们该补偿他们的损失吗？

每一个"总统顾问委员会"都由背景和观点迥然不同的人组成。例如：

- 哈里（哈里雅特）·斯通神父，43岁，有着虔诚的宗教信仰，曾在弗吉尼亚的大学就读，在废奴运动中不是很积极，认为奴隶制不道德，但也觉得约翰·布朗"太过分"。
- 威廉（玛丽）·哈德威克，52岁，特拉华州富裕的磨坊主，两个儿子参加了战争，小儿子在格兰特的部队中服役时，在荒原战役中牺牲。生产衬衫，并从政府的战争合同中受益，自李将军在阿波麦托克斯投降以后合同便撤销了。南方批发商还欠他40 000美元战前购买产品的账款。

不同的角色可以保证每个人都有表演的机会，而且如果小组想要成功的话，所有的学生都必须参加。

明确个人责任

　　正如我们在本章前一部分所讨论的，和分组活动相联系的一个重要问题就是不平等的参与。有时，个人不愿意参与小组的努力，更愿意做"寄生虫"。有时，过于武断的学生会支配小组，使别人很难参与。在这两种情况中，缺乏参与是真正的问题。那些不积极参与的人可能学不到任何理论知识，而且，整个小组也不会学到合作的技巧。

　　一种鼓励所有组员参与的方法是确定每个人对目标所负有的责任，而每个学生的学习是单独评估的。**个人责任**是合作学习的第二个主要特征，也是教师最常忽略的问题（Antil，Jenkins，Wayne，& Vadasy，1998）。

　　确定个人责任有几种方法。你可以要求学生根据材料进行独立测验，并分别打分；可以让每个学生完成小组整体计划中明确的一部分；或者让小组中的一个或两个学生回答问题，解释小组的推理过程，或者进行演示。在5月的某个上午，我们看到桑迪向学生解释，他们将学习化学方程式。她把全班分成许多三人小组，解释了任务，并提醒学生：他们需要合作来发现操作原则。但在让学生开始之前，她强调：只有所有组员都学会了，小组的任务才算完成，因为每个人最后都要参加小测验。换言之，桑迪很清楚地说明，每个学生都有责任向同伴解释化学方程式平衡的过程。

　　确保责任并不总是意味着每个学生必须完成同样的活动，或者对同一材料负责。在一个多样化的合作小组中，有时需要或者必须用复杂性和数量来区分不同的任务。换言之，学生们可参与不同难度的任务，或者学习不同数量的材料。重要的一点在于，"每个学生都能学到自己以前不了解的东西"，能为"共同的目标做贡献"（Schniedewind & Davidson，2000，p. 24）。例如，在一个多样化的小组中，每个同学都要阅读哈丽雅特·塔布曼（Harriet Tubman）传记的一部分。教师会给吃力的读者布置相对短小的章节，班级活动前还可由资源教师或助手帮忙预习；而给能力出众的学生布置更加难懂的章节。但所有的学生都要对自己的阅读材料做出小结，互相汇报，有责任了解塔布曼生活的方方面面。施尼德温德和戴维森认为，学生们不觉得如此区别对待的任务让人难堪，对此并不反感。确实，他们很清楚彼此的能力，"在老师认可并让他们参与让人紧张的有关学习差异的话题时，似乎能做到心安理得"（Schneiedewind & Davidson，p. 25）。例如，一名老师向她的学生解释说，区别对待的任务可让她完成因材施教的职责。

教学生学会合作

　　最近，我们读了一个英语实习老师在反思文章中的如下片段：

　　　　我尽可能多地采用合作学习活动，但是我一点也不敢肯定这是否有效……学生花更多的时间混日子，而不做任何事。我不相信合作学习能起作用，除非（1）学生足够成熟，不需要老师跟在他们后面看着；（2）他们具有和同学沟通的社交技巧。

　　这个实习老师开始理解了这样一个事实，即学生的社交技巧可以成就分组活动，也可以破坏分组活动。然而他没有理解的是，**教授**这些技巧恰恰就是教师的责任。的确，有一项研究比较了两组学生：一组学生学习了合作活动的知识，另一组学生只是分完组了事（Gillies，2008）。在分组活动和随后的评估中，得到指导的那组学生展示了更为合作的行为、更为复杂的思维以及解决问题的更佳技能。

作为任课教师，**教会学生如何合作是你的责任**。这不是一个简单的过程，学生不会在一节 45 分钟的课上学会如何合作。事实上，我们可以在三个层次上考虑这一过程：学会珍惜合作，掌握小组技巧，评估。让我们简要地思考上述每一条原则。

学会珍惜合作

学生开始一起学习之前，必须懂得珍惜合作。在学年初期，桑迪就设计了单个学生无法独立完成的工作，然后把小组合作介绍给学生：

> 我告诉学生，他们要解一道具体的化学题（每一年都不一样），他们要去实验台那里动手做。他们看着我，好像我疯了。他们说："但是，K 夫人，你没有告诉我们该采取什么步骤。"我告诉他们，我忘了给他们写出步骤。我说："让我们看看你是否能够想出步骤。如果你能独立得出步骤的话，我就额外给你加五分。如果你们两人一起做，你们就平分这五分，以此类推。"他们都开始自己做——他们想自己独得五分。随着实验课的进行，他们开始分组活动。他们意识到需要彼此帮助，并且能够真正互相帮助，而且也不在乎那五分了。实验课结束时，我说："让我们谈谈今天发生的事情。为什么你们开始时都自己做？"他们说："我想得五分，但是我必须让别人帮助我，因为我懂的不够多。"我们谈到了学习新东西时开展合作的意义，而这时，分数已经不重要了。

学生在同一小组中开始合作一段时间后，让他们参与能塑造团队形象、增强小组凝聚力的非学业活动是很有帮助的。例如，克里斯蒂娜介绍小组学习时，第一个任务是要求大家给组员写总结。接着，克里斯蒂娜叫起每组的一名同学，让他谈谈对本组成员有什么了解。还有一种想法是让每个小组设计横幅或者海报，展示小组的名字和标志。为了确保每人都参与横幅的设计，老师可以给每个组员发一只不同颜色的笔，每个人只能使用他们刚刚拿到的笔，但是横幅必须展示所有的颜色。

掌握小组技巧

教给学生小组技巧就好像教给学生平衡方程式或者使用吸量管一样，要求系统地解释、示范、练习和反馈。**仅仅说出规则就指望学生理解和记住是不可能的**。不要认为任何事情都理所当然：即使是最基本的指导，像"不要打扰别人"和"小声说话"可能都需要教。给学生介绍一些小组学习的基本规则（Cohen，1994a）可以让学生知道老师对他们的期望：

> 要求同学帮助。
>
> 互相帮助。
>
> 向其他同学解释材料。
>
> 检查一下他们是否理解。
>
> 提供支持。
>
> 听取同学的意见。
>
> 给每个人谈话的机会。

为了确定学生需要知道的特定技巧，开始时分析你所选择的任务是很有帮助的

（Cohen，1994a）。学生需要解释材料吗？他们会听别人的发言吗？他们能达成一致意见吗？分析任务之后，选出一两个主要行为教给你的学生。不要贪图一次把全部的技巧都教给他们，走得太远、太快，难免会遭遇失败。

　　然后，告诉学生他们分组活动中所需的必要技能。**一定要解释词语，讨论基本原理，并举出例子**。约翰逊夫妇（Johnson & Johnson，1989/90）建议画个"T形图"，上面列出技巧，然后和全班一起记录下大家对这一技巧的看法。图 10—1 就是一个"鼓励参与"的 T 形图的例子。

鼓励参与

看起来	听起来
进行目光交流。 看着并向别人所在的方向点头。 向说话的人做手势。 确保每个人的椅子都聚在一起（没有人在形式上被排斥在外）。	你怎么看？ 我们还没听你说过呢。 你同意吗？ 其他人还有什么要说的吗？ 我想听听你是怎么认为的。 让我们再轮一次，看看大家都怎么想。

图 10—1　鼓励参与的 T 形图

　　最后，你必须给学生提供练习这种技巧和获得反馈的机会。你可能需要让学生进行角色扮演，也可以把技巧和熟悉的学习任务联系在一起，这样学生就能把注意力集中在社交技巧的运用上，或者你可以让学生做专门为特定技巧而设计的练习。

　　唐尼有时会用一种更加"迂回"的方法教学生小组技巧。她秘密地给每个人分配了不同的角色：支配者、不参加的人、诋毁其他所有人的人、促进参与和倾听的推动者。学生进行一些非学业活动——也许是用大头针和麦秆做一座塔，然后听取汇报，分享他们对于小组进程的反应。这样的行为能帮助提升学生的小组技巧意识，同时，他们也会觉得很有趣。

　　尽管你能提供各种类型的练习，但你还是要就学生的表现给他们提供反馈。弗雷德发现给每个组指派"流程控制人员"和"观察员"很有用。这些人可以负责让每个组的活动顺利进行。例如，他们可以调控每个人发言的次数。在小组学习结束以后，流程控制人员就能够分享小组可以用来评价自身合作能力的数据。

评　估

　　为了从他们的经历中学习，学生需要有机会讨论所发生的事情，并且评价他们的合作是否成功。这在初次创建小组学习规则时尤为重要。例如，在年初弗雷德的课堂，我们听了一节美国对阿富汗政策的课。学生们四五个人一组进行活动，他们试图就几个敏感的政治问题达成一致意见（如，美国应该在阿富汗保持军事存在，以训练阿富汗安全和军事力量吗？美国应该在阿富汗建立永久军事基地吗？）在学生开始活动之前，弗雷德解释说，学生要讨论每一个问题，并为特别公使准备一份报告，就阿富汗问题向总统提建议。每一组的组长负责编写报告，并负责让所有同学都有机会参与。弗雷德明确表示，每个组的评分不仅依据报告质量，同时也要看他们是否进行了很好的合作，尤其是他们开始活动的速度，认真和投入的程度，组员彼此倾听时的认真程度，组员是否成熟而且得体地互相对待，是否每个组员都有表达自己观点的机会等。在这次活动中，弗雷德在教室里巡视、观察并倾听。此外，学校的多媒体工作者还给全班录了像。

第二天，弗雷德花了半节课的时间来评价学生所进行的小组学习。首先，弗雷德谈到进行小组学习的难度，并讲了几个他曾参加过的小组学习的"恐怖"故事。然后他让学生就本组的交流完成自我评价（见图 10—2，一个学生对小组学习的评价）。最后，他播放了录像，对他所注意到的事情做了评价：

> **小组活动评估**
>
> 给你的组画一幅图并贴上标签。画一个20 "X"的图，说明你们之中谁发言最多，谁发言最少。
>
> X X X X X X X X X X
>   ⓖⓡ   ⓡⓜ
>
> X X X   X X
>   ⓡⓜ   ⓜⓒ   ⓝⓩ X X
>
> 给合适的回答画圈：
>
> — 0 + + ⊕⊕ 你注意听别人说话的程度如何？
>
> — 0 + + ⊕⊕ 别人听你讲话时关注的程度如何？
>
> — 0 + + ⊕⊕ 你说出你的信息/观点了吗？
>
> — ⊙0 + + + + 你提问了吗？
>
> — 0 + ⊕⊕ 你的观点有人支持吗？
>
> — 0 + + ⊕⊕ 你支持别人吗？
>
> — 0 +⊕⊕+ + + 大家都很认真吗？
>
> —⊙0 + + ++ 有人妨碍小组的进程吗？

图 10—2   一个学生对小组学习的评价

（录像带显示学生分成组，组织起来，开始工作。）我做的第一件事是看你们开始。我实际上在给你们计算时间，从你们进教室的一刻到最后一组坐下来开始活动，不到三分钟，我觉得这很好。（摄像机拍摄到了每个组。）我也看到你们是怎么坐的。（录像带显示一个组，四个人坐在一起，一个人坐在一边。）你们在小组中的位置很重要，如果有人坐在小组之外，我肯定这个人没有参与。我也注意看了你们轮流参与的方式。看看这个。（威廉所在的组出现在录像带上。）威廉是一个很有组织能力的组长。他走到每一个人身边，问："你怎么想？你怎么想？"很有秩序，每个人都有机会发言。但是缺点是什么呢？一个缺点是你没有说话时，可能不那么投入。（摄像机拍摄到了弗兰克所在的组。）现在弗兰克的组更加自由一些。这里有更多的争论。这里的缺点是什么？（学生回答。）是的，有人很容易就被排除在外了。现在看看珍妮的组。珍妮很努力地要让同学参与进来……我也注意看是否有人控制着讨论。如果你控制着讨论的话，别人真的会恼火。我再说一次，这会让别人恼火。现在你们觉得小组的组成怎么样？（学生做了评论。）我尽量把我认为容易和某一小组长沟通的人安排到这一组。我没有把朋友分开，因为我觉得这样小组长更容易组织小组学习。是不是？你觉得在小组中有朋友会怎么样？

一个更简单的评价方法就是让学生说出他们小组做得最出色的三件事和一件下次会做得更好的事（Johnson & Johnson，1989/90）。你也可以让学生考虑下面的具体问题，例如：

每个人都履行了自己的职责吗？

每个人都有发言的机会吗？

你们都听了大家的发言吗？

不同意的话，你会怎么办？

在每一组谈到了他们的经验之后，你可能想让他们向全班汇报。你可以让小组来分享和比较各自的经历，你可以问："你们组有同样的情况吗？""有几个组同意他们解决问题的方法？""你有什么要推荐的？"

克里斯蒂娜有时让学生给他们组的成员写信，写出小组的优点和缺点、每一个成员的贡献，以及哪些地方需要改进。之后，学生在小组中传看信件，读每个人所写的东西，简明扼要地讨论其中的观点。然后他们写信给克里斯蒂娜进行总结。

有时，这个过程对个人来说是很大的鼓励。例如一个很聪明的4年级学生，很高兴地了解到她那些成绩平平的同学很感激她的耐心、鼓励和解释。另一方面，这个过程有时候会导致怨恨。一次听课时，我们看到克里斯蒂娜和四个学生开会，讨论是否愿意接受内森——他现在要单帮——重新加入他们组。我们对于所发生的事情很好奇，课后，克里斯蒂娜解释说：

暂停与思考

老师们有时交替使用**小组学习和合作学习**这两个术语。不过，尽管合作学习是一种小组学习，但小组学习并不总是合作学习。向学生、家长以及学校领导解释你将在班上采用何种学习技巧是很重要的。记住这些，认清把合作学习和其他小组学习区别开来的重要因素。

大概一星期以前，我让学生给他们的小组成员写信。内森真的很无礼，他的信充满了种族歧视、性别歧视，并且很下流。难怪其他学生很生气。当然，他说这都是玩笑，但是他受到了校内停学一天的惩罚。我还让他离开小组一个星期，并且告诉他，我们一周后讨论他能不能回到小组中来。我知道他害怕回到那个组，他知道同组人气疯了。他求我搞清楚其他组员对于他的归来作何感想。

他们想把想法写给我看。两个人说不欢迎他，两个人说无所谓。虽然内森真的很聪明，很熟悉阅读材料，但他一直跟别人吹嘘他有多了不起，让每个人都分心，因此同学们很讨厌他。当然，这封信是最后一根稻草。但他一个人坐在那里的确学不到任何社交技巧。我认为应该让他回到小组，试一段时间，看看会发生什么事。

显然，这一过程可能会非常敏感，让很多人难受。但这样的事情并不经常发生，因为学生知道我会认真看他们的信，而且我希望他们提些建设性的批评意见。

监控学习、参与以及合作行为

在合作学习的过程中，唐尼、桑迪、克里斯蒂娜和弗雷德四位老师不停地在教室巡视，倾听、帮助、鼓励、敦促、提问，总体来说，要尽量确保学生们参与、高效，并且合作。例如，在前面描述过的通过合作学习推导出化学方程式的课堂上，桑迪便异常小心，因为她很清楚任务之难也许会让学生们感到沮丧：

学生们三人一组活动，试图预测三个化学系统中分子的运动。桑迪注意到有一个组非常安静。她走过去，手放在一个男孩的肩头。他抬起头，告诉桑迪："我不知道自己在做什么。"桑迪回答说："为什么不和同组的伙伴谈谈？"

他挪了挪，靠近其他人。桑迪走向另一个组时，一个女孩表示她"做好了"。她激动不已地向全组和桑迪解释过程，接着便一头雾水，败下阵来。"我在胡说。"她说。桑迪觉得这时候该干预了："好吧，我们回到最初的问题。你们必须首先搞清楚问题问的是什么。问题是什么？"在另一个组，一个男孩不喜欢同组一个人的意见："我不想辩论，但我觉得你说的不对。"桑迪对他的行为表示赞许："这很好。你们就该互相质疑。"一时间，桑迪把一个组分开，让组员临时加入临近的两个组。"K夫人说我应该问你们问题。"一个男孩对他新加入的小组的成员说。桑迪在教室的一边和一个组一起活动时，另外一边的两个组开始无所事事。一个男孩一只手把涂改液扔到空中，再用另一只手接住（那只手在他身后）。桑迪注意到这种混乱："对不起，我觉得你没做完，是不是？"一个小组最后找到了规律，爆发出一阵欢呼。另一个组的一个女孩表达了沮丧之情："我们这里毫无线索，他们却欢呼起来了。"几分钟后，桑迪加入了这一组，帮助他们。

课后空闲时，桑迪反思了指导合作学习活动的重要性：

因为这个活动很难，我觉得学生可能会有一种挫败感，因此，密切关注小组的活动就很重要。通过看学生的身体姿势就能了解很多。如果学生低下头，或者看别的地方，就说明他没有参与，也没有跟其他同学交流。今天我可以看出理查德想要独自解决这个问题，他自己走开了一会，后来沮丧地回来了，但是那个组一直不太成功。我本来认为西尔维娅可能帮助小组进行活动，但是她始终没有全身心投入。

我也仔细听了他们彼此就活动进程所说的话。就像马克，他不知道否定他人的意见是否合适。我很高兴听到他这样说，于是我肯定地告诉他应该这样做。看到有些人的确展示了优秀领导者的风采，真是太美妙了。例如，斯文真的很安静，但是她能够真正地倾听，也能够带动跟她一起合作的两个男生。

你还须监控学生解决问题时的进度，防止他们跑题。今天我看到一个组遇到困难，学生已经形成了思维定式，一遍又一遍地说同样的话。所以我把他们分开，让他们向其他同学解释他们的想法，并向另外两个组的同学问问题。有时让他们跟其他人说话会帮助他们进步。在此情况下，这种方法似乎管用。通过和不同的小组交流，罗伊从思维定式中走了出来，随后就能帮助同组的其他同学了。

研究表明，教师的监控可以把学生对小组学习的专注度提高到一个新的水平（Emmer & Gerwels，2002）。通过监控，你会清楚什么时候必须干预小组学习。邱（Chiu，2004）研究了两个9年级代数老师监控小组合作做题的活动，以及教师干预的效果。他发现，通常学生比较心不在焉，或者总体上没什么进展时，教师就会干预。一般来说，教师干预对小组有益：学生们在教师干预后更能专注于自己的活动，也更有可能认识到自己的失误，提出新的想法，给别人解释自己的想法。遗憾的是，这种积极效果只能维持大约五分钟；最终，学生们的注意力还是会偏离到别的话题，如个人生活中发生的事情。诸如此类的结果凸显了持续监控学生进展的重要性。

暂停与思考

既然阅读了管理小组学习的内容，那么回到你最初给拉尔夫的建议。有什么别的建议可以给拉尔夫？他可以做出哪些重大调整，来使他下一次合作学习的努力更加成功？

另一种监控小组实际成绩的方式是建立"进度检查"。例如，在让学生做了两天改写社区"人权尊严与平权行动"政策后，弗雷德停止了小组学习，让学生汇报他们做了什么，有什么问题。同样，你可以把较大的任务分成几部分，每隔几天完成一部分，随时掌握小组学习的进展情况。

总结评论

尽管本章名为"小组学习管理"，但我们看到，实际上有为数不少的小组学习形式，每一种的用途、程序、要求以及缺点都不尽相同。设计与实施小组学习时，记住这些区别很重要。很多教师觉得，合作学习不过是给学生分组，让他们一起活动。他们给小组选择不适合他们人数的任务；当同质性小组比较合适时，他们却选择了多样化的小组（或者相反）；他们没有建立相互依赖的积极关系，没有明确个人责任；他们无法识别帮助型小组和合作型小组间的区别。下面的例子显得很好笑——但愿它不是事实：

> 我们的一位同事最近描述了他儿子学校里一个"合作学习"的例子。任课老师告诉学生，他们要进行合作学习。他的儿子和另一个同学被分到一个两人小组，完成一个项目的两个不同的部分，而且要在课外时间完成任务。项目的每一部分有评分，整个小组也有评分。在这个例子中，一个同学得了"F"，因为他没有完成要求他完成的部分。另一个学生得了"A"。小组的得分是"C"。这样，完成任务的学生得到了奖励，没有完成任务的学生得到了惩罚。此次"合作学习"中，学生们没有互动的机会，小组奖励（小组评分）也适得其反。尽管对大多数合作学习的倡导者来说，这种情形不能称为合作学习，可任课老师就是这样描述给学生家长的。(O'Donnell & O'Kelly, 1994，p. 322)

这一例子表明，老师需要从总体上熟悉小组学习的复杂之处，也需要具体熟悉合作学习的窍门。我们希望本章内容能让你对可能出现的问题更为敏感，也能为你提供使问题最小化的策略。小组学习这一教学手段极具挑战性，成功的小组管理需要仔细地计划和谨慎地实施。尽管有些缺点，但我们认为小组学习是中学课堂不可或缺的一部分，尤其是在你努力构建充满关爱、提供支持的集体时。

小 结

本章首先探讨了小组学习可能的益处和面临的特殊挑战，接着提出了设计与实施有效的小组学习的策略。

小组学习的益处

- 等待老师帮助时，无所事事的时间更短些。
- 激发学习动机。
- 更大的成就。

- 更多学习上的参与。
- 减少同学间竞争。
- 不同性别、民族、种族的学生间更多互动。
- 改善残障学生和普通学生间的关系。

小组学习的缺陷

- 不同性别、民族、种族的学生间的隔离。
- 不平等参与。
- 缺乏成就感。
- 组员间缺乏合作。

有效小组学习的设计和实施

- 决定所使用的小组类型（允许帮助型、必须帮助型、同学指导型、合作型、完全合作型）。
- 决定小组的人数。
- 决定小组的构成。
- 为积极的相互依赖构建任务（如提出小组目标或奖励）。
- 明确个人责任。
- 教学生学会合作。
- 监控学习、参与以及合作行为。

尽管小组学习在社交和学业上有着独一无二的好处，但也要理解它所带来的挑战。不要以为一项任务妙趣横生，课程就会进展得非常顺利，认识到这一点很重要。记住要仔细计划小组学习，让学生有充分的准备，给自己时间，积累作为合作小组推动者的经验。

技巧培养活动与反思

课上活动

1. 根据教学内容不同（例如数学、科学、社会研究等）分小组讨论，选择一个你将要讲授的主题，设计完全合作型小组学习。设计活动的时候，记住下列问题：

你如何给学生分组？

你如何建构一种培养积极的相互依赖的活动？

如果有角色的话，你会设计哪些？

你会设计何种形式的个人责任内容？

你需要教给学生哪些社交技巧，你如何教他们？

你如何监督小组学习？

你如何为学生提供评价小组学习过程的机会？

2. 思考下列情形：你通常按照学习成绩给学生分组，因为你认为这样的分组模式可以让学生相互学习。你也认为学习合作、理解差异是重要的、合理的教学目标。然而，你班上一个优秀学生的家长跟你联系，抱怨说他们的儿子在小组学习中并没有得到适当的锻炼，教那些成绩差的孩子是在浪费他的时间。小组讨论你将如何做出答复。

3. 小组阅读下面从一本教师撰写的有关合作学习的书中节选出来的内容：

　　我教8年级的社会研究课程，第三节课是我每天六节课中的一节……（作为一名有经验的合作小组学习的支持者，）我带着满满的自信，在本学年开始进行小组教学活动。但这第三节课让我遇到了麻烦……这个班级是本学区内全时接受资源专员计划教学援助的班级，因为班里有9个，是的，9个特殊教育学生。还有10个受保护学生，最近刚刚离开双语教学班级，目前正处在向全程英语教学过渡的阶段。这个班级的人员构成，就好像要上一节令人不安的化学课，上课铃响30秒内你就能感觉到那种紧张。我通常把他们分成4～5人的小组，然后，就是在他们的相互折磨中满脸错愕地看着他们。我坚信，我接受的培训就是要求这样做，但是我也有些疑惑，小组学习是否适合这个不具备合作能力的28人的班级——因为其中还包括那么多情绪上需要特殊照顾的学生。

　　总之，42分钟的课程结束后，我感觉自己就像一只巨大的充满情绪的球，从教室的一边被狠狠地扔到另一边……是因为他们缺乏小组交流的经验，缺乏自信，还是二者兼而有之？营造一种合作的氛围，似乎在这个班级里很难实现。

　　放学时，我还是感到疑惑，我为什么不使用那些学生更熟悉的以教师为中心的教学方法呢？也许小组学习并不适合任何一个班级。"好吧，我放弃。"我对自己说。然而，在内心深处，我又对自己说："这并不好。我知道我需要做些什么。"（Shulman，Lotan，&Whitcomb，1998，pp. 21-23）

小组讨论你可以做些"什么"。

独立活动

1. 观察一个合作学习活动。老师以哪种方式培养积极的相互依赖和明确个人责任？

2. 思考你会在什么时候使用下列小组学习形式。根据你的教学内容列举一项活动的例子。

　　a. 允许帮助型小组

　　b. 必须帮助型小组

　　c. 同学指导型小组

　　d. 合作型小组

　　e. 完全合作型小组

载入档案袋

选择一个主题，设计一节合作学习课程。简要书写一段评论，描述：（a）这节课中要求学生掌握的社交技巧，以及你如何教给学生；（b）你培养学生积极的相互依赖和明确个人责任的方法；（c）学生将如何评价他们的小组交流。

第十一章
课堂提问与讨论的管理

课堂提问和教师主导的讨论的缺陷
有效课堂提问的设计和实施
有效课堂讨论的设计和实施
总结评论
小结
技巧培养活动与反思

很多师生之间的对话和我们在现实日常世界所听到的对话不同。我们只需看一个例子。在现实生活中，如果你问别人一个具体作家的名字，我们会假定你真的需要那个信息，而且会对答案表示感激。这个对话可能是这样的：

"谁写的《愤怒的葡萄》?"
"约翰·斯坦贝克。"
"噢，是的，谢谢!"

相反，如果在课堂上老师问学生这个问题，对话很可能是这样的：

"谁写的《愤怒的葡萄》?"
"约翰·斯坦贝克。"
"很好。"

在这里，这个问题不是因为需要获得信息而问的，而是一种了解学生是否掌握知识的方法。这种交流更像一种智力测验（Roby，1988），而不是一种真正的对话。老师**发起**互动，提出问题，学生**作出回答**，老师再来**评价**这个答案，或者以某种方式**继续**（Abd-Kadir & Hardman，2007；Mehan，1979）。这种交流模式（I-R-E或者I-R-F）就叫作**问答**。一些研究（如，Stodolsky，1988）也证明了学生在课堂的这一活动中花费了大量的时间。

问答这种教育方法经常受到指责。批评家们经常反对教师这种积极的、指挥性的角色和学生相对被动的角色。他们认为学生之间缺乏交流，并指责说，问答经常强调对于事实信息的记忆，而几乎不要求更高层次的思考。下面就是这种问答的例子。在这个节录里，12年级学生刚刚阅读了莎士比亚所著的《麦克白》的第一幕。

洛先生：好，让我们讨论一下这部戏剧的第一幕。在第一场的开始，这部分很短，三个女巫出现在舞台上。天气怎么样，莎伦？

莎伦：雷电交加。

洛先生：正确。这些女巫们在讨论什么，拉里？

拉里：她们如何能遇到麦克白。

洛先生：好。她们什么时候会遇见他，乔纳森？

乔纳森：当战争结束的时候。

洛先生：正确。好，让我们跳到第三场。战争结束了，三个女巫告诉我们："麦克白真的来了。"于是我们就遇见了麦克白和班柯，国王部队中的两个将军。他们刚刚从战场上归来。他们和谁打仗，米西？

米西：考德。

洛先生：很好。现在我们知道考德是一个叛徒，对吗？他背叛了谁，塔尼娅？

塔尼娅：邓肯国王。

洛先生：好。邓肯是哪个国家的国王？梅利莎？

梅利莎：苏格兰。

洛先生：是的。那么当这些女巫第一次跟麦克白说话的时候，她们称呼他什么，埃里克？

埃里克：格拉米斯领主。

洛先生：正确。这是他自己的头衔，因此这是合理的。但是接下来她们又称呼他什么？

苏珊：考德领主。

洛先生：正确！于是我们知道麦克白将要被任命为考德领主。考德原来的领主呢？保罗？

保罗：他被杀死了。

洛先生：是的，他被处死了。

另外一个批评着重于在问答时所发生的一种公共评价。当老师叫学生的时候，每个人都能看到并且对回答作出评价。事实上，菲尔·杰克逊评论说，有时同学们被鼓励"参加这样的活动"：

有时，全班会作为一个整体被邀请来参与评价一个学生的功课，这时老师会问："谁能纠正一下比利的答案？"或者："多少人认为雪莉很有感情地朗读了这首诗？"（Jackson，1990，p. 20）

这样的问题会增加由问答所引起的学生之间"消极的相互依赖"（Kagan，1989/90）。换言之，如果学生回答不出老师的问题，其他同学就会有更多的机会被提问并受到表扬；这样，学生很可能会因为其他同学的失败而感到快慰。

尽管这种批评是正确的，但问答一直是中学课堂最为常见的做法。这种教学策略有何独到之处，使它在其他高调宣传的方法面前仍然长盛不衰？

观摩弗雷德的课堂时，这个问题让我们冥思苦想。观察了他在一节课中指导的问答环节后，我们找到了一些线索。学生们刚刚阅读了一篇争论文章。弗雷德对他们说，他想听听大家对阅读材料里的基本问题作何感想：

弗雷德：嗯，让我们谈谈这个问题。让我们谈谈在美国，什么被认为是基本的人权。我们拥有哪些基本人权？

学生：平等。

弗雷德：它是什么意思，平等？到这来，萨莉。（她起来站在弗雷德旁边。）你跟我是平等的吗？她跟我是平等的吗？

学生：她没有你那么大的块头（笑声），她可能也没有你那么强壮，但是她和你在权利方面是平等的。

弗雷德：嗯。所以说我们在个头和力量方面是不平等的。我们在经济上是平等的吗？（低声说"不"。）大概不是。我们在能力方面是平等的吗？可以肯定，不是。（更多的笑声。）但是我们有**法律上的**平等，我们在法律面前有平等的权利。还有些其他什么权利？

学生：自由。

弗雷德：做什么的自由？

学生：说话……言论的自由。

弗雷德：好，还有什么？

学生：宗教自由。

学生：选举自由。

弗雷德：好。在美国，人权意味着个人的权利。我们强调个人的自由——个人信奉宗教信仰的自由，选举他们想要选举的人的自由。

弗雷德的问答环节帮助我们确认了课堂问答的五种非常有用的功能。第一，问答让弗雷德能够评定学生对于阅读材料的理解，并检查他们关于阅读材料的背景知识。第二，通过问一些要求有较高智力水平的问题（如在美国平等是什么意思），弗雷德能够带动学生们进行一些批判性的思考，并引导他们获得一些基本的理解。第三，问答使弗雷德能够让学生参与到对材料的表达中来。弗雷德用提问的方式引出了信息。第四，问答提供了一个影响每一个学生的机会，即使是在整个班级组成的课堂上。弗雷德在这里所引用的短短的问答中和好几名不同的学生进行了交流。第五，通过他的问题、声调的改变和手势，弗雷德能够让学生维持一个相对高度集中的注意力水平。换言之，他能够让大多数学生都"跟随"他。

之后，弗雷德又仔细考虑了问答的一些其他功能：

我在学年开始的时候经常使用问答的形式，因为这是知道学生名字和了解他们在课堂上如何表现得很好的方法，也是学生在一个新的班级中建立自信的手段。他们有机会在课堂上发言，我也可以在学期开始的时候就给他们提供成功的机会。总的说来，这是一个不带有威胁性的活动，因为它不像讨论一样要求那么多的更高一级的思考，它要简单一些。我也尽力强调即使不知道也没关系，我们可以一起解决问题。这就是教育的意义所在。

正如我们所见到的那样，弗雷德的问答过程不是"智力测验"——被动的学生不动脑筋地回忆那些低级且无关紧要的事实。另一方面，这种交流模式（I-R-E）和首要的意图（评价学生对于阅读材料的理解）把它和另外一种提问过程区分开来，即讨论。（表11—1总结了问答和讨论之间的不同。）

表 11—1 问答和讨论之间的不同

项目	问答	讨论
1. 主要发言者	教师（2/3 或者更多）	学生（一半或者更多）
2. 典型的交流	教师提问；学生回答；教师评价	教师和学生的融合导致陈述和问题的融合
3. 速度	很多简洁、快速的交流	较少、较长、较慢的交流
4. 主要目的	检查学生的理解程度	激发各种不同的回答；鼓励学生考虑不同的观点；培养解决问题和批判性思维的能力；检查推论
5. 答案	事先判断正确与否；所有学生的正确答案都相同	没有事先判断正确与否；不同的学生可能有不同的回答
6. 评价	正确/错误，由教师评价	同意/不同意，由学生和教师共同评价

资料来源：Dillon，1994。

　　为了使区别更加明显，让我们再看一下弗雷德课堂上的另外一个例子。他要求学生们读几个模拟选民的简介，并判断他们是属于民主党还是共和党。（见第十章对这个活动的全面描述。）在这段节选中，弗雷德正在征求学生对一个依靠社会保险生活的新泽西州退休教师的看法：

　　弗雷德：哪些情况表明这个退休教师是左翼的？杰里米，你怎么认为？

　　杰里米：她来自新泽西。

　　弗雷德：为什么这会影响到她的政治观点？

　　杰里米：嗯，新泽西州的人通常会给民主党投票。

　　学生：（插入）等一下，克丽丝蒂·惠特曼呢？她是一个来自共和党的州长。

　　杰里米：是的，但是在新泽西存在着多样性，而且类似的是，我也不知道，但是我觉得这里的人们往往更自由一些。

　　弗雷德：其他人对这个问题怎么看？你认为住在新泽西就是她很可能是民主党人的标志吗？

　　学生：哦，我知道这听起来不太对，但是我认识的所有新泽西人都是民主党人。所以我认为如果她是来自新泽西，那她很可能是民主党人。

　　弗雷德：还有其他方面表明她是自由派吗？

　　学生：她是老师，受过良好的教育。

　　弗雷德：嗯……为什么教育会是一个使人更加具有自由思想的因素呢？

　　学生：嗯，这就好像你知道得越多，你就越理解其他人。

　　弗雷德：还有其他因素使你们认为她是自由派的吗？

　　学生：因为她是一名老师，她很可能会关心社会问题。所以这一点很可能让她成为一个自由派的人。

　　学生：是的，但是她上了年纪，而且退休了。我认为这会使她更保守。

　　弗雷德：让我们考虑一下这一点。年龄会让她更保守吗？

　　学生：是的，是这样。

　　弗雷德：为什么？为什么年龄会让她更保守？

学生：老年人在行为方式上更为僵化。

弗雷德：我对此持怀疑态度，因为我经历的更多，我被欺骗的次数比你们多。但是，当然，我们要记住这些都是概括性的说法。我可以找出一个老人，一个激进的左翼自由派，再找一个年轻人，一个真正的保守派，以此来反驳你们这种概而论之的说法。好，还有什么其他的因素表明她是保守的？

学生：她依靠社会保险生活，因此她可能会更关心钱的问题。

弗雷德：就算她关心钱。为什么这就让她更保守？

学生：她可能会对那些让她花钱的社会计划投反对票。

学生：是的，比如她很可能就会投票反对学校预算。

学生：我不同意这一点。我认为作为退休的教师，她不会对学校预算投反对票。

在后来的交流中，弗雷德和学生们确定了这个退休教师很可能是民主党人（但是在"与钱有关的问题上较为保守"），弗雷德强调说，在这个练习中其实没有正确的答案：

> 我们对吗？我也不知道。我们所做的只是对信息的概括总结。如果说有一个正确答案的话，就是没有正确的答案。但是我们所做的并不是一个无用的练习。在政治活动中，很多时候人们接受的任务要求他们作出判断，而他们没有足够多的信息来得出正确的答案。但是，在缺乏完整资料的情况下人们可以作出更好的判断，这些判断是通过总结线索得出的。这些线索对于作出预测很有用，而预测在政治中才是真正重要的。如果最终证明你的预测是正确的，你就会被看作英明的战略家；如果你错了，那你就会被解雇。

暂停与思考

尽管你不熟悉问答这个术语，但是你在学校时一定参与了很多这样的问答环节。相反，你参与的很多讨论反而受到了很多限制。思考一下这二者之间的区别，想一想，针对你要讲授的内容，这两种教学策略是否合适。你能够想出一次讨论适用的情形吗？如果可以，你会在什么时候使用这样的讨论呢？

正如上述问答的例子，弗雷德在这次交流中仍然处于主导的地位。事实上，我们可以把它认为是**教师主导**的讨论，因为弗雷德确立了主题，提出问题，并叫学生来回答。然而，还有一些显著的不同。在讨论中，虽然弗雷德提出问题，学生回答，但是他经常对他们的答案作出评价。这样，预先设定的模式就不再是提问—回答—评价（I-R-E）的模式，而是提问—回答（I-R）的模式，甚至是提问—回答—回答—回答（I-R-R-R）的模式。另外，学生有时还向弗雷德或其他同学提出问题。有时，他们还评论或者评价其他同学的回答。最后，这种交流的目的就不再仅仅是"复习材料"，或者"阐释课文"。而且，问答的目的就成了激发不同的答案，鼓励学生从不同的角度思考，促进解决问题，检查其中的线索，并且把材料和学生的个人经历联系起来。

尽管教育批评家们经常指责问答的使用，推广讨论的使用，但是，如果做得好的话，这两种交流方式在中学课堂中都有其适当的地位。本章首先讨论课堂提问在操作上可能会出现的问题。其次，我们考虑我们的老师和研究成果对于减少这些问题以及实施课堂提问有何见解。最后，我们简单地讨论另外一种课堂提问的方法——以学生为中心的讨论——并提供了操作这种交流模式的一些指导原则。

课堂提问和教师主导的讨论的缺陷

第一个缺陷是**不平等参与**。想象你自己在一个 25 人的班级前面，刚刚问了一个问题，几个人举起了手，表达了他们想要回答的渴望（或者说至少是愿望）。其他人安静地坐着，盯着屋顶，表情空洞。还有一些人尽可能地低下身子，那姿势分明在说：“别叫我。”

在这样的情况下，我们往往会叫那些举手的同学。毕竟，这样你可能得到你想要的答案——一个很令人高兴的情况！你也避免了为难其他学生，有的学生对在众人面前讲话感到不舒服，有的因不知道答案而尴尬。同时你也能够保持课程的进度。但是，只选择那些自愿或者主动回答问题的人，可能会把交流局限在一小部分学生当中。这可能就是问题。如果积极参与，学生就会学到更多东西。而且，因为那些自愿回答的人通常都是成绩好的学生，只将答题机会给予他们就会让你形成一个不太真实的感觉，即每一个人都理解得很好。最后，把回答问题的范围局限在少数学生中，会给其他人传达否定的态度和期望值（Good & Brophy，2008）：“我不让你回答，是因为我确信你没有什么可以贡献给大家的。”即使你有最好的愿望，这样否定的态度还是传达出来了。听听桑迪对一件往事的回忆，当时她没有叫一个看上去非常害羞的学生回答问题：

> 那是我教书的第二年，但是我仍然记得很清楚。学生们在学年末做课程评估，一个学生说我不关心学生。我感到很震惊。我追问她，问她为什么认为我不关心学生。她说，那是因为我没有叫她参加课堂讨论。我一直想要避免引起她的尴尬。她看上去害怕说话，因此我就不管她。而她把我的行为理解为我不关心她。这给我上了很好的一课。

班上如果有英语语言学习者，不平等参与会成为一个现实的问题。经过两年的学习，英语语言学习者可以熟练地和同学交谈，但他们要花五到七年的时间才能熟练掌握学术语汇（Cummins，2000）。因此，要他们积极参与问答或讨论比较困难，也令人生畏。

另一个潜在的问题是**失去节奏、重点和学生的参与**。20 世纪 60 年代早期，一个非常流行的电视节目展现了这样的一个事实——童言无忌。节目的题目恰当地描述了在问答或者讨论中会出现的情况。提问题时，你可能会得到你想要的答案，也可能会得到表明困惑和误解的答案，与课文内容无关的、不合时宜的说法（例如，“我鞋子上有一块口香糖”），或者让大为吃惊的奇怪答案。所有这些都会威胁到问答和讨论的顺利进行，而且会使得它们变得缓慢、断断续续，或者毫无重点可言。

这样的威胁要求你瞬间作出决定：应该如何继续。这并不容易。例如，如果一个学生的回答表现出困惑，你就要决定如何给出反馈、提供帮助，同时不会丢下其他的同学。在问答和讨论的过程中，你经常会遇到两种矛盾的需要：要么与一个学生交流，以强化他所学的知识；要么为了保持大家的积极性和注意力，而继续进行下去。唐尼回忆了一种常见情况：

好像总是有人不明白！当你想要帮助这个学生的时候，班里其他学生就开始小声嘟囔："为什么还做这个？我们已经会了。"他们变得非常烦躁不安。当然，在他们自己不明白的时候，又希望你站在他们身边，但若你在其他人身上花太多时间的时候，他们又感到很厌烦。

在问答和讨论中出现"童言无忌"的时候，你需要判断这个答案是真实的，还是故意要让你处于尴尬的境地。弗雷德对于这个可能的威胁有第一手的经验：

> 有些学生会冷不防问个问题，想让我离题万里。这在那些特别调皮的学生中是很常见的。发生这种情况时，我会说："很好的问题。可这不是我们今天要处理的，但是我愿意和你讨论这个问题。2:30 可以吗？或者明天怎么样？"

课堂提问的第三个缺点是**很难控制学生的理解程度**。最近，一个中学老师谈到了实习教师阿德里安上的一节课。同学们正在学习多种无脊椎动物的解剖，在这一单元的中间，阿德里安想进行一次小测验。在测验的这一天，他问了一系列解剖海星和海胆的问题，对材料进行了简要的复习。很高的正确率让阿德里安很满意，然后他问道："在我发卷子前，还有什么问题吗？"看到没有问题，他又补充道："那么大家都明白了？"仍然是沉默。阿德里安告诉学生把书合上，开始发测验的试卷。那天下午，他批改了测验卷。结果令人惊讶——很多学生都得了 D 或者 F。在和其他合作教师的课后会议中，他大声说："怎么会这样？复习时他们都知道答案！"

这件事说明，在一个班级中判断所有学生对所学内容的掌握程度极为困难。正如我们前面所提到的那样，老师有时候受骗是因为他们只叫那些自愿的人回答问题——那些学生很可能已经知道了正确答案。在这种情况下，阿德里安的合作教师保留了一幅老师和学生之间语言交流的"图"，分享了一些很有启发的数据：在 15 分钟的复习中，阿德里安只点到了班上 28 个学生中的 8 个，而所有这些人都是自愿回答问题的。尽管这让阿德里安得以保持交流的顺畅，但却使他过高地估计了学生的掌握程度。而且，阿德里安的合作教师指出，想要通过询问"大家都明白了吗"这样的问题来评估全班的理解水平，是不太可能成功的。这样的问题不具说明性；换言之，它们没有要求学生表现出对材料的理解程度。而且，不理解的学生因为感到尴尬而不愿意承认。（他们可能都意识不到自己没有理解！）很显然，你需要找到其他途径来评估你的学生是否"跟上"了你。

最后一个缺点是它**与学生原有的交流方式不相容**。尽管 I-R-E 的问答形式在学校必不可少，但它却是源自白人中产阶级的价值标准，它所代表的交流方式与很多不同文化背景的学生的话语风格格格不入（Arends，2004）。例如，问答通常遵循"被动—接受"的模式：对学生的期望是在老师讲解时保持安静，然后单独对老师提出的问题作出反应。然而，非裔美国学生可能习惯更加积极、参与性更强的话语方式（"喊叫—回答"）。当他们高喊出提示、评论或者反馈来展示他们的参与时，欧裔老师也许会把这种行为解读为粗鲁、捣乱（Gay，2000）。美国土著学生也可能觉得这种问答形式令人陌生、很不舒服："在美国土著文化中，没有这种自然发生的情况，即由一个成年权威人士规定，谁讲话，什么时候讲话，用多大音量讲话，以及对什么人讲话。"（Henning，2008，p. 138）美国土著学生不愿参与时，欧裔老师也许会认为他们不感兴趣。

另一个不相容的例子来自一位 7 年级数学教师，她在以讨论为主的课堂上探讨学生的学习经历问题。她认为，教师应该让学生参与探索和讨论数学观点，她把自己当成"提出指导性问题的推动者，而不是准确告诉学生想什么、做什么的权威人士"(Lubienski，2000，p. 398)。但是，对于与她社会经济背景大不相同的 18 名学生来说，这种教学方法似乎产生了全然不同的影响。她注意观察了 6 名欧裔女学生的反应，由此发现，社会经济地位较高的学生对该教学方法的开放性质感到很舒服，也勇于表达和维护自己的观点，普遍认为讨论是交流想法的有效平台。相反，社会经济地位较低的学生则表示，讨论矛盾的观点时，他们感觉很困惑，也似乎不敢说出，或者相信"错误的事情"；他们更加需要得到老师的指导。该教师认为，尽管数学课上以讨论为主的方式可能与中产阶级的价值与规范相一致，但实际上可能不适合社会经济地位较低的学生。

除了文化和社会经济背景，话语风格中的性别差异也许会影响学生们对问答和讨论的参与。语言学家德博拉·坦嫩注意到，在成长过程中，男孩和女孩会学习不同的讲话方式：

> 观察美国孩子玩耍的社会学家、人类学家和心理学家的研究显示，尽管男孩和女孩都试图找到一些方法来确立融洽的、相互协商的地位，但是，女孩倾向于学习建立融洽关系的交谈方式，而男孩则倾向于学习确立地位的方式。(Tannen，1995，p. 140)

坦嫩认为，女孩学习轻视地位差异，而强调每个人都一样的方式。她们还学到，说起话来太自信会使她们不受欢迎。与此同时，男孩通常认可并希望获得地位上的差别。实际上，他们会学着使用语言，以通过展示能力和学识来获取自己在小组内的地位。处于领导地位的男孩会发号施令，挑战他人，"用讲故事和笑话的方法使自己成为焦点"(Tannen，1995，p. 140)。考虑了这些大不相同的交流方式之后，显而易见，I-R-E 的话语模式因其知识的公开展示和固有的竞争，与男孩（而不是女孩）的交流风格更为相容 (Arends，2004)。

对性别与课堂谈话的研究也表明，"老师们显示出明显的偏爱，喜欢男孩在课堂上多多参与"(Grossman & Grossman，1994)：

> 叫学生回答问题时，老师们更愿意叫主动回答的男生；叫没有举手的学生时也是如此。学生提出问题时，老师们还是更愿意听男生讲话，与男生交谈。在课堂讨论时，老师们对男生会讲更多的想法，也以更为有效的方式对他们的问题作出反应……在科学和数学课上，这种对男生的偏爱尤为明显。(p. 76)

同样，美国大学妇女协会开展了题为"学校如何亏待女生"的调查 (AAUW，1992)，其报告称，男生通常向老师提要求，并得到了更多的关注。例如，一项对 10 所中学几何课的调查 (Becker，1981) 发现，男生回答老师提问的次数比女生多一倍。对 30 节物理课和 30 节化学课的调查分析也得出同样的结果 (Jones & Wheatley，1990)。女生似乎害羞、安静，而男生则"更积极主动，他们喊出答案，试图用大嗓门来得到老师的关注"(p. 867)。

暂停与思考

就学生带到学校的交流模式而论，想一想你自己的亲身经历。你在自己的班上是否注意到交流方式上存在性别差异，或者不同文化背景的学生之间也存在差异？这些差异如何影响学生参与课堂问答和讨论？

为什么老师允许男生用喊叫的方式来主宰课堂的互动？有三个可能的原因：（1）这种行为时常发生，老师不得不接受；（2）老师希望男生积极主动；（3）老师也许认为，喊叫声说明学生兴趣高涨（Morse ＆ Handley，1985）。不管什么原因，莫尔斯和汉德利对初中科学课的研究发现，随着学生们从 7 年级升入 8 年级，这种男生统治课堂的趋势更强了。

有效课堂提问的设计和实施

本章的这一部分将讨论六种有效课堂提问的设计和实施策略。在前面几章中，对教学的研究、与四位老师的讨论，以及对他们课程的观摩为这些建议提供了基础。（实用贴士对这些建议进行了总结。）

分配参与机会

在学年初，我们观察到，弗雷德介绍了在接下来的一年里他的当代世界问题课程将要学习的主题。他解释说，学生会考察各种不同的文化，看看在每一种文化中人们是如何生活的：

> 好，让我们想一想谋生都需要些什么。列出在你所处的经济体系之下与你生活相关的五个最重要的因素。我也来做这件事。（学生开始写。几分钟以后，弗雷德继续。）好，让我们看看是否能得出一个很好的答案、一个一致的意见。我们在教室里轮一圈，每人说一个。

在这种情况下，弗雷德选择使用"轮流"的方法，这使他能够给每个人参与的机会。因为他不需要每次都花时间去叫学生的名字，这种方法也能使他保持授课的速度。

有时，老师会使用一种比轮流更为巧妙的模式，这样学生就不会确切地知道他们什么时候被叫到。唐尼经常使用这种方法（在第四章关于互动常规的部分有所阐述）：

> 有时，我从教室前面的角落开始叫学生，然后沿对角线到教室的后面，然后交叉、向下。我发现，这种模式让我记住我叫过谁，也能保证叫到每一个人。这不像直接按照行列顺序叫学生那么明显。用这种方法，学生也不太清楚我下面会叫到谁，所以不会坐在那儿，计算他要回答的题目顺序。有时，他们也能猜出这种模式，说："等等，你把我落下了。"这就像是个游戏。

除了模式，一些教师还用名单或者座位表来记录谁已经发言了。比如，克里斯蒂娜经常记下已经在问答或者讨论中参与过的所有学生的名字，用对号来表明他们发言的次数。如果有时间，她还使用不同的标志象征参与的类型（比如，回答问题、提出问题、好的想法、补充其他同学的发言）。其他老师使用"冰棒棍法"（第四章有所描述），从罐头罐或杯子拿出贴有学生名字的小棍，学生回答之后，放到一边。

无论你选择哪种方法，**重要的是保证交流不会被几个主动的学生所控制**。有些学生觉得在全班面前说话很不自在，会尽量避免出丑的风险。琼斯和格里克（Jones & Gerig，1994）研究了 4 个 6 年级课堂里师生间的语言交流。他们认定，**32%的学生保持沉默**。在会面时，这些学生说自己害羞（72%），缺乏自信（50%）。卡伦用 **4 年前**发生的一件事来解释自己的沉默：

> 我很少在班上说话。因为我担心有人不喜欢我说的话。2 年级时，我们要举行感恩节晚餐会，同学们要扮演清教徒。我举手说，我想扮印第安人，把头发编成辫子。没有人说话，老师也只是"嗯，嗯"了两声，那场面真的令人尴尬。（Jones & Gerig，1994，p. 177）

有时，分配参与机会很困难，不是因为学生们不愿讲话，自愿者**太少**，而是因为自愿者**太多**。老师越是在某堂课上激发兴趣，想回答问题的学生便越多。这意味着每一轮问答都会带来更大的竞争，而争取讲话的机会就会使课堂变得嘈杂不堪，难以驾驭。

一个有效的方法就是让几名学生回答同一个问题。在下面的交流中，我们看到克里斯蒂娜通过如下方法尽量增加参与机会，她不是"抓住"一个答案就继续提出新问题。她让同学重点看沃顿的小说《伊桑·弗罗姆》中的一段，在这一段中，伊桑看着妻子齐娜在他们订婚时给他做的一个垫子——"他看到她所做的唯一的针线活"，然后将它扔到了房间里。

> 克里斯蒂娜：他把它扔到了房间里。这一点体现了他对妻子怎样的感情？
> 学生 1：我认为这表示他真的很恨她。
> 学生 2：我认为他已经厌倦了，但是我认为他不恨她。他有很多的机会离开她，可是他没有。
> 学生 3：我认为他感到内疚，内疚超过了恨。这就是他为什么没有离开她的原因。
> 学生 4：他不知道如何面对自由。我认为他害怕离开。
> 克里斯蒂娜：好想法。他没有离开就是因为他习惯了农场吗？或者因为齐娜，或者因为他害怕孤单？
> 学生 5：既然你这么说，我想，也许问题不是出在齐娜身上。也许是伊桑，也许还会发生在玛蒂身上……
> 学生 6：是的，他需要依赖什么人。首先他依赖齐娜和他的父母。现在她病得严重了，他就不能依赖她了，所以他就转向了玛蒂。
> 学生 7：可是如果在他需要时，他依赖齐娜，那么，现在在齐娜需要的时候，为什么不能依赖他？
> 学生 8：他可以在她喝的东西里放点什么除掉她，然后跟玛蒂结婚。
> 学生 9：我认为他没有那么恨她，只是厌倦了她。

与此类似，在下面的例子里，唐尼广泛地分配参与机会，并事先说明每个学生只能给出一个可能的答案：

> 唐尼：今天我们学习一个新内容——含有两个变量的等式。答案是几个序

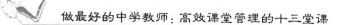

对。我把它写在这里，$x+y=3$。（她把这个等式写在黑板上。）现在，如果我让你给出所有可能的答案，你会说什么？（很多学生举起手。）好，给我一个答案，莎美卡。

莎美卡：$(0，3)$。

唐尼：（她在黑板上写出来。）好，给我另一个答案，谢里夫。

谢里夫：$(1，2)$。

唐尼：再来一个，塔耶莎。

塔耶莎：$(2，1)$。

另一个方法就是让每个学生都写出一个答案，然后和一两个邻座分享，这就让每一个人都能够积极参与。然后，你可以让某几个组来报告他们所讨论的问题。

最后，当你思考分配参与机会的方法时，记住在第二章中关于平衡活动范围所给出的建议：（1）只要可能，就在教室里来回走动；（2）和坐得离你远的学生进行目光交流；（3）对坐在后面和边上的学生直接评论；（4）定期给学生换座位，让所有学生都有机会坐到前面。

提供思考时间

设想这样一个情形：你刚刚问了一个设计良好、措辞严谨而且水平又很高的问题，来激发学生的批判性思维和解决问题的能力，可是学生却保持沉默。你的脸红了，心跳也加快了一点。现在该怎么做？

保持沉默、令人不舒服的一个原因就是它很难解释：学生们是在思考问题吗？他们睡着了吗？他们感觉困惑而不能回答吗？沉默对老师来说很麻烦，原因还在于它会影响到课程的速度和动力。即使是几秒钟的沉默看起来也好像没有止境一样。这就可以解释为什么老师在叫学生发言之前都等不到**一秒钟**（Rowe，1974）。然而研究证明，如果你把"等待的时间"延长到三秒或者四秒，就能提高学生答案的质量，并促进学生的参与。延长等待时间对有学习障碍的学生也大有裨益，毕竟他们处理信息的速度比一般同学慢一些。

有时，告诉学生你不需要他们立即回答是有帮助的。这就让沉默变得合理化，并且让学生有机会整理他们的答案。在观摩弗雷德的课时，我们看到他让学生在回答之前多想一会儿：

> 我们一直在讨论如何用一些指标来判断一个人是自由派还是保守派，是共和党还是民主党，有人在课后来找我，说他们认为也许我在鼓励你们形成思维定式。我真的很高兴他们会提出这种想法。你们不能不思考、不置疑就完成作业。所以，让我们来谈谈这一点。首先，很显然，这些同学认为给人们定性不好。为什么？为什么给人们定性就不好呢？在你回答之前，先想一下。（长长的停顿。弗雷德最后叫一个学生回答。）

让学生写出问题答案是另一种给他们提供思考时间的办法。书面答案还可以保持学生的参与程度，因为每个人都要组织一个答案。而且，那些不善于即席发言的同学也可以把写好的答案读出来。在下面的例子中，桑迪使用了这种方法：

桑迪介绍了化学平衡的概念。她在黑板上画了一张图表，表明 A＋B 和 C＋D 在经过一段时间以后的相对浓度。她问道："平衡是在什么时候建立起来的？在时间 1、时间 2，还是时间 3？把它记下来，写一句话解释为什么你选择时间 1、时间 2，或者时间 3。"她在教室里走动，看着学生的作业纸。她微笑着评论说："我看到很多正确的答案，还有**因为**这个词。"

谈论她的课时，桑迪回忆起一件往事，强调了让学生写出问题答案的价值所在：

　　这个女孩是我重点班上的学生，在开学第二周来找我。她对自己的表现非常沮丧，想退出这个班。她开始大哭。"每个人都比我聪明得多。"我问她为什么她得出了这样一个结论，很显然，她把回答问题的时间和能力等同起来。我发现很多女同学都这样做。她说："我是中间解出题的人，而其他人都已经开始回答了。"她说："我喜欢你让我们先写下答案。当让我直接口头回答的时候，我就觉得害怕。"

一旦选择了某位学生回答问题，在允许其他人（也包括你自己）参与交流前，给这位学生留点思考时间也是很重要的。看看唐尼在一次关于直线测量的课上是如何应对这种情况的：

　　唐尼：好，你们怎么把它计算出来？（停顿）尤金？
　　尤金：你必须知道一英里等于多少英寸。
　　唐尼：那你怎么把它计算出来？（尤金沉默，但是埃博妮举起了手。）
　　埃博妮：哦，哦，小姐，我知道！我知道怎么做。
　　唐尼：（很轻地）等一下，埃博妮，给他一个机会，让他想想。

激发和保持学生的兴趣

　　在前面的章节里，我们讨论了库宁关于有序课堂和无序课堂之间区别的经典研究（Kounin，1970）。该研究的一个发现就是，当老师努力把那些不回答问题的学生带到问答任务中来，保持他们的注意力，并让他们"保持警觉"的时候，学生会更专注于他们的工作。库宁把这种行为叫作**"集体警觉"**。对四位老师的观察表明，他们都经常使用集体警觉的方法来刺激学生的注意力并保持课堂进度。例如，看看克里斯蒂娜在"文献夹注"这节难度可能很大的课上是如何努力激发学生兴趣的：

　　今天我们将要讨论科研论文写作的下一步——如何用 MLA 格式在正文中引用材料。这就叫"文献夹注"。现在有些人会问为什么要学习这个。嗯，这里是一个使用文献夹注的例子。（她把一篇论文的节选举过头顶。）这是我一个在销售公司工作的朋友写的一篇 60 页的论文节选（她在空中挥动着这篇文章）。这篇文章与文学分析毫无关系，是我朋友为一个 250 万美元的客户所作的效益分析。她不是用英语写的，但是我们一起上的高中，我们在那儿学到了怎么做这项工作，就像你们现在也在学一样。这是一项你在很多情况下都会使用的技能，而不仅仅是在 10 年级英语 R 班学文学分析要用到。

如果在问答当中加入幽默和新鲜的成分，学生的兴趣也可以得到激发和保持。

在一次有关第三人称有限叙述和第三人称全知叙述的区别的课上，克里斯蒂娜用班里的一个同学迈克拉做例子：

克里斯蒂娜：假设迈克拉走进教室，坐到座位上，开始写日志条目，然后做小组任务。我们不知道她内心是什么感受。这是一个第三人称有限叙述的例子，我们所知道的就是叙述者所看到的。现在，另外一种视角：迈克拉走进房间，觉得很累，但是她看见了黑板上的日志条目，然后变得很兴奋。她喜欢写日志，然后充满热情地开始小组任务。这是什么？

学生：童话故事！（大家都笑了。）

给学生挑战也是鼓励学生思考和保持注意力的一种方法。这里有几个例子：

弗雷德：现在请听好……大多数美国人根本就不理解这个，他们没有线索。我希望你们能明白。

唐尼：你们要牢记它，因为我们以后要用到……这真的不是偏题，你们必须思考。

桑迪：通常这是不包括在1年级的化学课中的。事实上，这是一道高级化学班考试才做的题。但是我知道你们可以做出来，我有信心。把它分解，一步一步来。

这些挑战让人想起"X老师"的行为，"X老师"是赫敏·马歇尔（Marshall，1987）关于三位老师的激发策略研究项目中的研究对象之一。马歇尔发现，X老师经常使用一些挑战学生、让他们思考的方法："我要跟你们玩个小把戏"，"开动脑筋……你们要思考"，"让脑筋动起来"，"让眼睛亮起来，尾巴甩起来"（用马歇尔的话说，就是"带着热情和一点幽默感"来说话）。这种能够激发和保持学生注意力的话和研究中的其他两位老师（例如，"考试将在下个星期四进行"，或者"把书翻到382页"）形成了鲜明的对比。事实上，Y老师和Z老师**从来不用**能够让学生保持注意力的方法，也很少刺激学生去思考。他们大多数的指令都是为了在学生的注意力和兴趣消失**了之后**，再试图让其**回到**学习任务中去。

另一种让学生活动起来的方法就是为个人知识和经验留出空间。布拉查·阿尔珀特（Alpert，1991）研究了三所中学的英语课中学生在问答和讨论时的表现。她发现，在两个班里学生往往会有抵触情绪：他们喃喃自语，拒绝回答，并且争吵。在第三个班里，没有明显的学生抵触现象；相反，这个班里的学生很积极地参与到讨论中来。阿尔珀特的结论是，前两位老师强调那些事实的、正式的和学术的知识，而没有把学生的个人生活经历和所教内容联系在一起，这就使学生产生了抵触情绪。就此方法，她举了几个例子："（在这首诗中）这个梦的意义是什么？""诗歌的基调是什么？""（作者）在这一场中暗示了什么？"而形成鲜明对比的是，第三位老师鼓励学生把他们自己的经历和所读的文学作品联系在一起。比如，当讨论到某个文学人物为什么那么生气的时候，他让学生们想想会让他们生气的事。他还问一些问题来增强他们对文学作品的情感投入，比如："你为某个人物感到难过吗？""你乐意看到伊丽莎嫁给弗雷迪吗？"

在英语和社会学这样的课程中做到这一点比较容易，不过观察表明，桑迪和唐尼也努力把教学话题和学生的个人经历联系在一起。例如，介绍酸和碱时，桑迪一开始就让学生说出他们所知道的与学习主题相关的东西。她常常会把讨论引到鱼缸和池塘。一次，他们谈到如果你正看护的一个孩子喝了一种碱性清洗剂会怎样，你为什么不能用醋（一种酸）来中和！同样，唐尼教几何中的圆形时，用自行车的术语来讲——每个人都说辐条是半径，而链条和齿轮接触的地方就是切点。

给学生提供反馈

研究证明了提供反馈对于学生的重要性（Fisher，et al.，1980）。但是如何提供合适的反馈，同时还让你保持课程的速度和动力呢？巴拉克·罗森沙恩（Rosenshine，1986）回顾了有效教学的研究，并且创建了一套有用的指导方针。根据罗森沙恩的观点，当学生满怀信心地说出一个正确答案时，你可以再问一个问题，或者给出一个口头的或非口头的暗示，表明他们是正确的。如果学生是正确的，可是有些犹豫，那么就需要一个更为直接的肯定。你也要解释**为什么**答案是正确的（"是的，这是对的，因为……"），以此来强调一下学过的材料。

当学生的答案不正确时，反馈的过程就有些不同了。如果你认为学生只是疏忽，可以简单地改正，然后继续进行。如果你认为学生在稍稍帮助后就可以得出正确答案，那么可以给出暗示或者提示。有时，退回到你认为这个学生能够回答的简单问题也是有帮助的，然后再一步步上升到原来的问题上。看看桑迪是怎么做的：

> 学生在这个问题上卡壳了："在下面的平衡方程式中，两摩尔的水分解后，可以产生多少氢气？"他们一脸迷茫，教室里一片沉默。桑迪问道："那么，在标准温度和压力下，一摩尔任何气体的体积是多少？"所有学生都举起手。桑迪让一个学生来回答："22.4 升。"桑迪继续说："你们知道水的摩尔数和所产生氢气的摩尔数之间的关系吗？"很多学生再一次举起手，一个学生回答说："是一比一的关系。等式表明了这一点。"突然，很多学生都举起手来，学生开始喊道："哦，我知道了。""哦，我明白了。"桑迪带着微笑作出了安静和等待的手势："好，继续，让我们回到原来的问题上去。根据下面的平衡方程式，两摩尔的水分解后，可以产生多少氢气？"

总会有学生回答不出你的问题的时候。当这种情况发生时，仅仅是给学生暗示和线索而反复讨论这个问题是没有意义的，这只会使问答和讨论变得很缓慢。有时候，唐尼在这种情况下会让学生"跳过去"。这样的方法不仅能保持速度，还能让学生"有面子"。同时，她会记住她需要重新教授的、有困难的学生。

> 唐尼在检查关于毕达哥拉斯定理的家庭作业。"好，看第 14 题。"她走向爱德华，看上去好像要提问他。爱德华示意他不想回答这个问题。"不提问你？好，我一会再问你。"她走开了，问了另一个学生。

对于老师来说，最难处理的情况是学生的答案完全不正确。说"不，这不对"让人很不舒服，但是学生们又需要准确的反馈。正如桑迪强调的那样："搞清楚什么是正确的，什么是不正确的，这非常重要。学生必须清楚老师不会让他们思考错误的事情。"桑迪不会直接改正学生的答案，而更乐于帮助他们发现自己的错误：

> 我很难说出"你的答案是错的"这样的话，但是通常我都不必这么说。我会让他们解释自己的推理，或者利用答案中的正确部分来探究完整的答案。我会就他们的答案提出问题。"这个图表怎么表示了这一点？""那么，你是说它

必须这样……"我愿意让学生自己找出错误并改正。

同样，弗雷德会告诉学生："这个答案对我来说没有意义，你怎么得出来的？"有时，他会夸奖学生犯了一个"很好的错误"："我喜欢错误。这就是我们所有人学习的方式。"

监控学生的理解程度

一种检查学生理解材料的程度的简单办法是让他们很明确地回答你的问题。例如，你可以要求学生就某种说法竖起拇指或拇指朝下来表示赞同或反对。你还可以让他们具体展示答案，或者写出答案。看看唐尼如何讲授圆的性质：

> 唐尼让学生拿出一张没有折印的纸、一把圆规、一把尺子和一支铅笔。她告诉学生："现在要检查你们应用术语的能力，而不是简单地复述出定义。我会重复两三遍要求……画一个半径为两英寸的圆。（她停顿了一会，给学生们时间去做。）把这个圆的圆心叫作点 P……从中间一直向南，画一条半径 PA，把它标出来……你们下面要做的事是画一条弦，但是听好，你画的这条弦要经过 PA 的中点，并且是东西走向的。"学生们做练习时，唐尼在教室里走动，检查学生是如何做的。

另外一个检查学生理解程度的方法就是观察"导向组"。他们是学生中的"样本"，通过他们的表现来判断全班同学是否都"跟着"你，然后就可以进行下一个新话题了（Lundgren，1972）。然而在选择"导向组"的学生时要小心。如果你只选择成绩好的人，那么他们的表现会让你过高估计全班学生的整体理解水平。

在和唐尼的一次讨论中，她解释说，她代数课上的一个学生是导向组里的重要人物：

> 这个男生的能力属于中等。他总是坐在教室的后面，不懂的时候脸上会露出一种表情。我能看出他糊涂了。但他明白的时候，"脸上就会发出光芒"。当我看到他脸上的光芒时，我就能确定班上大多数同学都懂了。

支持多元学习者的参与

学生们在家里的话语方式也许和课堂问答的话语方式不一致，了解并清楚这一事实，将使你更好地保障班上所有学生——不论文化背景、社会经济地位以及性别如何——都有公平参与的机会。尽管没有简单的解决方法，但一些指导方针也许有用（见关于问答的实用贴士）。首先，**教师需要注意他们的提问方式，要使用等待时间，要表扬学生**（Arends，2008）。这意味着教师要清楚自己叫了哪些学生、叫他们的频率以及自己对他们的回答作何反应。（因为监控自己的提问方式比较困难，所以让某人替你监控则会有帮助。）不让男孩"控制发言机会"。唐尼就是这样一位科学教师：

> 我发现男孩经常比女孩反应快。男孩即使不确定自己的答案，也会高喊出来，而女孩给出答案前总会坐在那儿考虑一会儿。我必须小心为之，确保女孩有机会回答问题。

暂停与思考

想一想上一部分中讨论的控制问题的策略。在你设计一次问答时，要记住哪五件重要的事情？

其次，熟悉那些文化多元的学生的话语方式至关重要（Arends，2008）。例如，在认定学生喊叫答案是失礼行为前，最好问一问这种行为是否代表一种有文化素养的话语方式，在校外环境里是恰当、规范的。

第三，思考一下如何适应学生的话语方式。例如，阿普尔比先生是一个中产阶级白人教师，班里有17名主要为黑人的后进生。他鼓励学生喊出答案，进行评论，而不是期待他们举手示意。有一次只有一个人回答问题。观察到这一点后，德博拉·狄龙评论道：

> 阿普尔比还允许学生以在家庭/社区和同辈与成年人讲话的方式与同学和自己互动，允许班上的互动和文化特点保持一致……例如，学生们经常用讽刺的口气谈话，打断阿普尔比，或者在别人讲话时表述自己的意见。（Dillon，1989，p. 245）

尽管有这样的"宽容"，但狄龙没有看到任何失礼之处。学生们认识到，阿普尔比对他们有很高的学习和行为期待，他们尽力满足这种期待。正如拉弗恩（LaVonne）所说："学生们遵循阿普尔比的期待——我们举止疯狂，但也能安静下来，不会过火。"（Dillon，1989，p. 244）

尽管适应学生的话语方式有时是可能并恰当的，但有些教育工作者（如，Delpit，1995）认为，教师需要表明学校里期待什么样的话语方式（通常是含糊的）。实际上，明确教给学生这种知识被认为是教师的"道德责任"，因为这样可以使个体的学生完全参与并理解学校环境和更大的社会环境（Gallego, Cole, & Laboratory of Comparative Human Cognition, 2001，p. 979）。因此，第四个指导方针是为学生的问答话语方式（I-R-E）提供明确的指导，允许学生练习这些交流技巧。

最后，教师可以融合"可选择性反应方式"，这些方式的目的是鼓励所有学生，而不是一两个学生参与（Walsh & Sattes，2005）。有些我们已经提到了，例如，异口同声地回答、公开回答（如，竖起拇指或拇指朝下），以及工作样本（学生自己解决问题）。这些方式都要求学生自己给出答案，而其他方式则允许学生在回答老师问题前互相合作。回忆一下第十章中描述过的"编号齐动脑"和"定时配对分享"。这些更为积极、更多参与的反应方式也许会让那些觉得传统的"提问—回答—评估"方式可怕的学生感到更为自在。

 ## 实用贴士

控制问答与教师主导的讨论

● **分配参与机会**

从杯子里选名字标签。

在座次表上勾画名字。

使用模式化的轮流顺序。

● **提供思考时间**

把等待时间延长到三秒。

告诉学生不用立即给出答案。

允许学生写出答案。

- **激发和保持学生的兴趣**

引入神秘的故事和悬念。

引入幽默和新颖的因素。

激发学生思考。

融入身体活动。

- **给学生提供反馈**

学生充满信心地给出正确答案时，简洁地肯定。

答案正确，但学生有些犹豫时，更加直接地肯定。

答案不正确，只是粗心大意，简单地予以订正。

答案不正确，但通过帮助能得到正确答案，可以进行提示或者先返回到一
个更简单的问题。

- **监控学生的理解程度**

要求学生明确回答问题（比如，让学生举起答案卡，使用操作材料展示答
案，竖起拇指或者拇指朝下）。

使用导向组（比如，观察学生中"样本"的表现，将后进生涵盖在内，以便
知道什么时候可以继续进行）。

- **支持多元学习者的参与**

注意你自己提出问题的模式。记住你叫过谁回答问题、叫过几次，以及你对
他们的答案作何反应。熟悉不同文化背景的学生话语方式的特点。

明确教授期望学生在学校里使用的话语方式。

融入"可选择性反应方式"，使所有学生，而不是一两个学生参与。

有效课堂讨论的设计和实施

在问答和教师主导的讨论中，老师处于主导地位。决定着内容、参与者以及速
度。相反，**以学生为中心的讨论**给学生提供彼此直接交流的机会，老师只是扮演促
进者和调节者的角色。

看看弗雷德在法律和政治教育讲习班上的例子。课程主题是预算赤字，霍普刚刚
问了一个关键的问题："为什么政府不能多印些钱来还债呢？"弗雷德注意到这是一个
很重要的问题，他尝试着给出一个解释，但霍普仍不信服，于是其他学生加入进来：

苏珊：我想我知道了。你知道，现在他们说不可能每个人都是百万富翁，
还是有穷人的。就像这样。

约翰：是的，就像我玩垄断游戏一样，我购买每一样财产，结果就破产
了。所以我贷了款，我让游戏无法进行下去，因为我没有用我应该有的钱玩这
个游戏，就像欺诈一样。

洛里：是的，那个钱根本就不存在。

霍普：你是什么意思？如果政府印了钱，那它就是存在的。（一些学生开
始同时说话了。）

弗雷德：继续。斯图亚特，然后罗伊，然后是艾丽西亚。

斯图亚特：钱很有价值是因为只有一点点。如果有很多的话，它就只值一

点点了。

　　霍普：我还是不理解。然后怎么样？如果它只值一点点的话？

　　罗伊：假设在诺克斯堡金库里有一个金块，价值 10 美元，同时只有一张 10 美元的钞票。现在，如果我们印出 10 张 10 美元的钞票的话，每一张就会只值 1 美元了。

　　霍普：然后又怎样？我还是可以用它来买东西。（几个学生加入进来，但是弗雷德插了进来。）

　　弗雷德：艾丽西亚还没有说呢。

　　艾丽西亚：我想我知道了，让我试试。有一颗钻石，我们都想要……（她继续解释，但是霍普还是很困惑。）

　　弗雷德：让我看看，我能不能帮个忙……

　　正如我们从这个节选里面所看到的那样，除了在讨论热烈的时候确保学生有机会发言，弗雷德基本是站在这次交流之外的。这和问答相反，甚至和很多教师主导的讨论也相反，学生直接互相对话。他们评论每一个人的发言，他们质疑、反对、解释。

　　为学生之间的讨论提供机会意味着教师必须放弃**领导者**的地位，而是成为一名**促进者**。这对于习惯了控制，或者至少是指导对话的老师来说，是很困难的。但是，作为促进者而不是领导者，并不意味着放弃指导交流的责任。这在我们和弗雷德的谈话中变得很清楚，当时他在描述他试图预见和避免的问题：

　　　　首先，这样的讨论能够成为一些学生展现才智的机会，并让他们获得表现时间，因此防止这些学生武断发言和独占时间是很重要的。其次，你必须认真听，并且问自己："进行到哪儿了？"通常，我在头脑中都有一个最终的目标，我会尽量保证讨论不会离题太远。偶尔，我也会插进去，说些像"我认为我们跑题了"或者"我认为你们在进行语义方面的争论"这样的话。而且，很多时候学生们会把观点当作事实来陈述，我认为让他们不要这样继续下去是很重要的。我会插话，让他们提出支持的论据，或者让他们澄清一下："这是你想要表达的意思吗？"

　　因为以学生为中心的讨论可能对老师和学生都变得很难，所以克里斯蒂娜发明了一种方法，叫作"便利贴讨论法"。当学生读一篇布置的文章时，他们选择自己很感兴趣的一段——可以是几句话、几页，或者介于二者之间。他们在自己选择的段落旁边贴一张便利贴，写出克里斯蒂娜所提问题的答案。（例如，你为什么选择这一段？它是什么意思？它告诉你有关其他部分的什么信息？这里提了什么问题？）然后他们用第二张便利贴写下要讨论的问题。以下交流来自《伊桑·弗罗姆》的便利贴讨论：

　　　　学生 1：我的段落在 95 页，开头是"他的脉搏……"（学生翻到 95 页，她大声读出这一段，大家跟着她。）我选择这一段，是因为我认为它是这一章中最重要的一部分。它表明了伊桑最后如何下决心告诉齐娜他的感想的，然后他改变了主意，认为他不能这么做。我的问题是：为什么你认为伊桑在离开齐娜的时候这么痛苦呢？

　　　　学生 2：我认为他觉得离开她是错误的，因为她生病了，并且依靠着他。

学生 3：我还觉得他在为钱担心，但是这并不能阻止他。

学生 4：但是我认为这会阻止他。他甚至买不起离开她的车票。

学生 3：但是在下一句，他说他肯定会找到工作。

学生 5：他担心他不能养活玛蒂。

学生 6：他想离开，但是他害怕改变……

正如我们所看到的那样，学生的角色是提出问题，并让同学来回答——这不是学生所习惯的角色。事实上，在前面的讨论中，一个女生提出了问题，看着同学们举起手，她好像有些无所适从。她求助克里斯蒂娜时，克里斯蒂娜轻轻地提醒她："由你负责，雷娜塔。"这个女生笑了："我还不习惯这样。"

对于学生来说，"领导者"肯定是一个陌生的角色，但是他们通过"便利贴讨论法"逐渐适应了。课后，就学生负责课堂讨论的重要性问题，克里斯蒂娜讲了自己的想法：

> 在我实习时，经常看到大部分时间都是老师在说话的班级"讨论"。我怕自己不能组织有效的讨论，因为我看到，甚至是最有经验和才能的老师也是竭尽全力让学生参与进来。站在教室前面却得不到学生的回应，这似乎是一种折磨，因此，我开始思考如何让学生在讨论中承担更多的责任。我发现当自己看到感兴趣的文章时，经常随手在书页空白处写些什么，当然，学生不能在学校的书上写写画画。这让我萌生了便利贴的想法。我想，它的效果非常好，学生的反应也很积极。通过这种方式，学生真的"拥有了"讨论。他们讨论自己感兴趣的东西，而不是我认为重要的内容。为了准备讨论，他们要把自己的想法写出来，而这也让讨论的效果更好。所有学生都要参与，至少是朗读文章、提出问题。最困难的部分是保持安静。我故意坐在组外旁听，这样就不太可能控制他们的讨论，但我仍然要时常提醒自己尽可能地不介入。

学习指导讨论时，记住三点基本建议（Gall & Gillett，1981）。首先，**限制小组人数**也许是明智的。如果有很多参加者的话，就很难形成以学生为中心的讨论。弗雷德的法律和政治教育讲习班只有 12 个学生，因此小组人数不太成问题。但是在克里斯蒂娜那样的班上，说话的机会就很有限了。在人数更多的班级里，弗雷德有时使用"鱼碗"的方法，五六个学生在教室中间进行讨论，而其他人围着他们坐成一个大圈，充当观察者和记录者。另外一个解决办法就是把班级分成几个五人讨论小组，每组中有一个学生担当讨论的领导者。

其次，**安排学生座位时，方便他们进行目光交流**。如果你只能看到一个人的后脑勺，就很难直接和他说话，学生应该把桌子摆成可以面对面交流的形式。（图2—6 展示了适合讨论的课堂安排）。

最后，**明确传授必要技巧，确保学生参与以学生为中心的讨论**：

- 彼此说话，而不是只对领导者说话。
- 不要垄断。
- 问问其他人在想什么。
- 不要进行人身攻击。
- 倾听别人的想法。
- 认同别人的观点。

- 质疑无关的话语。
- 要求澄清。
- 询问其他人观点的原因。
- 为你的观点说出理由。

詹姆斯·狄龙（Dillon，1994）也就开展讨论提供了一些极有帮助的指导方针（见实用贴士）。请注意，狄龙建议，教师在以学生为中心的讨论中不要问问题，以免把讨论变成问答。尽管他的担心很有道理，但其他专家认为，问问题也许是使谈话继续的恰当而有效的方法。实际上，布鲁克菲尔德和普瑞斯基尔（Brookfield & Preskill，1999）确认了几种在保持进展上颇有帮助的问题：

要求更多证据的问题：

你是怎么知道的？

那种说法基于什么数据？

作者的哪些话支持你的论证？

你在课文的哪个地方找到的那个观点？

对于怀疑你解释的人，你能给出什么样的证据？

要求澄清的问题：

你可以换一种说法吗？

你那样说是什么意思？

你对你所谈论的能给出什么例子吗？

你能解释一下你刚刚用过的术语吗？

关联或者拓展性的问题：

你所讲的和拉吉夫刚才说的有什么关联吗？

你的评论和能格早先的评论一致吗？

你的观察和小组上周的结论有何关联？

你的意见是在质疑还是在支持我们要表达的观点？

假设性问题：

如果乔伊没有耽误校车，会发生什么？

在我们刚看的录像中，如果阿诺德接住球，故事会有什么结局？

如果作者希望老师是个更有同情心的人，对话将作何改变？

因果问题：

点名的结果会是什么？

流言将如何影响校园剧？

总结与综合性问题：

这次讨论中出现的最重要的观点是什么？

这一主题尚未解决或存有争议的是什么？

由于今天的讨论，你更好地了解了什么？

基于今天的讨论，如果要更好地了解这个问题，我们下次需要讨论什么？

哪个重要的词汇或概念充分体现了今天的讨论？

总结评论

本章重点讨论了三种不同的语言交流模式：问答、课堂提问和以学生为中心的讨论。关键是不要将它们混淆——在你做问答时，却认为自己在指导讨论。

 实用贴士

开展讨论

● 认真设计讨论的问题（确保不是是非问题或者二选一的问题），以及补充问题、后续问题和相关问题。

● 创建一个问题大纲，至少确定三个子问题，主要问题应列出至少四个备选答案。

● 把讨论的问题发给全班同学，写在黑板上或者幻灯片上，或者写在纸上发给同学们。在大声读出问题之后，继续解释问题的意思，明确术语，解释问题的相关性，把它和以前的讨论或者课堂活动联系起来等。最后请全班处理该问题。

● 开始的时候，帮助全班把重点放在问题上，而不是给出答案。例如，让学生说关于这个问题他们知道些什么，这对于他们意味着什么。

● **在第一个学生发言后不要评论。**（如果你这样做了，这个交流很快就会变成I-R-E。）另外，不要问："其他人对这个问题怎么看？"（如果你这样做的话，你会鼓励跟第一个观点不同的或者相反的观点，讨论就变成了辩论。）

● 总体说来，不要问超出第一个问题内容之外的问题。相反，可利用其他交流方式：陈述（出现在你头脑中，跟发言者刚刚所说的相联系的想法；基本上是复述发言者发言的思考性陈述；表示有兴趣继续听发言的话；表明前后两个发言者的发言之间关系的陈述），信号（表示对发言者所说的话感兴趣的声音或者词），甚至是沉默。（狄龙承认，故意的沉默对老师来说是最困难的。为了帮助老师保持沉默，他建议老师在每个学生的发言之后，默默地唱"咩咩，黑色的小羊"。）

● 通过下列方式推动讨论：

定位："我们说到哪儿了？我们在说什么？"

总结："我们都完成了什么？同意吗？"

开始："我们下面做些什么？"

追溯："我们好像有点跑题了。我们怎么回到同样的话题上去？"

速度："等一下，我想我们是否进展太快了。让我们仔细看看这个观点……"

● 结束讨论时，帮助学生总结讨论并确定遗留问题。

老师们经常说，他们大量使用讨论的方法，然而，实际上，他们是在进行问答。例如，一项观察研究发现（Alvermann, O'Brien, & Dillon, 1990），24名中学教师报告说，他们使用了讨论的方法，但是，实际上只有7人进行了讨论，其他人都采用了问答形式，或者只是在讲课中穿插些问题。这些发现与对全国1 000个小学和中学课堂的观察是一致的，只有4%～7%的课上时间被用来讨论（Goodlad, 1984）。差不多20年之后，课上讨论的时间似乎没有变化：对19所中学的64个英语/语言艺术班的研究发现，每60分钟的课上时间，只有1.7分钟用于讨论，或者说 3.8% 的时间用于讨论（Applebee，Langer，Nystrand，& Gamoran，2003）。很明显，课堂中真正的讨论非常罕见。正如桑迪所评论的那样：

> 很多新老师把这二者混淆在一起了。有人告诉他们应该多问问题，于是他们就照做了，但是通常却答非所问，或者答案太简短、没深度，比如所有原子的共性是什么？一个原子当中有多少个质子？在真正的讨论中，大多数问题都是需要批判性思考的问题，回答时间也会更长一些。你要努力形成想法或得出结论。实际上讨论不仅仅是在复习，你其实是在向一个概念性的目标努力。

还要记住人们对问答的否定，并反思你个人控制课堂语言交流的频率。问问自己是否提供了机会，让学生进行以他们自己为中心的讨论。在这样的讨论中，你是促进者（而不是提问者），要鼓励学生之间的直接交流。反思一下你要求学生达到的思考水平。课堂问答有很多功用，但是**过度使用**会使你的课堂充斥着名字、日期、具体事实和运算法则（Cazden，1988）。

小　结

首先，本章考查了对问答的主要批评及问答的主要功能。其次，我们对问答和教师主导的讨论进行了区分，并且考虑了这两种小环境的潜在威胁。再次，本章推荐了一些在课堂上成功使用问答和教师主导的讨论的方法。最后，我们观察了两个以学生为中心的讨论的例子，并且简要地讨论了控制这种语言交流的一些指导方针。

问答的特点

- I-R-E 或者 I-R-F（老师提问，学生回答，老师评价或者继续提问）。
- 快速。
- 用来复习材料，阐释课文。

对问答的批评

- 老师占据了主导地位，学生处于被动地位。
- 学生之间缺乏交流。
- 与更高级的思考技巧相比，更重视回忆。
- 问答引起公共评价，可能导致消极的互相信赖。

问答的功能

- 提供检查学生理解程度的机会。
- 给学生提供组织更完整的回答的机会。
- 让学生参与到对材料的表述中来。
- 允许组员之间相互交流。
- 帮助保持注意力。

教师主导的讨论的特点

- I-R（甚至是 I-R-R-R）。

- 学生提出问题。
- 学生评论同学的发言。
- 较慢的速度。
- 目的是刺激思考，培养解决问题的能力，以及检查内在含义。

课堂提问和教师主导的讨论的缺陷

- 不平等参与。
- 失去节奏、重点和学生的参与。
- 很难控制学生的理解。
- 与学生原有的交流方式不相容。

成功使用课堂提问的方法

- 分配参与机会：
  使用某种类型的次序。
  保证男生和女生有平等的参与机会。
- 在回答之前给学生以思考的时间
- 激发和保持学生的兴趣：
  采用集体警觉策略。
  加入幽默、新颖的因素。
  加入对学生的挑战。
  为个人知识和经验留出空间。
- 在保证速度的情况下提供反馈。
- 监控学生的理解程度：
  要求学生给出公开答案。
  观察导向组。
- 支持多元学习者的参与：
  了解问与答的方式。
  熟悉不同文化的话语方式。
  可能时，适应学生的话语方式。
  对问答的话语方式提供明确的指导。
  采用可选择性回答方式。

有效课堂讨论的设计和实施

- 成为推动者而不是提问者。
- 保证某些学生不会垄断讨论。
- 保证讨论始终围绕着主题。
- 让学生针对自己的观点提出论据。
- 限制小组的人数。
- 合理安排学生的座位以便让他们进行目光交流。
- 教给学生讨论的技巧。

在设计课程时，你要考虑在课堂中使用问答、教师主导的讨论和以学生为中心的讨论的限度。思考你所提问题的水平：你所有的问题都是初级的，可以用一两个字来回答的事实性问题？还是能够激发批判性思考和需综合的较高层次问题？问一问自己，你是在不断控制交流，还是在为学生间真正的讨论提供机会。

技巧培养活动与反思

课上活动

　　1. 你的同事让你帮他分析为什么学生在上课时注意力不集中。他想让你去观摩他的课并给出反馈。以下内容就是你所看到的小组学习，找出他上课的问题所在，并提出三条改进的建议。运用你学到的有关分配参与、激发和保持学生的兴趣，以及监控学生的理解程度的知识。

　　　　B先生：谁还记得光合作用是什么？（没有人回答。）你们还记得昨天当我们看到绿色植物时，讨论了它们是如何制造自己的食物的吗？（B先生注意到西娅点了点头。）西娅，你记得光合作用吗？

　　　　西娅：是的。

　　　　B先生：那么，你能告诉我们吗？

　　　　西娅：它与光和叶绿素有关系。

　　　　B先生：好。汤姆，你能补充点什么吗？（汤姆正在笔记本上画着什么。）

　　　　汤姆：不能。

　　　　B先生：汤姆，西娅告诉我们，光合作用与光和叶绿素有关系。你还记得我们昨天解释光合作用时的讨论吗？

　　　　汤姆：一点点。

　　　　B先生：什么意思？你没有和同学一起把定义写下来吗？看看你的笔记，然后告诉我定义。（汤姆开始翻笔记本。很多学生开始小声说话、偷笑。一些学生在翻自己的笔记本。）有多少人找到了我们解释光合作用的那一页？（七个学生举起手。）好。有谁愿意读一下定义吗？西娅。

　　　　西娅：光合作用是植物在光对叶绿素起作用的时候，通过水和二氧化碳形成糖和淀粉的过程。

　　　　B先生：非常好。大家都明白了吗？（几个学生点点头。）好。明天我们会就植物和光合作用进行小测验。汤姆，你准备好测验了吗？

　　　　汤姆：当然，B先生。

　　　　B先生：好，现在翻到课本的第135页，读植物的作用。

　　2. 监控学生的理解程度是一件很困难的事。小组思考下列话题中的三个（或者思考你教学内容范围之内的一个），提出两种教师可以使学生明确参与教学活动的不同方法，以此来确定他们的理解程度。

　　a. 小说的主要人物及其特点。

　　b. 平行四边形的特点。

　　c. 化学离子的符号。

　　d. 外语单词。

e. 经度和纬度。

f. 云的种类。

g. 不同产品的脂肪含量。

独立活动

1. 观摩一节课，观察其问答环节。在座位图中，在参与问答的学生座位上标注√或者×（以图11—2为例）。分析结果，就学生参与的广泛程度和公平程度得出你的结论。

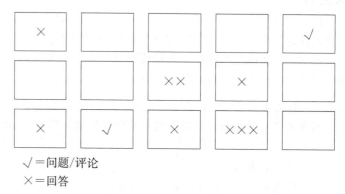

√＝问题/评论
×＝回答

图 11—2　座位图示例

2. 我们知道问答和讨论经常被混淆。观察并记录十分钟的课堂"讨论"。然后使用下面的清单，看看这次语言交流是否真正符合讨论的标准，还是更像一次问答。

● 学生是主要的发言者。

● 这次语言交流的模式不是I-R-E，而是由老师和学生共同进行的陈述和问题的混合。

● 更长，节奏更慢。

● 主要目的是鼓励学生做出不同的回答，思考不同的观点，促进问题的解决等等。

● 用同意/不同意，而不是正确/错误来进行评价。

载入档案袋

写两份教案，一份包含问答环节，一份包含以学生为中心的讨论，并分别依次列举你会使用到的问题。简要写一写两份教案的不同之处，以及你使用的教学策略适合特定教学内容的原因。

第四编 课堂秩序的维持与重建

　　有关犯罪、暴力和破坏行为的报纸头条传递出课堂冷酷残忍、令人恐怖的形象。但实际上,老师遇到的不当行为远比这些平常——走神、与邻座交头接耳、不完成作业、大喊大叫、忘带书本文具等。不管怎样,这样的行为还是令人厌烦、恼火——占据宝贵的教学时间,威胁到友爱环境。显然,教师对诸如此类的问题要有自己的思考,要有应对它们的一套有效的纪律和策略。

　　本部分的两章集中探讨了有效应对问题行为的策略。第十二章首先讨论了一系列**原则**,用来指导教师思考如何做出建设性的、最好的反应。然后,我们考虑应对不同问题行为的分层策略——从绝少冒失、容易实施的策略,到需要花费大量时间和精力的策略。在第十三章,我们讨论了校园暴力的问题。首先,我们介绍了校园暴力行为发生的频率和严重性。然后,我们思考了预防和应对恶意的、侵略性的和危险性行为的方法。四位老师向我们描述了自己是如何处理问题行为和侵略性行为的。

　　两章都回应了前面几章的主题,即创建良好环境和培养积极的师生关系的重要性。学生不专心、产生抵触,或者制造混乱时,教师很容易做出惩罚性、独裁性的反应——"别那样做,否则……""因为我是这样说的!""去校长办公室!""留堂三天!"可是,这样的反应会破坏与学生的关系。怨恨在增加,蔑视在升级,一种"我们和他们作对"的气氛逐渐形成。此外,这样的反应一般没有效果,只会让教师认为"对这些孩子束手无策"。

　　正如我们前面几章所说的,研究自始至终表明,如果学生觉得老师支持和关心他们,他们会更愿意做出合作的、有责任感的行为,并且遵守课堂规范。因此,与学生建立起积极关系的老师能**预防**学生的不当行为。但我们同时相信,**师生关系在教师提升有效应对问题行为的能力上起重要作用**。如果学生认为你公平、可以信赖、"站在他们一边",他们会更愿意遵从你对他们的纪律要求。

第十二章
如何有效应对学生的不当行为

不久前，我们在杂志上读到一篇文章，作者是一位实习教师，为每天的第四节和第五节英语课感到头疼。那是在 11 月中旬，莎伦因为学生的失礼和破坏行为而充满了挫败感。"他们都不能好好地坐着听讲，"她写道，"我要花越来越多的时间对他们说'嘘'！我不明白他们为什么这么没有礼貌，我真的不知道该怎么做。"我们继续读下去，越来越清楚地发现这位实习教师的问题——不是由于缺乏明确的规则和常规，也不是由于枯燥、冗长的讲授：

> 在我上课的第一天，我们就回顾了实习指导老师确立的规章制度（就像你们建议的那样）：按时到教室，不要大声喊叫，要彼此尊重等等。他们很配合，我认为这很好，但我想他们那时只是想"稳住我"。现在他们一直跟我争论。我说"安静"，他们说"但是我只是告诉他……"我说"把报纸/漫画/相册收起来"，他们说"让我看看，我就看一下……"除了一遍一遍地重复，我也没有别的办法。有时候管用，有时候不管用……我真的无计可施了。如果再不能控制课堂的话，我就根本没办法教学。有时候我想，如果我不进行有趣的讨论、计划和小组学习，而只是每天发些任务表、讲课，不给学生任何说话机会，也许情况会好一点。可这和我想要的课堂教学方式相差得太多。我想尊重我的学生，像对待大人一样对待他们，但是我发现我不能。我一直和孩子们相处得很好，但是现在不行了。这些孩子能了解的似乎只有纪律惩罚和留堂。

这位实习老师了解了课堂生活的悲哀事实：有清楚、合理的规章制度并不意味着每个人都会自觉遵守。在学年初，学生会很认真地"揣摩老师"——判断老师的期望和要求，他们可以忍受的交往程度，以及他们可以受逼迫的程度。大多数学生会把他们的活动限制在老师规定的范围之内，但是他们需要知道这些限度。这就表明了与学生沟通你对其行为要求的重要性（第四章的主题），并且要**执行这些要求**。如唐尼所言：

> 新老师不能被学生在新学期开始时较好的表现所欺骗。我经常发现在开学第一天，每个人都非常顺从。他们在试探你。直到第二个星期考验才真的开始。这时候问题就来了，你必须确保将学生控制在你确定的期望范围之内。

在这一章里，我们会讨论如何应对你可能会遇到的问题——从小的、不制造混乱的问题到棘手的、更加严重的错误行为。

不当行为的处理原则

关于纪律措施的相对有效性还没有太多的研究（见 Emmer & Aussiker，1990），但是有六个原则指导着我们的讨论（见表 12—1）。首先，纪律措施必须与建立一个安全和充满关爱的课堂环境的目标相一致。你需要有秩序，但也需要选择有利于维护你和学生之间关系的方法，帮助他们实现自我约束，并让他们在同伴面前保全面子。《有尊严的纪律》的作者柯温和门德勒这样说道：

> 学生会不惜一切代价维护他们的尊严。如果逼得太紧，他们甚至会不惜以生命为代价。在"胆小鬼游戏"中，两辆汽车向着悬崖极速奔驰，失败者就是踩刹车的那一个。除了需要获得同伴的赞赏和尊严之外，再没有更好的解释了。（Curwin & Mendler，1988，p. 27）

专栏 12—1   **会见教育家**

会见理查德·柯温和艾伦·门德勒

理查德·柯温和艾伦·门德勒是著名的作家、演说家、顾问和研讨会负责人，主要研究课堂管理、纪律和学习动机问题。柯温曾是普通学校 7 年级的老师，也做过情绪失常孩子的老师以及大学教授。门德勒是学校心理医生，与普通教育及特殊教育环境中各个年龄层次的孩子都有广泛接触。他们两人共同撰写了《有尊严的纪律》一书，该书 1988 年首次出版。

关于课堂管理的主要想法

- 应对学生行为是工作的一部分。
- 管理策略必须维护每个学生的尊严。
- 纪律措施应该强调教学责任，而不是使学生服从。
- 在一个典型的课堂中，80％的学生很少违反纪律，也就不需要纪律措施；15％的学生在某种情况下违反纪律，需要一套明确的期望和后果；5％的学生持续违反纪律。良好的纪律措施能够规范15％的学生，同时也不会将那5％的学生逼进死胡同。
- 违反纪律的后果不是惩罚。惩罚是回报的一种形式，其目的是让违反纪律的

学生为不当行为付出代价。后果与规则直接相关，是用于告诉学生行为的后果，所以其目的是教育性的，而非惩罚性的。清晰、具体而符合逻辑的后果能发挥最大作用。

● 老师应该有一套可供选择的办法，这样他们就可以根据具体情形选择最适合的应对措施。

● 老师需要教给学生"公平并不总是均等"。

著作与文章

Curwin, R. L., & Mendler, A. N. *Discipline with Dignity*（2nd ed）. 1999. Alexandria, VA：Associaiton for Supervision and Curriculum Development

Mendler, A. N., & Curwin, R. L.（1999）. *Discipline with Dignity for Challenging Youth*. Bloomington, IN：National Educaitonal Service

Mendler, A. N.（2001）. *Connecting with Students*. Alexandria, VA：Associaiton for Supervision and Curriculum Development

Curwin, R. L.（2003）. *Making Good Choices：Developing Responsibility，Respect，and Self-Discipline in Grades 4-9*. Thousand Oaks, CA：Corwin Press

网址：www. tlc-sems. com。

为了维护学生的尊严，维持你与他们的关系，一定要竭力避免使学生感到丢脸和被嘲弄的权力斗争。（记住我们在第三章中所讨论的"当学校变得可怕的时候"。）弗雷德、唐尼、桑迪和克里斯蒂娜都真正地努力和那些犯错的学生平和地说话。他们不提过去的错误，他们小心地把学生的**性格**和特定的**不当行为**区分开，不批评学生的个人品性（"你太懒了"），而是谈论学生的表现（"你还没有交最后两项作业"）。当所需要的不仅仅是简单的干预时，他们会跟学生单独见面。

表 12—1　　　　　　　　　　　应对不当行为的原则

纪律措施必须与建立一个安全和充满关爱的课堂环境的目标相一致。 让教育计划和最小的破坏性保持一致。 决定某个特定的行为是否构成违规需考虑它所发生的环境。 及时而准确地应对行为问题。 确保纪律措施的强度和你想要消除的不当行为相一致。 强调"文化回应性"，因为规范、价值和沟通方式的不同会对学生的行为产生直接影响。

在学校开学的第一个星期，我们在桑迪的班里看到了如何执行保护学生尊严的纪律。尽管学年刚刚开始，有一些学生已经开始试探桑迪对她几天前公布的规则的坚持程度：

桑迪站在门旁跟进来的学生打招呼。铃响了，桑迪开始关门。这时威廉气喘吁吁地冲了进来。"你迟到了。"她很平静地告诉他。"这是说我得在放学以后找你吗？"他问道。"我一会儿再跟你谈。"她答道，并走到教室前面开始上课。

课上，学生们分成小组进行实验。桑迪在教室里巡视，帮助学生掌握实验程序。她走到威廉旁边，把他拉到一边，轻轻地说："你要跟我谈十分钟。今天还是明天？"

"今天星期几？"

"星期二。"

"哦。"威廉看上去有些为难。

"你明天来怎么样?"桑迪问。

"好的，但是你能提醒我吗?"

"我一定会的。"她苦笑了一下。桑迪回到讲台旁，记在成绩册上，然后继续巡视。几分钟后，她又站在威廉身边，帮他解决问题，并夸奖他的进步。

在这篇短文中，我们可以看到桑迪如何通过和威廉私下里谈话而避免使他感到尴尬；如何通过让威廉选择留堂的时间而表现出对他的关心；如何避免责备和人格诋毁；如何通过几分钟以后帮助他做实验而让威廉明白，她并没有对他心存不满。总之，这篇短文表明了老师如何向学生传达对规范行为的明确期望，同时又能保持良好的师生关系。

第二个应对违规行为的原则是**让教育计划和最小的破坏性保持一致**，这是十分关键的。达到这一目标需要很微妙的平衡能力。一方面，你不能让不当行为打乱教学过程。另一方面，你必须明白纪律措施本身可能就具有破坏性。正如沃尔特·多伊尔所评论的那样，干涉"本质上就是冒险"，因为这会引起学生对不当行为的注意，把学生的注意力从课堂中引开（Doyle，1986，p.421）。为了避免这种情况，你必须尽量预见到潜在的问题，并阻止它们发生。如果你认为纪律干预**是**必要的，则要尽可能地小心。

从这四位老师的实际表现可以看出，他们意识到了保持教学计划的重要性。在下面的例子中，克里斯蒂娜控制住了一个很可能变得混乱的局面，使课程顺利进行：

克里斯蒂娜正在复习第一人称叙述和第三人称叙述的区别。教室后面，学生在传阅照片。她环绕教室继续讲解，其间，她询问的神情好像在对学生们说："你们在干什么?"于是大家都把照片还给了一个女孩，她把照片放到了背包里。

第三个原则就是决定**某个特定的行为是否构成违规需考虑它所发生的环境**（Doyle，1986）。对于这一点，有一些很明显的例外情况——打人和偷窃是老师必须作出反应的不当行为。但是其他行为就不是这么明显了。例如，在有些班里，戴帽子、坐在桌子上、吃口香糖以及听 MP3 都是不当行为，但在其他班里，这些则是可以接受的。不当行为通常是由某一位老师的忍耐程度或者特定的学校规章决定的。即使是在一个班里，对于不当行为的解释也依赖于环境。老师可能会认为只要学生的发言对讨论有所贡献，并且不会搞得一团糟，不按照顺序发言也是可以接受的。在其他时候，同一个老师可能会需要一个更为有序的课堂。

决定行动步骤时，你需要问问自己："这种行为对教学活动是有利还是有弊?对其他孩子是否有伤害? 会破坏既定规则吗?"如果答案是否定的，纪律干涉就是不必要的。

"我今天没法管他们了。"弗雷德笑着宣布。看一眼教室就能够证实他的评价。有些学生坐在桌子上，其他人站在过道里，靠着那些在写东西的同学；坐在教室后面的四个学生转过身，正进行着热烈的讨论。一个女孩站在弗雷德的桌子旁边，和一个坐在附近的女孩大声地争论着，几乎每一个人都在说话。过了一会儿，这场激烈讨论的主题变得清楚了。由于剧烈的暴风雪，本学区的放假天数超出了正常雪天的规定。为了保证规定的 180 个学习日，教育委员会必须决定是缩短春季假期还是延长学年。弗雷德抓住这个机会上了一堂政治行动主义课。学生要思考这个问题，考虑是否应该放弃 180 天的规定，并写信给当地的议员。今天的任务就是起草这封信的初稿。课后，弗雷德回想了一下这堂课的课堂气氛："我知道我本来应该控制当时的局面，告诉他们安静地坐下来，写出他们的想法，静静地完成初稿。但是这样又能得到什么呢？"

第四个原则是**及时而准确地应对行为问题**。雅各布·库宁（Kounin，1970）归纳了两种教师在课堂中试图控制不当行为时所犯的错误：时间错误和目标错误。时间错误是指教师在很长时间之后才开始纠正不当行为。例如，老师可能意识不到（或者忽略了）几个学生没有举手就大声喊叫着回答问题，却又严厉训斥了下一个这样做的学生。这种时间错误不仅对这个学生不公平，而且大声喊叫也有可能成为学生们的习惯，比马上纠正更难控制。

与时间错误相似，目标错误会引起学生们对某一个学生的注意，然而，实际上，很多学生都犯了相同的错误。一个学生踢了前桌女孩的背包，这个女孩却因为在班里大喊而受到训斥。用纸飞机掷中老师的学生逃过惩罚，反而是靠近老师的学生受到责备。这些错误是可以理解的，因为不当行为总是很模糊，而且总是在老师目光看向别处的时候发生的。因此，老师必须注意准确而及时地对错误行为作出反应。

第五个原则强调：**确保纪律措施的强度和你想要消除的不当行为相一致**。研究（如，Pittman，1985）表明，一些老师将不当行为分为三类：**小错**（说话、做小动作、走神），**较为严重的错误**（争吵、不能回应小组指令）和**不能容忍的错误**（偷窃、故意伤害别人、破坏公物）。他们也会考虑不当行为是某种模式的一部分，还是一个孤立的事件。

决定如何回应一个问题时，利用这些类别来选择和不当行为严重程度相匹配的回应大有裨益。当然，说起来容易做起来难。当不当行为发生时，老师没有太多时间来思考它的严重程度，判断它是否是某个模式的一部分，并作出合适的回应。更多的时候，情况是模糊的：因为不当行为多发生在老师看向其他地方的时候，因此谁对谁做了什么，并不十分清楚。然而，你不想忽视或者温和地回应那些应该受到严厉批评的不当行为，也不想对一个相对小的不当行为作出过度反应。例如，严厉地提醒学生降低噪声，对于这样的小错来说是适当的反应，然而对于一个已经连续三次扰乱课堂秩序的学生来说，你的反应应该是和他私下里谈话。

最后，第六个原则强调"**文化回应性**"，因为规范、价值和沟通方式的不同会对学生的行为产生直接影响。文化回应性意味着对你认为有问题的各种行为作出回应，并考虑这些行为与种族及种族特征之间的关系。例如，专门研究有色人种学生学习经历的非裔美国教育家盖尔·汤普森指出，非裔美国孩子在家里经常大声讲话，这一行为让他们在学校里陷入麻烦。一个 8 年级的孩子，在学校里被认为是个纪律方面有问题的孩子，听听她的妈妈怎么说：

> 她声音很大，我丈夫也是个大嗓门。他们表达自己的意思时，声音就很大，还会越来越大。老师就认为她没有礼貌。她也因此受到一次惩罚。（Thompson，2004，p.98）

同样，非裔美国孩子与欧裔美国孩子相比，情绪更加激烈，更具有对抗性。他们认为领导权由于能力和力量（而不是由于地位和文凭）而产生变化，所以他们更有可能挑战校方的权威。他们会马上参与到热烈的讨论中，而不会等轮到他们时才发言（Irvine，1990）。认同主流文化的老师更有可能将这些行为模式视为粗鲁和破坏性的行为，随后，以愤怒回应，并采取惩罚性措施。然而，认为这些行为反映出文化规范的老师，可能会表现得更为平和，选择一些更有益的做法（例如，讨论班级规范，讨论在大组活动中轮流发言的必要性）。事实上，他们肯定会看到允许学生在课堂上表达强烈情绪和热情的好处，这也能够拓宽他们对于可接受的学生行为的范围界定。

此外，保持文化回应性的课堂管理者们也清楚种族及种族特征影响使用纪律的后果。30年来的反复研究表明，非裔学生和拉丁裔学生，尤其是男生，与其同龄人相比更容易出现行为问题（Skiba，et al.，2008）。实际上，通过分析我们发现，非裔美国小学生的除名率是欧裔美国小学生的四到七倍（Raffaele-Mendez & Knoff，2003）。

怎么解释这种比例失调呢？显而易见的解释是：与欧裔学生相比，非裔和拉丁裔学生更多地违反了班级及学校的规范。如果是这样的话，不成比例的惩罚措施就是对不当行为的适当反应，而不表明存在偏见。然而，有关学生行为、种族及纪律的相关研究并未得出支持这一解释的证据。事实上，研究表明，非裔美国学生往往因为不太严重的行为受到严重的惩罚（Skiba & Rausch，2006）。此外，研究显示，欧裔学生被叫到办公室，更多是因为"客观的"违规行为，例如故意破坏、未经允许离开、说脏话等，而非裔学生则更多是因为"主观的"违规行为，例如没礼貌、声音过大、威胁别人（Skiba，Michael，Nardo，& Peterson，2002）。总之，此研究不能表明，学校纪律方面的种族差异性是由非裔学生的不当行为的高比例造成的。相反，证据表明，非裔学生因为不太严重的或者更为主观的原因被叫到办公室，并接受严厉惩罚（Skiba & Rausch，2006）。

很明显，要想成为一个保持文化回应性的课堂管理者，教师需要承认自己的偏见和价值观，并思考这些因素如何影响到与学生的交流。我们可以问自己一些问题，列举如下（Weinstein，Curran，& Tomlinson-Clarke，2003）：

- 对一些学生，我能更耐心些，更多鼓励他们吗？
- 我更有可能训斥其他学生吗？
- 我会根据学生的种族或者种族特征判定某些学生更具有破坏性吗？
- 我会根据学生的发型和穿戴来判断学生吗？
- 学生违反规范时，我会对所有人一视同仁吗？

暂停与思考

阅读具体的纪律干预措施之前，回顾一下你自己的小学和中学阶段。你最讲求效率的老师使用了什么样的纪律措施？而最没有效率的老师又使用了什么样的纪律措施？

记着这六个原则：保持一个安全、充满关爱的课堂环境；保证教学计划；考虑具体情况；及时并准确地作出回应；选择一个适合不当行为的纪律措施；保持文化回应性。现在我们就转而开始研究应对不当行为的具体方法。

轻微的不当行为的处理

正如在第四章中提到的那样，雅各布·库宁（Kounin，1970）关于有序和无序课堂的研究证明了这样的说法，即成功的课堂管理者的脑后都长着眼睛。库宁发现，有效的管理者知道整个教室里在发生什么，而且，**他们的学生知道他们知道**，因为老师能够指出他们的小问题，并且"把它们扼杀在摇篮中"。库宁把这种能力称为"通灵"，这个词从此被广泛地应用到关于课堂管理的讨论之中。

"通灵"的老师是如何处理轻微的不当行为的？他们如何成功地把问题扼杀在摇篮里？这一部分讨论非语言干涉和语言干涉，并且思考什么时候不作为会更好。（总结性建议见实用贴士。）

实用贴士

轻微的不当行为的处理

● 使用非语言干涉，例如：
面部表情
目光交流
手势
走近
● 使用非直接的语言干涉：
叫学生的名字
把学生的名字融入课程当中
让学生参与
使用小幽默
使用"我—信息"
● 使用直接的语言干涉：
发出简洁指令
提醒学生规则
让学生在好好表现和接受惩罚之间作出选择
● 选择有意的不干涉（仅限于短暂的小错）

非语言干涉

不久以前，我们认识的一个11岁的孩子说她以后能成为一个成功的老师。我们问她何以如此自信，她回答说："我知道怎么做出**老师的表情**。"然后，她皱起额头，嘴唇拉平成为一条直线。她将那种"表情"模仿得惟妙惟肖。

"老师的表情"是一个不太显眼的、非语言干涉的好例子。目光交流，使用手势（例如，拇指朝下，或指着每个人应该做的事），走近犯错的学生，这些都是非语言的"通灵"的交流方式。非语言干涉都传达了这样的信息——"我看到了你的所作所为，我不喜欢这样。"虽然非语言干涉的指向性不及语言命令，但它可以促使学生主动回到学习任务中来。观察一下唐尼的做法：

> 唐尼正在黑板前给学生们演示如何画全等线段和全等角。学生应该跟着她用尺子和圆规画全等线。两个男生没有作图，而是在铅笔上转尺子。唐尼注意到他们，但是继续讲解。当她说话时，长时间地严厉注视着这两个学生。随后两个男生放下尺子，开始学习。

非语言的方法非常适合细小而持续性的错误：经常性的或者持续性的小声说话，盯着天花板看，大声喧哗，化妆以及传纸条。使用非语言干涉的显著优点就是，你可以在不打扰其他学生时就处理了这些轻微的不当行为。

有时，非语言暗示就是让学生停止不当行为回到"学习"中来。实际上，对六位中学老师的研究（Lasley, Lasley, & Ward, 1989）发现，**对不当行为最为成功的回应都是非语言的**。这些方法有效制止不当行为的比例达到79%；在三位"更有效的管理者"中，成功的比例甚至更高，达到惊人的95%。

语言干涉

有时你会发现，你自己处在一个不能用非语言暗示来处理的情况中。也许你无法引起学生的注意，或者你身在另一个小组，如果站起来走到表现不好的学生那里，就太引人注意了。有时候，虽然你可以用非语言暗示，但是却不能成功地制止不当行为。

像这样的情况，你就需要使用**非直接的语言干涉**。这样，你可以让那个犯错的学生自己决定该怎么做。例如，**仅仅叫学生的名字**就可以让他回到学习上来。有时也可以**把学生的名字融入正在进行的讲解当中**：

> 沙希德懒洋洋地坐在座位上，显得很不专心。弗雷德讲到中国的敬老传统时，走近他："假设沙希德是我的儿子，因为他考试没及格，我打了他。结果会怎样呢？"沙希德听了马上坐直，并且开始听课。

如果在小组讨论或者问答的过程中发生不当行为，**你可以叫学生回答问题**。看看下面的例子：

> 学生们正在复习等腰三角形的作业。唐尼边在教室里走动，边叫学生做题："好，我们让一位同学来做第14题。"许多学生开始举手。唐尼注意到一个坐在教室后面的女孩正盯着天花板发呆。"多米妮卡，请做第14题。"多米妮卡从她的冥想中"回来"了，看看书，回答得很正确。唐尼笑着说："很好！"

点名可以表明你洞悉课堂，并且能够吸引学生的注意力，甚至都不用强调不当行为。但不要忘记前面讨论的，要维护学生的尊严。如果你很明显地要"抓住"学生，并让他们感到尴尬的话，这种方法就会因为在学生中产生怨恨心理而适得其反（Good & Brophy, 2008）。避免这种问题的一个方法就是提醒学生你将要叫他/她回答**下一个问题**："莎伦，第18题的答案是什么？泰莎，下一道题该你了。"

使用幽默还可以提供另外一种提醒学生纠正行为的"温和"办法。如果使用得好，幽默可以告诉他们，你能够理解课堂生活中有趣的一面。但是你必须小心：幽默不能和伤害学生感情的挖苦行为联系在一起。

> 临近学年末，弗雷德的学生很明显地有了一种"高年级倦怠症"。他们刚走进教室，弗雷德就努力让他们安静下来。"同学们，我知道这是学年末了，但是我们能不能记得，我们现在还是学生呢？"

"我—信息"是另一种促进正确行为，而不直接给出命令的语言干涉方法。"我—信息"总体上分为三部分。第一，老师用**一种非责备、非判断的方法描述一种不可接受的行为**。这样的话经常以"当"开始："当我发出指令时，有人说话……"第二部分描述对老师的实际影响："我必须重复这些指令，这就浪费了时间……"最后，这个信息的第三部分说出老师对这种实际影响的**感受**："所以我很沮丧。"看看下面这些关于"我—信息"的例子：

"当你没有准备就来上课时，我就不能按时开始上课，所以我很生气。"
"当你把书包放在过道中间时，我可能会被绊倒，恐怕会摔断了腿。"

尽管理想化的"我—信息"按照顺序包括上述三部分内容，但可以任意调整顺序，甚至省略其中一部分，因为它仍然有效（Gordon，2003）。我们见过四位老师使用"简化"了的"我—信息"。例如，弗雷德告诉学生，他对于注意听讲的感觉有多强烈："如果你们在我讲课的时候传纸条，我就想自杀。"他对一个直呼他名字的学生说："当你在学校里叫我的名字时，我真的觉得很不舒服。"

使用这种方法有几个好处。与典型的"你—信息"相反（例如，"你真的很粗鲁"，"你应该知道"，"你的行为像个孩子"），"我—信息"把对于学生的否定评价降到最低。他们可以很容易地避免使用一些像"总是"、"从不"等极端的（通常也是不准确的）词（例如，"你总是忘了做作业"，或者"你从来不预习功课"）。因此，他们能形成并保持一种良好的人际关系。因为"我—信息"把改正行为的决定留给了学生，这种方法也可以激发一种责任感和自主权。而且，"我—信息"还可以让学生看到他们行为的结果，也看到老师是有着真实感情的人。和"你—信息"不同，"我—信息"不会让学生变得抵触或者固执，他们也就能更自愿地改正行为。

大多数人都不习惯这样说话，因此"我—信息"就会显得很蹩脚，或者很做作。然而，经过练习就能运用自如了。我们曾经听到一个四岁的女孩（她的父母经常在家里使用"我—信息"）告诉她幼儿园的同学："当你用铅笔戳我的时候，它真的会弄疼我，而且我感觉也不好，因为我认为你不想做我的朋友。"

除了这些非指示性的方法，你还可以尝试很多指向性更明确的方法。事实上，几位非裔美国教育家认为，对于非裔学生来说，这些方法会更合适一些（Delpit，1995；Thompson，2004）。例如，《其他人的孩子：课堂中的文化冲突》（*Other People's Children：Cultural Conflict in the Classroom*，1995）的作者——非裔美国作家莉萨·德尔皮特发现，构建性指令问题（例如："你可以坐下吗？"）是一种主流社会的、中产阶级（和女性）的语言形式，用以构建一种平等的、非权威性的氛围。德尔皮特认为：

很多非裔孩子对这样的结构没有反应，因为在他的家庭文化背景中，命令不是以问题的形式表达的。与其发问，一些老师不如学会说"把剪刀收起来"，"现在坐下"，或者"请坐下"。（Valentine，1998，p. 17）

正如德尔皮特建议的那样，最直接的方法就是**指导学生做手头的任务**（"现在做这道数学题"，"你们组应该讨论前三页"）。你也可以**提醒学生规则**，以及自己对学生的行为期待（例如，"当有人说话的时候，其他人都应该听着"）。有时，如果不当行为发生的范围很大，就很有必要让整个小组再回顾一下那些规则。这在节日、周末或者假期之后上课时尤其有效。

另一个方法就是**让学生选择是好好表现，还是继续犯错而接受惩罚**（例如，"如果你不能在小组里好好学习，那就回到你的座位上去"，"你要么先举手再说，要么就不要参加我们的讨论"）。这样的话不仅能够警告学生，如果不当行为继续下去的话，他们就会受到惩罚；而且还强调，学生可以真正选择规矩地表现，而不是无端受到惩罚。在下面的例子中，我们看到弗雷德用了一点幽默来使这种方法锦上添花：

> 铃响了。弗雷德走到讲台前，并努力想吸引学生的注意力，但他们继续说话。"同学们，如果你们想一辈子得零分，就继续说吧。如果不想，就听课。"学生们笑了，并安静下来。

有意的不干涉

如果不当行为很细小，又没有什么破坏性，最好的课堂行动就是**有意的不干涉**。例如，在讨论时学生积极发言而忘了举手，有人偶尔有些分心和走神，两个男生在你发出指令时偷偷交换意见。在这样的情况下，干涉会比学生的行为本身更具破坏性。

忽视学生轻微的不当行为的危险，就是学生会认为你不知道发生了什么事。认为你不够"通灵"，他们很可能就会试试自己能违纪到什么程度，然后问题肯定会升级。你需要小心地监控学生，确保这种情况不会发生。

另外一个问题就是偶尔的忽视会变成完全的"视而不见"。这在对一个名为赫林的实习老师的研究中得到证明（Créton, Wubbels & Hooymayers, 1989）。赫林讲课时，她的学生总是很闹，注意力不集中。赫林相应地提高声音，更多地看黑板，并且转过身去背对学生。她不让自己面对这种混乱局面——也许是因为这种情况太棘手，而她也不知道该怎么处理。遗憾的是，学生们似乎把她的"视而不见"看成对吵闹的许可，他们就变得更加混乱。赫林最终意识到了"看到"的重要性，开始回应细微的骚乱，免得学生变本加厉。

较为严重的不当行为的处理

有时，非语言的暗示和语言干涉不足以让学生认识到你对于自己所确定的行为期待是严肃的。有时不当行为太严重，就不能使用这些较低层次的回应。在这样的情况下，有必要使用实质性干预来强调你对于规范行为的期待。

在一些情况下，老师在教规则和程序时会讨论到惩罚，于是学生们从一开始就能理解违反规则的后果。在第四章中，我们看到桑迪在列出上课迟到的惩罚措施时就是这样做的。这种办法可以防止令人不愉快的"意外"发生，也能使由于忽视而引起的抗议降到最低（"但是你没有**告诉**我会这样！"）。

选择惩罚手段

对于新老师来说，采取合适的惩罚手段通常是很困难的。一位社会学的实习教师最近这样发泄他的挫败感：

> 这两个孩子每天来上课就是坐着，什么都不做。他们不会制造大的混乱，也不是非常讨厌或者吵闹，只是不做任何事情。他们更愿意坐在那里说话、画卡通来打发时间。我一直告诉他们，如果仅仅是坐着，只会得零分，在考核的时候不及格，但是他们不在乎。我告诉他们，我会请他们的家长来，他们只是笑。我不想送他们去训导员办公室，因为我的指导老师说，这样会落得一个无法管理班级的名声，而我又非常想在这个学区找到一份工作。因此我真的很困惑。这些孩子很聪明，我也不想看到他们不及格。但是我该怎么办呢？

我们向四位老师提出了这个问题，并了解了他们使用的典型惩罚手段。一般来说，老师们会尝试执行与不当行为逻辑上相关的惩罚措施（Dreikurs，Grunwald，& Pepper，1982）。例如，克里斯蒂娜班里的一个学生不好好参与小组学习，他就得接受独自学习的惩罚，直到他准备好与其他同学合作为止。同样，桑迪的学生把化学实验室弄得一团糟，符合逻辑的惩罚是让他们整理好实验室。如果一个学生忘了带课本，不能完成作业，她就要借别人的书，并在课余时间完成。一个学生交上来的作业不认真，他就要重写。

　　逻辑后果与传统惩罚不同，传统惩罚与不当行为本身没有联系。例如，一直在跟同桌说话的学生必须完成一项附加的家庭作业（而不是把他和其他同学隔离开）。忘记征得父母同意就参加实习的学生要被留堂（而不是写信给父母，说明让他们签署同意书的必要性）。在全班讨论过程中始终大声喊叫的学生会得一个 F（而不是在他的桌子上粘一张提示卡，写着"我不再大声说话了"，或者不允许他参加讨论）。

　　下面，我们就来描述一下老师们使用的具体惩罚措施。读到每一种措施时，你要记住，这四位老师都努力建立一种充满关爱和信任的师生关系。毫无疑问，学生不会将惩罚看成是专横且充满敌意的对手对他们的惩罚，而是看作老师采取合理的措施——他坚信学生应该能够做到最好。良好的师生关系增加了这种可能性（Bondy & Ross，2008；Gregory & Ripski，2008）。

强制性的单独会面

　　当学生不听非语言的暗示或者语言提示时，老师们通常会在放学后或空闲时间和学生单独会面。在会面中，教师表达了他们对于学生行为的失望。我们通常不把这看作一种惩罚，但是因为这些班里的学生很喜欢他们的老师，在老师生气时，他们也会感觉很糟糕。老师用严肃甚至是悲伤的语调表达对学生不当行为的失望和意外，并且让学生思考他们行为的后果。有时，他们会协商一个改正的计划，努力使学生对他们的行为负起责任。例如，桑迪班里的一个学生考试不及格，她在放学后和他单独会面。桑迪这样描述这次会面：

　　　　我们谈到了他在课堂上的表现以及在这次考试中发生的事情。原来，是他在考试的前一晚去了俱乐部，一直玩到晚上 11：30。我告诉他："哦，那是你的选择，这就是结果。你怎么想？你喜欢这个结果吗？"显然他不喜欢。我们说好下次考试的时候，他不能头天晚上再在外面待到那么晚，看看有没有什么改变。我认为，以这样的方式接近十几岁的孩子是非常重要的——一旦有可能，就让他们自己承担责任。

取消特权

　　有时，学生没有权利坐在他们喜欢的地方，尤其是其行为对其他同学产生负面影响时。其他可以被剥夺的权利包括和朋友一起学习，有自由支配的时间，吃口香糖，自由地在教室里走动以及参加班级聚会。

从群体中隔离出来

　　如果学生不能好好学习的话，四位老师都会让他们去教室里一个与其他同学分隔开的地方，但是他们努力在处理这一问题时表现得很积极而不消极。弗雷德会做手势让学生搬到一个"不太容易分散注意力"的地方。桑迪负责一个 7 年级的班时，有时会告诉学生："跟我来，让我们到教室后面，看看你更好地集中注意力时能做些什么。这是你的私人办公室。"这种方法对于那些患有 ADHD 的学生尤其有用。对这些孩子来说，自主应对注意力分散或课堂环境变化等刺激，是很困难的事，暂时让他们到教室里一个与其他同学分隔开的地方，可以让他们重新集中注意力。

赶出教室

四位老师都认为"把学生赶出去"是应对严重混乱的方法，应慎用。正如唐尼指出的那样："有些学生想出去，他们就会激怒老师，这样就可以离开教室。我理解那些总是把学生赶出去的老师，但那样做又有什么用呢？如果学生待在办公室里的话，就不能学习了。"

尽管老师多倾向于在教室里处理问题，但是他们也意识到，有时候这样是不可能的。桑迪记得她如何让一个学生去"暂停"房间的，那个学生的行为实在令人生气，她到现在都不能平静地叙述："我都要疯了，我知道我失控了。我大叫，那个学生也对我大叫。所以对他来说，出去会好一些。十分钟之后，我叫他回来。那时我们都冷静下来了，能够谈话了。"桑迪还和另一个老师制定了一套计划，在必要的时候，让学生到他的教室去。在那间教室里，老师和学生都不理睬他，他必须安静地坐着，写化学作业。

如果学生的行为实在出格，弗雷德也会让他们去办公室。他回忆起一个总是捣乱的学生：

> 我跟办公室的人已经说好了，所以当那个学生来的时候，他们知道该怎么办。刚开始，我一周把他赶出去过三次，后来他慢慢开始控制自己的行为了，出去的次数就减到两周一次了。这种方法奏效的原因是教室对他来说是个好地方。那里有朋友、有欢笑、有事情可做。他如果不喜欢教室——和我——离开反而就是一种奖励了。

留　堂

对那些常见的违纪行为（例如，上课迟到），唐尼、桑迪和弗雷德都用留堂作为惩罚。然而，他们在把这个方法用到"大"问题上时都很谨慎。正如桑迪说的那样："如果学生没礼貌，或者在自我控制方面真的有困难的话，我更愿意跟他们进行个别谈话。在 45 分钟的留堂中能够学到什么呢？"

写检讨书

有时，情况会很复杂，值得写出严肃的书面反省。弗雷德回忆了这样的事情：

> 我的高级班应该做一篇研究论文。我批改论文时，发现很多可疑的引用。我查了其中一些，发现有些学生直接从互联网下载材料，并且编造了参考书目。我到班里告诉他们事情的严重性：如果不能提供有效的参考书目，他们都会得零分。但是我又给了他们一个解决办法：可以给我写信解释他们的所作所为以及原因，并且必须再交两篇有正确引用的论文作为"补偿"。那些信的确能够说明问题，很多学生对于为什么要正确地引用参考书目根本一无所知。一个孩子在信中对我的处理方式表示感谢，他说他真的不知道自己所做的事情是欺骗行为。

联系家长

在学生表现出经常性的不当行为时，四位老师都会联系他们的家长或者监护人。例如，桑迪班里的一名学生经常"忘记"做作业，桑迪提出会叫他的家长来一起讨论这个问题。她明确表明请家长是出于很严肃的考虑，而不是出于气愤。她还想表达这样的想法——"或者我们可以一起帮助你。"

这些惩罚措施表明了克里斯蒂娜、唐尼、弗雷德和桑迪灵活处理问题的方式。另外，有时他们还要遵守学校针对特殊的不当行为而制定的特殊规定。以旷课为例，在克里斯蒂娜所在的学校，旷课两次，这门功课就不能得到学分。在弗雷德所在的学校，旷课一次会通知家长，并寄出警告信；旷课两次会有"学生与指导老师联系"和"管理人员与家长联系"的处理措施，并且可能会有面谈和警告信；第三次旷课就会要求从班级转出，撤销成绩，并在自习室里学习。

也有必要指出，根据《不让一个孩子掉队》法案，各学校应该制定计划，保证学校安全、没有毒品。这些计划必须包括针对下列问题的纪律政策——扰乱秩序行为，非法持有枪支，非法使用、私藏、分发和售卖烟酒及其他毒品。因此，几乎所有学校都针对上述各种违规行为制定了**零容忍政策**。该政策也可以用于解决其他问题，如欺负和胁迫他人。尽管在严重性上有所不同，但这些政策通常都会导致违规者自动停学或被开除。确保熟悉你所在学校的零容忍政策。

暂停与思考

处理不当行为时，回顾一下四位老师通常采用的惩罚措施。哪些措施是你最倾向采用的？有你不同意采用的措施吗？

如果你的班里有残障学生，则有必要咨询特殊教育者和儿童研究团队的成员，制定适当的干预策略。严重的行为问题需要集体的努力，家长、特殊教育教师、心理医生、社会工作者和管理人员都可能提出有价值的看法和建议。也要注意到，2004 年的 IDEA 包括了一些关于残障学生在纪律方面的权利的规定。例如，如果问题行为是由学生的残障"造成"的，或"与之有实质性的关系"，就不允许对其进行超过十天的停学惩罚。

实施惩罚与保持关系

学生表现不好会让人失望，而这有时候会影响我们实施惩罚的方式。我们曾见过老师在教室的另一边对着学生大喊大叫，数落学生曾经犯错误的经历，暗讽他们糟糕的家庭背景，而且还攻击他们的人格。无疑，这样的行为会损害学生的尊严，破坏师生之间的良好关系。怎样避免这样的情况呢？

首先，如果你真的对学生的行为感到气愤的话，可以**推迟讨论**。你可以简单地对这个学生说："坐下来好好想想刚才的事，我一会儿再跟你谈。"在弗雷德的一堂课上，他正在向学生介绍一部他们要看的电影，两个学生不停地说话，这让他感到很生气。讲解时，他两次转向他们，告诉他们不要说话，但是他们的交谈仍在继续。我们好奇地观察着他是否会采取进一步的行动，可他还是继续讲课。然而在这节课快结束时，他快速地走过去和那两个犯错的学生轻声说话。后来，他回忆了他们的谈话：

> 我告诉他们，他们说话时，我就不能说话了，因为这使我分心，也让我很生气，尤其是在我正谈到甘地——我最喜欢的人之一时。他们向我道歉，说他们在讨论和课上问题有关的观点。我告诉他们，我很高兴他们能这么活跃，但是应该和全班同学分享他们的想法，或者等到下课后再讨论。我想他们明白了我的意思。在课后跟他们谈话有三个好处：可以让我讲完课，给我冷静下来的机会，并且能够私下里和他们谈话。

正如弗雷德所指出的那样，通过推迟讨论，你就有机会冷静下来，考虑一下你想要说什么。你还能把学生的品质和学生的行为区分开来，所传达的信息应该是：**"你挺好的，但你的行为让人无法接受"**。

其次，**私下里冷静、平和地实施惩罚**是个好办法，也许你想大喊大叫，可你的声音越温柔，站得越近，你就越具有影响力（Bear，1998）。记住，学生们很看重在同学面前有面子。公开惩罚的好处是将某一个学生的不当行为当作"典型"，但其缺点是产生怨恨和尴尬。许多研究发现，学生认为公开惩罚是最难以接受的解决方法（Hoy & Weinstein，2006）。不使用威胁和公开羞辱的方法，却也能表现得很严厉，这对那些已经心怀不满情绪、在学校里不合群的学生来说，尤为重要。例如，针对31名极有可能不及格的"边缘"初中生进行的访谈发现，"如果老师使用公开措施来表明自己的权威地位——用具体学生举例子，把学生赶出教室，命令学生服从"（Schlosser，1992，p.135），学生会认为这样的老师是缺乏爱心、不公正的对立者。

我们的四位老师也同意这个观点。桑迪说道：

> 假设你把打好分的论文刚发下去。一个学生看了看他或她的论文，然后揉成一团，扔在地上。如果你喊："把论文捡起来！"这会造成对抗局面。如果你走近该生，私下里平静地跟他谈就会好很多。你可以说："如果你对分数有异议，我们可以一起讨论。"这样，这个孩子就不会感到没面子。重要的是，不要把学生逼到绝境。如果你真的这样做了，他们就会反抗，制造比之前更严重的问题。

最后，实施惩罚以后，再到学生那里，**重新建立起良好的关系**。在本章的开始，我们看到，桑迪在让威廉留堂后，又帮助他重新做实验。同样，赞美学生的表现，或者拍拍他的后背，也可以表明你没有恶意。

另外一种重建良好关系的方法是采取"两分钟—十天"策略（Wlodkowski，1983）。每天两分钟，连续十天，和表现不好的学生（或者你感觉最难对付的学生）私下谈话，讨论他们感兴趣的事情。尝试过这种策略的老师发现，个别学生的行为，甚至整个班级的表现都有明显改善。事实上，当建立起稳固的私人关系时，最难对付的学生都会变成你的支持者。

保持一致

我们告诫新老师，一定要"保持一致"，相关研究也证明了这一点。我们来回顾一下埃弗森和埃默（Evertson & Emmer，1982）关于初中课堂管理有效性的研究（第四章有所讨论）。研究表明，成功的管理者会用一致的、有预见性的方式来回应，经常会使用规则或程序来阻止破坏性的行为。相反，无效的管理者可能会表现得不一致：有时，他们忽略行为；有时，他们使用提前说明的结果（例如留堂）；有时，会警告学生要接受惩罚，却并不付诸实施。这样，行为问题就会不可避免地在频率和严重程度上都有所增加。

尽管保持一致的重要性很明显，可有时，这种需要会束缚老师（见第三章关于公平的讨论）。如果一个总是很勤奋的学生忘了做作业，像对那些经常忘记做作业的学生一样，给他的家长寄去通知就不合理。为了摆脱这种束缚，可以建立一种**有级别的后果**，在违反规则的时候使用。一些老师创立了一套可以适用于所有不当行为的通用后果等级表。以如下级别为例：

初次违反纪律：口头警告

第二次违反纪律：记名字

第三次违反纪律：和老师谈话

第四次违反纪律：请家长来

另外一个方法就是创立一套适用于个别班级规则的后果等级表。桑迪在创立一套适用于迟到的后果等级表时使用了这种方法（见第四章），并且向学生保证，不管谁有不当行为，都要实施这些后果。她告诉我们：

> 孩子们必须看到，你是公平的。如果我最好的学生迟到了，我会像对待最差的学生一样让他留堂。如果我不留堂，孩子们就会看到，并想："她偏心。他迟到了也不追究。"这样，我们之间的关系就完了。

尽管四位老师在对待像迟到这样直接的行为上都绝对保持一致，但他们却将其视为"小问题"。对于"大事"，他们更愿意和学生单独谈话，并且制定出符合每一个学生的行动计划。通过实行"强制的私下谈话"，这四位老师可以让学生们看到，他们在实行课堂规则和处理不当行为问题方面是一致的，但解决办法很灵活。

为个人不当行为惩罚小组

有时，老师会因为一两个人的不当行为而惩罚整个班级，希望其他学生对于自己没犯错却接受惩罚感到气愤，从而对犯错学生的行为形成压力。四位老师对于这种方法都持否定态度。唐尼说道："如果你这么做，就会惹怒了学生。你会离间整个班级。"弗雷德说："当我讲到革命爆发的原因时才这么做，这是煽动革命的好办法！"

长期的不当行为的处理

我们刚才所提到的那些常规方法：非语言暗示、语言提醒和惩罚措施，对一些有长期不当行为问题的学生来说不起作用。还有什么可行的方法呢？在这一部分中，我们要讨论两种基本的方法。首先，我们要讨论解决问题的方法，把不当行为看作需要通过讨论和协商解决的矛盾。其次，我们要讨论基于行为学习原则的、**自我管理的方法**（自我监控、自我评价、自我指导以及意外事件协议）。之后，我们转而讨论**正向行为支持**（PBS），即用新行为代替问题行为，以达到相同目的的干预方法。

采取解决问题的方法

大多数老师是从输赢的角度来考虑课堂矛盾的。根据《T. E. T——教师有效性训练》的作者托马斯·戈登的观点：

> 这种输赢的定位似乎是学校里棘手的纪律问题的核心。老师们感到，他们只有两种方法可以选择：或者严格或者宽容，或者强硬或者温和，或者独裁或者纵容。他们把师生关系看作权力斗争、竞争、较量……当矛盾产生时，大多数老师就会像他们经常做的那样，用自己能赢的方法来解决，或者至少不能输。这显然意味着学生是以失败而告终，或者至少是没有赢。（*T. E. T—Teacher Effectiveness Training*，Thomas Gordon，2003，p. 185）

第三种选择是在解决矛盾时采用"不会输"的解决方法（Gordon，2003），包括六个步骤。第一步，老师和学生（或者学生们）来**界定问题**。第二步，**集思广益，想出可能的解决办法**，但不对提出的建议作任何评价。第三步，**评估解决办法**："现在看看提出的这些解决办法，请决定喜欢哪个，不喜欢哪个。你有什么偏爱吗？"说出你的观点和喜好很重要，不要容忍你无法接受的解决办法。第四步，你和相关的学生共同**决定会尝试的解决办法**。如果涉及的学生不止一个，可以投票来决定解决办法，但这未必是一个好主意。除非是一致通过，否则投票总是会产生胜利者和失败者；这样，有些学生就会带着不满情绪结束讨论。所以，尽量达成共识。

一旦决定了使用哪一种解决办法，就到了第五步——**决定如何执行决策**：谁在什么时间做什么。最后，第六步，**评价解决办法**。你可能需要把大家再次召集在一起，问："你对我们的决定满意吗？"重要的是，每一个人都要明白决定并非不可改变，为了找到更好的解决办法，可以放弃之前的决定。

在一次会面中，唐尼解释了针对几个在开会时不肯坐在指定位置的学生，她是如何使用解决问题的办法来处理的：

> 只要有会议安排，我们都应该一起去礼堂，并坐在一起。但去礼堂的路上要经过一道走廊，那儿很拥挤，每个人都"迷路"了。有人四处乱撞地加入其他班级，等我们到达礼堂时，学生们分散得到处都是。他们和其他班的学生坐在一起，而且很调皮。老师也不知道他们是谁，问起时，孩子们甚至会报假名字。开会时的表现真的差极了。我认为这是在下一次开会前我们要处理的问题。
>
> 我告诉全班，我认为这是一个问题，他们也同意。然后，我和大家一起想对策。学生们对彼此都很严厉，想出了大概八种不同的解决办法：
>
> 把捣乱的人从会场赶出去。
>
> 根本不让捣乱的人参加会议。
>
> 停学。
>
> 与其他班同学坐在一起要经过同意。
>
> 带你的朋友和同学们一起坐（你的朋友应该得到其老师的同意）。
>
> 邀请家长来参加会议（孩子们会表现得好一些）。
>
> 一到会场就点名。
>
> 使用伙伴体系。
>
> 第二天，我们谈到了每一条可能的建议，重点分析它们对每个人的影响。我告诉他们，我不喜欢把人赶出会场的那条，因为会议安排也是教育的一部分。我还解释到，老师没有权利让学生停学，如果我们选择了这一条，就要有纪律执行人员介入。学生说他们支持获得许可的方法，也喜欢伙伴体系。他们说，伙伴体系可以有效劝阻旁边的人实施不当行为。于是，我们同意试试这两个办法。他们也同意我在学生淘气的时候使用"教师的表情"，如果他们还不听话，我就移交给纪律执行人员处理。
>
> 我们现在不开会了，所以这些办法是否奏效，还不得而知，但是我认为，让学生参与解决问题是个好办法，也许他们对改善现状更感兴趣。

采取改正行为的方法

行为学习原则强调外部事件（而不是自身的想法和知识）是行为改变的原因

（Woolfolk，2007）。应用行为分析（也称为行为矫正）就是应用行为原则来改变行为，它涉及系统使用强制措施，以加强预期行为。相对于其他课堂管理方法，更多的研究把重点放在应用行为分析的有效性上，并且有很多相关的参考书籍可供教师使用（如，Alberto & Troutman，2006；Zirpoli，2005）。

由于传统的行为矫正技巧强调教师的外部控制，而不是培养学生的自我控制能力，一些教育者便推荐使用学生**自我管理**的行为方法：自我监控、自我评价、自我指导以及意外事件协议。据报道，从学前儿童到中学生，对残障或正常的孩子乃至对大量问题行为（包括学习层面的和社会层面的）来说，自我管理策略都是行之有效的（Shapiro，DuPaul，& Bradley-Klug，1998；Smith & Sugai，2000）。自我管理方法的目标就是帮助学生学会规范自己的行为。在此过程中，对管理的理解非常重要：当我们感到一切处于控制之下时，才更可能接受对行为的责任。

在本章的下一部分，我们讨论这些自我管理策略。之后，我们讨论一种相对较新的行为方法，即通过正向行为支持让学生学习适当的行为。

自我监控

一些学生可能意识不到自己在频繁地离开座位，或者许多时候他们坐着走神而没有集中注意力学习。一些学生可能意识不到他们在课堂讨论的时候经常大声喊叫，或者多次对小组其他成员予以尖刻的评论。这样的学生可以从自我监控计划中受益，在此过程中，他们可以学会在指定时间之内观察和记录目标行为。有趣的是，在学生还在**犯错**的时候，自我控制就已经显示出积极效果（Graziano & Mooney，1984）。

开始自我监控计划之前，要确保学生能够识别出需要改变的目标行为。例如，一些学生不能准确描述出"独立学习"的组成部分，你可以做个示范，明确指出："当我独立学习时，我坐下来（不斜靠着椅背），看着桌上的作业，手里拿着铅笔。"

然后，学生学习如何观察和记录自己的行为。可以用两种方法来做记录。第一种方法就是让学生记录下他们每一次参与的目标行为。例如，学生们可以学会制作图表，来记录他们在课堂作业中完成数学题目的数量，讨论时随口说出不相关答案的次数，举手发言的次数。对中学生而言，记录表中可以包含适当行为和不适当行为的图片（见图12—1）。第二种方法就是学生在规定的间隔期内观察和记录下目标行为。例如，在指定时间，学生在记录表上写下"1"或者"2"，看她是做出了适当的行为还是做出了不适当的行为。

记录

1	2	3	4	5	6	7	8	9	10	1	2	3	4	5	6	7	8	9	10
11	12	13	14	15	16	17	18	19	20	11	12	13	14	15	16	17	18	19	20
21	22	23	24	25	26	27	28	29	30	21	22	23	24	25	26	27	28	29	30
31	32	33	34	35	36	37	38	39	40	31	32	33	34	35	36	37	38	39	40
41	42	43	44	45	46	47	48	49	50	41	42	43	44	45	46	47	48	49	50

记录举手的次数　　　　记录说出答案的次数

图12—1　记录表示例

资料来源：Jones & Jones，*Comprehensive classroom management*，© 2010. Reproduced by permission of Pearson Education，Inc.。

自我控制对患有 ADHD 的学生是否有效，研究者还有些争议，因为"缺乏自我管理技巧是这些患者的核心缺陷"（Shapiro，DuPaul，& Bradley-Klug，1998）。然而近期研究支持使用这些策略。例如，对五名患有此症的中学生，研究者们调查了自我控制对他们的实用性及功效（Barry & Messer，2003）。根据老师的说法，这五个孩子的注意力持续时间都很有限，很少能够完成课堂作业，经常在教室里走动，会有一些嘈杂的、破坏性行为。数据收集表上列有一系列问题，老师教孩子们给自己提问："我是应该在座位上，还是应该去别的地方完成课堂作业？做作业或者听讲时，我注意力集中了吗？我完成作业了吗？我和同学在教室里玩耍或者打闹了吗？我在班里大声讲话或者制造噪声了吗？"在单独谈话时，老师向学生提出每一个问题，并要求他用自己的行为来举例，表明自己是做了还是没有做。老师也给学生示范怎样描述行为，并让学生练习如何记录数据。开始时，这些孩子每 15 分钟回答一个问题，但是这个间隔时间逐渐增加。为学生设定目标（如 75% 或者多于 15 分钟的任务间隔），并且学生可以从老师那里得到一些小奖励以加强效果，如小点心和延长玩电脑的时间。研究者报道说，使用自我监控策略能够有效提高学生的任务行为和学习表现，减少破坏性行为。并且，这种干预也相对容易执行。老师和每个学生最初会面的时间只要 20 分钟。尽管老师要花费一些额外时间检查学生回答的准确性，给学生做出反馈，但随着学生行为和学习表现有所改善，这个时间就能节省下来。

自我评价

这种自我管理的方法超出了简单的自我监控，要求学生判断自己的行为是否合适，以及是否可接受（Hughes，Ruhl，& Misra，1989）。有时，自我评价还和巩固措施联系在一起，因此学生在行为方面的进步会带来加分或者奖励。

研究者对三个 7 年级的包容性语言艺术课堂进行了研究，为自我评价策略能够减少普通教育课堂中学生与学习任务无关的、具有破坏性的行为提供了良好范例（Mitchem，Young，West，& Benyo，2001）。这些班级的课程都由一位老师来教授，其中第二节课有 31 名学生，第四节和第七节各有 33 名学生。在这三个班里，10 名学生因其与学习任务无关的破坏性行为、缺乏社交技巧、分数较低而被确定为目标学生。老师使用调查者提供的教案和教学材料，教授所有学生学习"全班—同学互助自我管理"（CWPASM）计划的步骤。培训在全班进行，总共 2～3 个学时。在此模式中，学生根据学校设定的"公民等级"，使用分级制度来评价自己的行为：H 为荣誉级，S 为满意，N 为需要改进，U 为不满意。老师也根据自己对学生个性和偏好的了解给每个学生分配合作伙伴。在 CWPASM 计划执行过程中，学生每 10 分钟评价一次自己和伙伴的行为表现。之后，学生会比较他们的级别，完美的和几近完美的级别会得到相应分数。一开始每隔 10 分钟评价一次，逐渐延长到 20 分钟一次，最后只要在下课之前进行一次就可以了。CWPASM 计划对所有班级和 10 名目标学生都产生了及时而显著的影响。研究者写道：

> 使用 CWPASM 计划之前，在整节课上，很少能够看到全组学生同时完成一项任务，哪怕一分钟都没有。老师会利用一些课堂时间管理学生、再次指导学生明确任务、重复要求等。而使用 CWPASM 计划之后，所有目标班级的小组表现都由几乎零水平增加到近 80%。实际上，这意味着在 40 分钟的课堂学习中，所有学生都能有 32 分钟集中精力完成学习任务。干预时间越长，小组完成任务的行为表现还能进一步完善。（Mitchem，Young，West，& Benyo，2001，p.133）

最近，弗雷德决定在当代世界问题课上对一个男生丹尼尔使用自我评价的办法。尽管他没有什么破坏性的表现，但总是不注意听讲，而且很少完成作业，这门课很可能不及格。弗雷德和丹尼尔谈了自我评价，丹尼尔很愿意试试。他们一起制作了一个简单的表格，由弗雷德保管，课后由丹尼尔填写。正如你从图12—2中看到的那样，这个表要求丹尼尔描述并评价他的行为。弗雷德讲述了自我评价过程是如何奏效的：

> 我们如实地坚持了三个星期，真的奏效了！有时，我在课后忘记给丹尼尔自我评价表，他就会主动提醒我。我认为这是他承担责任的表现。他的行为真的改善了，开始注意听讲，并且一年当中第一次完成作业。三个星期以后，丹尼尔离开了几天。他回来以后，我们没有再继续跟进，我也没有强调。无须任何监督，他知道做他应该做的事情。

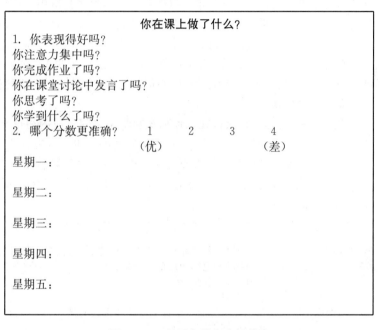

你在课上做了什么？

1. 你表现得好吗？
你注意力集中吗？
你完成作业了吗？
你在课堂讨论中发言了吗？
你思考了吗？
你学到什么了吗？
2. 哪个分数更准确？　　　1　　　　2　　　　3　　　　4
　　　　　　　　　　　　　（优）　　　　　　　　　　（差）

星期一：

星期二：

星期三：

星期四：

星期五：

图12—2　丹尼尔的自我评价表

自我指导

第三种自我管理的方法是自我指导，即学生对自己的行为默默发出指令。大多数自我指导的方法都基于认知行为改变的五个步骤：（1）一个成年人在完成任务时大声谈论，并仔细地描述出每一部分；（2）学生在完成任务时，成年人大声地谈论（显性的外部指导）；（3）学生在完成任务时，大声对自己讲话（显性的自我指导）；（4）学生在完成任务的同时，自己小声说话（减弱的、显性的自我指导）；（5）学生在完成任务的同时，思考任务要求（隐性的自我指导）（Meichenbaum，1977）。这种方法可以让较为冲动的学生更加慎重地学习，帮助孤僻的学生积极参加小组学习，让有攻击性的学生控制他们愤怒的情绪，以及教失败的学生尝试解决问题，而不是放弃（Brophy，1983）。

有证据证明，即使是感情上受到严重困扰的青春期孩子，也能学会进行自我指导。在一个有关特殊教育班级的独立研究中（Ninness, Fuerst, Rutherford, & Glenn, 1991），三个十几岁的男孩注意力不集中，经常出现不当行为（跑、骂、抚摸、吐痰、扔东西、跳、说脏话）。在实验中，他们每天接受一小时的社会技能和自我管理的正规指导，研究者教他们举手回答问题，不影响其他同学，对老师和同学说话要有礼貌。在其他同学影响自己时，他们要练习说"我不会让他或她打扰我，我要继续做功课"，并且避免看那些打扰他们的人。另外，学生还使用从 1 到 4 的等级来评价自己"完成任务"的表现和适当的社交行为。如果学生的自我评价和老师的相一致，再额外加一分。

研究结果表明，自我管理方面的训练可以显著改善学生的表现。训练之前，三个研究对象在课堂中不完成任务和社交表现不好的比例分别为 92%、95% 和 76%，但在五周的自我管理训练后，三个孩子进步显著——**在实验环境中不完成任务或者出现不适当的社交行为的概率都接近零。**

在结束关于自我监控、自我评价和自我指导的讨论之前，还要注意，自我管理的方法对于那些在普通教育背景下身体残障的学生尤其有用。只有一些研究是在涵盖各类学生的中学课堂中进行的，但是结果表明，可以通过传授自我管理的方法来改善身体残障的学生的社会行为以及学习表现。另外，这种训练需要时间和专门技能，普通教育教师不一定具备相应条件（McDougall，1998）。如果你决定试用其中一些自我管理的方法，应该咨询学校的心理医生、顾问或者特殊教育教师。

意外事件协议

意外事件/行为协议是指在老师和个别学生之间达成的协议，是学生为获得某种特别奖励而要做的事情。它应是和学生协商的结果，双方在学生表现出的行为、所用时间，以及得到的奖励等方面达成一致。为了确保其有效，应该书面写出协议并签名。当然，如果协议不起作用的话，则需要回过头来重新协商。图 12—3 列出了一个典型的协议。

日期：＿＿＿＿＿＿＿＿＿

在施罗德先生（社会学老师）和贾斯廷·迈耶讨论之后，达成如下协议：

在下一个评估时段，贾斯廷·迈耶同意如下条款：

1. 我会按时上课，带好书、笔记本和书写用具。
2. 完成所有家庭作业并按时交回。
3. 周四放学后和施罗德先生见面，核查季度计划完成情况。
4. 坐在远离萨姆·霍洛韦的地方。
5. 上课认真听讲。

如果我完成上述条款，会在本评估时段以 C 或者更好的成绩通过本课程考试。

学生＿＿＿＿＿＿＿＿＿＿＿＿＿＿＿＿＿＿

教师＿＿＿＿＿＿＿＿＿＿＿＿＿＿＿＿＿＿

家长＿＿＿＿＿＿＿＿＿＿＿＿＿＿＿＿＿＿

图 12—3　协议范例

正向行为支持和功能行为评价

正向行为支持的基础是行为原则，即行为的发生有其内在的原因。它使得个体不仅能够得到自己期望的东西（正强化），也能够避开自己不喜欢的东西（负强化）。也就是说，尽管个体可能没有意识到，但行为的确是因为某个原因发生的。鉴于此，PBS 首先研究问题行为发生的**原因**（例如，其**功能**或目的是什么），然后，老师就可以设计出干预计划，消除这种挑战性的行为，用具有相同目的且可接受的行为来替代它。

调查问题行为发生原因的过程叫作**功能行为评价**（FBA）。FBA 曾用于处理严重的异常行为。实际上，2004 年的 IDEA 批准学校在残障学生连续离校 10 天以上，或者因停学造成安置上的变化时采用 FBA 的方法。然而，近年来，FBA 也开始广泛应用于普通教育班级或者有轻微残障的学生（Robinson & Ricord Griesemer，2006）。

　　FBA 包括以下几个步骤。第一，有必要用准确的、可衡量的、适合观察的语言**描述问题行为**。这样，当此行为发生时，就会有两个或者多个人持相同意见。这就是说，你不要说"迈克尔爱打架"，应该说"迈克尔辱骂别的同学，踢别人，生气时会把书扔在地上"。第二，**收集学生行为发生之前和发生之后的有关环境的信息**，即通常所说的 A-B-C 评价。A 代表行为产生的原因，B 代表行为，C 代表行为产生的后果。（图 12—4 为 A-B-C 评价的记录表格。）你在上课时通常不太可能收集到这些信息，所以可以安排其他人（如同事、助教、学校的指导老师）来做这项工作，而你只需进行指导（反之亦然）。几天以后进行观察也很重要，这样对收集到的学生行为的典型例子，你就会表现得很有信心。最后，确保观察行为发生或者未发生的时间。如果认真执行这一步骤，你就能回答下列问题（Kerr & Nelson，2006）：

　　　　这种行为是在某些人出现时发生的吗？

　　　　这种行为更有可能在什么样的活动中发生？

　　　　这种行为在什么样的活动中发生的可能性更小些？

　　　　有这种行为的学生会怎样？

　　　　其他人对这种行为作何反应？

　　　　这种行为的发生是否会改变周围的环境？

学生　罗纳德		日期　10 月 11 日
观察者　格林先生		时间　9:15
环境/活动　语言艺术课		
目标行为　不服从/攻击性		

时间	原因 （此行为之前发生了什么？）	行为 （学生做了什么？）	结果 （此行为之后发生了什么？）
9:15	老师让学生拿出他们写的故事，然后修改。	罗纳德重重地坐在座位上，他不打开自己的笔记本修改故事，而是开始评论其他同学写的故事。	老师让罗纳德开始学习，他继续重重地坐在座位上，并把几本书从桌子上推到地上。
9:17	老师坐过去，静静地告诉他安静下来，开始学习。	罗纳德说他不想写一个"愚蠢的"故事。	老师告诉罗纳德要么开始修改故事，要么坐到教室后面去。老师走开后，罗纳德开始制造噪声，还是不打开笔记本。
9:20	老师让罗纳德坐到教室后面，思考学生在写作课上应该做什么。	罗纳德把笔记本扔到地上，大声冲老师喊："谁要写什么×××故事！"然后走向教室门口。	老师跟过去，告诉他到走廊里去，他们要谈一谈。

图 12—4　A-B-C 评价的记录表范例

　　FBA 的第三个步骤是，**针对行为的目的作出假设**，即此时你要判断出学生想要得到什么。例如，罗纳德是英语语言艺术课堂里的一名中学生，只是在写作课上具有破坏性的行为（原因），他会因为对坐在旁边的同学作出愚蠢的评论而惹恼同学，制造噪声，把书扔到地上（行为）。针对他的这种行为，老师反复告诉他"坐下，学习"（一个结果）。不奏效时，老师让他坐到教室后面，自己考虑学生在写作课上应该做什么（另一个结果）。以上即为步骤二收集的信息。在此基础上，我们可以做出假设，罗纳德的行为使他能够避开一些自己厌恶的东西，即写作课。

第四个步骤是通过行为干预计划（BIP）**测试你所做出的假设**。这涉及改变环境的某一方面和观察效果。在罗纳德的例子中，既然他不喜欢写作课，老师可以给予他一些额外的支持，如可以用词典，允许"写作伙伴"帮助他，必要时鼓励他，给他额外的指导。此外，老师可以不对不当行为作出反应，而是对适当的行为作出反应，如微笑和夸奖。如果**监控**（第五步）表明 BIP 奏效（如学生停止不当行为），那么 FBA 就完成了。如果不当行为继续，你就应该回到第三步，作出一些新的假设。但是，要记住，长期存在的行为不可能一朝一夕就改变，在出现起色之前，你应该坚持两到三周（Friend & Bursuck, 2002）。

尽管 FBA 是一种很有效的方法，但实施起来也不容易。判断一种行为的潜在功能需要训练有素的观察者提供帮助（Landrum & Kauffman, 2006）。所以，老师们应该咨询特殊教育工作者。

棘手问题的处理

不管在哪里工作，老师们都会遇到一些问题行为。不可能有一个统一的解决办法，因为每一个事例在主要行为人、环境和经历方面都是独一无二的。但是，在问题发生**之前**思考应对的方法，并且听听指导四位教师行为的一些想法还是有用的。在本章的这一部分，我们会讨论四种行为，这四种行为让老师们十分头疼。

不服从

几年前，克莱尔来参加研讨会，看上去很生气。我们问她出了什么事，她讲了下面的故事：

> 9 年级的学生真的很吵闹。我不知道到底发生了什么事，但是他们就是不停地说话、笑、喊叫。特别是一个叫贾马尔的男孩子，真的让我很生气。他根本不待在座位上，而是不停地跑到教室后面他的伙伴坐着的地方。我让他坐下来，他就慢慢地走回座位。但几分钟之后，我又看到他站起来了。最后，我真的快疯了，我就在教室里面大叫："贾米尔，我受够你了。你给我出去！去办公室！"然后他看看我，语带嘲讽地说："命令我？"我真的呆住了。这个孩子身高六英尺多，比我高很多，而且非常强壮。我不知道该做什么。最后我说了一些真的很蠢的话："我不是要命令你，但是你最好坐下。"然后我就一直不理他。我觉得自己就是个十足的傻瓜，他也很清楚这一点。

克莱尔和贾马尔的交流，对克莱尔来说是一种伤害，对贾马尔来说则是不幸，但是它让我们有机会在研讨会上讨论处理不服从的方法。当我们思考处理方法时，很明显，**最好的方法就是首先避免这样的情况发生**。例如，在不断地告诉他要坐下而不起作用时，克莱尔应该走过去，轻轻地但是很坚定地让他知道，要么好好学习，要么接受不当行为的后果（例如，"贾马尔，你可以选择要么坐下开始学习，要么就去罗森女士那里休息一下";"贾马尔，你要么现在坐下来学习，要么放学后再做"）。可惜，克莱尔在教室里面大叫，这变成了公开的权力较量。她把贾马尔逼到了一个"死胡同"里，贾马尔如果想要在同学面前不丢面子，就不得不挑战她。

这样说来，我们就需要考虑在贾马尔公然反抗时，克莱尔应该做何选择。我们对四位教师叙述这个事件时，他们对于处理不服从行为给出了几条建议（见实用贴士）。

实用贴士

处理不服从行为

● **保持冷静**：控制自己。尽管你的第一个反应是和学生对着喊，但别那样做。（深呼吸几次，对自己说："我要平静地说话。"）

● **指导其他同学做一些别的事情**（例如，"大家做下面的三个问题"，或者"开始读下面一部分"）。

● **让学生离开他的同学**：在一个有较大私人空间的地方和学生谈话，这可以让学生不用担心丢面子。

● **站在离学生几英尺远的地方**（例如，不要"面对面"）：一个愤怒和不服从的学生可能会把你靠近他的过程理解成一种攻击性行为（Wolfgang，1999）。

● **了解学生的感觉**："我能看出你真的很生气……"

● **避免力量的较量**。不要说这样的话："在这儿我说了算，我告诉你要……"

● **给出选择**：在贾马尔的例子中，双方的对峙已经不再是做功课的问题，而是去办公室的问题。因此，选择应该以这个问题为中心："贾米尔，我看得出你真的很生气，我们一会儿再谈。现在你有两个选择：你可以去办公室，或者我会让人来带你去。"

有趣的是，在老师们讨论应对不服从的问题时，我们开始认识到，这对他们中间的任何一个人来说都不是重点问题。当桑迪说，她教学生涯中碰到过的不服从问题"屈指可数"时，其他人都点头表示同意。因为当我们问他们为什么认为班里的学生很少有不服从的情况时，这些老师的意见都是一致的：他们不允许小问题发展成严重的问题。唐尼这样说：

> 有时，看到学生出现在办公室里，我会问他们："你们为什么到这来？"他们告诉我："我因为嚼口香糖被赶出来了。"但是你知道这并不是整件事情。它很可能以嚼口香糖开始，但是发展成一场真正的权力较量。为什么？我们需要确定我们没有以不合适的方法让矛盾加剧。

弗雷德给了新老师最后一条建议："如果不服从的情况在你的课上**经常**出现，那么你就该认真地思考一下，你对孩子们做了些什么。对你自己的行为的反思也是其中的一项内容。"（见第十三章关于使潜在的爆发性局面降级的相关讨论。）

不做作业

学生总是不完成家庭作业时，你需要思考那些作业是否重要，并且你是否向学生说明了作业的重要性。弗雷德这样说道：

我相信，如果以所留作业的数量和质量来评价教师的话，学生的作业会少一些，收获也会多一些！我从来不留作业，除非我能向学生解释清楚留作业的原因。让学生明白做家庭作业的重要性会明显减少不做作业的人数。

　　同样，桑迪也告诉她的学生："我留的每一项作业都是有原因的。"

　　我告诉他们："我不会给你们留那些浪费时间，而且有辱你们智力的无聊的作业。每一项作业都跟我们现在正在学习的知识有关，你们必须做作业以掌握所学的内容。"

　　思考你该留多少作业也很重要，学生独立完成是否有难度？时间是否充足？回忆一下第三章中克里斯蒂娜谈到的，因为她留作业的数量和难度而使学生们不高兴的事情："他们不停地说那像大学的作业，而且……他们只有 15 岁！"克里斯蒂娜和学生们一起制定了一个双方都满意的协议，其中包括稍稍推迟交作业的时间，课堂上也留出一些时间，让学生能够集体处理一些作业，而且克里斯蒂娜还保证她在放学后能够提供帮助。

　　除了注意作业的数量和难度外，你要确保学生能够理解你留的作业。解决这个问题的一个方法是请一位同事帮你看一下作业并作出反馈（Darling-Hammond & Ifill-Lynch，2006）。另一个方法是让学生在你的指导下，在课上就开始做作业，这样就能帮助他们处理一些疑难问题。

　　实用贴士列举了另一些策略，可以增加学生完成作业的可能性。

 ## 实用贴士

增加学生完成作业的可能性

● **检查、收作业或者给作业打分。**如果你留了作业，但是没有检查学生是否完成，你就传达了这样一个信息，即这个作业不那么重要。不是所有的作业都要打分或者收上来，但是检查学生是否完成了作业，并且在成绩册上记录下来是明智的选择。

● **进行"作业提问"。**唐尼发现让一些学生做作业是一项"持久的斗争"，所以她就对学生前一天作业中的一两个问题进行每日提问。另外，她每周或者每两周还做一次"作业小测验"。她挑选出以前作业中的五个问题，让学生参考自己的作业而不是课本来回答。

● **要求阅读之外的"成果"。**克里斯蒂娜布置学生阅读 17 页《马丁编年史》，她发现大概有一半学生都没有读——尽管她警告过他们要进行小测验。据克里斯蒂娜分析，"学生根本不把阅读当成作业"。她知道如果对阅读有所要求时，他们会对阅读更加感兴趣。（例如，用便利贴标出你最喜欢的三个段落，列出作者用于描述主人公性格的十个词或者短语，针对你所阅读的段落向同学提出三个问题）。

● **不接受任何借口。**桑迪告诫新老师："确实有不做作业的充分理由，但是当你开始判断什么理由充分、什么理由不充分的时候，你就会给自己带来一系列的麻烦。我的学生知道我不收迟交的作业。如果他们没做，我就让他们放学后做，这是硬性规定，而且即便补做了仍没有成绩。"

● **提供在校帮助**。有时，学生的家庭环境会干扰他们做作业。他们可能处于家庭危机之中，也可能生活在被虐待的环境之中，他们可能有课外的兼职或者其他的任务而没有时间做作业。唐尼说了这样一个情况："就在上星期，我去看望一个住院的朋友，遇到了我的一个学生——一个经常在课上打盹、不做作业的女孩。结果事情是这样的：她每天从下午 3:00 到晚上 11:00 都要在医院工作！这就是事情的原因！她除了上学还有一份全职的工作。"在这样的情况中，你可以跟学生一起设计一个计划，让他们在学校里完成家庭作业。也许学生可以在午饭时间或者在自习室里完成作业。（如果午饭是 40 分钟，学生可以用 20 分钟吃饭，还可以有时间做作业。）也许她可以在上学前或者放学后在你的办公室写上 15 分钟。

尽管你尽了最大努力，有些学生还是不交作业。在这种情况下，你需要跟他私下谈这个问题，拟定可能的解决办法，并确定行动计划。这可能包括跟家长联系，向他们寻求合作和帮助，起草一份意外事件协议，或者分配"作业伙伴"来帮助学生记住并完成作业。听听弗雷德的看法：

> 很多老师在家庭作业方面有很严格的规则，如果不按时交作业就会有严重的后果，但是我相信，这种严格带来的危害比好处要多。我尽量跟每一个在家庭作业方面似乎很"不负责任"的孩子单独谈话，一起制定出改善计划。

作　弊

很多研究表明，作弊比我们所想象的要普遍得多。2008 年，约瑟芬伦理研究所进行了一次全国性调查，问询了近 30 000 名高中生在过去一年的行为表现。64% 的学生表示他们在考试中作弊，36% 的学生说他们抄袭网络资料，82% 的学生承认他们抄袭过同学的作业。尽管这样，93% 的学生仍表示"对自己的道德品质和性格很满意"，77% 的学生认同如下说法："讲到正确行事，我比我认识的人都强。"

很明显，由于手机、邮件和检索引擎的出现，向朋友发送信息以及抄袭都变得比以往更加容易。网站也在出售或者提供研究论文。通常，这些论文写得都不是很好，拼写和语法错误很多，这样学生就不会被怀疑抄袭（Ditman，2000）。而且，很多学生也认为从网上复制、粘贴资料的行为并不是抄袭（Ma，Lu，Turner，& Wan，2007）。

再强调一遍，预防问题发生比事后处理要好。这就意味着需要找到方法来**降低作弊的诱惑**。研究表明，当学生感觉老师过分强调成绩时，他们往往会作弊（例如，在考试中得 A 比真正掌握学习内容重要得多）（Anderman，Griesinger，& Westerfield，1998）。同样，如果老师依靠外部具有刺激性的动机，而不是努力培养学生对于学习任务的真正兴趣的话，学生也会作弊（例如，让在考试中得 A 的学生通过作业检查）。根据这项研究，你需要确定你布置的作业和考试是公平的、有价值的，并且你要使用学生提供的信息来帮助他们掌握学习内容。不要依据一两项"高风险的"学习任务来给学生打分，以此帮助学生摆脱作弊的诱惑（Savage，1999）。尽管学生可能会抱怨考试频繁、作业太多，但如果他们知道不是一项任务就能决定这门课的成败的话，他们就会减少作弊行为。

在学期初，四位老师也花费了一定的时间来解释作弊，并讨论他们对作弊的感觉。我们在第四章里提到，桑迪仔细地阐述了互相帮助完成作业和作弊的区别。她强调，作弊是"最无礼的行为"，她还谈论了各种各样的作弊行为，告诉学生如何抵制来自同学的作弊压力，并且回顾了学生和家长都必须签署的学业诚信政策。同样，弗雷德也进行了他所谓的"作弊演讲"："现在，请听好，你可以说谎、作弊，而不被抓到……但是如果你不作弊，会令人崇拜。"

除了减少诱惑之外，你还可以采取一些简单的预防措施使**作弊机会最小化**。例如，考试时在教室里巡视，每年都使用新的试题，以及把不同行列的学生使用的试卷设计成不同的形式，这些都是行之有效的。（唐尼使用计算机程序，为每一次考试试卷都设计了四种不同的形式。）最近我们还听说，一位老师让四名学生在走廊里进行补考，不仅试卷是两天前班里其他同学做过的（这些学生已经听说了），而且还允许这四名学生坐在一起，在没人监督的情况下完成考试。即使是最规矩的学生也会很难抵制这样的诱惑！

在你布置论文时，确保设定一个合理的最后期限，提供足够的准备时间，让学生感觉舒适。向学生说明，你知道一些网站提供收费或者免费的论文，并且你也知道可以使用谷歌等搜索引擎，搜索那些不像学生自己能写出来的词或短语，判断他们是否抄袭。（你甚至可以演示一下！）克里斯蒂娜一直让学生只交研究论文的某一部分（例如，笔记卡片、大纲、第一段、第一稿），这就使学生们很难使用网上的研究论文。

很显然，尽管你采取了种种预防措施，作弊的情况还是会发生。然后，你就有必要考虑一下怎样应对那些作弊学生。实用贴士中列举了一些处理这些情况的建议：

 实用贴士

处理作弊问题

● **单独谈话**。再一次强调，避免让学生在公共场合丢脸。这可能会导致一系列越来越激烈的指控和否定。

● **给出你怀疑作弊的理由**。平静而坚定地，甚至是沉痛地列出你的证据。（如果你怀疑学生抄袭，可以在 www. plagiarism. org 中获得帮助。）

● **表达你的忧虑**。要说明你没有想到这个学生会作弊，尽量找出学生作弊的原因。（例如，仅仅是没有准备好吗？是不是处在想出类拔萃的压力之下？）

● **解释后果**。通常处理作弊的方法是在作业或考试中给学生低分或者零分。这看上去似乎是合理的解决办法，但实际上是将作弊行为和学生是否掌握学习内容混为一谈（Cangelosi, 1993）。换言之，看成绩册上的分数，我们不能辨别出低分是因为学生违反了考试规则，还是因为没有掌握学习内容。我们倾向使用逻辑后果，即让学生在更严格的监督下重新完成作业或者参加考试。但是有些学校已经确定了作弊的后果，例如留堂和通知家长。如果是这样的话，你需要遵守学校的政策。

● **讨论二次作弊的后果**。警告学生二次作弊的后果。强调如果作弊是由于学业困难的话，你可以提供帮助（例如，没掌握学习内容是没有必要作弊的）；如果学生是处在家庭期待成功的压力之下，你可以跟家长谈话；如果学生在家里没有合适的地方学习，你可以提供一个代替方案（例如，在学校或者公共图书馆里学习）。

不适当地使用电子工具

正如我们在第四章中讨论过的，手机和MP3在校园中无处不在，学生也觉得应该随身携带。这样，在教室中不当使用电子设备就成了一个问题。学生收发信息（很多学生甚至不用看手机就能发送信息），或者把耳机藏在帽子里偷偷听MP3。很多学校都制定了统一的政策来处理这个问题。例如，桑迪的学校是这样规定的：

> 只要不让老师看见，或者关机，学生就可以把手机带到学校，但是在校期间不能使用（甚至在课间也不能用）。如果手机在教室里响了，老师就会没收，然后通知家长来取回。如果手机在考试过程中响了，学生就会得零分。有时孩子们并不知道关机是什么意思，他们觉得让手机静音就是关机了。我对学生说："如果你担心你的手机会响，就放到我桌上来。如果在我桌上响了，那没事。"所以，今天我桌上放了24部手机。

如果你所在的学校没有制定有关使用手机的政策，那么你应该制定一套明晰的班级政策。克里斯蒂娜说："短信就是用电子化手段传纸条。如果你不让学生传纸条，那就和不用手机是一回事。"和我们一起工作的老师们认为有必要清楚而持续地向学生讲明，除了课上需要使用，手机必须静音，必须放在背包里。为了阻止学生上课时拿出手机，他们要求学生把背包放在地上，并不停地在教室里走动。在教室走动，也能发现学生使用耳机，如果他们不是在做独立作业，可以轻轻地提醒学生关掉MP3。

> **暂停与思考**
>
> 读下一部分之前，思考一下下面的情形：你班里的一个学生来上学时，穿了一件印有前总统布什头像的T恤，头像下写着"国际恐怖主义者"。你让他把T恤穿在里面，或者外面穿个外套，因为在学校里穿这样的衣服不合适，其他学生也会觉得不够尊重。请思考，你是在自己的权利范围内行事，还是侵犯了学生言论自由的权利？想一想，然后继续往下读。

除了制定班级政策，也不要低估在全校范围内可能引起的轰动。我们认识的一位老师讲了这个故事：

> 我们学校严格规定"不得在教学楼里使用手机"，但这很难执行。我想在班里解决这个问题，但没有得到允许。几年前，我在教室里找到一把锤子，我跟孩子们开玩笑说，这是我的"手机固定器"。之后不久，一个学生给了我一部旧手机，我们把它"固定"好，放在讲桌上让全班同学观察。随后一周，校园里传闻四起，学生们说我看到手机就砸碎它。让这个传闻继续下去非常容易，因为那确实是学生的手机，我确实用锤子砸了它。就在放假前我的第三节课上，一个学生走过来表演了一下，掏出他的旧手机，在全班同学面前砸了它。这次表演简直能得奥斯卡金像奖的提名。我打算把锤子挂在墙上，标上"手机固定器"，把砸碎的手机挂在旁边，标上"固定的手机"。

当训诫侵犯学生的宪法权利时

在结束纪律干预这个话题之前，有必要研究一下心怀善意的老师可能不知不觉中侵犯了学生宪法权利的三种情形。第一种涉及学生的**言论自由**。思考一下蒂姆·

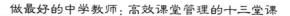

吉斯（Tim Gies）的例子。美国准备发动伊拉克战争时，他是密歇根高级中学的 2 年级学生，作为激进的反战主义者和反布什主义者，吉斯在 T 恤和运动衫上涂画了一些标志和口号。学校管理者一再要求他不要穿这样的衣服，他拒绝了。结果他被停学数周，并最终被勒令退学。这时，他致电当地的美国公民自由协会（ACLU），该协会通知学校，这侵犯了《宪法》第一修正案规定的公民权利（Juarez, 2005）。2005年 4 月，就在吉斯毕业之前，校方撤销了禁止吉斯穿反战服装的命令。

这样的冲突发生在社会生活的方方面面。2001 年，明尼苏达州高中生埃利奥特·钱伯斯（Elliot Chambers）穿着一件印有"异性恋骄傲"标语的 T 恤去上学。校长禁止他穿这件衣服，钱伯斯的父母代表他提起诉讼。联邦法官裁定钱伯斯父母胜诉。2005 年，明尼苏达州高中生丹尼尔·乔根（Daniel Goergen）穿着印有"堕胎就是谋杀"标语的运动衫上学，也遭到校方的禁止。后来，一个基督教法律中心警告学校将要提起诉讼，学校才表示让步（Juarez, 2005）。

法律及教育专家戴维·希美尔认为，"尽管几十年来司法裁决始终重申维护学生言论自由的权利，但是老师和学校管理者继续限制学生具有攻击性的、有争议的表达方式"（Schimmel, 2006, p. 1007）。1969 年，美国最高法院裁定第一修正案适用于公立学校，学生的言论自由"不能止步于学校门口"（*Tinker v. Des Moines*, 1969, p. 506; cited by Schimmel, 2006）。在那个里程碑式的案例中，艾奥瓦州府得梅因由于惧怕破坏性行为，禁止学生佩戴反对越战的黑色臂章。法院否决了学校的观点，最终判定学校不能仅仅为了"避免始终伴随不受欢迎的观点而产生的不适和不快"（p. 509）而禁止学生的言论。尽管后来最高法院的裁定限制了廷克，但基本原则保持不变，即"学生在校期间不具破坏性的个人言论，即便不受欢迎、具有争议，也受到第一修正案的保护"（Schimmel, 2006, p. 1006）。并且这种保护不限于印在衣服上的言论。1997 年，最高法院裁定，网络言论（就像出版言论一样）也应该受到第一修正案最高级别的保护（Haynes, et al., 2003）。鉴于这些司法裁定，你在处罚学生具有争议的言论时要倍加小心，不管这些言论是口头的、书面的、印在衣服上、出现在网站上，还是在聊天室里。法院承认学校可以禁止学生造成"真正破坏或者妨碍他人权利"（Schimmel, 2006）的言论，但是这种判断不易得出。毫无疑问，在采取纪律行动之前，你需要咨询学校管理者或者本区的法律顾问。

第二种情形是在教育者的行为与学生行为发生冲突时，违反了《宪法》第四修正案禁止搜查和扣押的条款。例如，假如你怀疑学生在学校里私藏毒品或酒（如藏在钱包或背包里），你是否有权搜查学生的个人物品？在下面这个具有里程碑意义的案例中，我们可以得到答案（*New Jersey v. T. L. O.*, 1985）。此案中，美国最高法院裁定"当校方相信搜查可以发现学生违反了或者正在违反法律或者学校规章制度的证据时"（Fischer, Schimmel, & Kelly, 1999），可以适当搜查学生。换言之，在学校更为严格的"合理依据"标准之下，学生反倒不如普通公民那样可以得到更多的保护（Stefkovich & Miller, 1998）。

尽管最高法院裁定的 T. L. O 案发生在 25 年前，相关调查依然还是争论和诉讼的焦点。实际上，在我们写作这一章时，最高法院正在听证萨福德统一学区诉雷丁案（*Safford Unified School District v. Redding*, Liptak, March, 2009）。此案中，一位副校长命令学校的护士和秘书"光身搜查"一名 8 年级优秀的女学生，因为怀疑她携带处方布洛芬片，结果没有搜查出药品。女孩的母亲委托美国公民自由协会，对萨福德统一学区提起诉讼。尽管亚利桑那州联邦地方法院裁定学区胜诉，认为搜查是合理的，但是，旧金山上诉法院裁定学校侵犯了学生《宪法》第四修正案的权利。随后，最高法院裁定"光身搜查"的确侵犯了学生的宪法权利。针对大多数人的意见，苏特法官声明"所涉及的药物无法证明令人尴尬的、惊惧的、具有侮辱性的搜身是合理的"（Liptak，June，2009，p. A16）。但是，法院的裁定并没有对实施搜查的校方人员提供明确的指导，只是告诉他们要考虑被怀疑的违禁品的危险性和学生藏在身上的可能性。本案中，大多数人的意见是学校人员只是需要"发现错误行为证据的适度机会"，然后再实施搜查（p. A16）。鉴于确定发现证据的"适度机会"困难重重，最好还是由熟悉法律微妙之处的人员作出决定。

最后一种情形也涉及学生的《宪法》第四修正案权利——一种被称为"隔离休息"的休息形式，即学生被赶出教室，待在一间专门为此设置的房间。近年来，提起诉讼的学生父母声称，学区不当使用隔离休息，侵犯了他们孩子的权利。例如，在彼得斯诉罗马城市学区案（*Peters v. Rome City School District*，2002）中，一个2年级的孩子被关在休息室里一个多小时，最终纽约陪审团裁定其家庭获得75 000美元的赔偿（Ryan，Peterson，& Rozalski，2007）。如果当前的辩护工作卓有成效，这种形式的休息应该全面禁止。同时，隔离休息应该是在仔细核查学校及学区的政策和规章制度之后，作为最终处理手段来使用。

总结评论

作为在不同学校环境中工作的真实个体，四位老师在选择处理问题行为的策略上也不尽相同。例如，弗雷德比其他几位老师更多使用幽默的方式；桑迪在处理迟到问题时，常使用留堂的办法；唐尼常常走近学生并轻轻拍拍学生的肩膀。不管怎样，这些老师具备高效的课堂管理者的两个重要特点。**第一，他们非常愿意为学生的行为负责**。他们很少把学生叫到办公室去，认为自己对班级里发生的事情负有责任。这种承担责任的意愿将更有效率的课堂管理者和缺乏效率的管理者区分开来，后者倾向于推卸责任，把问题交给学校的其他人员（如校长或者指导顾问）来处理（Brophy & Rohrkemper，1981）。

第二，四位老师都被认为是"温和的命令者"（Bondy & Ross，2008）。他们有意建立起一种相互支持、相互信任的师生关系，坚持认为学生对于自己的行为以及学业都有着很高的期望。问题行为总会发生，他们接受这一事实，但他们也相信学生拥有改善其行为的能力。他们明确表示要求学生拥有适当的、礼貌的行为，这不是因为他们刻薄，而是因为关心学生。正如弗雷德所说："要记住惩罚的目的不是伤害孩子们，而是帮助他们改正自己的行为；不是打压学生，而是鼓励他们。"

小　结

本章讨论了应对各种问题的方法——从轻微的、不具有破坏性的行为到持续的、更为严重的不当行为。

不当行为的处理原则

- 纪律措施必须与建立一个安全和充满关爱的课堂环境的目标相一致

- 让教育计划和最小的破坏性保持一致
- 决定某个特定的行为是否构成违规需考虑它所发生的环境
- 及时而准确地应对行为问题
- 纪律措施要和不当行为相一致
- 强调"文化回应性"，因为规范、价值和沟通方式的不同会对学生的行为产生直接影响

轻微的不当行为的处理

- 非语言干涉
- 语言干涉
- 有意地不干涉短暂的不当行为

较为严重的不当行为的处理

- 选择惩罚手段
  强制性的单独会面
  取消特权
  从群体中隔离出来
  赶出教室
  留堂
  写检讨书
  联系家长
- 实施惩罚的同时保持师生关系
- 保持一致
- 为个人不当行为惩罚小组

长期的不当行为的处理

- 采取解决问题的方法
  第一步：界定问题
  第二步：集思广益，想出可能的解决办法
  第三步：评估解决办法
  第四步：决定会尝试的解决办法
  第五步：决定如何执行决策
  第六步：评价解决办法
- 采取改正行为的方法
  自我监控
  自我评价
  自我指导
  意外事件协议
  正向行为支持和功能行为评价

棘手问题的处理

- 不服从
- 不做作业
- 作弊
- 不适当地使用电子工具

当训诫侵犯学生的宪法权利时

- 第一修正案保护学生言论自由的权利，除非是造成了真正破坏或者妨碍了他人权利。
- 第四修正案保护学生免受不合理的搜查和扣押。但是，如果有"合理依据"怀疑学生违反了法律或者学校规章制度时，校方可以进行搜查。
- 采取"隔离休息"措施时要加倍小心，因为这是一种非常受限的、备受争议的干预措施，也有可能侵犯学生第四修正案免受不合理扣押的权利。

高效的老师愿意为管理学生的行为担负责任，他们也被认为是"温和的命令者"——建立相互信任、相互支持的师生关系，也坚持要求学生拥有适当的、礼貌的行为。

技巧培养活动与反思

课上活动

1. 当违规行为发生时，通常没有时间仔细思考可能产生的后果。我们列举了一些典型的违规行为，小组讨论每一个例子可能产生的两个后果是什么？

a. 作为小组的一员，卢控制了讨论，以一种"独裁"的方式告诉每个同学该做什么。

b. 在学年末，阿里安娜还回了书，有些页撕掉了，封面也没了。

c. 尽管你已经告诉学生要举手回答问题，但谢梅卡在课堂讨论时，还是大声喊出答案。

d. 只要你不看着，汤姆就会玩他带到学校来的几个豆包。

e. 塔尼娅没有参与课堂活动，而是在翻弄她的化妆包。

2. 小组讨论，在下列情形中你会怎么做？你在订正前一天晚上的家庭作业，让詹姆斯做第五题。他懒洋洋地坐在座位上，玩他脖子上的链子。你告诉他，全班都在等他回答第五题。最后他嘟囔着说："我没做那个该死的作业。"

独立活动

1. 新任教师有时会对违规行为反应过度，或者不采取任何行动，因为他们完全不知道该做什么或者说什么。首先，阅读例子。然后，思考下列各种情形，设计相应的非语言干涉、语言暗示和"我—信息"。

例子	非语言干涉	语言暗示	我—信息
学生在桌子上写字。	递给学生一块橡皮。	"我们用纸写字。"	"你在桌子上写字，管理员会向我抱怨，我觉得很尴尬。"
一个学生翻书包找作业，弄出很大的响动，分散了其他同学的注意力，也耽误了开始上课的时间。	"看着"她。	"我们就要开始了。"	"你用很长时间拿东西时，我不能开始上课，我因为浪费了时间而感到沮丧。"

    a. 一个学生正在抄袭其他学生的作业。

    b. 一个学生拿了另一个学生的笔记本。

    c. 一个学生在你讲解时削铅笔。

    d. 一个学生没有举手便大声喊叫。

    2. 许多课堂里常见的违规行为是学生注意力不集中（例如，老师讲课时和别的学生说话，或者打扰别的学生）。

    a. 学生注意力不集中的原因是什么？

    b. 如果这种违规行为很普遍，就课堂常规和课堂活动你会得出什么结论？

    c. 根据你对 a 和 b 的回答，老师的合理反应会是什么样呢？

载入档案袋

    设计行为改善计划（例如自我调控，或者签订意外事件协议）来处理下列问题：

    a. 亚瑟是 7 年级学生，表现出一些攻击性行为。每天都会有学生来找你告状，抱怨亚瑟推人、捉弄人，或者骂人。你跟他的家长谈过话，但是他们也不知道怎么办。

    b. 辛西亚是 11 年级的学生，很少完成作业。她上课总是走神，和别人说话，听错课堂指令，你跟她说起她没有完成作业时，她总是显得很沮丧。问题似乎越来越严重了。

第十三章
校园暴力的预防与应对

到 2000 年，美国所有的学校将会摆脱毒品、暴力以及未经允许的武器和酒的存在，创造有利于学习的规范环境。（HR 1804；*Goals 2000*：*Educate America Act*，1994，Sec. 102）

然而到了 20 世纪，发生在密西西比、肯塔基、阿肯色、宾夕法尼亚、田纳西和俄勒冈等州的一系列校园枪击案让人们清楚地看到，这个由国会通过、时任总统克林顿签署的，值得称许的国家目标根本不可能实现。人们对于 1999 年 4 月 20 日所发生的事情毫无准备。那一天，两个科罗拉多州利特尔顿科隆比纳中学的学生枪杀了 12 名学生和 1 名老师，然后又把枪口转向了自己。一夜之间，校园暴力话题成为头版头条。枪击、炸弹恐吓和暴力威胁在该学年的最后几周造成了前所未有的恐慌和动荡局面。家长对送孩子上学感到焦虑不安；政治家、政策制定者和权威人士都把青少年暴力作为"全国性的流行病"进行探讨，并思索其产生的原因；全国的学校官员都很担心"他们的学校会成为下一个科隆比纳中学"，并且加强了安全措施（Drummond & Portner，1999）。五年后，一名高中生在明尼苏达州北部红湖印第安保留区枪杀了他的祖父母、5 名同学、1 名老师、1 名保安，然后自杀，惨剧再次震惊了全国。之后，威斯康星、华盛顿、俄亥俄、田纳西、加利福尼亚和佛罗里达等州都发生了校园枪击案。

但是，校园暴力事件到底有多普遍？科隆比纳、红湖以及近期的这些枪击案是不断增长地肆意蔓延，还是恐怖但孤立的事件？让我们看一些事实和数据。

校园暴力知多少

以下有关校园暴力发生频率和严重程度的统计来自美国教育部和司法部

（Dinkes，Cataldi，& Lin-Kelly，2007）。数据显示，从1992年到2005年，校园犯罪事件实际数量减少了——从每1 000名学生中发生50起暴力事件下降到24起。从1993年到2005年，高中生在学校打架的比例从16％下降到14％。同样，承认自己带着"枪、刀或者棍棒"等武器上学的学生数量也从12％降低到6％。

尽管数量在减少，但暴力行为仍然是我们必须面对的问题。2005年，129 000名12～18岁的孩子遭受到严重的校园暴力犯罪，另有74 000名学生在学校里失窃（Dinkes，Cataldi，& Lin-Kelly，2007）。而且，对暴力行为的**感知**很普遍，它也制造了极大恐慌。红湖枪击案发生之后，CNN/盖洛普的民意测验数据显示，近3/4的美国民众认为，这样的校园枪击案也有可能发生在他们生活的社区，60％的人认为无法预防此类事件发生（Astor & Benbenishty，2005）。一些13～17岁的学生被问及学校应该解决的最大问题是什么时，他们提到暴力、打架和校园安全问题，这些问题几乎是其他问题的两倍（Gallup Poll，2005）。很明显，老师和学校管理者应该努力减少学生的恐惧和焦虑情绪，以及控制校园暴力。

本书的前几章里已经讨论了一些预防暴力的方法。了解学生、建立相互尊敬的关系、营造秩序井然的课堂、制止学生之间的骚扰和侮辱，以及满足学生的学习需要，都能够减少暴力行为发生的可能性。本章中我们要讨论另一些预防暴力的策略，以及暴力行为发生时的处理措施。

> **暂停与思考**
>
> 因为媒体总是报道校园暴力事件，所以老师都对此感到恐慌，尤其是新任老师。针对校园暴力，你会有怎样的惧怕？在你进行观察或者任教的学校和老师们谈一谈处理暴力事件的适当方法。在危机情况中知道怎么处理，不仅能够减少恐慌，对事件结果也将产生重大影响。

校园暴力的预防策略

完善安全系统

在科隆比纳枪击案发生之后，全国的学校官员都重新检查了他们学校的安全和保障系统。学校安装了金属探测器和监视摄像机，配备了校园警察，引进了带照片的身份证件，进行"封校"和安全训练，要求学生使用透明的塑料背包或者完全禁止使用背包。尽管加强保卫是对暴力犯罪威胁的合理反应，但是研究表明，这样的措施实际上只会让学生感觉**更不**安全，而且可能不会减少暴力犯罪事件（Barton，Coley，& Wenglinsky，1998；Portner，2000）。一些教育者则担心，安全措施会创造一种消极环境，使学校变成像监狱一样压抑的场所（Astor，Meyer，& Behre，1999；Berreth & Berman，1997；Noguera，1995）。

很清楚，仅仅加强安全系统并不能解决校园暴力问题，也不能减轻学生的恐惧和焦虑。建立更安全的学校和感觉更安全的学校，需要和学生（尤其是那些处于边缘的学生）共同努力，并营造宽容的环境。

建立支持性的学校环境

我们在第三章中重点讨论了建立更加安全与关爱的课堂环境，为防止暴力，我们很有必要继续讨论这个话题。很多教育者说，预防暴力必须强调建立更为人性化的环境，在这样的环境中，学生能够得到了解与支持（Astor，Meyer，& Behre，1999；Noguera，1995）。桑迪所在学区的督学作出了这样的回应：

> 安全的学校是一个能够对学生作出回应的学校。在这样的学校里，工作人员了解学生，可以立刻为遇到问题的学生提供帮助……我们对于金属探测器和安全措施谈得不多。我们预防暴力的方法是强调跟孩子们联系，并重视他们的社会情感需要。我们努力确保一个群体不会凌驾于另一个群体之上……并且尊重孩子们之间的差异。

建立支持性的学校环境并不容易，尤其是在较大的中学里。在这里，卑微感、孤独感和冷漠感是产生问题的主要原因。然而，如今积极的举措比以往更加重要，因为家庭性质发生变化，家庭经济状况使得父母双方都要参加全职工作，很多学生更多的时间是和同学在一起，而不是和成人在一起。但是，同学关系无法替代成人对孩子的关注，所以老师们建立和培养相互关爱的师生关系就变得至关重要（Laursen，2008）。

警惕仇恨的信号

南部贫困法律中心（Southern Poverty Law Center，2004）的一份报告指出，青少年仇恨犯罪的数量在"9·11"事件之后激增：

> 袭击穆斯林的事件中，青少年所占的比例大增。相同的情形也发生在袭击性取向与性别少数群体、拉丁裔移民和流浪者事件中。尽管白人男孩是主要的违法者，但仇恨行为也不再是他们的专属。不仅更多的拉丁裔和黑人孩子已卷入仇恨行为中，很多女孩也有涉及……并且，在另一种人口迁移中，仇恨活动的主体开始扩散到郊区那些生活比较宽裕的年轻人中。（p.1）

作为老师，如果读书报告、论文或者日志中传达了仇恨或者暴力的信息，要记录下来，并向校长、学校顾问或者学区反歧视行动官员报告。关注有关仇恨的网站和仇恨组织的招募启示。（南部贫困法律中心的信息工程能够帮助你了解相关信息。）帮助学生识别包括纳粹党徽、人种和种族的贬义称呼、人种和种族的讽刺作品在内的仇恨性印刷品，并讨论如果他们发现或者有人给他们散发仇恨传单，他们该怎么办。在万圣节期间，不鼓励穿特定异类服装（例如，吉卜赛服装或者流浪者的装束），或者鼓励仇恨组织的服装（如三K党的服装）。

检查学校表扬学生成绩的方式

令一些学生产生优越感的传统，可能会使其他学生产生挫败感和无力感。运动员违法，其所受的惩罚就要轻吗？他们的成绩比其他同学的成绩更突出吗？优秀学生和学生干部就可以享有特权吗？认同和特权看似与校园暴力事件毫不相关，但是，1999年枪击案发生之前，在科隆比纳中学进行的一项调查显示，学校对学生运动员有着明显的偏爱（Adams & Russakoff，1999）。被判有罪的运动员仍然可以继续参加比赛，也没有因为对别的同学造成身体上的伤害而受到惩罚。运动员获得的奖杯在教室走廊最显眼处展示，而学生们的艺术作品则被排在后面。当然这无法为两名学生枪杀别人开脱，但也有充分证据证明，学校"对运动员的偏爱"刺激了他们的行为。鉴于此，老师有必要采取行动，避免习惯性的偏爱，要想办法承认和赞扬不同类型的成绩。

要求学生为防止暴力作出自己的努力

了解学生的看法对理解暴力及寻找防止暴力的方法也至关重要，这不仅包括"好学生"，也包括"捣乱的学生、青少年犯罪团伙成员、破坏分子、孤僻的人和动机不明的人"（Curwin，1995，p. 75）。要鼓励学生组织反暴力行动。针对校园冲突的高发区（如走廊、自助餐厅、洗手间）的安全管理举措，多征求学生的意见。

让学生更好地参与其中的办法是让他们成为"同学调解员"。就像第五章讨论过的一样，这些计划在各地的学校里都变得日益普遍。桑迪的学校实行同学调解计划已经很多年了，学生援助顾问托尼娅·穆尔认为它确实有助于减少暴力事件：

> 实行同学调解计划之前，有很多孩子因为打架被停学，现在我们学校很少有学生打架了。刚发现苗头时，孩子们会告诉同学调解员，然后他们就能够阻止矛盾升级为打架。同学调解计划给予孩子们一种自己尚未完全掌握但却能有效处理情绪问题的方式。

目前，许多证据证明了托尼娅的观点，即同学调解计划可以从根本上减少暴力事件。一些研究者认为，同学调解实际上对调解员产生的影响远远大于对争执双方产生的影响，因为他们从中获得了解决冲突的宝贵技巧，也获得了伙伴们的尊重（Bodine & Crawford，1998；Miller，1994）。如果事实如此的话，那就表明不仅仅是"好学生"，"高风险的"学生也必须接受训练并充当调解员。

了解潜在暴力的早期预警信号

1998年，美国教育部和司法部出台了一部指南，帮助学校发展全面预防暴力行为的计划（Dwyer，Osher，& Warger，1998）。这部指南列举了一系列可以提醒教师和学校其他工作人员的"早期预警信号"，让他们注意学生可能的暴力行为，以及暴力行为即将来临的信号。具体参见表13—1和表13—2。

表13—1　　　　　　　　　　　　潜在暴力的早期预警信号

不参与社会活动。 有强烈的孤独感和寂寞感。 有被抛弃的感觉。 成为暴力的受害者。 有被捉弄和被迫害的感觉。 无心向学，并且成绩很差。 在写作和绘画中表达暴力倾向。 不能控制愤怒情绪。 有一时冲动或者长期威胁人或欺负人的行为。 有纪律问题历史记录。 有暴力或者侵犯行为历史。 不能容忍差异和偏激的态度。 吸毒和酗酒。 与帮派有联系。 不合法地获取、持有或者使用武器。 有严重暴力威胁行为。

表 13—2　　　　　　　　　　　　　　明显的暴力信号

和同学或者家人打架。
严重损害财产。
对看似很小的问题感到十分愤怒。
有实施致命暴力威胁的具体行为。
持有和/或使用枪支及其他武器。
有自残行为或者自杀征兆。

重要的是，要记住，青少年对自己或他人实施暴力时，早期预警信号并不是绝对可靠的（Dwyer, Osher, & Warger, 1998）。同时也要记住，可能会出现暴力问题的学生通常会表现出多种预警信号。因此要注意那些单一的信号、词语或者行为，不能因为学生的种族、社会经济水平、学习能力或者外貌而产生偏见。弗雷德所在学校的顾问琳迪·曼迪承认，在识别有暴力倾向的学生和**社会定性**之间存在着冲突：

> 有的学生穿得很奇怪，在科隆比纳事件之后，我们想跟他们取得联系。但是你必须注意，不要给他们定性，认为所有穿得奇怪的学生一定有暴力倾向，或者疏远他们。这确实让我们反思：到底在什么样的程度上识别那些可能产生暴力行为的学生就会变成一种社会定性呢？

2000 年，华盛顿州联邦法院的裁决，强调了区分真正对安全造成威胁的学生和无害学生困难重重（Walsh, 2000）。在这起判决中，一个中学生写了一首诗交给了他的英语老师，描述了一个心怀不轨、在校园中游荡的学生。这首诗的内容如下：

> 我走近教室门口，
> 掏出枪，推开门。
> 砰砰砰砰。
> 一切都结束时，28 人死亡。
> 我所记得的一切就是没有感到（原文如此）任何悔意（原文如此），
> 因为我觉得，我正在，净化我的灵魂。

老师立刻提醒了管理人员，学校的心理医生对这首诗作了分析，并认为这个学生不太可能对自己或者他人造成伤害。然而，学校还是因此开除了他。精神科医生对他进行检查之后，学校又撤销了开除的决定，使他完成了中学学业。之后，学生的父母起诉了该学区，声称学校违反了第一修正案中言论自由的权利，并且要求在他们儿子的档案中删除开除记录。2000 年 2 月 24 日，联邦地区法官作出裁决，认为该学区在开除学生时行为失当。法官建议使用不太具有限制性的、可以保证学生和学校人员安全的方法，例如暂时停课、等待心理测试。

这一判决可能会使老师不愿汇报那些预示暴力危险信息或行为的论文或艺术作品。但是，提醒校方你了解的事情，总比忽视信号、事后后悔要好。弄清学校的汇报程序：你应该向校长、学校的护士，还是顾问汇报？你通知家长了吗？记住，在向校外机构汇报个人身份信息之前，必须获得家长的同意（突发事件或怀疑吸毒除外）。无论在什么时候，向任何机构汇报时，都要遵守强调教育记录隐私权的《家庭教育权和隐私法案》（FERPA）的有关规定（Dwyer, Osher, & Warger, 1998）。

注意"无人看管的"地方

除了了解早期预警信号，老师还要在走廊、咖啡厅、楼梯间和衣帽间——一些

"无人看管"、最容易发生暴力事件的地方保持警惕，以预防暴力事件发生（Astor，Meyer，& Behre，1999）。犯罪学家切斯特·夸尔斯专门研究预防犯罪，他建议老师每次在走廊经过学生身边的时候，都要和学生进行目光交流：

> 这时，所交换的潜在信息就是："我知道谁在这儿，并且我认识你们。我能记住你们的特征，我能认出你们。"仔细观察是对你所见到的每一个人可能犯罪的最有效的预防……善于观察的老师……能够减少他们所遇到的人犯罪的可能性。（Quarles，1989，pp. 12-13）

注意流言蜚语

过去几年间，备受关注的校园枪击案被情报机关称为目标犯罪，即在实施暴力犯罪前，犯罪者就已经选中了特定的攻击目标。在安全部门和美国教育部共同实施的学校安全启动计划中，研究者们研究了涉及 41 名攻击者的 37 起校园枪击案，这些袭击者都是在校生或曾经在目校学校就读（Vossekuil，et al.，2002）。下面是他们的研究结果：

● 学校中的目标犯罪事件很少是突发行为或出于冲动，通常袭击者都是提前做好计划。

● 在大多数事件中，其他人在事件发生之前已经知道；在超过 3/4 的事件中，至少一人已经知道；在大概 2/3 的事件中，多于一人知道。一些同学知道袭击的细节，而其他人只知道一些"重大的"或者"糟糕的"的事情某一天将要在学校发生。

● 大多数袭击者在事件发生之前的一些行为引起了他人注意，或者暗示自己需要帮助。

人们通常认为，学生的目标犯罪行为只是突发行为，以上研究成果则与之相悖。犯罪者也并非独自保守秘密。在后续研究中，研究者采访了 15 名学生，他们都提前知道学校里可能会发生暴力事件（Pollack，Modzelski，& Rooney，2008）。研究者发现，学习的环境影响到这些学生是否会向学校报告。一名学生知道有人把枪带到学校，但是不愿意报告，因为他认为这会产生负面反应："如果你说了，你就会陷入麻烦，或者会受到老师的质问。"（Pollack，Modzelski，& Rooney，2008，p.7）此外，许多旁观者也觉得暴力行为不会真的发生，所以也不愿告诉别人。这就意味着学校的工作人员要对流言蜚语保持警惕，并鼓励学生汇报有关潜在暴力的流言。正如托尼娅·穆尔所说："你必须随时开着雷达。"

使潜在的爆发性局面降级

爆发性局面开始时通常很温和。你提出合理建议（"你愿不愿意加入那边的组"）或者提出普通要求（"思考这一部分最后几个问题"），但是，学生可能会很生气——也许他刚刚在走廊里受到同学嘲弄，也许她妈妈已经一个月没理她了，也许上节课的老师刚刚嘲笑了他的答案。他的怒气也许和你毫无关系，但却在你的课上找到了发泄的途径。在敌对情绪中，学生不会立即服从，反而会挑战性地作出回应。可惜，在这个时候，老师通常会生气、不耐烦，这会加速冲突的升级。最后，老师发出通牒："照我说的做，否则……"于是，老师和学生成了充满火药味的交战双方，尽管他们谁也不想这样。

让我们来看一个教师和学生交流的例子，开始时并不激烈，但是很快，矛盾升级，充满火药味：

> 学生们在做老师布置的一套数学题。迈克尔无精打采地坐在座位上，盯着地板，看上去很生气。老师正在教室后面和其他同学一起做题，看到迈克尔没做题，就冲他喊。
>
> 老师：迈克尔，你为什么不做作业？
>
> 迈克尔：我做完了。
>
> 老师：好，那让我看看。（她走向迈克尔的桌子，看到他做完了4道题。）很好。你已经完成了4道，但是你需要做10道。
>
> 迈克尔：没人告诉我。
>
> 老师：迈克尔，我很清楚地重复了作业，并问大家有没有问题！
>
> 迈克尔：我不记得了。
>
> 老师：看看黑板。我写在上面了。看，163页，11～20题。
>
> 迈克尔：我没看见。而且，我也不喜欢这种无聊的东西。
>
> 老师：好，够了。不要再争了。163页，11～20题，现在做。
>
> 迈克尔：这太愚蠢了，我不做。
>
> 老师：不，你要做，先生。
>
> 迈克尔：哦？强迫我？
>
> 老师：如果你不做，就到办公室去。
>
> 迈克尔：去你××！
>
> 老师：够了！
>
> 迈克尔：你要数学书？在这！（他把数学书扔了过去。）

乍一看，面对迈克尔的固执、挑衅和辱骂，老师显得非常有耐心，而且理智。但是仔细观察，我们可以看到一系列过度的、不断升级的交流，其间，迈克尔的行为从质疑、挑衅老师，发展到不服气和辱骂，老师也要为此负责任（Walker, Colvin, & Ramsey, 1995）。老师能不能早些时候就阻止这样的升级呢？答案是可以的。

首先，老师应该对迈克尔生气的表情和无精打采的姿势有所警觉。面带怒容，脸红，眯着眼睛，握紧拳头，僵硬的身体姿势，来回踱步和重重的脚步——所有这些都预示着一种即将来临的怨气爆发（Hyman, 1997）。其次，如果老师不逼学生，不争吵，不进行权力较量，并且不让学生在同学面前难堪的话，通常都可以避免敌对局面（"在这儿我说了算，我告诉你……"）。实用贴士总结了具体的建议。

 ## 实用贴士

处理爆发性局面

- 缓慢而明确地走向问题发生的地方。
- 单独、小声，并且平静地谈话，不要威胁，就事论事最好。
- 尽可能地安静，避免指点或做手势。
- 保持合理距离。不要推挤学生，不要"让学生丢脸"。
- 说话时尊重学生，叫学生的名字。

● 确立平视的位置。

● 要简短。避免冗长的训话或唠叨。

● 遵守日程安排。集中精力处理手头的事情，避免跑题，不太严重的问题以后再处理。

● 避免权力较量。不要使用"我不会，你要"之类的话。

● 告诉学生你所期待的行为和反例是什么，让学生来选择或者决策。然后退出，给他们一些时间。（"迈克尔，你现在要回到座位上，不然我就只好去请校长来了。你有几秒钟的时间决定。"然后老师走开，或者去检查其他学生。如果迈克尔没有选择合适的行为，便进行警示："你选择让我去请校长。"）根据警示进行处理。

资料来源：Walker，Colvin，& Ramsey，1995。

有了这样的背景知识，让我们再看看在迈克尔的例子中，老师该怎样处理以避免问题升级。

学生们在做老师布置的一套数学题。迈克尔无精打采地坐在座位上，盯着地板，看上去很生气。老师注意到了迈克尔的姿势，意识到他正在为什么事情感到沮丧。她走过来，弯下腰，平视迈克尔，轻轻地说。

老师：你还好吗，迈克尔？你看上去不高兴。（老师表现出了一种感情。）

迈克尔：我很好。

老师：嗯，很好，如果你一会儿想谈谈，就告诉我。（老师建议以后进行交流。）现在，你要继续做作业。

迈克尔：我已经做好了。

老师：哦，好。让我看看你做得怎么样。（她检查了作业。）好，你做了前4道题，还不错。现在做下面4道题，做好了之后让我看看。（她走开了，给学生留出了空间。）

警惕团伙活动

美国教育部和司法部发布的一份报告（Chandler，Chapman，Rand，& Taylor，1998）指出，1989年至1995年，学校里的团伙数量增加了一倍，对10 000名学生（12～19岁）进行调查，近1/3学生报告学校里存在团伙。2005年，24%的学生报告说，他们所在的学校存在团伙（Dinkes，Cataldi，& Lin-Kelly，2007）。由于团伙的出现与枪支、毒品和暴力密切相关（Howell & Lynch，2000），老师们需要警惕学校里的团伙活动。

确认团伙并不是一件容易的事，因为十几岁的孩子总是"成群结队"，而且在外表和行动上都和其他人一样。一群孩子在一起未必就形成一个团伙。人们广为接受的团伙定义包括以下这些可变因素：群体、持久性、成员身份标志、成员身份认同以及参与犯罪活动（Naber，et al.，2006）。但是，全美学校安全与安全服务中心的主席肯尼思·特朗普提醒我们，团伙活动的关键在于消极行为：

坐在一起吃午饭的孩子们不会形成团伙，但是当一群人开始攻击其他学生，或者造成恐怖和威胁的气氛时，他们就成了团伙。简而言之，当学生的行为，无论是个人行为还是集体行为，表现出破坏性、反社会性或者犯罪性时，就具备了团伙的特征。（Trump，1993，p.40）

为了判断你所在学校中团伙所达到的程度，你需要熟悉表13—3中的各项指标。但是，要记住，团伙的标志经常改变（如服装样式或颜色），特别是学校管理人员知道了团伙标志的含义，并禁止这种穿着时（Struyk，2006）。团伙成员会使用一些不太明显的标志，例如在腰带扣上刻上团伙标志，或者佩戴耳环和其他配饰。

表13—3　　　　　　　　　　　　　　团伙出现的标志

聚集或四处游荡	团伙成员可能会占领地盘（例如，在午餐厅、操场或者露天看台上）。一旦这些地方被占据，其他学生会避开。
非语言或者语言信号	团伙成员经常用特殊的方式相互指代或传达信息： "闪电"——使用手指或者手势。 "绰号"——强调成员特征的外号。
涂鸦	笔记本、纸、衣服和墙上的标志、符号与绰号；宣传团伙及其成员的涂鸦，且包含对其他团伙的挑战信息；如果涂鸦被划掉，表明另外一个竞争团伙发起了挑战。
站姿和走路	独特的站姿和走路的姿势，以和别人区分开。
标志	纹身、耳环、颜色、围巾、手帕、鞋带、帽子、皮带（根据时间而变化）。

资料来源：Lal，Lal，& Achilles，1993。

根据唐尼的看法，她所在城市的团伙活动在五年前比较严重，那时城里的孩子分成了"上城帮"和"下城帮"：

暂停与思考

在你观察或者任教的学校，团伙活动有多普遍？有哪些限制团伙活动的校级规章制度？思考学校中出现团伙对你的班级有什么影响。如果你班里恰巧有敌对的团伙出现，你应该怎样缓和他们之间的紧张关系？

你会看到住在一个区的孩子们聚集在一起，与住在城市另一个区的孩子成了宿敌。他们为了毒品，为了这一边的某个人和那一边的女孩约会，也为了某个人的背叛等而打架斗殴。只要周末或者晚上有团伙打架的情况，第二天孩子们就会一窝蜂地拥过来。有一年，一个孩子在群殴中死亡，蔓延到学校里的气氛也异常紧张。这种情况会慢慢变得更加严重，每年都会为了纪念他而重新引起麻烦。但是好像所涉及的骨干分子都搬走了，现在比前几年平静多了。

暂停与思考

想象一个发生在你班里的攻击性行为（如一名学生发脾气，把书扔向另一名学生）。思考一下你阻止攻击行为升级并让他们平静下来的步骤。你会使用什么样的语言？然后再继续读下一部分，看看桑迪怎么处理发生在她班里的类似情况。

对于班级老师来说，学校里的团伙活动似乎很难处理。但是要注意，学生参加团体是为了满足在别的地方不能满足的需要，即归属于一个强大的团体，并且成员之间相互支持。尽管你可能无法影响到团伙的"核心成员"，但可以和潜在的团伙成员私下联系，使他们拥有归属感而拒绝加入团伙。

校园暴力的应对

处理攻击性行为

尽管你做了各种预防，学生们有时还是会做出充满敌意的攻击性行为。女生尖叫着大骂，把一摞字典扔到地上。男生愤怒地把椅子扔出教室。有人喊道"我要杀了你"，并把笔记本扔向另外一个同学。这样的情况是所有老师的噩梦，很容易让人失去控制而爆发。正如弗雷德所说的：

> **通常的**反应是生气，直接对学生进行挑战。但是老师**不能以通常的方式作出反应**。这只会让情况恶化，你的责任是**使情况好转**。

要"使情况好转"，你需要仔细考虑你该做些什么来减少攻击性行为，保护你自己和其他学生。看看桑迪的课堂曾发生的一个小插曲。

> 和往常一样，学生进教室时我正站在门口。我注意到罗伯特没带背包和任何书就进来了，这不太正常。我看到他走进教室，来到丹尼尔旁边，此时丹尼尔正坐在座位上。罗伯特抓住桌子和丹尼尔的椅子腿，把它们推倒在地，一直都在大喊大骂。我跑了过去。我说的第一句话是："丹尼尔，别动手。"他正仰面躺在地上，罗伯特站在旁边大叫。我一直说："罗伯特，看着我，看着我，看着我。"我们开始走向门口，但是他转过身来又开始大骂。我轻声地但是很坚决地告诉他："你现在跟我来。"他跟我走到门口。到了门口，我给办公室打电话，说这里有情况，赶快派人来。然后，我们走到走廊里。罗伯特很生气，想要离开，我请他别走，让他跟我说说发生了什么事，什么事让他这么生气。我没有喊，我没有说："你怎么能做这么愚蠢的事？"（即使这是我想要说的话）。我说："显然你正为什么事生气。告诉我吧。"结果是，他们两个是好朋友，但是罗伯特发现丹尼尔和他（罗伯特）的女朋友在一起。我听到了很多我不想听的事，但是我一直让他待在这里，直到副校长赶来。

> 副校长带走罗伯特以后，我把丹尼尔带到走廊里，问他是否还好，是否需要看医生，是否需要离开教室。他说不用，他很好。我告诉他："你没有对罗伯特动手，很聪明。"他回到座位上，所有的学生都说："丹尼尔，你还好吗？"并开始围在他身边。我对他们说："罗伯特现在在办公室，丹尼尔没事，我们开始上化学课。"下课时，办公室通知丹尼尔去同学调解办公室解决问题。

> 除了去同学调解办公室之外，罗伯特还被停学三天。但是在停学的当天，他在放学后又回到了学校（这是不允许的），为他的语言道歉。我接受了他的道歉，但是我说，还有其他处理这种情况和发泄怒气的方式。这是一次很低调的讨论，我没有轻视所发生的事情，但是我告诉他，我很高兴他认识到了情况的严重性。

> 停学结束之后，丹尼尔来找我，说他害怕进教室，这会是他和罗伯特的第一次见面，罗伯特就坐在他的前面。我说我已经调换了他们的座位。我对他说："不要担心，我会看着你们的。"他们进来时，我对他们说："你们有了新座位。"并指给他们看。从那时开始，就没有问题了。

通过分析桑迪的处理方式，可以得出一些应对课堂攻击性行为的重要原则。让我们再仔细看看她的行为，并考虑可以从中学到什么。

（1）尽管桑迪承认她想以愤怒作出回应（"你怎么了"），她还是保持表面上的平静，并能很好地控制自己。这样，就能够**防止事件升级**。她控制了全班学生的情绪，也降低了自己成为被伤害对象的可能性。然后，她告诉丹尼尔不要对罗伯特动手，这就阻止了罗伯特的攻击性行为升级成为真正的斗殴。再次，她向罗伯特发出了轻声的、坚决的和反复的指示，让罗伯特看着她。这就在争吵中建立了一时的平静，这时她就可以分开两个男生（"你现在跟我来"）。因为丹尼尔躺在桌子下面的地上，她让罗伯特走开就比较容易。然而在其他情况下，我们通常建议带走受到攻击的人。你可以让他们到一个附近的教室，最好跟朋友一起，因为他们一定会生气和沮丧（"带斯科特去汤姆森女士的房间，我们来解决这件事"），或者让他们退到教室较远的角落，远离攻击者的视线。

（2）桑迪的下一个行动就是汇报她遇到麻烦，打电话**求助**。千万不要让愤怒又具有攻击性的学生独自去办公室：你不能确定他们一定会去那儿，你也不知道他们在路上会做什么。如果你没有电话或者对讲机，就应迅速让一个负责的学生去请求帮助。

请来提供帮助的人各不相同，因此你必须事先了解所在学校的程序。弗雷德会请两位安保人员来，因为他们就在走廊里巡逻。克里斯蒂娜和桑迪会给主管办公室打电话，唐尼会和安全警卫联系。

（3）桑迪等待援助时，她单独并且轻声地和罗伯特谈话，想要**缓和攻击**。她没有责备或者以惩罚相威胁。相反，她认同了他的气愤，并且表示愿意听他讲。

再一次强调，最关键的事情是要抵制"正常反应"的诱惑，不能大声批评学生。你要缓慢而轻柔地说话，不要侵犯学生，把双手放在身体两侧，这样就能把对学生的威胁降低到最小程度。让学生陈述事实、表达感情，哪怕是带脏字，采取积极的、倾听的态度（"那么当你发现发生了什么事情的时候，你真的生气了……"）。不要反对或者争论。

如果你尽了最大努力恢复平静，但是学生的攻击性行为还是加剧了，你最好躲开，除非你学过防身术。你不要阻止，除非你足够强壮，没有其他的选择。正如海曼强调的那样："与愤怒的、有可能失去控制的学生进行身体上的接触，是迫不得已的下策。"（Hyman，1997，p. 251）

（4）罗伯特放学后去见桑迪，给老师提供了讨论所发生的事情、消除怒气和接受道歉的机会，也提供了**重建师生之间积极关系**的机会。弗雷德强调，这一点很重要：

> 让一个有暴力行为的学生停学不是问题的结束。总有一天，孩子会回来，那么你就要重建你们之间的关系。你需要让他们相信自己仍然是班级的一分子。你需要告诉他们："好了，你把事情弄得一团糟，但我还是站在你这一边。你可以从中学到些什么？"

（5）罗伯特去办公室，丹尼尔回到座位上之后，桑迪迅速环视教室，**看看其他学生有什么反应**，考虑下一步该怎么做。她认为最好的做法就是告诉学生们基本事实（"罗伯特现在在办公室，丹尼尔没事"），然后开始上课（"我们开始上化学课"）。她当然不想和其他学生一起研究罗伯特攻击性行为的原因。

然而有时，你的学生可能会被吓得无法继续上课。托尼娅·穆尔说，让他们说出自己的感觉很重要：

　　　　如果学生很沮丧的话，你要给他们机会谈谈所发生的事情，并且认同他们的恐惧感。你不用假装什么都没发生，让他们惴惴不安地去上下一节课。

有效处理斗殴事件

　　斗殴事件更可能发生在走廊和餐厅，而不是教室里。如果斗殴发生时，你刚好在场，你该怎么做？一天晚上，我们讨论学校中的暴力事件时，问了老师们这个问题。他们的回答很一致，可见实用贴士。

实用贴士

有效处理斗殴事件

- **迅速评估事发状况。**是语言冲突？有身体接触吗？有人带枪吗？
- **派负责的学生去寻求帮助。**去请附近的老师、校长或者副校长。有其他人在场帮助的话，就会比较容易，也比较安全地控制局面。
- **让学生住手。**通常，学生不想继续打架，他们会服从一个简短、明确而坚定的命令。如果你知道打架学生的名字，可以叫他们的名字。
- **疏散其他学生。**这时不需要观众，你也不希望围观者卷入斗殴。如果在走廊里，就让学生继续做自己的事情。如果在教室里，让学生去图书馆或者其他安全的地方。
- **不要有身体上的接触**——除非打架学生的年龄、个头和人数表明直接身体干预很安全，有三四个人帮忙，或者你学过防身术。

　　我们讨论学校中的这类问题时，老师们不断强调斗殴发生的速度之快。斗殴事件发生得很快，通常在30秒之内（尽管看上去像一辈子那么长），因此，你就没有多少时间来思考如何应对。在男女生之间的斗殴问题上，老师们的意见也惊人一致。正如唐尼所说的那样："老师不应该认为打架只会发生在男生之间。女生也打架，而且更严重。女生会踢人、揪耳环、咬人、抓人，你去阻止时，她们就会把矛头转向你。"

　　要记住，你必须汇报暴力事件，这很重要。每个学校都有暴力事件汇报系统，要求你汇报在何时何地，发生了什么事情，都涉及谁，以及采取了什么样的行动（Blauvelt，1990）。

总结评论

　　根据全国青少年健康纵向研究（美国针对青少年进行的规模最大的一项研究）的数据，研究者发现，一些因素预示着青少年是否会实施暴力行为（Resnick，Ireland，& Borowsky，2004）。他们认为，下列几个因素更加可能导致暴力行为，如携带武器、在学校里遇到问题、酗酒或者吸毒。他们也发现，一些因素可以减小参与暴力行为的可能性。与本章内容最为相关的是，他们发现，**感觉自己与学校息息**

相关是一个关键的保护性因素，即无论是男生还是女生，当他们感觉自己是学校的一部分时，发生暴力行为的可能性较小。

要建立一个更为和平的校园环境，安装金属探测器和最先进的安全系统作用甚微。要建立一个更为和平的校园环境，老师和学校管理人员必须和学生接触，建立联系。在最后的分析中，我们知道，正是那些关心学生的老师在预防校园暴力中起到了最大的保障作用。

小　结

尽管数据显示，校园暴力的发生频率和严重程度都呈下降趋势，但是，学生、老师和家长还是感到担心，并且，人们普遍感到暴力在增加。本章介绍了大量预防和应对暴力的措施。

预防措施

- 完善安全系统
- 建立支持性的学校环境
  警惕仇恨的信号
  检查学校表扬学生成绩的方式
  要求学生为防止暴力作出自己的努力
- 了解潜在暴力的早期预警信号
- 注意"无人看管的"地方
- 注意流言蜚语
- 使潜在的爆发性局面降级
- 警惕团伙活动

应对暴力

- 处理攻击性行为
  防止事件升级
  寻求帮助
  缓和攻击行为
  建立与攻击者之间的积极关系
  判断其他学生的感受
- 有效处理斗殴事件
  迅速评估事发状况
  派负责的学生去寻求帮助
  让学生住手
  疏散其他学生
  不要有身体上的接触（除非安全）

金属探测器和安全系统作用甚微。重要的是要和学生建立联系。在最后的分析中，我们知道，正是那些关心学生的老师在预防校园暴力中起到了最大的保障作用。

技巧培养活动与反思

课上活动

思考下列情形，小组讨论在每种情形中你会怎么做？

a. 学生们进教室时，你无意中听到一个女生因为安娜玛丽约会的男孩子而嘲笑她。他们坐到了座位上，可嘲笑并没有停下来。突然，安娜玛丽站起来，转向那个女生喊道："你闭嘴！傻瓜！闭嘴，不然我揍你！"

b. 你的学生正在进行家庭作业的小测验。做完的学生在读书。你收试卷时，注意到詹姆斯正在看武器目录册，当发现你在注意时，他也并没有想要藏起来。

c. 杰西来上你的第一节课，他穿了一件 T 恤，上面画有凯尔特十字架，周围有一圈字："白色统治世界。"

d. 你问卡拉她的课本在哪。她低声地说了些什么。你说你听不清她在说什么的时候，她喊道："我把那该死的书忘在储物柜里了！"

独立活动

采访一位有经验的老师、学生援助顾问、学校的护士或者指导顾问，询问学校在防止暴力事件方面采取的措施。找到下列问题的答案：

如果你认为学生表现出潜在暴力的早期预警信号，你会向谁报告？

需要填写正式的表格吗？

你会与家长联系吗？

学校的工作人员意识到团伙活动了吗？

团伙成员和团伙活动的标志是什么？

载入档案袋

记录一下你将如何营造课堂氛围，以让学生能够很轻松地告诉你他在学校里受到的暴力威胁。整理你在第三章保存的材料，并和本章材料合在一起。简要写一写你打算如何帮助学生理解报告暴力行为的重要性。

The AAUW Report: How schools shortchange girls. (1992). Washington, DC: The AAUW Educational Foundation and National Education Association.

Abd-Kadir, J., & Hardman, F. (2007). Whole class teaching in Kenyan and Nigerian primary schools. *Language and Education, 21*(1), 1-15.

Adams, L., & Russakoff, D. (1999, June 12). Dissecting Columbine's cult of the athlete. *Washington Post*, p. A-1.

Adams, R. S., & Biddle, B. J. (1970). *Realities of teaching: Explorations with video tape.* New York: Holt, Rinehart, & Winston.

Akin-Little, K. A., Little, S. G., & Laniti, M. (2007). Teachers' use of classroom management procedures in the United States and Greece: A cross-cultural comparison. *School Psychology International, 28*(1), 53-62.

Alberto, P. A., & Troutman, A. C. (2006). *Applied behavior analysis for teachers* (7th ed.). Upper Saddle River, NJ: Pearson Prentice Hall.

Alfi, O., Assor, A., & Katz, I. (2004). Learning to allow temporary failure: Potential benefits, supportive practices, and teacher concerns. *Journal of Education for Teaching, 30*(1), 27-41.

Allen, J. (2008). Family partnerships that count. *Educational Leadership, 66*(1), 22-27.

Alpert, B. (1991). Students' resistance in the classroom. *Anthropology and Education Quarterly, 22,* 350-366.

Alvermann, D., O'Brien, D., & Dillon, D. (1990). What teachers do when they say they're having discussions of content area reading assignments. *Reading Research Quarterly, 25,* 296-322.

American Association of University Women [AAUW]. (1993). Hostile hallways: The AAUW survey on sexual harassment in America's schools. Washington, DC: AAUW.

American Psychiatric Association (2000). *Diagnostic and statistical manual of mental disorders* (4th ed., text rev.). Washington, DC: Author.

Anderman, E. M., Griesinger, T., & Westerfield, G. (1998). Motivation and cheating during early adolescence. *Journal of Educational Psychology, 90*(1), 84-93.

Anderman, E. M., & Maehr, M. L. (1994). Motivation and schooling in the middle grades. *Review of Educational Research, 64*(2), 287-309.

Anderson, J. D. (1997). Supporting the invisible minority. *Educational Leadership, 54*(7), 65-68.

Anderson, K. J., & Minke, K. M. (2007). Parent involvement in education: Toward an understanding of parents' decision making. *The Journal of Educational Research, 100*(5), 311-323.

Anderson, L. (1985). What are students doing when they do all that seatwork? In C. W. Fisher and D. C. Berliner (Eds.). *Perspectives on instructional time* (pp. 189-202). New York: Longman.

Antil, L. R., Jenkins, J. R., Wayne, S. K, & Vadasy, P. F. (1998). Cooperative learning: Prevalence, conceptualizations, and the relation between research and practice. *American Educational Research Journal, 35*(3), 419-454.

Applebee, A. N., Langer, J. A., Nystrand, M., & Gamoran, A. (2003). Discussion-based approaches to developing understanding: Classroom instruction and student performance in middle and high school English. *American Educational Research Journal, 40*(3), 685-730.

Arends, R. I. (2008). *Learning to teach* (8th ed.). New York: McGraw-Hill.

Arlin, M. (1979). Teacher transitions can disrupt time flow in classrooms. *American Educational Research Journal, 16,* 42-56.

Aronson, E., Blaney, N., Stephan, C., Sikes, J., & Snapp, M. (1978). *The Jigsaw classroom.* Beverly Hills, CA: Sage.

Astor, R. A. (2005, July 27). Zero tolerance for zero knowledge. *Education Week, 24*(43), 52-42.

Astor, R. A., & Benbenishty, R. (2005). Zero tolerance for zero knowledge. *Education Week, 24*(43), 52.

Astor, R. A., Meyer, H. A., & Behre, W. J. (1999). Unowned places and times: Maps and interviews about violence in high schools. *American Educational Research Journal, 36*(1), 3-42.

Ayers, W. (1993). *To teach: The journey of a teacher.* New York: Teachers College Press.

Bailey, J. M., & Guskey, T. R. (2001). *Implementing student-led conferences.* Thousand Oaks, CA: Corwin Press.

Baker, H. B., Basile, C. G., & Olson, F. J. (2005). Teachers as advisors: Fostering active citizens in schools. *Kappa Delta Pi Record, 41*(4), 167-171.

Barone, F. J. (1997). Bullying in school: It doesn't have to happen. *Phi Delta Kappan, 79,* 80-82.

Barry, L., & Messer, J. J. (2003). A practical application of self-management for students diagnosed with attention-deficit/hyperactivity disorder. *Journal of Positive Behavior Interventions, 5*(4), 238-248.

Barton, P. E., Coley, R. J., & Wenglinsky, H. (1998). *Order in the classroom: Violence, discipline, and student achievement.* Princeton, NJ: Educational Testing Service.

Bear, G. G. (1998). School discipline in the United States: Prevention, correction, and longterm social development. *School Psychology Review, 27*(1), 724-742.

Becker, H. J., & Epstein, J. L. (1982). Parent involvement: A survey of teacher practices. *The Elementary School Journal, 83*(2), 85-102.

Becker, J. R. (1981). Differential treatment of females and males in mathematics classes. *Journal for Research in Mathematics Education, 12*(1), 40-53.

Belluck, P. (Feb. 5, 2006). And for perfect attendance, Johnny gets a car. *The New York Times,* pp. A1, A20.

Bennett, N., & Blundell, D. (1983). Quantity and quality of work in rows and classroom groups. *Educational Psychology, 3,* 93-105.

Berreth, D., & Berman, S. (1997). The moral dimensions of schools. *Educational Leadership, 54*(8), 24-26.

Biehle, J. T., Motz, L. L., & West, S. S. (1999). *NSTA guide to school science facilities.* Arlington, VA: NSTA Press.

Blauvelt, P. D. (1990, Fall). School security: "Who you gonna call?" *School Safety Newsjournal,* 4-8.

Bloome, D., & Theodorou, E. (1988). Analyzing teacher-student and student-student discourse. In J. E. Green & J. O. Harker (Eds.), *Multiple perspective analyses of classroom discourse* (pp. 217-248). Norwood, NJ: Ablex.

Bodine, R. J., & Crawford, D. K. (1998). *The handbook of conflict resolution education: A guide to building quality programs in schools.* San Francisco: Jossey-Bass.

Bolick, C. M., & Cooper, J. M. (2006). Classroom management and technology. In C. M. Evertson & C. S. Weinstein (Eds.), *Handbook of classroom management: Research, practice, and contemporary issues* (pp. 541-558). Mahwah, NJ: Lawrence Erlbaum Associates.

Bomer, R., Dworin, J. E., May, L., & Semingson, P. (2008). Miseducating teachers about the poor: A critical analysis of Ruby Payne's claims about poverty. *Teachers College Record, 110*(12), 2497-2531.

Bondy, E., & Ross, D. D. (2008). The teacher as warm demander. *Educational Leadership, 66*(1), 54-58.

Bottge, B. J., Gugerty, J. J., Serlin, R., & Moon, K. (2003). Block and traditional schedules: Effects on students with and without disabilities in high school. *NASSP Bulletin, 87,* 2-14.

Brady, K., Forton, M. B., Porter, D., & Wood, C. (2003). *Rules in school.* Greenfield, MA: Northeast Foundation for Children.

Brendgen, M., Wanner, B., Vitaro, F., Bukowski, W. M., & Tremblay, R. E. (2007). Verbal abuse by the teacher during childhood and academic, behavioral, and emotional adjustment in young adulthood. *Journal of Educational Psychology, 99*(1), 26-38.

Brodey, D. (2005, Sept. 20). Blacks join the eating-disorder mainstream. *New York Times,* p. F5.

Brookfield, S. D., & Preskill, S. (1999). *Discussion as a way of teaching: Tools and techniques for democratic classrooms.* San Francisco: Jossey-Bass.

Brooks, D. M. (1985). The teacher's communicative competence: The first day of school. *Theory into Practice, 24*(1), 63-70.

Brophy, J. (2004). *Motivating students to learn.* Mahwah, NJ: Lawrence Erlbaum.

Brophy, J. E. (1983). Classroom organization and management. *The Elementary School Journal, 83*(4), 265-285.

Brophy, J., & Rohrkemper, M. (1981). The influence of problem ownership on teachers' perceptions of and strategies for coping with problem students. *Journal of Educational Psychology, 73,* 295-311.

Brown, C. G., Rocha, E., & Sharkey, A. (2005). *Getting smarter, becoming fairer: A progressive education agenda for a stronger nation.* Washington, D.C.: Institute for America's Future. Retrieved August 27, 2009 from http://www.ourfuture.org

Brown, D. F. (2004). Urban teachers' professed classroom management strategies: Reflections of culturally responsive teaching. *Urban Education 39*(3), 266.

Burke, K., & Burke-Samide, B. (2004). Required changes in the classroom environment: It's a matter of design. *The Clearing House, 77*(6), 236–239.

Bush, M. J., & Johnstone, W. G. (2000, April). *An observation evaluation of high school A/B block classes: Variety or monotony?* Paper presented at the annual meeting of the American Educational Research Association, New Orleans.

Calderhead, W. J., Filter, K. J., & Albin, R. W. (2006). An investigation of incremental effects of interspersing math items on task-related behavior. *Journal of Behavioral Education, 15*(1), 53–67.

Cameron, J. (2001). Negative effects of reward on intrinsic motivation—A limited phenomenon: Comment on Deci, Koestner, and Ryan (2001). *Review of Educational Research, 71*(1), 29–42.

Cameron, J., Banko, K. M., & Pierce. W. D. (2001). Pervasive negative effects of rewards on intrinsic motivation: The myth continues. *The Behavior Analyst, 24*(1), 1–44.

Cameron, J., & Pierce, W. D. (1994). Reinforcement, reward, and intrinsic motivation: A meta-analysis. *Review of Educational Research, 64,* 363–423.

Campbell, L., Campbell, B., & Dickinson, D. (1999). *Teaching and learning through multiple intelligences* (2nd ed.). Boston: Allyn & Bacon.

Carbone, E. (2001). Arranging the classroom with an eye (and ear) to students with ADHD. *Teaching Exceptional Children, 34*(2), 72–81.

Cangelosi, J. S. (1993, April). *Cheating: Issues in elementary, middle, and secondary school classrooms.* A paper presented during the symposium, "Psychometric taboo: Discussions on cheating" (other participants: G. J. Cizek, W. H. Angoff, W. M. Haney, D. Pullin, E. A. Wynne, & R. L. Brennan) at the annual meetings of the American Educational Research Association and the National Council for Measurement in Education, Atlanta.

Cartledge, G., with Milburn, J. E. (1996). *Cultural diversity and social skills instruction: Understanding ethnic and gender differences.* Champaign, IL: Research Press.

Cary, S. (2007). *Working with second language learners: Answers to teachers' top ten questions* (2nd ed.). Portsmouth, NH: Heinemann.

Catalano, R. F., Haggerty, K. P., Oesterle, S., Fleming, C. B., & Hawkins, J. D. (2004). The importance of bonding to school for healthy development: Findings from the social development research group. *Journal of School Health 74*(7), 252–261.

Cazden, C. B. (1988). *Classroom discourse: The language of teaching and learning.* Portsmouth, NH: Heinemann.

Centers for Disease Control and Prevention. (2007). *Surveillance summaries.* MMWR 2007; 56(SS-1).

CHADD. (1993). *Attention deficit disorders: an educator's guide (CHADD Facts #5).* Plantation, FL: Children and Adults with Attention Deficit Disorders.

Chandler, K. A., Chapman, C. D., Rand, M. R., & Taylor, B. M. (1998). *Students' reports of school crime: 1989 and 1995.* Washington, DC: U.S. Department of Education, Office of Educational Research and Improvement, National Center for Education Statistics, and U.S. Department of Justice, Office of Justice Programs, Bureau of Justice Statistics.

Charles, C. M., & Charles, M. G. (2004). *Classroom management for middle-grades teachers.* Boston: Pearson/Allyn & Bacon.

Child Welfare Information Gateway. (2008). Gay and lesbian adoptive parents. Retrieved August 27, 2009 from http://www.enotalone.com/article/9874.html

Children's Defense Fund (2008). *The state of America's children 2008*. Washington, DC: Children's Defense Fund. Retrieved January 25, 2009 from http://www.childrensdefense.org

Chiu, M. M. (2004). Adapting teacher interventions to student needs during cooperative learning: How to improve student problem solving and time on-task. *American Educational Research Journal, 41*(2), 365–399.

Chrispeels, J. H., & Rivero, E. (2000, April). Engaging Latino families for student success: Understanding the process and impact of providing training to parents. Paper presented at the annual meeting of the American Educational Research Association, New Orleans.

Christensen, L. (1994). Building community from chaos. In B. Bigelow, L. Christensen, S. Karp, B. Miner, & B. Peterson (Eds.), *Rethinking our classrooms: Teaching for equity and justice*. Milwaukee, WI: Rethinking Schools Limited, pp. 50–55.

Cohen, E. G. (1972). Interracial interaction disability. *Human Relations, 25,* 9–24.

Cohen, E. G. (1994a). *Designing groupwork: Strategies for the heterogeneous classroom* (2nd ed.). New York: Teachers College Press.

Cohen, E. G. (1994b). Restructuring the classroom: Conditions for productive small groups. *Review of Educational Research, 64*(1), 1–35.

Cohen, E. G. (1998). Making cooperative learning equitable. *Educational Leadership, 56,*(1) 18–21.

Coles, A. D. (June 14, 2000). Lately, teens less likely to engage in risky behaviors. *Education Week,* 6.

Coontz, S. (May 13, 2007). Motherhood stalls when women can't work. Hartford Courant. Retrieved February 5, 2009 from http://www.contemporaryfamilies.org

Copeland, S. R., McCall, J., Williams, C. R., Guth, C., Carter, E. W., Fowler, S. E., et al. (2002). High school peer buddies: A win-win situation. *Teaching Exceptional Children, 35*(1), 16–21.

Corbett, D., Wilson, B., & Williams, B. (2005). No choice but success. *Educational Leadership, 62*(6), 8–12.

Cornelius-White, J. (2007). Learner-centered teacher-student relationships are effective: A meta-analysis. *Review of Educational Research, 77*(1), 113–143.

Cothran, D. J., Kulinna, P. H., & Garrahy, D. A. (2003). "This is kind of giving a secret away. . .": Students' perspectives on effective class management. *Teaching and Teacher Education, 19,* 435–444.

Cotton, K. (2001). *New small learning communities: Findings from recent literature.* Portland, OR: Northwest Educational Research Library.

Créton, H. A., Wubbels, T., & Hooymayers, H. P. (1989). Escalated disorderly situations in the classroom and the improvement of these situations. *Teaching & Teacher Education, 5*(3), 205–215.

Cummins, J. (2000). *Language, power and pedagogy: Bilingual children in the crossfire.* Clevedon, UK: Multilingual Matters.

Curwin, R. L. (1995). A humane approach to reducing violence in schools. *Educational Leadership, 52*(5), 72–75.

Curwin, R. L., & Mendler, A. N. (1988). *Discipline with dignity.* Alexandria VA: Association for Supervision and Curriculum Development.

Darling-Hammond, L., & Ifill-Lynch, O. (2006). If they'd only do their work! *Educational Leadership, 63*(5), 8–13.

Davidson, A. L. (1999). Negotiating social differences: Youths' assessments of educators' strategies. *Urban Education, 34*(3), 338–369.

Deci, E. L., Koestner, R., & Ryan, R. M. (1999). A meta-analytic review of experiments examining the effects of extrinsic rewards on intrinsic motivation. *Psychological Bulletin, 125*(6), 627–668.

Deci, E. L., Koestner, R., & Ryan, R. M. (2001). Extrinsic rewards and intrinsic motivation in education: Reconsidered once again. *Review of Educational Research, 71*(1), 1–27.

Delpit, L. (1995). *Other people's children: Cultural conflict in the classroom.* New York: The New Press.

Delpit, L. (2002). No kinda sense. In L. Delpit & J. K. Dowdy (Eds.), T*he skin that we speak: Thoughts on language and culture in the classroom* (pp. 31–48). New York: The New Press.

Deslandes, R., & Bertrand, R. (2005). Motivation of parent involvement in secondary-level schooling. *Journal of Educational Research, 98*(3), 164–175.

deVoss, G. G. (1979). The structure of major lessons and collective student activity. *Elementary School Journal, 80,* 8–18.

Diaz-Rico, L. T., & Weed, K. Z. (2009). *The crosscultural, language, and academic development handbook. A complete K-12 reference guide* (4th ed.). Boston: Allyn and Bacon.

Dieker, L. A. (2001). What are the characteristics of "effective" middle and high school co-taught teams for students with disabilities? *Preventing School Failure, 46*(1), 14–23.

Dillon, D. R. (1989). Showing them that I want them to learn and that I care about who they are: A microethnography of the social organization of a secondary low-track English-reading classroom. *American Educational Research Journal, 26*(2), 227–259.

Dillon, J. T. (1994). *Using discussion in classrooms.* Philadelphia: Open University Press.

Dinkes, R., Cataldi, E. F., & Lin-Kelly, W. (2007). *Indicators of school crime and safety: 2007.* (NCES 2008-021/NCJ 219553). National Center for Education Statistics, Institute of Education Sciences, U.S. Department of Education, and Bureau of Justice Statistics, Office of Justice Programs, U.S. Department of Justice. Washington, DC. Retrieved November 15, 2008 from http://nces.ed.gov

Ditman, O. (July/August 2000). Online term-paper mills produce a new crop of cheaters. *Harvard Education Letter, 16*(4), 6–7.

Dowd, J. (1997). Refusing to play the blame game. *Educational Leadership, 54*(8), 67–69.

Doyle, W. (1983). Academic work. *Review of Educational Research, 53*(2), 159–200.

Doyle, W. (1985). Recent research on classroom management: Implications for teacher preparation. *Journal of Teacher Education, 36*(3), 31–35.

Doyle, W. (1986). Classroom organization and management. In M. C. Wittrock (Ed.), *Handbook of research on teaching* (pp. 392–431). New York: Macmillan.

Doyle, W. (2006). Ecological approaches to classroom management. In C. M. Evertson & C. S. Weinstein (Eds.), *Handbook of classroom management: Research, practice, and contemporary issues* (pp. 97–126). Mahwah, NJ: Lawrence Erlbaum Associates.

Dreikurs, R., Grunwald, B. B., & Pepper, F. C. (1982). *Maintaining sanity in the classroom: Classroom management techniques* (2nd ed.). New York: Harper & Row.

Drummond, S., & Portner, J. (May 26, 1999). Arrests top 350 in threats, bomb scares. *Education Week,* pp. 1, 12-13.

Dwyer, K., Osher, D., & Warger, C. (1998). *Early warning, timely response: A guide to safe schools.* Washington, DC: U.S. Department of Education.

Eccles, J. S., & Harold, R. D. (1993). Parent-school involvement during the early adolescent years. *Teachers College Record, 94*(3), 568-587.

Eccles, J., & Wigfield, A. (1985). Teacher expectations and student motivation. In J. Dusek (Ed.), *Teacher expectancies* (pp. 185-226). Hillsdale, NJ: Erlbaum.

Eccles, J. S., Wigfield, A., & Schiefele, U. (1998). Motivation to succeed. In W. Damon (Series Ed.) & N. Eisenberg (Vol. Ed.), *Handbook of child psychology: Vol. 3, Social, emotional, and personality development* (5th ed., pp. 1017-1095). New York: John Wiley.

Edwards, A. T. (1997). Let's stop ignoring our gay and lesbian youth. *Educational Leadership, 54*(7), 68-70.

Elias, M. J., & Schwab, Y. (2006). From compliance to responsibility: Social and emotional learning and classroom management. In C. M. Evertson & C. S. Weinstein (Eds.), *Handbook of classroom management: Research, practice, and contemporary issues* (pp. 309-342). Mahwah, NJ: Lawrence Erlbaum Associates.

Elmore, R. F. (2002). The limits of "change". *Harvard Education Letter.* Retrieved August 22, 2009 from http://www.hepg.org/hel/article/195

Emmer, E. T., & Aussiker, A. (1990). School and classroom discipline programs: How well do they work? In O. C. Moles (Ed.), *Student discipline strategies* (pp. 129-165). New York: SUNY Press.

Emmer, E. T., & Evertson, C. M. (2008). *Classroom management for middle and high school teachers.* Boston: Allyn & Bacon.

Emmer, E.T., & Gerwels, M. C. (2002). Cooperative learning in elementary classrooms: Teaching practices and lesson characteristics. *The Elementary School Journal, 102*(1), 5-91.

Emmer, E. T., & Gerwels, M. C. (2006). Classroom management in middle and high school classrooms. In C. M. Evertson & C. S. Weinstein (Eds.), *Handbook of classroom management: Research, practice, and contemporary issues* (pp. 407-438). Mahwah, NJ: Lawrence Erlbaum Associates.

Epstein, J. L. (2001). *School, family, and community partnerships: Preparing educators and improving schools.* Boulder, CO: Westview Press.

Epstein, J. L., & Becker, H. J. (1982). Teachers' reported practices of parent involvement: Problems and possibilities. *The Elementary School Journal, 83*(2), 103-113.

Epstein, J. L., & Dauber, S. L. (1991). School programs and teacher practices of parent involvement in inner-city elementary and middle schools. *The Elementary School Journal, 91*(3), 289-305.

Epstein, J. L., Sanders, M. G., Simon, B. S., Salinas, K. C., Jansorn, N. R., & Van Voorhis, F. L. (2002). *School, family, and community partnerships: Your handbook for action (2nd ed.).* Thousand Oaks, CA: Corwin Press.

Erikson, E. H. (1963). *Childhood and society* (2nd ed.). New York: W. W. Norton.

Everhart, R. B. (1983). *Reading, writing, and resistance: Adolescence and labor in a junior high school.* Boston: Routledge and Kegan Paul.

Evertson, C. M., & Emmer, E. T. (1982). Effective management at the beginning of the school year in junior high classes. *Journal of Educational Psychology, 74*(4), 485-498.

Evertson, C. M., & Weinstein, C. S. (2006). Classroom management as a field of inquiry. In C. M. Evertson & C. S. Weinstein (Eds.), *Handbook of classroom management: Research, practice, and contemporary issues* (pp. 3-16). Mahwah, NJ: Lawrence Erlbaum Associates.

Finders, M., & Lewis, C. (1994). Why some parents don't come to school. *Educational Leadership, 51*(8), 50-54.

Fischer, L., Schimmel, D., & Kelly, C. (1999). *Teachers and the law.* New York: Longman.

Fisher, C. W., Berliner, D. C., Filby, N. N., Marliave, R., Cahen, L. S., & Dishaw, M. M. (1980). Teaching behaviors, academic learning time, and student achievement: An overview. In C. Denham & A. Lieberman (Eds.), *Time to learn* (pp. 7-32). Washington, DC: U.S. Department of Education.

Fisher, C. W., Filby, N. N., Marliave, R. S., Cahen, L. S., Dishaw, M. M., Moore, J. E., et al. (1978). *Teaching behaviors, academic learning time and student achievement. Final report of Phase III-B, Beginning Teacher Evaluation Study.* San Francisco: Far West Laboratory for Educational Research and Development.

Fleming, D. S., Olenn, V., Schoenstein, R., & Eineder, D. (1997). *Moving to the block: Getting ready to teach in extended periods of learning time.* (An NEA Professional Library Publication.) Washington D.C.: National Education Association.

Flowerday, T., & Schraw, G. (2000). Teacher beliefs about instructional choice: A phenomenological study. *Journal of Educational Psychology, 92*(4), 634-645.

Fordham, S., & Ogbu, J. U. (1986). Black students' school success: Coping with the "burden of 'acting white' ". *The Urban Review, 18*(3), 176-206.

Fraser, B. J., McRobbie, C. J., & Fisher, D. L. (1996, April). *Development, validation and use of personal and class forms of a new classroom environment instrument.* Paper presented at the annual meeting of the Amercian Educational Research Association, New York.

Friend, M., & Bursuck, W. D. (2002). *Including students with special needs: A practical guide for classroom teachers.* Boston: Allyn & Bacon.

Fryer, R. G., Jr. (2006, Winter). Acting white. *Education Next,* 52-59.

Fuller, M. L., & Olsen, G. (1998). *Home-school relations: Working successfully with parents and families.* Boston: Allyn & Bacon.

Gall, M. D., & Gillett, M. (1981). The discussion method in classroom teaching. *Theory Into Practice, 19,* 98-103.

Gallego, M. A., Cole, M., & The Laboratory of Comparative Human Cognition (2001). Classroom cultures and cultures in the classroom. In V. Richardson (Ed.), *Handbook of research on teaching* (4th ed., pp. 951-997). Washington, DC: American Educational Research Association.

Gallup Poll. (2005). *Teens say safety issues top problem at school.* Retrieved January 22, 2009 from http://www.gallup.com

Gardner, H. (1993). *Multiple intelligences: The theory in practice.* New York: Basic Books.

Gardner, H. (1995). Reflections on multiple intelligences: Myths and messages. *Phi Delta Kappan, 77*(3), 200-209.

Gardner, H. (1998). Reflections on multiple intelligences: Myths and messages. In A. Woolfolk (Ed.), *Readings in educational psychology* (2nd ed., pp. 61-67), Boston: Allyn & Bacon.

Gay, G. (2000). *Culturally responsive teaching: Theory, research, and practice.* New York: Teachers College Press.

Gay, G. (2006). Connections between classroom management and culturally responsive teaching. In C. M. Evertson & C. S. Weinstein (Eds.), *Handbook of classroom management: Research, practice and contemporary issues* (pp. 343-370). Mahwah, NJ: Lawrence Erlbaum Associates.

Gearheart, B. R., Weishahn, M. W., & Gearheart, C. J. (1992). *The exceptional student in the regular classroom* (5th ed.). New York: Macmillan.

Giangreco, M. F., & Doyle, M. B. (2002). Students with disabilities and paraprofessional supports: Benefits, balance, and band-aids. *Focus on Exceptional Children, 34*(7), 1-12.

Gillies, R. M. (2008). The effects of cooperative learning on junior high school students' behaviours, discourse, and learning during a science-based learning activity. *School Psychology International, 29*(3), 328-347.

Gonet, M. M. (1994). *Counseling the adolescent substance abuser: School-based intervention and prevention.* Thousand Oaks, CA: Sage.

Good, T. L., & Brophy, J. E. (2008). *Looking in classrooms* (10th ed.). Boston: Pearson Education.

Goodlad, J. I. (1984). *A place called school.* New York: McGraw-Hill.

Gordon, J. A. (1998). Caring through control: Reaching urban African American youth. *Journal for a Just and Caring Education, 4*(4), 418-440.

Gordon, R. L. (1997). How novice teachers can succeed with adolescents. *Educational Leadership, 54*(7), 56-58.

Gordon, T. (2003). *Teacher effectiveness training: The program proven to help teachers bring out the best in students of all ages.* New York: Three Rivers Press.

Governor's Task Force on Child Abuse and Neglect. (1988, October). *Child abuse and neglect: A professional's guide to identification, reporting, investigation, and treatment.* Trenton, NJ: Author.

Grandin, T. (2007). Autism from the inside. *Educational Leadership, 64*(5), 29-32.

Graziano, A. M., & Mooney, K. C. (1984). *Children and behavior therapy.* New York: Aldine.

Greenwood, G. E., & Hickman, C. W. (1991). Research and practice in parent involvement: Implications for teacher education. *The Elementary School Journal, 91*(3), 279-288.

Gregory, A., & Ripski, M. (2008). Adolescent trust in teachers: Implications for behavior in the high school classroom. *School Psychology Review, 37*(3), 337-353.

Grossman, H. (2004). *Classroom behavior management for diverse and inclusive schools* (3rd ed.). Lanham, MD: Rowman & Littlefield.

Grossman, H., & Grossman, S. H. (1994). *Gender issues in education.* Boston: Allyn & Bacon.

Gruber, C. D., & Onwuegbuzie, A. J. (2001). Effects of block scheduling on academic achievement among high school sudents. *The High School Journal, 84*(4), 32-42.

Gump, P. (1982). School settings and their keeping. In D. L. Duke (Ed.), *Helping teachers manage classrooms* (pp. 98-114). Alexandria, VA: Association for Supervision and Curriculum Development.

Gump, P. V. (1987). School and classroom environments. In D. Stokols & I. Altman (Eds.), *Handbook of environmental psychology* (pp. 691-732). New York: John Wiley & Sons.

Gutman, L. M., & McLoyd, V. G. (2000). Parents' management of their children's education within the home, at school, and in the community: An examination of African-American families living in poverty. *The Urban Review, 32*(1).

Hagin, R. A. (2004). Autism and other severe pervasive developmental disorders. In F. M. Kline & L. B. Silver (Eds.), *The educator's guide to mental health issues in the classroom* (pp. 55–74). Baltimore: Paul H. Brookes.

Hansen, P., & Mulholland, J. A. (2005). Caring and elementary teaching: The concerns of male beginning teachers. *Journal of Teacher Education, 56*(2), 119–131.

Harmon, A. (2004, August 26). Internet gives teenage bullies weapons to wound from afar. *The New York Times,* pp. A1, A23.

Harrison, M. M. (Fall 2005). Bully on the bus. *Teaching Tolerance, 28,* 39–43.

Hatch, J. A. (1986, March). Alone in a crowd: Analysis of covert interactions in a kindergarten. Presented at the annual meeting of the American Educational Research Association, San Francisco. ERIC Document Reproduction Service No. ED 272 278.

Haynes, C. C., Chaltain, S., Ferguson Jr., J. E., Hudson Jr., D. L., & Thomas. O. (2003). *The first amendment in schools.* Alexandria, VA: Association of Supervision and Curriculum Development.

Heilman, E. (2008). Hegemonies and "transgressions" of family: Tales of pride and prejudice. In T. Turner-Vorbeck & M. Miller Marsh (Eds.), *Other kinds of families: Embracing diversity in schools* (pp. 7–27). New York: Teachers College Press.

Henley, M., Ramsey, R. S., & Algozzine, R. F. (2002). *Characteristics of and strategies for teaching students with mild disabilities* (4th ed.). Boston: Allyn & Bacon.

Henning, J. E. (2008). *The art of discussion-based teaching.* New York: Routledge.

Heuveline, P. (2005). *Estimating the proportion of marriages that end in divorce.* A research brief prepared for the Council on Contemporary Families. Retrieved August 27, 2009 from http://www.contemporaryfamilies.org

Hidi, S., & Harackiewicz, J. M. (2000). Motivating the academically unmotivated: A critical issue for the 21st century. *Review of Educational Research, 70*(2), 151–179.

Hodgkinson, H. (1985). *All one system: Demographics of education, kindergarten through graduate school.* Washington, DC: Institute for Educational Leadership.

Hoover, J., & Oliver, R. (2008). *The bullying prevention handbook: A guide for teachers, principals and counselors.* Bloomington, IN: Solution Tree.

Hoover-Dempsey, K. V., Bassler, O. T., & Brissie, J. S. (1987). Parent involvement: Contributions of teacher efficacy, school socioeconomic status, and other school characteristics. *American Educational Research Journal, 24*(3), 417–435.

Hoover-Dempsey, K. V., & Sandler, H. M. (1997). Why do parents become involved in their children's education? *Review of Educational Research, 67*(1), 3–42.

Horowitz, P., & Otto, D. (1973). *The teaching effectiveness of an alternate teaching facility.* Alberta, Canada: University of Alberta. ERIC Document Reproduction Service No. ED 083 242.

Howell, J. C., & Lynch, J. P. (2000). *Youth gangs in schools.* Washington, DC: Office of Juvenile Justice and Delinquency Prevention, U.S. Department of Justice. Retrieved August 26, 2009 from http://www.ncjrs.org/html/ojjdp/jjbul2000_8_2/contents.html

Hoy, A., & Weinstein, C. S. (2006). Student and teacher perspectives on classroom management. In C. M. Evertson and C. S. Weinstein (Eds.), *Handbook of classroom management: Research, practice, and contemporary issues* (pp. 181–219). Mahwah, NJ: Lawrence Erlbaum Associates.

HR 1804: Goals 2000: Education America Act, 103rd Congress, 2nd session. 1994.

Hu, W. (2008, November 12). A school district asks: Where are the parents? *The New York Times.* p. A25.

Hughes, C. A., Ruhl, K. L., & Misra, A. (1989). Disordered students in school settings: A promise unfulfilled? *Behavioral Disorders, 14,* 250-262.

Hyman, I. A. (1997). *School discipline and school violence: The teacher variance approach.* Boston: Allyn & Bacon.

Hyman, I., Kay, B., Tabori, A., Weber, M., Mahon, M. & Cohen, I. (2006). Bullying: Theory, research, and interventions. In C. Evertson & C. Weinstein (Eds.), *Handbook of classroom management: Research, practice, and contemporary issues* (pp. 855-884). Mahwah, NJ: Lawrence Erlbaum Associates.

Irvine, J. J. (1990). *Black students and school failure: Policies, practices, and prescriptions.* New York: Greenwood.

Irvine, J. J. (2002). *In search of wholeness: African American teachers and their culturally specific classroom practices.* New York: PALGRAVE.

Irvine, J. J., & Fraser, J. (May 13, 1998). Warm demanders: Do national certification standards leave room for the culturally responsive pedagogy of African-American teachers? *Education Week, 17*(35), 56.

Jackson, P. W. (1990). *Life in classrooms.* New York: Teachers College Press.

Jeynes, W. H. (2007). The relationship between parental involvement and urban secondary school student academic achievement: A meta-analysis. *Urban Education, 42*(1), 82-110.

Johnson, D. W., & Johnson, R. T. (1980). Integrating handicapped students into the mainstream. *Exceptional Children, 47*(2), 90-98.

Johnson, D. W., & Johnson, R. T. (1989/90). Social skills for successful groupwork. *Educational Leadership, 47*(4), 29-33.

Johnson, D. W., & Johnson, R. T. (1995). *Teaching students to be peacemakers* (3rd ed.). Edina, MN: Interaction.

Johnson, D. W., & Johnson, R. T. (1999). The three Cs of school and classroom management. In H. J. Freiberg (Ed.), *Beyond Behaviorism: Changing the Classroom Management Paradigm* (pp. 119-144). Boston: Allyn & Bacon.

Johnson, D. W., & Johnson, R. T. (2004). Implementing the "Teaching Students to be Peacemakers Program". *Theory Into Practice, 43*(1), 68-79.

Johnson, D. W., Johnson, R. T., Holubec, E. J., & Roy, P. (1984). *Circles of learning: Cooperation in the classroom.* Alexandria, VA: Association for Supervision and Curriculum Development.

Johnston, L. D., O'Malley, P. M., Bachman, J. G., & Schulenberg, J. E. (2008, December 11). Various stimulant drugs show continuing gradual declines among teens in 2008, most illicit drugs hold steady. Ann Arbor, MI: University of Michigan News Service. Retrieved February 23, 2009 from http://www.monitoringthefuture.org

Jones, F. H., Jones, P., Lynn, J., Jones, F., & Jones, B.T. (2007). *Tools for teaching: Discipline, instruction, motivation.* Santa Cruz, CA: Fredric H. Jones & Associates.

Jones, M. G., & Gerig, T. M. (1994). Silent sixth-grade students: Characteristics, achievement, and teacher expectations. *The Elementary School Journal, 95*(2), 169-182.

Jones, M. G., & Wheatley, J. (1990). Gender differences in teacher–student interactions in science classrooms. *Journal of Research in Science Teaching, 27,* 861-874.

Jones, V. F., & Jones, L. S. (2010). *Comprehensive classroom management: Creating communities of support and solving problems.* Upper Saddle River, NJ: Pearson.

Josephson Institute of Ethics. (2008). *2008 report card: The ethics of American youth.* Retrieved February 8, 2009 from http://charactercounts.org/programs/reportcard

Juarez, V. (Oct. 4, 2005). They dress to express. *Newsweek.* Retrieved August 26, 2009 from http://www.msnbc.msn.com/id/6098629/site/newsweek

Kagan, S. (1989/90). The structural approach to cooperative learning. *Educational Leadership, 47*(4), 12-15.

Karweit, N. (1989). Time and learning: A review. In R. E. Slavin (Ed.), *School and classroom organization* (pp. 69-98). Hillsdale, NJ: Lawrence Erlbaum.

Katz, M. S. (1999). Teaching about caring and fairness: May Sarton's *The Small Room.* In M. S. Katz, N. Noddings, & K A. Strike (Eds.), *Justice and caring: The search for common ground in education* (pp. 59-73). New York: Teachers College Press.

Katz, S. R. (1999). Teaching in tensions: Latino immigrant youth, their teachers, and the structures of schooling. *Teachers College Record, 100*(4), 809-840.

Keith, S., & Martin, M. E. (2005). Cyber-bullying: Creating a culture of respect in a cyber world. *Reclaiming Children and Youth, 13*(4), 224-228.

Kerr, M. M., & Nelson, C. M. (2006). *Strategies for addressing behavior problems in the classroom* (5th ed.). Upper Saddle River, NJ: Pearson Prentice Hall.

Kidder, T. (1989). *Among schoolchildren.* Boston: Houghton Mifflin.

Kim, D., Solomon, D., & Roberts, W. (1995, April). *Classroom practices that enhance students' sense of community.* Paper presented at the annual convention of the American Educational Research Association, San Francisco.

King, J. R. (1998). *Uncommon caring: Learning from men who teach young children.* New York: Teachers College Press.

King, L., Luberda, H., Barry, K., & Zehnder, S. (1998, April). A case study of the perceptions of students in a small-group cooperative learning situation. Paper presented at the Annual Conference of the American Education Research Association, San Diego, CA.

Kline, M. & Silver, L. B. (Eds.). (2004). *The educator's guide to mental health issues in the classroom.* Baltimore: Paul H. Brookes.

Kohn, A. (1993). *Punished by rewards: The trouble with gold stars, incentive plans, As, praise, and other bribes.* Boston: Houghton Mifflin.

Kohn, A. (1996). *Beyond discipline: From compliance to community.* Alexandria, VA: Association for Supervision and Curriculum Development.

Kosciw, J. G., Diaz, E. M., & Greytak, E. A. (2008). *The 2007 national school climate survey: The experiences of lesbian, gay, bisexual and transgender in our nation's schools.* New York: Gay, Lesbian, and Straight Education Network. Retrieved February 20, 2009 from http://www.glsen.org

Kottler, E. (1994). *Children with limited English: Teaching strategies for the regular classroom.* Thousand Oaks, CA: Corwin Press.

Kottler, J. A., & Kottler, E. (1993). *Teacher as counselor: Developing the helping skills you need.* Newbury Park, CA: Corwin Press.

Kounin, J. S. (1970). *Discipline and group management in classrooms.* New York: Holt, Rinehart & Winston.

Kriete, R. (2002). *The morning meeting book* (2nd ed.). Greenfield, MA: Northeast Foundation for Children.

Kutnick, P., Blatchford, P., Clark, H., McIntyre, H., & Baines, E. (2005). Teachers' understandings of the relationship between within-class (pupil) grouping and learning in secondary schools. *Educational Research, 47*(1), 1-24.

Ladson-Billings, G. (1994). *The dreamkeepers: Successful teachers of African American children.* San Francisco: Jossey-Bass.

Lal, S. R., Lal, D., & Achilles, C. M. (1993). *Handbook on gangs in schools: Strategies to reduce gang-related activities.* Newbury Park, CA: Corwin Press.

Landrum, T. J., & Kauffman, J. M. (2006). Behavioral approaches to classroom management. In C. M. Evertson & C. S. Weinstein (Eds.), *Handbook of classroom management: Research, practice, and contemporary issues* (pp. 47-72). Mahwah, NJ: Lawrence Erlbaum Associates.

Landsman, J. (2006). Bearers of hope. *Educational Leadership, 63*(5), 26-32.

Lasley, T. J., Lasley, J. O., & Ward, S. H. (1989, April). Activities and desists used by more and less effective classroom managers. Paper presented at the annual meeting of the American Educational Research Association, San Francisco.

Laursen, E. K. (2008). Respectful alliances. *Reclaiming Children and Youth, 17*(1), 4-9.

Lawrence-Lightfoot, S. (2003). *The essential conversation: What parents and teachers can learn from each other.* New York: Random House.

Lee, J., & Bowen, N. K. (2006). Parent involvement, cultural capital, and the achievement gap among elementary school children. *American Educational Research Journal, 43*(2), 193-215.

Lee, V. E., Croninger, R. G., Linn, E., & Chen, X. (1996). The culture of sexual harassment in secondary schools. *American Educational Research Journal, 33*(2), 383-417.

Leinhardt, G., & Greeno, J. G. (1986). The cognitive skill of teaching. *Journal of Educational Psychology, 78*(2), 75-95.

Leinhardt, G., Weidman, C., & Hammond, K. M. (1987). Introduction and integration of classroom routines by expert teachers. *Curriculum Inquiry, 17*(2), 135-175.

Leishman, J. (2002). Cyberbullying: The Internet is the latest weapon in a bully's arsenal. Toronto: CBC News. Retrieved August 26, 2009 from http://www.cbc.ca/news/background/bullying/cyber_bullying.html

Lepper, M., Greene, D., & Nisbett, R. E. (1973). Undermining children's intrinsic interest with extrinsic rewards: A test of the "overjustification" hypothesis. *Journal of Personality and Social Psychology, 28,* 129-137.

Lewis, C. W., Dugan, J. J., Winokur, M. A., & Cobb, R. B. (2005). The effects of block scheduling on high school academic achievement. *NASSP Bulletin, 89*(645), 72-87.

Lindeman, B. (2001). Reaching out to immigrant parents. *Educational Leadership, 58*(6), 62-66.

Lindle, J. C. (1989). What do parents want from principals and teachers? *Educational Leadership, 47*(2), 12-14.

Liptak, A. (March 23, 2009). Strip-search of girl tests limit of school policy. *The New York Times,* pp. A1, A19.

Liptak, A. (June 25, 2009). Supreme court says child's rights violated by strip search. *The New York Times,* p. A16.

Lisante, J. E. (June 6, 2005). *Cyber bullying: No muscles needed.* Retrieved August 27, 2009 from http://www.connectforkids.org

做最好的中学教师：高效课堂管理的十三堂课

Lopez, G. R. (2001). The value of hard work: Lessons on parent involvement from an (im)migrant household. *Harvard Educational Review, 71*(3), 416-437.

Lortie, D. (1975). *Schoolteacher.* Chicago: University of Chicago Press.

Lotan, R. (2006). Managing groupwork in the heterogeneous classroom. In C. M. Evertson & C. S. Weinstein (Eds.), *Handbook of classroom management: Research, practice, and contemporary issues* (pp. 711-731). Mahwah, NJ: Lawrence Erlbaum Associates.

Lubienski, S. T. (2000). A clash of social class cultures? Students' experiences in a discussion-intensive seventh grade mathematics classroom. *The Elementary School Journal, 100*(4), 377-403.

Lundgren, U. (1972). *Frame factors and the teaching process.* Stockholm: Almqvist and Wiksell.

Ma, H., Lu, E.Y., Turner, S., & Wan, G. (2007). An empirical investigation of cheating and digital plagiarism among middle school students. *American Secondary Education, 35*(2), 69-82.

Madden, N. A., & Slavin, R. E. (1983). Cooperative learning and social acceptance of mainstreamed academically handicapped students. *Journal of Special Education, 17,* 171-182.

Mamlin, N., & Dodd-Murphy, J. (2002). Minimizing minimal hearing loss in the schools: What every classroom teacher should know. *Preventing School Failure, 46*(2), 86-93.

Marks, H. M. (2000). Student engagement in instructional activity: Patterns in the elementary, middle, and high school years. *American Educational Research Journal, 37*(1), 153-184.

Marschall, M. (2006). Parent involvement and educational outcomes for Latino students. *Review of Policy Research, 23*(5), 1053-1076.

Marshall, H. H. (1987). Motivational strategies of three fifth-grade teachers. *The Elementary School Journal, 88*(2), 135-150.

Martin, S. H. (2002). The classroom environment and its effects on the practice of teachers. *Journal of Environmental Psychology, 22,* 139-156.

Marzano, R. J., Gaddy, R. J., Foseid, M. C., Foseid, M. P. & Marzano, J. S. (2005). *A handbook for classroom management that works.* Alexandria, VA: Association for Supervision and Curriculum Development.

Maslow, A. H., & Mintz, N. L. (1956). The effects of esthetic surroundings: I. *Journal of Psychology, 41,* 247-254.

Mastropieri, M. A., & Scruggs, T. E. (2001). Promoting inclusion in secondary classrooms. *Learning Disability Quarterly, 24,* 265-274.

McCaslin, M., & Good, T. L. (1992). Compliant cognition: The misalliance of management and instructional goals in current school reform. *Educational Researcher, 21*(3), 4-17.

McCaslin, M., & Good, T. L. (1998, Summer). Moving beyond management as sheer compliance: Helping students to develop goal coordination strategies. *Educational Horizons,* 169-176.

McDougall, D. (1998). Research on self-management techniques used by students with disabilities in general education settings: A descriptive review. *Remedial and Special Education, 19*(5), 310-320.

McGarity, Jr., J. R., & Butts, D. P. (1984). The relationship among teacher classroom management behavior, student engagement and student achievement of middle and high school science students of varying aptitude. *Journal of Research in Science Teaching, 21*(1), 55-61.

McIntosh, K., Herman, K., Sanford, A., McGraw, K., & Florence, K. (2004). Teaching transitions: Techniques for promoting success *between* lessons. *Teaching Exceptional Children, 37*(1), 32–38.

McKinley, J. (March 25, 2009). Cities deal with a surge in shantytowns. *New York Times,* p. A1.

Meadan, H., & Monda-Amaya, L. (2008). Collaboration to promote social competence for students with mild disabilities in the general classroom: A structure for providing social support. *Intervention in School and Clinic, 43*(3), 158–167.

Mehan, H. (1979). *Learning lessons: Social organization in a classroom.* Cambridge, MA: Harvard University Press.

Meichenbaum, D. (1977). *Cognitive behavior modification.* New York: Plenum.

Miller, E. (1994). Peer mediation catches on, but some adults don't. *Harvard Education Letter, 10*(3), 8.

Milner, H. R. (2006). Classroom management in urban classrooms. In C. M. Evertson & C. S. Weinstein (Eds.), *Handbook of classroom management: Research, practice, and contemporary issues* (pp. 491–522). Mahwah, NJ: Lawrence Erlbaum Associates.

Minke, K. M, & Anderson, K. J. (2003). Restructuring routine parent-teacher conferences: The family-school conference model. *The Elementary School Journal, 104*(6), 49–69.

Mitchem, K. J., Young, K. R., West, R. P., & Benyo, J. (2001). CWPASM: A classwide peer-assisted self-management program for general education classrooms. *Education & Treatment of Children, 24*(2), 111–140.

Morrell, E., & Duncan-Andrade, J. M. R. (2002). Promoting academic literacy with urban youth through engaging hip-hop culture. *English Journal, 91*(6), 88–92.

Morrell, E., & Duncan-Andrade, J. (2004). What they do learn in school: Using hip-hop as a bridge between youth culture and canonical poetry texts. In J. Mahiri (Ed.), *What they don't learn in school: Literacy in the lives of urban youth* (pp. 247–268). New York: Peter Lang.

Morse, L. W., & Handley, H. M. (1985). Listening to adolescents: Gender differences in science classroom interaction. In L. C. Wilkinson & C. B. Marrett (Eds.), *Gender influences in classroom interaction* (pp. 37–56). Orlando, FL: Academic Press.

Mulryan, C. M. (1992). Student passivity during cooperative small groups in mathematics. *Journal of Educational Research, 85*(5), 261–273.

Murawski, W. W., & Dieker, L. A. (2004). Tips and strategies for co-teaching at the secondary level. *Teaching Exceptional Children, 36*(5), 52–58.

Murdock, T. B., & Miller, A. (2003). Teachers as sources of middle school students' motivaitonal identity: Variable-centered and person-centered analytic approaches. *The Elementary School Journal, 103*(4), 383–399.

Murray, C. (2004). Clarifying collaborative roles in urban high schools: General educators' perspectives. *Teaching Exceptional Children, 36*(5), 44–51.

Myles, B. S., Gagnon, E., Moyer, S. A., & Trautman, M. L. (2004). Asperger syndrome. In F. M. Kline & L. B. Silver (Eds.), *The educator's guide to mental health issues in the classroom* (pp. 75–100). Baltimore: Paul H. Brookes.

Naber, P. A., May, D. C., Decker, S. H., Minor, K. I., & Wells, J. B. (2006). Are there gangs in schools? *Journal of School Violence, 5*(2), 53–72.

Nansel, T. R., Overpeck, M., Pilla, R. S., Ruan, W. J., Simons-Morton, B., & Scheidt, P. (2001). Bullying behaviors among US youth: Prevalence and association with psychosocial adjustment. *Journal of the American Medical Association, 285*(16), 2094–2100.

National Coalition of Homeless Children and Youth. (2008). *Fact Sheet #10, June 2008.*

National Commission on Excellence in Education. (1983). *A nation at risk: The imperative for educational reform.* Washington, DC: Government Printing Office.

National Council for Research on Women. (1994). Teen-on-teen sexual harassment. *Issues Quarterly, 1*(1), 1–6.

National Crime Prevention Council. (2009). *What parents can do about cyberbullying.* Retrieved August 7, 2009 from http://www.ncpc.org/topics/cyberbullying/stop-cyberbullying

National Dissemination Center for Children with Disabilities. (2003). *Pervasive developmental disorders.* Fact Sheet 20. Retrieved August 8, 2009 from http://www.nichcy.org/Disabilities/Specific/Pages/Autism.aspx

National Dissemination Center for Children with Disabilities. (2004). *Learning disabilities.* Fact Sheet 20. Retrieved August 8, 2009 from http://www.nichcy.org/Disabilities/Specific/Pages/LD.aspx

National Education Commission on Time and Learning. (1994). *Prisoner of time.* Washington, DC: Government Printing Office.

National Law Center on Homelessness & Poverty. (2008). *Homelessness and poverty in America: Overview.* Washington, DC: The National Law Center on Homelessness & Poverty.

National Research Council Committee on Increasing High School Students' Engagement and Motivation to Learn. (2004). *Engaging schools: Fostering high school students' motivation to learn.* Washington, DC: National Academies Press.

NCELA. (2007). The growing numbers of LEP students, 2005–2006 Poster. Washington, DC: U.S. Department of Education. Retrieved August 26, 2009 from http://www.ncela.gwu.edu/files/uploads/4/GrowingLEP_0506.pdf

Nelson-Barber, S., & Meier, T. (1990, Spring). Multicultural context a key factor in teaching. *Academic Connections,* Office of Academic Affairs, The College Board, 1–5, 9–11.

New Jersey v. T.L.O., 105 S. Ct. 733 (1985).

Newby, T. (1991). Classroom motivation: Strategies of first-year teachers. *Journal of Educational Psychology, 83,* 195–200.

Newsam, B. S. (1992). *Complete student assistance program handbook.* West Nyack, NY: The Center for Applied Research in Education.

Nichols, J. D. (2005). Block-scheduled high schools: Impact on achievement in English and language arts. *The Journal of Educational Research, 98*(5), 299–309.

Nichols, S. (1999). Gay, lesbian, and bisexual youth: Understanding diversity and promoting tolerance in schools. *The Elementary School Journal, 99*(5), 505–519.

Nieto, S. (2002). *Language, culture, and teaching: Critical perspectives for a new century.* Mahwah, NJ: Lawrence Erlbaum Associates.

Nieto, S., & Bode, P. (2008). *Affirming diversity: The sociopolitical context of multicultural education* (5th ed.). Boston: Allyn & Bacon.

Ninness, H. A. C., Fuerst, J., Rutherford, R. D., & Glenn, S. S. (1991). Effects of self-management training and reinforcement on the transfer of improved conduct in the absence of supervision. *Journal of Applied Behavior Analysis, 24*(3), 499–508.

Noguera, P. A. (1995). Preventing and producing violence: A critical analysis of responses to school violence. *Harvard Educational Review, 65*(2), 189-212.

Nucci, L. (2006). Classroom management for moral and social development. In C. M. Evertson & C. S. Weinstein (Eds.), *Handbook of classroom management: Research, practice, and contemporary issues* (pp. 711-731). Mahwah, NJ: Lawrence Erlbaum Associates.

Oakes, J., & Lipton, M. (1999). *Teaching to change the world.* Boston: McGraw-Hill.

Obidah, J. E., & Teel, K. M. (2001). *Because of the kids: Facing racial and cultural differences in schools.* New York: Teachers College Press.

O'Donnell, A., & O'Kelly, J. (1994). Learning from peers: Beyond the rhetoric of positive results. *Educational Psychology Review, 6*(4), 321-349.

Olweus, D. (2003). A profile of bullying at school. *Educational Leadership, 60*(6), 12-17.

Osterman, K. F. (2000). Students' need for belonging in the school community. *Review of Educational Research, 70*(3), 323-367.

Ostrander, R. (2004). Oppositional defiant disorder and conduct disorder. In F. M. Kline & L. B. Silver (Eds.), *The educator's guide to mental health issues in the classroom* (pp. 267-286). Baltimore: Paul H. Brookes.

Patall, E. A., Cooper, H., & Robinson, J. C. (2008). Parent involvement in homework: A research synthesis. *Review of Educational Research, 78*(4), 1039-1101.

Patrick, H., Ryan, A. M., & Kaplan, A. (2007). Early adolescents' perceptions of the classroom social environment, motivational beliefs, and engagement. *Journal of Educational Psychology, 99*(1), 83-98.

Payne, R. K. (2005). *A framework for understanding poverty* (4th rev. ed.). Highlands, TX: aha! Process.

Pelco, L. E., & Ries, R. (1999). Teachers' attitudes and behaviors towards family-school partnerships: What school psychologists need to know. *School Psychology International, 20*(3), 265-278.

Pell, T., Galton, M., Steward, S., Page, C., & Hargreaves, L. (2007). Promoting group work at key stage 3: Solving an attitudinal crisis among young adolescents? *Research Papers in Education, 22*(3), 309-322.

Peters v. Rome City School District, 7M N.Y.S.2d 867 (N.Y. A D 4 Dept. 2002).

Peyser, M., & Lorch, D. (2000, March 20). Gay today: The schools. High school controversial. *Newsweek,* 55-56.

Pittman, S. I. (1985). A cognitive ethnography and quantification of a first-grade teacher's selection routines for classroom management. *The Elementary School Journal, 85*(4), 541-558.

Pollack, W. S., Modzelski, W., & Rooney, G. (2008). *Prior knowledge of potential school-based violence: Information students learn may prevent a targeted attack.* U.S. Secret Service and Department of Education. Washington, DC: U.S. Government Printing Office. Retrieved February 20, 2009 from http://www.ed.gov

Portner, J. (April 12, 2000). School violence down, report says, but worry high. *Education Week,* 3.

Powell, R. R., Zehm, S. J., & Kottler, J. A. (1995). *Classrooms under the influence: Addicted families/addicted students.* Thousand Oaks, CA: Corwin Press.

Powers, K. M. (2006). An exploratory study of cultural identity and culture-based educational programs for urban American Indian students. *Urban Education, 41*(1), 20–49.

Prensky, M. (2005). Engage me or enrage me: What today's learners demand. *EDUCAUSE Review, 40*(5), 60–64.

Proshansky, E., & Wolfe, M. (1974). The physical setting and open education. *School Review, 82,* 557–574.

Quarles, C. L. (1989). *School violence: A survival guide for school staff, with emphasis on robbery, rape, and hostage taking.* Washington, DC: National Education Association.

Queen, J. A. (2000). Block scheduling revised. *Phi Delta Kappan, 82*(3), 214–222.

Raffaele-Mendez, L. M., & Knoff, H. M. (2003). Who gets suspended from school and why: A demongraphic analysis of schools and disciplinary infractions in a large school district. *Education and Treatment of Children, 26,* 30–51.

Reeve, J. (2006). Extrinsic rewards and inner motivation. In C. M. Evertson & C. S. Weinstein (Eds.), *Handbook of classroom management: Research, practice, and contemporary issues* (pp. 645–664). Mahwah, NJ: Lawrence Erlbaum Associates.

Reeve, J. (2006). Teachers as facilitators: What autonomy-supportive teachers do and why their students benefit. *Elementary School Journal 106*(3), 225–236.

Renard, L. (2005). Teaching the DIG generation. *Educational Leadership, 62*(7), 44–47.

Resnick, M. D., Ireland, M., & Borowsky, I. (2004). Youth violence perpetration: What protects? What predicts? Findings from the National Longitudinal Study of Adolescent Health. *Journal of Adolescent Health, 35*(5), 424.e1–424.e10.

Ridley, D. S., & Walther, B. (1995). *Creating responsible learners: The role of a positive classroom environment.* Washington, D. C.: American Psychological Association.

Rief, S. F. (1993). *How to reach and teach ADD/ADHD children.* West Nyack, NY: The Center for Applied Research in Education.

Rioux, J. W., & Berla, N. (1993). *Innovations in parent and family involvement.* Princeton Junction, NJ: Eye on Education.

Robinson, S., & Ricord Griesemer, S. M. (2006). Helping individual students with problem behavior. In C. M. Evertson & C. S. Weinstein (Eds.), *Handbook of classroom management: Research, practice, and contemporary issues* (pp. 787–802). Mahwah, NJ: Lawrence Erlbaum Associates.

Roby, T. W. (1988). Models of discussion. In J. T. Dillon (Ed.), *Questioning and discussion—A multidisciplinary study* (pp. 163–191). Norwood, NJ: Ablex.

Roeser, R. W., Eccles, J. S., & Sameroff, A. J. (2000). School as a context of early adolescents' academic and social–emotional development: A summary of research findings. *The Elementary School Journal, 100*(5), 443–471.

Romero, M., Mercado, C., & Vasquez-Faria, J. A. (1987). Students of limited English proficiency. In V. Richardson-Koehler (Ed.), *Educators' handbook: A research perspective* (pp. 348–369). New York: Longman.

Rosenholtz, S. J., & Cohen, E. G. (1985). Status in the eye of the beholder. In J. Berger & M. Zelditch, Jr. (Eds.), *Status, rewards, and influence* (pp. 430–444). San Francisco: Jossey Bass.

Rosenshine, B. (1980). How time is spent in elementary classrooms. In C. Denham and A.Lieberman (Eds.), *Time to learn* (pp. 107-126). Washington, DC: U.S. Department of Education.

Rosenshine, B. V. (1986). Synthesis of research on explicit teaching. *Educational Leadership, 43*(7), 60-69.

Ross, R. P. (1985). *Elementary school activity segments and the transitions between them: Responsibilities of teachers and student teachers.* Unpublished doctoral dissertation, University of Kansas.

Rothstein-Fisch, C., & Trumbull, E. (2008). *Managing Diverse Classrooms.* Alexandria, VA: ASCD.

Rowe, M. B. (1974). Wait-time and rewards as instructional variables, their influence on language, logic, and fate control: Part 1: Wait time. *Journal of Research in Science Teaching, 11*, 291-308.

Rubin, B. C. (2003). Unpacking detracking: When progressive pedagogy meets students' social worlds. *American Educational Research Journal, 40*(2), 539-573.

Ryan, A., & Patrick, H. (2001). The classroom social environment and changes in adolescents' motivation and engagement during middle school. *American Educational Research Journal, 38*(2), 437-460.

Ryan, J. B., Peterson, R. L., & Rozalski, M. (2007). State policies concerning the use of seclusion timeout in schools. *Education and Treatment of Children, 30*(3), 215-239.

Ryan, R. M., & Connell, J. P. (1989). Perceived locus of causality and internalization. *Journal of Personality and Social Psychology, 57,* 749-761.

Ryan, R. M., & Deci, E. L. (2000). Intrinsic and extrinsic motivations: Classic definitions and new directions. *Contemporary Educational Psychology, 25,* 54-67.

Sadker, D., Sadker, M., & Zittleman, K. (2009). *Still failing at fairness: How gender bias cheats girls and boys in school and what we can do about it.* New York: Simon & Schuster.

Sapon-Shevin, M. (1995). Building a safe community for learning. In W. Ayers (Ed.), *To become a teacher: Making a difference in children's lives* (pp. 99-112). New York: Teachers College Press.

Sapon-Shevin, M. (1999). *Because we can change the world: A practical guide to building cooperative, inclusive classroom communities.* Boston: Allyn & Bacon.

Savage, T. V. (1999). *Teaching self-control through management and discipline* (2nd ed.). Boston: Allyn & Bacon.

Scarcella, R. (1990). *Teaching language minority students in the multicultural classroom.* Upper Saddle River, NJ: Prentice Hall Regents.

Schaps, E. (2003). Creating a school community. *Educational Leadership, 60*(60), 31-33.

Schimmel, D. (2006). Classroom management, discipline, and the law: Clarifying confusions about students' rights and teachers' authority. In C. M. Evertson & C. S. Weinstein (Eds.), *Handbook of classroom management: Research, practice, and contemporary issues* (pp. 1005-1020). Mahwah, NJ: Lawrence Erlbaum Associates.

Schlosser, L. K. (1992). Teacher distance and student disengagement: School lives on the margin. *Journal of Teacher Education, 43*(2), 128-140.

Schlozman, S. C. (2001). Too sad to learn? *Educational Leadership, 59*(1), 80-81.

Schmollinger, C. S., Opaleski, K. A., Chapman, M. L., Jocius, R., & Bell, S. (2002). How do you make your classroom an inviting place for students to come back to each year? *English Journal, 91*(6), 20-22.

Schniedewind, N., & Davidson, E. (2000). Differentiating cooperative learning. *Educational Leadership, 58*(1), 24-27.

Schraw, G., & Lehman, S. (2001). Situational interest: A review of the literature and directions for future research. *Educational Psychology Review, 31*(1), 23-52.

Schumm, J. S., & Vaughn, S. (1992). Planning for mainstreamed special education students: Perceptions of general classroom teachers. *Exceptionality, 3,* 81-98.

Scruggs, T. E., & Mastropieri, M. A. (1996). Teacher perceptions of mainstreaming/ inclusion, 1958-1995: A research synthesis. *Exceptional Children, 63,* 59-74.

Shakeshaft, C., Mandel, L., Johnson, Y. M., Sawyer, J., Hergenroter, M. A., & Barber, E. (1997). Boys call me cow. *Educational Leadership, 55*(2), 22-25.

Shalaway, L. (1989). *Learning to teach . . . not just for beginners.* Cleveland, OH: Instructor Books, Edgell Communications.

Shanley, M. (October 22, 1999). Letter to the editor. *The New York Times,* A26.

Shapiro, E. S., DuPaul, G. J., & Bradley-Klug, K. L. (1998). Self-management as a strategy to improve the classroom behavior of adolescents with ADHD. *Journal of Learning Disabilities, 31*(6), 545-555.

Shariff, S. (2004). Keeping schools out of court: Legally defensible models of leadership. *The Educational Forum, 68,* 222-232.

Sheets, R. H. (1996). Urban classroom conflict: Student-teacher perception: Ethnic integrity, solidarity, and resistance. *Urban Review, 28*(2), 165-183.

Shernoff, D. J., Czikszentmihalyi, M., Schneider, B., & Shernoff, E. S. (2003). Student engagement in high school classrooms from the perspective of flow theory. *School Psychology Quarterly, 18*(2), 158-176.

Shin, H. B., with Bruno, R. (2003). *Language use and English-speaking ability: 2000.* Washington, D.C.: U.S. Census Bureau. Retrieved February 24, 2009 from www.census .gov/prod/2003pubs/c2kbr-29.pdf

Shortt, T. L., & Thayer, Y. V. (1998/99). Block scheduling can enhance school climate. *Educational Leadership, 56*(4), 76-81.

Shulman, J. H., Lotan, R. A., & Whitcomb, J. A. (Eds.). (1998). *Groupwork in diverse classrooms: A casebook for educators.* New York: Teachers College Press.

Sileo, T. W., & Prater, M. A. (1998). Creating classroom environments that address the linguistic and cultural backgrounds of students with disabilities: An Asian Pacific American perspective. *Remedial and Special Education, 19*(6), 323-337.

Skiba, R., Horner, R., Gung, C. G., Rausch, M. K., May, S. L., & Tobin, T. (2008, March). *Race is not neutral: A national investigation of African American and Latino disproportionality in school discipline.* Paper presented at the Annual Meeting of the American Educational Research Association, New York.

Skiba, R. J., Michael, R. S., Nardo, A. C., & Peterson, R. (2002). The color of discipline: Sources of racial and gender disproportionality in school punishment. *Urban Review, 34,* 317-342.

Skiba, R. J., & Rausch, M. K. (2006). Zero tolerance, suspension, and expulsion: Questions of equity and effectiveness. In C. M. Evertson & C. S. Weinstein (Eds.), *Handbook of classroom management: Research, practice, and contemporary issues* (pp. 1063-1089). Mahwah, NJ: Lawrence Erlbaum Associates.

Slavin, R. (1991). *Student team learning: A practical guide to cooperative learning* (3rd ed.). Washington, DC: National Education Association.

Slavin, R. E. (1995). *Cooperative learning: Theory, research, and practice* (2nd edition). Boston: Allyn & Bacon.

Smith, B. W., & Sugai, G. (2000). A self-management functional assessment-based behavior support plan for a middle school student with EBD. *Journal of Positive Behavior Interventions, 2*(4), 208-217.

Smith, E. (2002). Ebonics: A case history. In L. Delpit & J. K. Dowdy (Eds.), *The skin that we speak: Thoughts on language and culture in the classroom* (pp. 15-30). New York: The New Press.

Sobel, A., & Kugler, E. G. (2007). Building partnerships with immigrant parents. *Educational Leadership, 64*(6), 62-66.

Sommer, R., & Olson, H. (1980). The soft classroom. *Environment & Behavior, 12*(1), 3-16.

Soodak, L. C., & McCarthy, M. R. (2006). Classroom management in inclusive settings. In C. M. Evertson & C. S. Weinstein (Eds.), *Handbook of classroom management: Research, practice, and contemporary issues* (pp. 461-490). Mahwah, NJ: Lawrence Erlbaum Associates.

Southern Poverty Law Center. (September 2004). Hate among youth becomes widespread. *SPLC Report, 34*(3), 1.

Souvignier, E., & Kronenberger, J. (2007). Cooperative learning in third graders' jigsaw groups for mathematics and science with and without questioning training. *British Journal of Educational Psychology, 77*, 755-771.

Steele, F. I. (1973). *Physical settings and organization development.* Reading, MA: Addison-Wesley.

Stefkovich, J. A., & Miller, J. A. (1998, April). *Law enforcement officers in public schools: Student citizens in safe havens?* Paper presented at the conference of the American Educational Research Association, San Diego, California.

Stipek, D. J. (1993). *Motivation to learn: From theory to practice* (2nd ed). Boston: Allyn & Bacon.

Stodolsky, S. S. (1984). Frameworks for studying instructional processes in peer work groups. In P. L. Peterson, L. C. Wilkinson, & M. Hallinan (Eds.), *The social context of instruction* (pp. 107-124). New York: Academic Press.

Stodolsky, S. S. (1988). *The subject matters: Classroom activity in math and social studies.* Chicago: University of Chicago Press.

Strauss, S., with Espeland, P. (1992). *Sexual harassment and teens: A program for positive change.* Minneapolis, MN: Free Spirit.

Strom, P.S., & Strom, R.D. (2005). Cyberbullying by adolescents: A preliminary assessment. *The Educational Forum, 70*(1), 21-36.

Struyk, R. (2006). Gangs in our schools: Identifying gang indicators in our school population. *Clearing House, 8*(1), 11-13.

Swap, S. M. (1993). *Developing home-school partnerships: From concepts to practice.* New York: Teachers College Press.

Tannen, D. (1995). The power of talk: Who gets heard and why. *Harvard Business Review, 73*(5), 138-148.

Tarr, P. (2004). Consider the walls. *Young Children, 59*(3), 88-92.

Telem, M. & Pinto, S. (2006). Information technology's impact on school-parents and parents-student interrelations: A case study. *Computers & Education, 47*(3), 260–279.

Thompson, B. (2008). Characteristics of parent-teacher e-mail communication. *Communication Education, 57*(2), 201–223.

Thompson, G. L. (2004). *Through ebony eyes: What teachers need to know but are afraid to ask about African American students.* San Francisco: Jossey-Bass.

Tomlinson, C. A. (1999). *The differentiated classroom: Responding to the needs of all learners.* Alexandria, VA: Association for Supervision and Curriculum Development.

Tomlinson, C. A. (2001). *How to differentiate instruction in mixed-ability classrooms* (2nd ed.). Alexandria, VA: Association for Supervision and Curriculum Development.

Towers, R. L. (1989). *Children of alcoholics/addicts.* Washington, DC: National Education Association.

Trueba, H. T., Cheng, L. R. L., & Ima, K. (1993). *Myth or reality: Adaptive strategies of Asian Americans in California.* Washington, DC: Falmer Press.

Trumbull, E., Rothstein-Fisch, C., Greenfield, P. M., & Quiroz, B. (2001). *Bridging cultures between home and school: A guide for teachers.* Mahwah, NJ: Lawrence Erlbaum Associates.

Trump, K. (1993). Tell teen gangs: School's out. *American School Board Journal, 180*(7), 39–42.

U.S. Census Bureau. (2008). *Language spoken at home. American Community Survey.* Washington, DC: US Census Bureau. Retrieved February 24, 2009 from http://factfinder.census.gov/home/saff/main.html?_lang=en

U.S. Department of Health and Human Services, Administration of Children, Youth, and Families. (2008). *Child Maltreatment 2006.* Washington, D.C.: U.S. Government Printing Office. Retrieved February 25, 2009 from http://www.acf.hhs.gov/programs/cb/stats_research/index.htm#can

Urdan, T., & Schoenfelder, E. (2006). Classroom effects on student motivation: Goal structures, social relationships, and competence beliefs. *Journal of School Psychology, 44*(5), 331–349.

Valentine, G. (Fall 1998). Lessons from home (an interview with Lisa Delpit). *Teaching Tolerance, 7*(2), 15–19.

Valenzuela, A. (1999). *Subtractive schooling: U.S.-Mexican youth and the politics of caring.* Albany: State University of New York Press.

Valli, L., Croninger, R. G., & Walters, K. (2007). Who (else) is the teacher? Cautionary notes on teacher accountability systems. *American Journal of Education, 113*(4), 635–662.

Vaughn, S., Bos, C. S., & Schumm, J. S. (2003). *Teaching exceptional, diverse, and at-risk students in the general education classroom.* Boston: Allyn & Bacon.

Vaughn, S., Gersten, R., & Chard, D. J. (2000). The underlying message in LD intervention research: Findings from research syntheses. *Exceptional Children, 67*(1), 99–114.

Villa, R.A., Thousand, J. S. & Nevin, A. I. (2008). *A guide to co-teaching: Practical tips for facilitating student learning* (2nd ed.). Thousand Oaks, CA: Corwin Press.

Villegas, A.M., & Lucas, T. (2007). The culturally responsive teacher. *Educational Leadership, 64*(6), 28–33.

Vossekuil, B., Fein, R., Reddy, M., Borum, R., & Modzeleski, W. (2002). *The final report and findings of the Safe School Initiative: Implications for the prevention of school attacks in the United States.* Washington, DC: U.S. Secret Service and the U.S. Department of Education. Retrieved November 15, 2008 from www.secretservice.gov/ntac/ssi_final_report.pdf

Walde, A. C., & Baker, K. (1990). How teachers view the parents' role in education. *Phi Delta Kappan, 72*(4), 319-320, 322.

Walker, H. M., Colvin, G., & Ramsey, E. (1995). *Antisocial behavior in school: Strategies and best practices.* Pacific Grove, CA: Brooks/Cole.

Wallace, M. A., Cox, E. A., & Skinner, C. H. (2003). Increasing independent seatwork: Breaking large assignments into smaller assignments and teaching a student with retardation to recruit reinforcement. *School Psychology Review, 32*(1), 132-142.

Wallace, T., Anderson, A. R., Bartholomay, T., & Hupp, S. (2002). An ecobehavioral examination of high school classrooms that include students with disabilities. *Exceptional Children, 68*(3), 345-359.

Walsh, J. A., & Satates, B. D. (2005). *Quality questioning: Research-based practice to engage every learner.* Thousand Oaks, CA: Corwin Press.

Walsh, M. (1999, June 2). Harassment ruling poses challenges. *Education Week, 18*(38), 1, 22.

Walsh, M. (2000, March 8). Law update: A fine line between dangerous and harmless student expression. *Education Week,* 14.

Walters, L. S. (2000). Putting cooperative learning to the test. *Harvard Education Letter, 16*(3), 1-6.

Watson, M., & Battistich, V. (2006). Building and sustaining caring communities. In C. M. Evertson and C. S. Weinstein (Eds.), *Handbook of classroom management: Research, practice, and contemporary issues* (pp. 253-280). Mahwah, NJ: Lawrence Erlbaum Associates.

Webb, N. M. (1984). Sex differences in interaction and achievement in cooperative small groups. *Journal of Educational Psychology, 76,* 33-44.

Webb, N. M., & Farivar, S. (1994). Promoting helping behavior in cooperative small groups in middle school mathematics. *American Educational Research Journal, 31*(2), 369-395.

Webb, N. M., and Mastergeorge, A. M. (2003). The development of students' helping behavior and learning in peer-directed small groups. *Cognition and Instruction, 21*(4), 361-428.

Webb, N. M., Nemre, K. M., & Ing, M. (2006). Small group reflections: Parallels between teacher discourse and student behavior in peer-directed groups. *The Journal of the Learning Sciences, 15*(1), 63-119.

Weiner, L. (1999). *Urban teaching: The essentials.* New York: Teachers College Press.

Weinstein, C. S. (1982). Privacy-seeking behavior in an elementary classroom. *Journal of Environmental Psychology, 2,* 23-35.

Weinstein, C. S., Curran, M., & Tomlinson-Clarke, S. (2003). Culturally responsive classroom management: Awareness into action. *Theory into Practice, 42*(4), 269-276.

Weinstein, C. S., Tomlinson-Clarke, S., & Curran, M. (2004). Toward a conception of culturally responsive classroom management. *Journal of Teacher Education, 55*(1), 25-38.

Wentzel, K. R. (1997). Student motivation in middle school: The role of perceived pedagogical caring. *Journal of Educational Psychology, 89*(3), 411-419.

Wentzel, K. R. (1998). Social relationships and motivation in middle school: The role of parents, teachers, and peers. *Journal of Educational Psychology, 90*(2), 202-209.

Wentzel, K. R. (2006). A social motivation perspective for classroom management. In C. M. Evertson & C. S. Weinstein (Eds.), *Handbook of classroom management: Research, practice, and contemporary issues* (pp. 619-644). Mahwah, NJ: Lawrence Erlbaum Associates.

Wertsch, J. V. (1985). *Vygotsky & the social formation of mind.* Cambridge, MA: Harvard University Press.

Wessler, S. (2008). Civility speaks up. *Educational Leadership, 66*(1), 44-48.

Wheldall, K., & Lam, Y. Y. (1987). Rows versus tables. II. The effects of two classroom seating arrangements on classroom disruption rate, on-task behaviour and teacher behaviour in three special school classes. *Educational Psychology, 7*(4), 303-312.

Wigfield, A., & Eccles, J. S. (2000). Expectancy-value theory of achievement motivation. *Contemporary Educational Psychology, 25*(1), 68-81.

Williams, M. (1993). Actions speak louder than words: What students think. *Educational Leadership, 51*(3), 22-23.

Williams, R. L., & Stockdale, S. L. (2004). Classroom motivation strategies for prospective teachers. *The Teacher Educator, 39*(3), 212-230.

Wlodkowski, R. J. (2003). *Motivational opportunities for successful teaching (Leader's guide).* Phoenix, AZ: Universal Dimensions.

Wodrich, D. L. (2000). *Attention-deficit/hyperactivity disorder: What every parent wants to know* (2nd ed.). Baltimore, MD: Paul Brookes.

Wolfgang, C. H. (1999). *Solving discipline problems: Methods and models for today's teachers* (4th ed.). Boston: Allyn & Bacon.

Woolfolk, A. E. (2007). *Educational Psychology* (10th ed.). Boston: Pearson Education/ Allyn & Bacon.

Xu, J., & Corno, L. (2003). Family help and homework management reported by middle school students. *The Elementary School Journal, 103*(5), 503-517.

Zeidner, M. (1988). The relative severity of common classroom strategies: The student's perspective. *British Journal of Educational Psychology, 58,* 69-77.

Zepeda, S. J., & Mayers, R. S. (2006). An analysis of research on block scheduling. *Review of Educational Research, 76*(1), 137-170.

Zirpoli, T. J. (2005). *Behavior management: Applications for teachers* (4th ed.) Upper Saddle River, NJ: Pearson Education.

图书在版编目（CIP）数据

做最好的中学教师：高效课堂管理的十三堂课/（美）温斯坦，（美）诺沃德沃尔斯基著；田庆轩，顾冀梅，田墨浓译. —北京：中国人民大学出版社，2016.5

（教育新视野）

ISBN 978-7-300-22746-7

Ⅰ.①做… Ⅱ.①温…②诺…③田…④顾…⑤田… Ⅲ.①课堂教学-教学管理-中学 Ⅳ.①G632.421

中国版本图书馆 CIP 数据核字（2016）第 074087 号

教育新视野

做最好的中学教师

高效课堂管理的十三堂课

［美］ 卡萝尔·西蒙·温斯坦（Carol Simon Weinstein）
英格丽德·诺沃德沃尔斯基（Ingrid Novodvorsky）　　著

田庆轩　顾冀梅　田墨浓　译

Zuo Zuihao de Zhongxue Jiaoshi

出版发行	中国人民大学出版社
社　　址	北京中关村大街 31 号　　　　邮政编码　100080
电　　话	010 - 62511242（总编室）　　　010 - 62511770（质管部）
	010 - 82501766（邮购部）　　　010 - 62514148（门市部）
	010 - 62515195（发行公司）　　010 - 62515275（盗版举报）
网　　址	http://www.crup.com.cn
	http://www.ttrnet.com（人大教研网）
经　　销	新华书店
印　　刷	涿州市星河印刷有限公司
规　　格	185 mm×260 mm　16 开本　　　**版　　次**　2016 年 5 月第 1 版
印　　张	20.75 插页 1　　　　　　　　　**印　　次**　2021 年 5 月第 3 次印刷
字　　数	470 000　　　　　　　　　　　**定　　价**　59.00 元

教师反馈表

麦格劳-希尔教育集团（McGraw-Hill Education）是全球领先的教育资源与数字化解决方案提供商。为了更好地提供教学服务，提升教学质量，麦格劳-希尔教师服务中心于 2003 年在京成立。在您确认将本书作为指定教材后，请填好以下表格并经系主任签字盖章后返回我们（或联系我们索要电子版），我们将免费向您提供相应的教学辅助资源。如果您需要订购或参阅本书的英文原版，我们也将竭诚为您服务。

★ 基本信息					
姓		名		性别	
学校			院系		
职称			职务		
办公电话			家庭电话		
手机			电子邮箱		
通信地址及邮编					

★ 课程信息					
主讲课程－1		课程性质		学生年级	
学生人数		授课语言		学时数	
开课日期		学期数		教材决策者	
教材名称、作者、出版社					

★ 教师需求及建议			
提供配套教学课件 （请注明作者/书名/版次）			
推荐教材 （请注明感兴趣领域或相关信息）			
其他需求			
意见和建议（图书和服务）			
是否需要最新图书信息	是、否	系主任签字/盖章	
是否有翻译意愿	是、否		

教师服务热线：800-810-1936
教师服务信箱：instructorchina@mheducation.com
网址：www.mheducation.com

麦格劳-希尔教育教师服务中心
地址：北京市东城区北三环东路 36 号环球贸易中心
A 座 702 室　教师服务中心　100013
电话：010-57997618/57997600
传真：010 59575582